Foundations of Japanese Language

英文基礎日本語

Matsuo Soga

Professor of Japanese

The University of British Columbia, Canada

Noriko Matsumoto

Instructor of Japanese

American School in Japan

● *Taishukan Publishing Company*

Foundations of Japanese Language

 For information address Taishukan Publishing Co., Ltd., 24, 3-chome, Kanda-Nishiki-cho, Chiyodaku, Tokyo, Japan.

Acknowledgements

For the preparation of this book, we are directly or indirectly indebted to many people. Our deepest gratitude goes to Ms. Barbara Thornbury, who, improving on the previous version of 1973, edited and typed the second mimeographed version during the summer of 1975. We are indebted to the Provincial Government of British Columbia for a grant "Careers 75," which made it possible for us to complete that mimeographed version. We are also thankful to Mrs. Yōko Murakami of Vancouver for her typing the Japanese model sentences, to Professors Ken'ichi Takashima and Bernard Saint-Jacques of the University of British Columbia for their discussions and suggestions, to Mr. Taiji Fujimura and Mrs. Kyung Hee Lynn for their comments and criticisms, and to our students who used the mimeographed versions and gave us invaluable suggestions. On the basis of these suggestions and comments, we have been able to make many useful revisions for the present edition, but only we are responsible for any shortcomings.

We are indebted also to many of our teachers and colleagues who helped form our concepts of the basic principles of language learning and teaching, which underlie the present work.

For the reading of the final version of the manuscript, we owe our thanks to Mrs. Lillian Soga. Also, to Mr. Shigeo Yamamoto, Editor of the Taishukan, we owe special thanks for his sincere support of our work. Our special thanks are also due to Mr. Shun Koh for his painstaking work in editing this version.

Lastly, but not in the least, many thanks to our secretaries Tracy Mitchell, Elaine Burrell and Betty Greig in the Department of Asian Studies at the University of British Columbia who have been burdened with typing letters and many of the pages of the final manuscript and handling other detailed work.

Vancouver, British Columbia
Canada
April 1977

M.S.
N.M.

To the Instructors

Foundations of Japanese Language is composed of thirty lessons intended for one academic year for colleges and universities on the North American continent. It is an introductory text for mature native speakers of English who have no previous knowledge of Japanese language. With the exception of lesson one, the organization of each lesson is: introduction of new vocabulary items, model sentences of Japanese preceded by their English equivalents, explanations of the grammatical points of the lesson, exercises, oral practice, and conversations. Each lesson normally requires six to seven hours of class work; however, there are some which may require more hours, and others, less. (For example, lessons seven, eight, ten, and twenty-nine may require more hours, while lessons twelve, twenty-one and twenty-two may require less.)

Ideally, each lesson should be taught by two teachers: one, a linguist who handles model sentences, grammatical explanations, exercises, and writing, and the other, a drill master—ideally a trained native speaker—who teaches the oral practice part; i.e., the structural drills and conversations. The underlying principles of this text aim first at cultivating as fully as possible students' conscious understanding of the structures of Japanese sentences and their relationships presented in the lesson. When the students can do the exercises well enough to consciously generate their own sentences, it is proof that their understanding of the grammatical points is satisfactory. The oral practice which follows the exercises is regarded not as memorization practice but as an oral drill in order to develop fluency by internalizing the knowledge of the structures they have already acquired. Therefore, we emphasize that it is important for the students to preview by self-studying, either at home or in a language laboratory with the help of tapes, the oral practice sentences before they come to the class. Although the oral practice sentences have no English translation given, the students are expected to be able to understand them by the time they finish doing the exercises. During the oral practice class, we do not insist that the book be closed, but we do discourage the students from looking at the sentences to be practiced. The oral practice class is not a reading class although reading of those sentences must take place before they come to the class. We regard conversation as a by-product of the knowledge and practice of the sentences presented; therefore, we stress conversation practice more as out-put than as in-put. This does not mean a de-emphasis of conversations. It is most desirable that the instructors, both the linguist and the drill master, devote a part of each class hour for controlled conversations by way of review.

We believe that on the elementary level the study of hiragana, katakana and kanji does not constitute a hindrance for learning Japanese. On the contrary, the students enjoy learning them. Therefore, we have avoided roomaji as much as possible. In fact, from lesson two on, the students will not be seeing too much of rooma-ji. We believe that rooma-ji is useful as a stepping stone for teaching pronunciation of hiragana at the initial stage and later on for explaining certain grammatical facts on the basis of consonants and vowels. It is our experience that average students can learn rooma-ji in one class hour plus one homework assignment of about one hour. Therefore, for lesson one, it is recommended that the instructors spend only one class hour for teaching rooma-ji, and spend five to six hours for the pronunciation trouble spots by practicing the example words, the common greetings and useful expressions, and for hiragana reading and writing. The intonation marks are provided only up to lesson five, and thereafter the students are expected to observe closely the intonations of the instructors. The pronunciation problems presented in lesson one must constantly be checked and corrected throughout the year. Whenever and wherever it is necessary, we expect that the teachers will supplement materials relevant for such pronunciation practice.

From lesson six on, Japanese sentences are presented just as they are written in Japan. (Up to lesson five, pitch and intonation marks are shown, and in each sentence word boundaries are also distinctly provided, but they will not be given from lesson six on.) Where kanji are to be used, they are used. However, we have divided kanji into two categories: one for both reading and writing purposes, and the other, for reading only. In order to minimize the difficulty of kanji pronunciation, "hurigana" are attached to those that are intended for recognition only. However, if the same kanji for recognition appears in close proximity more than once, the "hurigana" is given only to the first one. That way, we hope that the students will gradually be able to decrease their dependence upon "hurigana" for pronouncing the kanji. On the other hand, in each lesson we specify six to fifteen kanji that are to be learned not only for recognition but also for writing. For the practice of kanji writing, the students should make full use of the kanji stroke order index at the end of the book. With the exception of some (such as those in lesson six in which kanji appear for the first time), most of the kanji for writing are those which appeared in previous lessons with " hurigana " and the students should have seen them at least once. Once kanji are presented for writing purposes, they no longer have " hurigana " attached. Therefore, the number of kanji with " hurigana " decreases as the lessons progress. By the end of the book, the students will have learned two hundred and ten kanji for writing and reading and will have seen about the same number of kanji at least once for recognition purposes. To have seen them will be of great significance for their future study of Japanese language.

In writing a book of this kind, it is impossible to include everything in the language. Therefore, we have been selective of the structures, sentences, vocabulary items, and kanji. (Some vocabulary items in lessons one and five are presented only for the purpose of practicing pronunciation or reading. Also, some of the proper names such as フロリダ, アラスカ, etc., which are written in katakana but are immediately identifiable, will not be listed as vocabulary items even if they appear in model sentences or in pattern practice sentences. This applies only after lesson five because the katakana writing system has been introduced there. On the other hand, we have included some proper names such as イギリス in the vocabulary list when they are considered to warrant separate listing because of the significant phonological difference from the original.) However, when the students finish this book, we believe that to a great extent they will be able to help themselves and that they will be well prepared for an intermediate Japanese course.

CONTENTS

Abbreviations

adv.	=	adverb
aj.	=	adjective
aux.	=	auxiliary
conj.	=	conjunction/conjunctive
conj. suf.	=	conjunctive suffix
cop.	=	copula
dem.	=	demonstrative
int.	=	interjection
inter.	=	interrogative
n.	=	noun
na.	=	nominal adjective
num.	=	numerical
pt.	=	particle
suf.	=	suffix
v.	=	verb
v. intr.	=	intransitive verb
v. neg.	=	verb negative form
v. tr.	=	transitive verb

LESSON 1

ROOMA-JI, HIRAGANA AND PRONUNCIATION

I. Syllables

The basic units of pronunciation in Japanese are felt by native speakers to be *syllables*. Syllables can be symbolized by the Roman (or English) alphabet and are composed of the following:

1. *Single vowel*
There are five vowels in Japanese. They are *a, i, u, e, o*.

a is pronounced approximately like *a* in "f*a*ther."
i is pronounced approximately like *i* in "*i*mage."
u is pronounced approximately like *oo* in "c*oo*k."
e is pronounced approximately like *e* in "p*e*n."
o is pronounced approximately like *o* in "b*o*rn," but it is shorter.

2. *Consonant + vowel*
There are ten consonants which are felt to be basic. Most of them are pronounced approximately like their corresponding English consonants except *r*, which is more like *t* in "wa*t*er" pronounced rapidly with the tongue relaxed. A consonant and a vowel make a syllable as in *ka, te, mo*, etc.

3. *Syllabic n*
The consonant *n* can be a syllable by itself when it comes before another consonant or at the end of a word. It is pronounced like *ng* in "si*ng*."

Chart of basic syllables, as described in 1, 2 and 3 above.

	k	s	t	n	h	m	y	r	w	n
a	ka	sa	ta	na	ha	ma	ya	ra	wa	n
i	ki	si (shi)	ti (chi)	ni	hi	mi		ri		
u	ku	su	tu (tsu)	nu	hu	mu	yu	ru		
e	ke	se	te	ne	he	me		re		
o	ko	so	to	no	ho	mo	yo	ro		

Note : In the chart above, syllables *si* and *ti* are actually pronounced more like English *shi* in " *ship* " and *chi* in " *chip*," respectively. The exact pronunciation of the syllabic *n* is different from the non-syllabic *n* which occurs followed by a vowel. The same symbol for them will be used in this text. Also, syllable *tu* is pronounced more like *ts+u*. Therefore, in this textbook, the parenthesized spellings of *shi*, *chi* and *tsu* are used for *si*, *ti*, and *tu*, respectively.

4. *Additional syllables*

a. Syllables with voiced consonants b, d, g, z, and voiceless consonant p

Consonants *b, d, g,* and *z* are felt by the native speakers to be voiced counterparts of *h, t, k,* and *s,* respectively. Also, the voiceless consonant *p* is felt to be related to consonant *h*. The following chart shows the syllables with those consonants.

k — g	s — z	t — d	h — b	— p
ga	za	da	ba	pa
gi	zi (ji)	di (ji)	bi	pi
gu	zu	du (zu)	bu	pu
ge	ze	de	be	pe
go	zo	do	bo	po

b. Syllables formed by consonant+y+vowel

The syllables *ya, yu,* and *yo* may directly follow *k, g, s, z, t, n, h, b, p, m,* and *r*. The combinations produce the following syllables.

k	g	s	z	t	n	h	b	p	m	r
kya	gya	sya (sha)	zya (ja)	tya (cha)	nya	hya	bya	pya	mya	rya
kyu	gyu	syu (shu)	zyu (ju)	tyu (chu)	nyu	hyu	byu	pyu	myu	ryu
kyo	gyo	syo (sho)	zyo (jo)	tyo (cho)	nyo	hyo	byo	pyo	myo	ryo

Note : The parenthesized spellings, which will be used in this book, approximate the actual pronunciation of corresponding syllables.

II. Vowel and Consonant Syllabification

1. *A vowel that follows another vowel*

Since a single vowel can be a syllable by itself, if a single vowel follows another identical or different vowel, *two* syllables will result. Examine the following words and note how the syllables are divided.

akai	a-ka-i	" red "
aoi	a-o-i	" blue "
ookii	o-o-ki-i	" big "

Kyooto	kyo-o-to	" Kyoto "
Tookyoo	to-o-kyo-o	" Tokyo "
kootsuu	ko-o-tsu-u	" traffic "
yuubinkyoku	yu-u-bi-n-kyo-ku	" post office "
oneesan	o-ne-e-sa-n	" older sister "
oniisan	o-ni-i-sa-n	" older brother "
Oosaka	o-o-sa-ka	" Osaka "
byooin	byo-o-i-n	" hospital "
kir*ei*	ki-re-i	" pretty "
*ei*ga	e-i-ga	" movie "

(The combination *ei* is pronounced much like *ee*.)

Double vowels mean double syllables. Double vowels (*aa, ii, ee, oo, uu*) should be noted with special care since there is a difference in meaning between words with " short " (one vowel) sounds and " long " (double vowel) sounds.

o*ba*san	" aunt "	(short—one vowel)
o*baa*san	" grandmother "	(long—double vowels)
o*ji*san	" uncle "	(short)
o*jii*san	" grandfather "	(long)
*ko*i	" love "	(short)
*koo*i	" behavior "	(long)

2. *Double consonants*

Double consonants (*pp, kk, ss, ssh, tt,* and *tch*) must be noted with special care, too, since there is a difference in meaning between words with single and those with double consonants.

mo*t*o	" base "	(single consonant)
mo*tt*o	" more "	(double consonants)
i*t*a	" existed "	(single consonant)
i*tt*a	" said "	(double consonants)
i*ch*i	" one "	(single consonant)
i*tch*i	" agreement "	(double consonants)
ma*s*atsu	" friction "	(single consonant)
ma*ss*atsu	" erasure "	(double consonants)
i*sh*o	" will (in writing) "	(single consonant)
i*ssh*o	" together "	(double consonants)

Further examples of double consonant words are: *rippa* " outstanding," *hakkiri* " clearly," and *gakkoo* " school." The first consonant in those combinations of double consonants has a pronunciation time length of a full syllable. Therefore, *rippa,* for example, has three syllables *ri-p-pa,* which is the same as *sakana* " fish," or *aoi* " blue."

III. Accent

Japanese has a pitch accent system (not stress accent system as in English) based upon the two relative pitch levels of *high* and *low*. These levels occur with respect to syllables. There are various types of pitch patterns, but the following are basic:

a o i "blue" (high in the middle)
ko i "love", kyo o to "Kyoto" (high initially)

to o kyo o "Tokyo" (low initially)

The basic pitch pattern of a word may vary depending upon the environment in which the word occurs. For example, the word *daigaku* "university" has the basic pitch pattern of *da i ga ku*; however, in combination with the word *Tookyoo*, we will get *to o kyo o da i ga ku* "Tokyo University." In some cases, pitch may distinguish two homophonous words as in a *me* "(a kind of) candy" vs. *a me* "rain." However, in actual situations, such a difference can always be clarified by the context. Also, it must be mentioned that the pitch patterns in Japanese are different according to the regions of the country. In this text, we will mark the accent of words and the intonation of model sentences up to Lesson 5 so that the students can develop a sensitivity to varieties of pitch and sentence intonation patterns. After that, we will no longer specify these since in writing Japanese they are not specified. The students should pay close attention to the model pronunciations of the instructor. A high pitch will be shown by a straight line above words or syllables. A rising, falling or sustained high pitch will be indicated by ┌ , ┐ , and ——, respectively. Thus, the above examples will be given as follows: *aoi* "blue," *koi* "love," *Kyooto* "Kyoto," and *Tookyoo* "Tokyo."

IV. Exercises

1. Practice reading the following useful expressions and memorize. †

a. Ohayoo gozaimasu.	"Good morning."
b. Konnichi wa.	"Hello." "Good afternoon."
c. Konban wa.	"Good evening."
d. Arigatoo gozaimasu.	"Thank you."
e. Doo itashimashite.	"You're welcome." "Not at all."
f. Moo ichi-do itte kudasai.	"Please say it again."
g. Mina-san issho ni itte kudasai.	"Everyone, please say it together."

h . Shitsurei shimasu. "Excuse me."
i . Ogenki desu ka. "Are you well?" "How are you?"
j . Sayoonara. "Good-bye."

2. Complete the following chart and memorize.

a									wa	n					
	ki							ri			gi				
		su	tsu				yu					zu			
				ne		me							de		pe
					ho									bo	

3. Complete the following chart and memorize.

ya	kya						hya				
		gyu		ju	chu				pyu	myu	ryu
			sho			nyo		byo			

4. Write the Japanese equivalents in rooma-ji (Roman letters), read them and memorize them.
   a . Good morning.
   b . Good evening.
   c . Good-bye.
   d . Please say it again.
   e . Thank you.
   f . hospital
   g . post office

5. Pronounce the following names. Do you recognize them?
   a . Yokohama
   b . Kawabata
   c . Montoriooru
   d . Nyuuyooku
   e . Hiroshima
   f . Koobe
   g . Kyuushuu
   h . Hokkaidoo
   i . Sanhuranshisuko
   j . Washinton

† **Note:** The vowels *i* and *u* may be devoiced or whispered when they occur between any of the voiceless consonants *k*, *s* (*sh*), *t* (*ch*, *ts*), *p* or *h*, or when they occur utterance finally preceded by *s* (*sh*) or *ts* as in "Ohayoo gozaima*su*," "Sh*i*tsurei shima*su*," etc.

V. Written Japanese: hiragana

In written Japanese there are two "kana" syllabaries. The following is the hiragana syllabary. Special notes are given below for the underlined syllables.

あ	か	さ	た	な	は	ま	や	ら	わ	ん
a	ka	sa	ta	na	ha	ma	ya	ra	wa	n
い	き	し	ち	に	ひ	み		り		
i	ki	shi	chi	ni	hi	mi		ri		
う	く	す	つ	ぬ	ふ	む	ゆ	る		
u	ku	su	tsu	nu	hu	mu	yu	ru		
え	け	せ	て	ね	へ	め		れ		
e	ke	se	te	ne	he	me		re		
お	こ	そ	と	の	ほ	も	よ	ろ	を	
o	ko	so	to	no	ho	mo	yo	ro	o	

Syllables with b, d, g, z, and p

が	ざ	だ	ば	ぱ
ga	za	da	ba	pa
ぎ	じ	ぢ	び	ぴ
gi	ji	ji	bi	pi
ぐ	ず	づ	ぶ	ぷ
gu	zu	zu	bu	pu
げ	ぜ	で	べ	ぺ
ge	ze	de	be	pe
ご	ぞ	ど	ぼ	ぽ
go	zo	do	bo	po

In the charts above, the hiragana を, which theoretically should correspond to *wo*, is actually pronounced the same as お. を is used as the direct object marker in sentences, but お is used elsewhere. The hiragana ぢ and づ should correspond to *di* and *du* respectively, but they are pronounced the same as じ andず. They are limited in their use, which will be explained later.

Syllables formed by consonant+y+vowel

や	きゃ	ぎゃ	しゃ	じゃ	ちゃ	にゃ	ひゃ	びゃ	ぴゃ	みゃ	りゃ
ya	kya	gya	sha	ja	cha	nya	hya	bya	pya	mya	rya
ゆ	きゅ	ぎゅ	しゅ	じゅ	ちゅ	にゅ	ひゅ	びゅ	ぴゅ	みゅ	りゅ
yu	kyu	gyu	shu	ju	chu	nyu	hyu	byu	pyu	myu	ryu
よ	きょ	ぎょ	しょ	じょ	ちょ	にょ	ひょ	びょ	ぴょ	みょ	りょ
yo	kyo	gyo	sho	jo	cho	nyo	hyo	byo	pyo	myo	ryo

Note: The second *o* following another *o* within a meaningful unit is usually written in hiragana as う.

koo tsuukoo sha	こうつうこうしゃ	"Japan Travel Bureau"
byooin	びょういん	"hospital"
soo desu	そうです	"It is so."

There are a limited number of exceptions to this orthographic rule. Some of the examples are:

Oosaka	おおさか	"Osaka"
ooi	おおい	"many"
ookii	おおきい	"big"
tooi	とおい	"far"

Double consonants are written as っ at the right bottom of the preceding hiragana as in がっこう "school" or いってください "Please say it."† For the combination *nn*, the first *n* is written as ん and the second one will be part of the next syllable (n+vowel) as in *sonna* そんな "that kind of."

VI. Exercises

1. Read the following and transcribe them into rooma-ji.

a. よこはま
b. ひろしま
c. たなか
d. なごや
e. たばこ
f. てんぷら
g. すきやき
h. かわばた
i. からて
j. いけばな

2. Practice writing hiragana according to the following specifications. As for stroke-order the horizontal line goes from left to right and the vertical line from top to bottom. The circle line goes as follows:

の わ

† **Note:** When がっこう is written vertically, it is put as が
っ
こ
う.

a	あ	一 ナ あ あ	ne	ね	丨 オ ね
i	い	い い	no	の	の
u	う	゛ う	ha	は	丨 に は
e	え	゛ え	hi	ひ	一 ひ
o	お	一 才 お お	hu	ふ	ヽ ふ ふ ふ
ka	か	つ カ か	he	へ	へ
ki	き	一 二 キ き	ho	ほ	丨 に に ほ
ku	く	く	ma	ま	一 二 ま
ke	け	丨 に け	mi	み	ア み み
ko	こ	⌒ こ	mu	む	一 す む む
sa	さ	一 ち さ	me	め	ヽ め め
shi	し	し	mo	も	し も も
su	す	一 寸 す	ya	や	つ つ や
se	せ	一 ナ せ	yu	ゆ	ひ ゆ
so	そ	ㄹ そ	yo	よ	一 よ
ta	た	一 ナ た た	ra	ら	ヽ ら
chi	ち	一 ち	ri	り	丨 り
tsu	つ	つ	ru	る	ア る
te	て	て	re	れ	丨 オ れ
to	と	ヽ と	ro	ろ	ア ろ
na	な	一 ナ ナ な	wa	わ	丨 オ わ
ni	に	丨 に に	o	を	一 ち を
nu	ぬ	ヽ め ぬ	n	ん	ノ ん

ga	が	za	ざ	da	だ	ba	ば	pa	ぱ

3. Transcribe the following into hiragana.

a. akai "red"
b. aoi "blue"
c. kuroi "black"
d. watakushi "I"
e. anata "you"
f. hon "book"
g. omoshiroi "interesting"
h. nihongo "Japanese language"
i. jibiki "dictionary"
j. enpitsu "pencil"

4. Practice reading the following and transcribe them into rooma-ji.

a. きれい "pretty"
b. りっぱ "outstanding"
c. えいが "movie"
d. がっこう "school"
e. はっきり "clearly"
f. いっしょ "together"
g. もっと "more"
h. おねえさん "older sister"
i. おにいさん "older brother"
j. ゆうびんきょく "post office"
k. だいがく "university"
l. じゅうどう "judo"
m. こうべ "Kobe"
n. にほん "Japan"
o. ほっかいどう "Hokkaido"
p. きゅうしゅう "Kyushu"
q. とうきょう "Tokyo"
r. おおさか "Osaka"
s. きょうと "Kyoto"
t. こうつうこうしゃ "Japan Travel Bureau"

5. Practice reading the following and memorize them.

a. おはよう　ございます。 "Good morning."

b. ありがとう　ございます。　"Thank you."
c. おげんき　です　か。　"Are you well?"
d. しつれい　します。　"Excuse me."
e. もう　いちど　いって　ください。　"Please say it again."
f. みなさん，いっしょに　いって　ください。　"Everyone, please say it together."
g. どう　いたしまして。　"You're welcome.

6. Transcribe the following into hiragana.

a. Tookyoo
b. Hokkaidoo
c. Kyuushuu
d. Yokosuka
e. Koobe
f. Nagoya
g. Suzuki
h. Hujisan
i. Kawabata

VII. Vocabulary Items in Lesson 1. Listing is according to the order of Japanese syllables. Obvious proper names are excluded here. They are given in one of the indexes at the end of the book.

あおい	*aj.*	blue
あかい	*aj.*	red
あなた	*n.*	you
あめ	*n.*	rain
あめ	*n.*	candy
いけばな	*n.*	flower arrangement
いしょ	*n.*	will (written)
いた	*v.*	was present
いち	*n.*	one
いっしょに	*adv.*	together
いった	*v.*	said
いっち	*n.*	agreement
えいが	*n.*	movie
えんぴつ	*n.*	pencil
おおい	*aj.*	many
おおきい	*aj.*	big
おじいさん	*n.*	grandfather
おじさん	*n.*	uncle
おにいさん	*n.*	older brother
おねえさん	*n.*	older sister
おばあさん	*n.*	grandmother
おばさん	*n.*	aunt
おもしろい	*aj.*	interesting
がっこう	*n.*	school
からて	*n.*	karate
きれい	*na.*	pretty
くろい	*aj.*	black

こい	*n.*	love
こうい	*n.*	behavior
こうつう	*n.*	traffic
こうつう こうしゃ	*n.*	Japan Travel Bureau
さかな	*n.*	fish
じびき	*n.*	dictionary†
じゅうどう	*n.*	judo
すきやき	*n.*	sukiyaki
そう	*adv.*	so
そんな	*dem.*	such (as that)
だいがく	*n.*	university
たばこ	*n.*	cigarette
てんぷら	*n.*	tempura (deep fried food)
とおい	*aj.*	far
にほん	*n.*	Japan
にほんご	*n.*	Japanese language
はっきり	*adv.*	clearly
びょういん	*n.*	hospital
ふじさん	*n.*	Mt. Fuji
ほん	*n.*	book
まさつ	*n.*	friction
まっさつ	*n.*	elimination
もっと	*adv.*	more
もと	*n.*	root
ゆうびん きょく	*n.*	post office
りっぱ	*na.*	outstanding
わたくし	*n.*	I

VIII. Useful expressions in Lesson 1.

ありがとう　ございます。	Thank you very much.
おげんき　です　か。	How are you?
おはよう　ございます。	Good morning.
こんにち　は。(wa)	Hello./Good afternoon./Good day.
こんばん　は。(wa)	Good evening.
さようなら。	Good-bye.
しつれい　します。	Excuse me.
どう　いたしまして。	You're welcome. /Not at all.
みなさん　いっしょに　いって　ください。	Everyone, please say it together.
もう　いちど　いって　ください。	Please say it again.

†**Note:** じびき can be replaced by more common じしょ from now on.

LESSON 2

Vocabulary Items

あれ	*n./dem.*	that one (over there)
いい	*aj.*	good (but not for food meaning おいしい = "delicious")
いいえ	*int.*	no
いしゃ	*n.*	medical doctor
か	*pt.*	interrogative particle
かいしゃいん	*n.*	company employee
がくせい	*n.*	student
ぎんこう	*n.*	bank
これ	*n./dem.*	this one
さっか	*n.*	author
——さん	*suf.*	Mr., Mrs., Miss, Ms.
せんせい	*n.*	teacher
それ	*n./dem.*	that one
です	*cop.*	is
ではありません, じゃありません	*v.*	is not
どれ	*n./inter.*	which one (of three or more items)
なに, なん	*n./inter.*	what
にほんじん	*n.*	Japanese person
cf. ——じん	*suf.*	person
は	*pt.*	as for (topic marker)
はい	*int.*	yes
も	*pt.*	too, also

Model Sentences

1. I am a student.
2. Mr. Tanaka is a teacher.
3. Mr. Yamada is a teacher, too.
4. Mr. Ikeda is not a teacher. He is an author.
5. This is a pencil.
6. That is a pencil, too. It is a red pencil.
7. That one over there is a dictionary. It is a good dictionary.
8. Lit. Both I and you are students. (Normally in English: both you and I...)
9. Neither Mr. Tanaka nor Mr. Yamada is a company employee.
10. Neither this one nor that one is a post office.
11. a. Is Mr. Kawada a doctor?
    b. Yes, Mr. Kawada is a doctor.
12. a. That one over there isn't a hospital?
    b. Right, that one isn't a hospital. It is a bank.
13. a. That one over there isn't a hospital, either?
    b. Yes, that is a hospital. (Lit: No, that one is a hospital.)
14. a. What is that over there?
    b. That one over there is a school.
15. a. Is the black pencil that one over there?
    b. Yes, it is that one.
16. a. Which one is the red pencil? (Lit. As for the red pencil, which one is it?)
    b. It is this one.

1. わたくし　は，がくせい　です。
2. たなかさん　は，せんせい　です。
3. やまださん　も，せんせい　です。
4. いけださん　は，せんせい　で　は　ありません。さっか　です。
5. これ　は，えんぴつ　です。
6. それ　も　えんぴつ　です。あかい　えんぴつ　です。
7. あれ　は，じびき　です。いい　じびき　です。
8. わたくし　も，あなた　も，がくせい　です。
9. たなかさん　も，やまださん　も，かいしゃいん　で　は　ありません。
10. これ　も　それ　も，ゆうびんきょく　じゃ　ありません。
11. a．かわださん　は，いしゃ　です　か。
    b．はい，かわださん　は，いしゃ　です。
12. a．あれ　は，びょういん　じゃ　ありません　か。

b. はい，びょういん　じゃ　ありません。ぎんこう　です。
13. a. あれ　も，びょういん　じゃ　ありません　か。
b. いいえ，あれ　は　びょういん　です。
14. a. あれ　は　なん　です　か。
b. あれ　は，がっこう　です。
15. a. くろい　えんぴつ　は，あれ　です　か。
b. はい，あれ　です。
16. a. あかい　えんぴつ　は，どれ　ですか。
b. これ　です。

Basic Pattern

わたくし	は	たなか	です。		I am Tanaka.
これ	は	おもしろい　ほん	です	(か)。	This is an interesting book. (Is this ... book?)
Topic		Predicate		Interrogative Particle	
Noun Phrase$_1$	wa	Noun Phrase$_2$	desu	ka	

I. Particle wa : は

The particle は indicates that the noun preceding it is the topic of the sentence. In most of the model sentences given, the subject and the topic of each sentence coincide; however, the topic may or may not be identical with the subject. Adverbs and direct objects may become the topic, also. Such examples will be given later.

The particle は may sometimes indicate the meaning of contrast. In general, when は appears with a noun at the sentence initial position, it has the meaning of topic; otherwise, it has a contrastive meaning. We will discuss the meaning of contrast more later. The particle は is pronounced *wa*.

II. Copula desu : です

The word です is the copula, equivalent to English *is/am/are*. It is generally used with nouns. Its negative form is では　ありません, which becomes じゃ　ありません when it is contracted. The hiragana は in では　ありません is pronounced *wa*, and it is associated with the meaning of contrast. This means that when we say "X is *not* Y," it is implied that X is something else. Such a contrast in English may be expressed with a stress as in *I am not a téacher.*

III. Particle mo : も

Semantically, the particle も in this lesson is quite similar to English *too*. In a sentence, the particles も and は occupy the same position. In other words, the particle も can replace は, adding a sense of *too* or *also*. When も occurs in a negative, it means *either* in English. When there are two nouns, each followed by the particle も, it means " both $noun_1$ and $noun_2$ " in an affirmative sentence, and " neither $noun_1$ nor $noun_2$ " in a negative sentence. Study the following examples.

かわださん　も　やまださん　も　がくせい　です。
" Both Mr. Kawada and Mr. Yamada are students."
かわださん　も　やまださん　も　いしゃ　で　は　ありません。
" Neither Mr. Kawada nor Mr. Yamada is a doctor."

IV. -san ; さん

The suffix さん " Mr./ Mrs./ Miss/ Ms." is added to a person's name. It is never added, however, to the name of the speaker himself.

V. Interrogative sentences

The particle か is added to statement sentences in order to make them into interrogative sentences. For example :

これ　は　えんぴつ　です。 → これ　は　えんぴつ　です　か。
" This is a pencil." " Is this a pencil ? "

Pronominal questions (in English they are who, what, where, when, and how type questions) are formed simply by replacing the noun with an interrogative pronoun and adding particle か at the end of the sentence.

これ　は　えんぴつ　です。 " This is a pencil."
これ　は　なん　です　か。 " What is this ?"
" Lit. This is what ?/ As for this, (it) is what ?"

VI. Demonstratives : これ，それ，あれ，どれ

The demonstratives これ " this one," それ " that one," あれ " that one over there," and どれ " which one (of three or more items)" are all nouns, and can be directly followed by a particle or the copula, but not by another noun. Thus, we may say, これ　は　ほん　です " This is a book," or ほん　は　どれ　です　か " Lit. As for the book, which one is it ?" However, これ

ほん to mean " this book " *never* occurs.

VII. Adjective+Noun

A noun may be modified by an immediately preceding adjective, as in あかい えんぴつ " red pencil." Such a combination of adjective and noun is the same as that in English. Other examples: いい じびき " good dictionary," おおきい がっこう " big school," おもしろい ほん " interesting book."

VIII. Yes-No questions and responses

Notice the use of yes—no in answering a negative question. The meaning of negative question 12a is something like: " That one is not a hospital, right?" To this question, the answer "(You are) right, it is not a hospital," comes out in Japanese as 12b. Answer 13b means something like "(You are) wrong, that is a hospital." Actually, however, the use of yes and no in answering negative questions is more complex and will be explained more fully in later lessons.

Notice that in answering a question, *noun* + *wa* (and actually *Noun* + *mo*, also) can be dropped as the context is very clear. A similar situation exists in English: Speaker A: " How are you?" Speaker B: " Fine." (*I am* is dropped.)

◈ Exercises

I. Fill in the blanks and translate. Enter one hiragana in each blank.

a. わたくし (　) たなか (　)(　)。

b. たなか(　)(　) は がくせい (　)(　) ありません。

c. わたくし (　) かいしゃいん じゃ (　)(　)(　)(　)(　)。

d. やまださん (　) せんせい (　) (　) か。

e. (　)(　)(　), せんせい (　)(　) ありません。

f. たなかさん (　) やまださん (　) にほんじん (　)(　)。

g. これ (　) なん (　)(　)(　)。

h. それ (　) えんぴつ (　)(　)。

i. あれ (　) くろい えんぴつ (　)(　) ありません。

j. あかい えんぴつ (　) これ (　)(　)。

II. Read and transform the following sentences into pronominal questions by replacing the underlined parts with the appropriate interrogative pronouns.

Example: あれ　は　<u>ゆうびんきょく</u>　です。→ あれ　は　なん　です　か。

a.　これ　は　<u>えんぴつ</u>　です。

b.　おもしろい　ほん　は　<u>これ</u>　です。

c.　あれ　は　<u>びょういん</u>　です。

d.　ゆうびんきょく　は　<u>あれ</u>　です。

e.　それ　は　<u>こうつうこうしゃ</u>　です。

III. Translate into Japanese and write in hiragana.

1. Mr. Yamada is not a teacher either.
2. This is an interesting book.
3. Mr. Tanaka is an interesting student.
4. This is a big hospital.
5. No, that is not a big hospital.
6. Are you Mr. Tanaka?
7. You are not Mr. Tanaka, right?
8. The post office is that one over there.
9. Which one is the cigarette? (Lit. As for the cigarette, which one is it?)
10. What is this? (Lit. As for this one, what is it?)
11. The interesting book is that one over there.
12. Is Mr. Yamada an interesting teacher?
13. Which one is the big post office? (Lit. As for the big post office, which one is it?)
14. That is not a hospital.
15. Both Mr. Tanaka and Mr. Yamada are Japanese.
16. Neither this one nor that one is a red pencil.
17. That one over there is not a black pencil, either.
18. Is Mr. Tanaka a teacher, too?
19. That isn't a dictionary, either, right?
20. Both this one and that one are interesting books.

◈ Oral practice

I. Substitution Drill.

たなかさん　は	がくせい	です。
	せんせい	では　ありません。
	にほんじん	
	かいしゃいん	
	さっか	

II. Substitution Drill.

これ それ あれ	は	びょういん ゆうびんきょく ぎんこう えんぴつ がっこう なん	です か。

III. Transformation Drill. (Negation)

Example: Instructor: たなかさん は せんせい です。
Student: たなかさん は せんせい で は ありません。

1. やまださん は がくせい です。 → やまださん は がくせい で は ありません。
2. わたくし は いしゃ です。 → わたくし は いしゃ で は ありません。
3. あなた は にほんじん です。 → あなた は にほんじん で は ありません。
4. わたくし は かいしゃいん です。 → わたくし は かいしゃいん で は ありません。
5. あなた は さっか です。 → あなた は さっか で は ありません。
6. これ は びょういん です。 → これ は びょういん で は ありません。
7. それ は ほん です。 → それ は ほん で は ありません。
8. あれ は ゆうびんきょく です。 → あれ は ゆうびんきょく で は ありません。
9. これ は ぎんこう です。 → これ は ぎんこう で は ありません。
10. それ は じびき です。 → それ は じびき で は ありません。
11. あれ は えんぴつ です。 → あれ は えんぴつ で は ありません。
12. あれ は がっこう です。 → あれ は がっこう で は ありません。

IV. Substitution Drill.

おおきい	びょういん	は	あれ	です　か。
いい	じびき		それ	
	ぎんこう		どれ	
	がっこう			
	だいがく			

V. Response Drill. (Negative Question)

Example: Instructor: たなかさん　は　せんせい　じゃ　ありません　か。（いいえ）

Student: いいえ，せんせい　です。

1. これ　は　おもしろい　ほん　じゃ　ありません　か。（はい） — はい，おもしろい　ほん　じゃ　ありません。
2. あなた　は　にほんじん　じゃ　ありません　か。（いいえ） — いいえ，にほんじん　です。
3. あれ　は　ゆうびんきょく　じゃ　ありません　か。（いいえ） — いいえ，ゆうびんきょく　です。
4. それ　は　がっこう　じゃ　ありません　か。（はい） — はい，がっこう　じゃ　ありません。
5. あれ　は　だいがく　じゃ　ありません　か。（いいえ） — いいえ，だいがく　です。
6. あなた　は　がくせい　じゃ　ありません　か。（はい） — はい，がくせい　じゃ　ありません。
7. やまださん　は　かいしゃいん　じゃ　ありません　か。（いいえ） — いいえ，かいしゃいん　です。
8. これ　は　おもしろい　ほん　じゃ　ありません　か。（はい） — はい，おもしろい　ほん　じゃ　ありません。

VI. Response Drill. (Positive Questions)

1. あれ　も　ぎんこう　です　か。（はい） — はい，あれ　も　ぎんこう　です。
2. たなかさん　も　せんせい　です　か。（いいえ） — いいえ，たなかさん　は　せんせい　で　は　ありません。
3. これ　も　じびき　です　か。（はい） — はい，それ　も　じびき　です。
4. それ　も　びょういん　です　か。（いいえ） — いいえ，それ　は　びょういん　で　は　ありません。

5. やまださん　も　いしゃ　です　か。（いいえ）　いいえ，やまださん　は　いしゃ　では　ありません。
6. いけださん　も　さっか　です　か。（はい）　はい，いけださん　も　さっか　です。
7. あれ　も　だいがく　です　か。（いいえ）　いいえ，あれ　は　だいがく　では　ありません。
8. あなた　も　にほんじん　です　か。（いいえ）　いいえ，わたくし　は　にほんじん　では　ありません。

VII. Transformation Drill.

Example: Instructor: わたくし　は　にほんじん　で　は　ありません。
Student: わたくし　も　にほんじん　で　は　ありません。

1. たなかさん　は　さっか　で　は　ありません。 → たなかさん　も　さっか　で　は　ありません。
2. これ　は　えんぴつ　で　は　ありません。 → これ　も　えんぴつ　で　は　ありません。
3. あれ　は　ほん　で　は　ありません。 → あれ　も　ほん　で　は　ありません。
4. それ　は　ぎんこう　で　は　ありません。 → それ　も　ぎんこう　で　は　ありません。
5. これ　は　がっこう　で　は　ありません。 → これ　も　がっこう　で　は　ありません。
6. いけださん　は　せんせい　で　は　ありません。 → いけださん　も　せんせい　で　は　ありません。
7. あれ　は　びょういん　で　は　ありません。 → あれ　も　びょういん　で　は　ありません。
8. これ　は　いい　じびき　で　は　ありません。 → これ　も　いい　じびき　で　は　ありません。

VIII. Response Drill.

Example: Instructor: これ　は　なん　です　か。（ほん）
Student: それ　は　ほん　です。

1. それ　は　なん　です　か。（じびき）　それ　は　じびき　です。
2. あれ　は　なん　です　か。（ぎんこう）　あれ　は　ぎんこう　です。

3. びょういん は どれ です か。（あれ） — びょういん は あれ です。
4. おもしろい ほん は どれ です か。（これ） — おもしろい ほん は これ です。
5. あかい えんぴつ は どれ です か。（それ） — あかい えんぴつ は それ です。
6. あおい えんぴつ は どれ です か。（これ） — あおい えんぴつ は これ です。
7. いい じびき は どれ です か。（あれ） — いい じびき は あれ です。
8. これ は なん です か。（たばこ） — それ は たばこ です。

IX. Transformation Drill. (Join the two sentences using も.)

Example: Instructor: たなかさん は がくせい です。
やまださん は がくせい です。
Student: たなかさん も やまださん も がくせい です。

1. これ は じびき です。
あれ は じびき です。
→ これ も あれ も じびき です。
2. わたくし は にほんじん です。
あなた は にほんじん です。
→ わたくし も あなた も にほんじん です。
3. これ は ぎんこう です。
あれ は ぎんこう です。
→ これ も あれ も ぎんこう です。
4. これ は あかい えんぴつ です。
あれ は あかい えんぴつ です。
→ これ も あれ も あかい えんぴつ です。
5. たなかさん は せんせい じゃ ありません。
やまださん は せんせい じゃ ありません。
→ たなかさん も やまださん も せんせい じゃ ありません。
6. これ は たばこ で は ありません。
あれ は たばこ で は ありません。
→ これ も あれ も たばこ で は ありません。
7. これ は びょういん じゃ ありません。
それ は びょういん じゃ ありません。
→ これ も それ も びょういん じゃ ありません。

8. わたくし　は　いしゃ　で　は　ありません。
いけださん　は　いしゃ　で　は　ありません。
→ わたくし　も　いけださん　も　いしゃ　で　は　ありません。

9. たなかさん　は　さっか　じゃ　ありません。
やまださん　は　さっか　じゃ　ありません。
→ たなかさん　も　やまださん　も　さっか　じゃ　ありません。

10. これ　は　いい　ほん　じゃ　ありません。
それ　は　いい　ほん　じゃ　ありません。
→ これ　も　それ　も　いい　ほん　じゃ　ありません。

X. Memorize the following conversations.

1. やまだ：あれ　は　ぎんこう　です　か。
いけだ：いいえ，ぎんこう　じゃ　ありません。
やまだ：あれ　は　なん　です　か。
いけだ：あれ　は　ゆうびんきょく　です。

2. たなか：おおきい　びょういん　は　どれ　です　か。
やまだ：あれ　です。
たなか：あれ　は　がっこう　じゃ　ありません　か。
やまだ：はい，がっこう　じゃ　ありません。

3. たなか：わたくし　は　がくせい　です。あなた　も　がくせい　ですか。
いけだ：はい，わたくし　も　がくせい　です。
たなか：やまださん　も　なかださん　も　がくせい　です　か。
いけだ：はい，やまださん　も　なかださん　も　がくせい　です。

XI. Make a conversation of 5 or 6 lines.

LESSON 3

Vocabulary Items

あそこ	*n./dem.*	there (over there)
あの	*dem.*	that over there
あります	*v.*	to exist, is (inanimate)
います	*v.*	to exist, is (animate)
きのう（きのう）	*n.*	yesterday
きょう	*n.*	today
くつ	*n.*	shoes
くるま	*n.*	car, automobile
ここ	*n./dem.*	here
この	*dem.*	this
ざっし	*n.*	magazine
しんぶん	*n.*	newspaper
そこ	*n./dem.*	there
その	*dem.*	that
たかい	*aj.*	high, expensive
だれ	*n./inter.*	who
ちいさい	*aj.*	small
ちかい	*aj.*	near
ちょっと	*adv.*	a little (adverb)
つまらない	*aj.*	dull, not interesting, boring
どこ	*n./inter.*	where
どの	*dem./inter.*	which (of three or more)
に	*pt.*	at, on, in
の	*n.*	thing, one (as in a big one)

ひろい	*aj.*	wide, spacious
みち	*n.*	road, street
みなさん	*n.*	everybody
やさしい	*aj.*	kind, gentle
やすい	*aj.*	cheap
よい	*aj.*	good

Model Sentences

1. This movie is boring.
2. That book is not interesting.
3. That magazine is a little expensive.
4. Which dictionary is good ?
5. That dictionary is good.
6. Are the streets in Tokyo wide ?
7. No, the streets in Tokyo are not wide.
8. Where is your car ?
9. My car is here.
10. Yesterday's newspaper is there.
11. Yesterday's newspaper is not here.
12. There is an interesting newspaper. (We have an interesting newspaper).
13. There is an interesting thing. (an interesting one).
14. Today's (newspaper) is over there.
15. Where is your car ?
16. Mine is over there. (Lit. As for mine, (its location) is that place).
17. Where is your (older) brother ?
18. He is at school.
19. Who is there ?
20. Mr. Yamada is there.

1. この えいが は，つまらない です。
2. あの ほん は，おもしろく ありません。
3. その ざっし は，ちょっと たかい です。
4. どの じびき が いい です か。
5. あの じびき が いい です。
6. とうきょう の みち は，ひろい です か。
7. いいえ，とうきょう の みち は，ひろく ありません。
8. あなた の くるま は，どこ に あります か。
9. わたくし の くるま は，ここ に あります。

10. きのう の しんぶん は，そこ に あります。
11. きのう の しんぶん は，ここ に ありません。
12. おもしろい しんぶん が あります。
13. おもしろい の が あります。
14. きょう の は あそこ に あります。
15. あなた の くるま は，どこ です か。
16. わたくし の は，あそこ です。
17. あなた の おにいさん は どこ に います か。
18. がっこう に います。
19. そこ に だれ が います か。
20. やまださん が います。

Basic Pattern 1

とうきょう の みち	は	ひろい	です
おおさか の みち	は	ひろく	ありません
Noun Phrase	wa	Adjective Adjective + ku	desu arimasen

Basic Pattern 2

どの じびき	が	いい	です か
あの ほん	が	おもしろい	です
Noun Phrase (Subject)	ga	Adjective	desu (ka)

Basic Pattern 3

あかい えんぴつ	は	ここ	に	あります
あかい の	は	あそこ	に	あります
やまださん	は	そこ	に	います
あなた の くるま	は	どこ		ですか
わたくし の	は	ここ		です
Noun Phrase	wa	Noun Phrase (Location)	ni —	arimasu/imasu desu

I. Demonstratives: この，その，あの，どの

The demonstratives この "this," その "that," あの "that over there," and どの "which (of three or more items)" must be followed by a noun phrase.

Therefore, この is grammatically different from これ "this one," a noun. Notice that これ can be followed by は, but この can never be followed by a particle. Thus, *この は is impossible while これ は is perfectly normal. (From now on ungrammatical phrases and sentences will be marked by an asterisk as above.)

In order to designate location, ここ "this place/ here," そこ "that place/ there," あそこ "that place over there/ over there," and どこ "where" are used. These are all nouns and can be followed by a particle. Study the following chart.

これ this one	この this	ここ here
それ that one	その that	そこ there
あれ that one over there	あの that over there	あそこ over there
どれ which one	どの which	どこ where

II. Adjectives

Notice that adjectives such as おもしろい "interesting," たかい "high/ expensive," いい "good," and ひろい "wide/ spacious" all end in the vowel い。 This final vowel can express the non-past tense (i.e. the present or future tense) of the adjective. The copula です occurring after the adjective makes the sentence formal or more polite. In fact, です immediately following an adjective is the formality marker of the adjective, and as such it should be differentiated from the normal copula which follows nouns. (This difference will become clear later.) If です does not occur after adjectives, an informal statement will result, but it is still grammatical. (Informal sentences will be presented in later chapters.) です never occurs when adjectives directly modify nouns. For example, *あかい です ほん to mean "red book" is ungrammatical.

When adjectives are negated, the final vowel い is replaced by the syllable く and the negative ありません is added. Thus, the form *adjective*-くありません results. Study the following chart and memorize. Notice the difference of negative forms between the noun and the adjective.

	Affirmative	Negative
Noun	ほん です "It is a book."	ほん で は ありません "It is not a book."
Adjective	あかい です "It is red."	あかく ありません "It is not red."

The negative form of いい です "It is good," is よく ありません "It is not good." The adjective いい, in fact, has another form よい, and only this form is used for making the negative.

Adjectives may be modified by various adverbs. The adverb ちょっと "a little" is a degree adverb, and phrases like ちょっと あかい "a little red," and ちょっと とおい "a little far" are normal.

III. Particle が

The particle が is the subject marker. In meaning and function it is different from は. When interrogatives are the subjects of pronominal questions, only が occurs after the interrogatives, and the particle は *never* occurs there.

Never *なに は おもしろい です か。
"What is interesting?"

*どの じびき は たかい です か。
"Which dictionary is expensive?"

Always なに が おもしろい です か。
"What is interesting?"

どの じびき が たかい です か。
"Which dictionary is expensive?"

The best answers to the above questions are:

この ほん が おもしろい です。
"This book is interesting."

あの じびき が たかい です。
"That dictionary over there is expensive."

To the above questions, the following answers are *impossible*.

この ほん は おもしろい です。
"This book is interesting."
(Lit. As for this book, it is interesting.)

あの じびき は たかい です。
"That dictionary over there, is expensive."
(Lit. As for that dictionary over there, it is expensive.)

Semantically, が shows where the center of information lies. When we ask a question such as なに が おもしろい です か "What is interesting?" we already know that something interesting exists, and what we want to know is what that thing is. Therefore, the center of information lies in the object that has to be identified. When the object is properly identified as この ほん "this book" or あの じびき "that dictionary," then it is followed by the particle が since it is the center of information. On the other hand, when は is used as in the first model sentence, whatever precedes は has already been registered in the mind of both the speaker and the hearer. It might have been previously mentioned, or it might be something very common or visible both to the speaker and the hearer. Therefore, we can topicalize whatever we have already registered in our mind. When が is used, however, whatever precedes it is new information and is thus thought of as the center or focus of information.

IV. Particle の

A noun followed by the particle の may modify another noun. Thus, the noun みち "road" may be modified by a noun plus の as in とうきょう の みち "The streets in Tokyo/ the streets of Tokyo/ Tokyo's streets." Thus, きょう の しんぶん means "the newspaper of today (i.e. today's newspaper.)" Also, we can say, だれ の くるま "whose car," わたくし の がっこう "my school," etc.

V. Number and noun form

Notice that in Japanese there is no difference in word form based on number. Thus, ほん may mean "a book" or "books."

VI. Verb of existence and locatives

The verb of existence あります occurs together with a locative noun, which is followed by the particle に "at/ on/ in" as in とうきょう に "in Tokyo." However, に あります may be replaced by the copula です。 The meaning remains the same. Thus, we can say:

それ は とうきょう に あります。"That thing is in Tokyo."
(Lit. As for that one, it exists in Tokyo.)

それ は とうきょう です。 "That thing is in Tokyo."
(Lit. As for that one, it is Tokyo.)

In fact, the sentence それ は とうきょう です is ambiguous without the context. It can also mean, "That is Tokyo."

Be sure to associate に with あります, and if に is not used, です must be used in order to express the meaning of existence. *Never* say:

*それ は とうきょう あります。 (に is omitted here)

*それ は とうきょう に です。 (if に is used, あります must be used.)

The verb of existence for animate nouns is います。 Therefore, たなかさん が ここ に います "Mr. Tanaka is here" is grammatical, but *たなかさん が ここ に あります or *ほん が ここ に います is ungrammatical.

Occasionally, however, あります may be used for expressing the existence (or possession) of family members and relatives.

おにいさん が あります か。 "Do you have a brother?"

おねえさん が ありません か。 "Don't you have a sister?"

The verb of existence あります is often associated with the meaning *to have* or *to own* something. Therefore, a sentence like ほん が あります may mean at least two things: " there is a book " or " (I) have a book."

VII. Pronominal の " one "

A modified noun may be replaced by の. Thus, in おもしろい しんぶん " interesting newspaper," if しんぶん is replaced by の in a proper context, we will have おもしろい の " an interesting one."

Since a noun may be modified by a *noun*+の as in わたくし の くるま " my car," if the modified noun is replaced by の, then わたくし の の should result. In such a case, however, the second の " one " is deleted. Such a deletion is very similar to the deletion of *one* in English. Examine the following:

big car ⟶ big one
John's car ⟶ John's one ⟶ John's

◈ Exercises

I. Given the following words, make appropriate sentences, write them, and read them. Also, translate into English.

Example: とうきょう，おおきい → とうきょう は おおきい です。
" Tokyo is big."

1. その，がっこう，いい
2. この，くつ，あかい
3. おねえさん，やさしい
4. おにいさん，おもしろい
5. ぎんこう，とおい
6. ゆうびんきょく，ちいさい
7. とうきょう，みち，ひろい
8. それ，あおい
9. その，じびき，たかい
10. この，えいが，つまらない

II. Change the following into negative sentences and translate.

Example: この ほん は おもしろい です。
→ この ほん は おもしろく ありません。
" This book is not interesting."

1. あの　くるま　は　たかい　です。
2. その　みち　は　ひろい　です。
3. この　じびき　は　いい　です。
4. その　えんぴつ　は　あかい　です。
5. あの　びょういん　は　ちいさい　です。
6. その　ゆうびんきょく　は　とおい　です。
7. それ　は　あおい　です　か。
8. きょうと　は　おおきい　です。
9. その　くつ　は　くろい　です。
10. がっこう　は　ちかい　です。

III. Fill in the blanks and translate into English. Enter one hiragana in each blank. Consider syllables such as じゃ as composed of two hiragana (じ)(ゃ).

1. この　じびき　(　)　たか(　)　ありません。
2. こ(　)　は　ほん　(　)(　)　ありません。
3. きょうと　(　)　おおき(　)　です。
4. それ　(　)　たなかさん　(　)　えんぴつ　(　)(　)　ありません。
5. こ(　)　くるま　(　)　よく　(　)(　)(　)(　)(　)。
6. そ(　)　しんぶん　(　)　きのう　(　)　です。
7. わたくし　(　)　がっこう　(　)　ちか(　)　ありません。
8. そ(　)　えいが　(　)　つまらな(　)　です。

IV. Write the probable answers to the following questions.

1. どの　じびき　が　いい　です　か。
2. その　くるま　は　やすい　です　か。
3. どれ　が　たかい　です　か。
4. どの　がっこう　が　ちかい　です　か。
5. その　ぎんこう　は　とおい　です　か。
6. どこ　の　ゆうびんきょく　が　おおきい　です　か。
7. だれ　の　ほん　が　おもしろい　です　か。
8. その　びょういん　は　おおきい　です　か。
9. どの　えいが　が　つまらない　です　か。
10. とうきょう　の　みち　は　ひろい　です　か。

V. Replace the modified nouns with the pronoun の "one" and rewrite the sentences appropriately. Also, translate.

Example: やすい　くるま　は　よく　ありません。
→やすい　の　は　よく　ありません。
"The cheap ones are no good."

1. たなかさん　の　じびき　は　ちょっと　たかい　です。
2. わたくし　の　がっこう　は　ちかい　です。
3. おおさか　の　みち　は　ひろく　ありません。
4. おおきい　ゆうびんきょく　は　あそこ　に　あります。
5. あなた　の　くるま　は　どこ　に　あります　か。
6. わたくし　の　ほん　は　たかい　です。
7. きのう　の　しんぶん　は　どれ　です　か。
8. おもしろい　ざっし　は　どれ　です　か。

VI. Fill in the blanks and translate. Enter one hiragana in each blank; however, some of the blanks may need no entry.

1. わたくし　(　)　くつ　(　)　ここ　(　)　あります。
2. あなた　(　)　くるま　(　)　あそこ　(　)(　)　か。
3. たなかさん　(　)　は　とうきょう　(　)　あります。
4. おおきい　ゆうびんきょく　は　ここ　(　)　ありません。
5. たなかさん　(　)　がっこう　(　)　です。
6. せんせい　(　)　とうきょう　(　)(　)。
7. がくせい　(　)　がっこう　(　)　います。
8. ぎんこう　(　)　ここ　(　)　(　)(　)ません。
9. やすい　じびき　(　)　ここ　(　)(　)。
10. あそこ　(　)　います。

VII. Translate the following sentences into Japanese.

1. Is that pencil over there red?
2. Which movie is boring?
3. Which book is not interesting?
4. Aren't the streets in Tokyo wide?
5. Where is the cheap dictionary? (As for the cheap dictionary, where is it?)
6. Where is yours?
7. Where is the expensive one?
8. Is that one over there yours?
9. Schools in Osaka are a little small.
10. There isn't a big post office here.
11. Today's is not boring. (e.g., today's newspaper)
12. Cheap ones aren't good.

13. Is there a black one?
14. Mr. Tanaka's is a little interesting.
15. Mr. Tanaka's is not interesting.
16. Don't you have an older brother?
17. Who is at the bank?
18. Whose car is expensive?
19. Who is your teacher?
20. Professor Tanaka is a teacher of the Japanese language.

◈ Oral Practice

I. Substitution.

この	えいが	は	(ちょっと)おもしろい	です。
その	ほん		つまらない	
あの	しんぶん		いい	
	ざっし		たかい	
	じびき		やすい	

II. Substitution.

この	えいが	は	おもしろく	ありません。
その	ほん		つまらなく	
あの	しんぶん		よく	
	ざっし		たかく	
	じびき		やすく	

III. Substitution.

どの	じびき	が	いい	ですか。
	くつ		たかい	
	ほん		やすい	
	えんぴつ			
どれ				

IV. Practice possible answers to the above questions.

どの　じびき　が　いい　です　か。 → この　じびき　が　いい　です。

V. Substitution.

あかい　えんぴつ	は	ここ	に	あります。
おおきい　びょういん		そこ		ありません。
くろい　くつ		あそこ		
ちいさい　じびき				
たなかさん　の　がっこう				
わたくし　の　くるま				
あなた　の　ほん				

VI. Substitution.

いしゃ	は	ここ	に	います。
さっか		そこ		いません。
たなかさん		あそこ		
しみずさん				
おねえさん				
おにいさん				
せんせい				
みなさん				

VII. Response.

1. やまださん　は　どこ　に　います　か。
   (おおさか) ……　　やまださん　は　おおさか　に　います。
2. せんせい　は　どこ　に　います　か。
   (あそこ) ……　　せんせい　は　あそこ　に　います。
3. いしゃ　は　どこ　に　います　か。
   (びょういん) ……　　いしゃ　は　びょういん　に　います。
4. あの　さっか　は　どこ　に　います　か。
   (とうきょう) ……　　あの　さっか　は　とうきょう　に　います。
5. そこ　に　だれ　が　います　か。
   (たなかさん) ……　　そこ　に　たなかさん　が　います。
6. あそこ　に　だれ　が　います　か。
   (やまもとさん) ……　　あそこ　に　やまもとさん　が　います。
7. くるま　に　だれ　が　います　か。
   (おにいさん) ……　　くるま　に　おにいさん　が　います。
8. あの　ぎんこう　に　だれ　が　います　か。
   (やまださん) ……　　あの　ぎんこう　に　やまださん　が　います。

VIII. Substitution.

あかい　えんぴつ	は	ここ	です。
おおきい　びょういん		そこ	
にほんご　の　じびき		あそこ	
たなかさん　の　くるま			
あなた　の　ほん			
たなかさん			
せんせい			
いしゃ			
おにいさん			
おねえさん			

IX. Transformation.

1. あかい　えんぴつ　は　ここに　あります。
　→ あかい　の　は　ここに　あります。
2. たなかさん　の　くるま　は　あそこ　です。
　→ たなかさん　の　は　あそこ　です。
3. あなた　の　ほん　は　ここ　に　あります。
　→ あなた　の　は　ここ　に　あります。
4. わたくし　の　じびき　は　あそこ　です。
　→ わたくし　の　は　あそこ　です。
5. おおきい　ぎんこう　は　そこ　に　あります。
　→ おおきい　の　は　そこ　に　あります。
6. にほんご　の　しんぶん　は　どこ　です　か。
　→ にほんご　の　は　どこ　です　か。
7. おもしろい　ざっし　は　どこ　に　あります　か。
　→ おもしろい　の　は　どこ　に　ありますか。
8. あなた　の　がっこう　は　どこ　です　か。
　→ あなた　の　は　どこ　です　か。

X. Response.

1. しんぶん　は　どこ　です　か。
　(ここ) …… しんぶん　は　ここ　です。
2. あなた　の　くるま　は　どこ　です　か。
　(あそこ) …… わたくし　の　くるま　は　あそこ　です。

3. おもしろい　ざっし　は　どこ　です　か。
   (そこ) ……　おもしろい　ざっし　は　そこ　です。
4. いしゃ　は　どこ　です　か。
   (びょういん) ……　いしゃ　は　びょういん　です。
5. せんせい　は　どこ　です　か。
   (とうきょう) ……　せんせい　は　とうきょう　です。
6. たなかさん　の　おねえさん　は　どこ　です　か。
   (おおさか) ……　たなかさん　の　おねえさん　は　おおさか　です。
7. ほん　は　どこ　に　あります　か。
   (あそこ) ……　ほん　は　あそこ　に　あります。
8. やすい　くつ　は　どこ　に　あります　か。
   (ここ) ……　やすい　くつ　は　ここ　に　あります。
9. おおきい　ぎんこう　は　どこ　に　あります　か。
   (とうきょう) ……　おおきい　ぎんこう　は　とうきょう　に　あります。
10. ゆうびんきょく　は　どこ　に　あります　か。
   (そこ) ……　ゆうびんきょく　は　そこ　に　あります。

XI. Transformation. (Negation)

1. この　えいが　は　おもしろい　です。
   → この　えいが　は　おもしろく　ありません。
2. この　くつ　は　くろい　です。
   → この　くつ　は　くろく　ありません。
3. この　じびき　は　たかい　です。
   → この　じびき　は　たかく　ありません。
4. がっこう　は　ちかい　です。
   → がっこう　は　ちかく　ありません。
5. せんせい　は　やさしい　です。
   → せんせい　は　やさしく　ありません。
6. あの　ざっし　は　つまらない　です。
   → あの　ざっし　は　つまらなく　ありません。
7. これ　は　たなかさん　の　くるま　です。
   → これ　は　たなかさん　の　くるま　で　は　ありません。
8. ゆうびんきょく　は　あそこ　です。
   → ゆうびんきょく　は　あそこ　で　は　ありません。

9. ぎんこう　は　ここ　です。
　→ ぎんこう　は　ここ　で　は　ありません。
10. やすい　じびき　は　ここ　に　あります。
　→ やすい　じびき　は　ここ　に　ありません。
11. きょう　の　しんぶん　は　そこ　に　あります。
　→ きょう　の　しんぶん　は　そこ　に　ありません。
12. おにいさん　は　がっこう　に　います。
　→ おにいさん　は　がっこう　に　いません。
13. みなさん　は　あそこ　に　います。
　→ みなさん　は　あそこ　に　いません。
14. おねえさん　は　とうきょう　に　います。
　→ おねえさん　は　とうきょう　に　いません。

XII. Memorize the following conversations.

1. たなか：これ　は　なん　です　か。
やまだ：それ　は　にほんご　の　ほん　です。
たなか：おもしろい　です　か。
やまだ：おもしろく　ありません。ちょっと　つまらない　です。
たなか：おもしろい　の　が　あります　か。
やまだ：はい，あそこ　に　あります。

2. たなか：この　ちいさい　じびき　は　だれ　の　です　か。
やまだ：それ　は　たなかさん　の　です。
たなか：しみずさん　の　は　どこ　です　か。
やまだ：しみずさん　の　は　あそこ　です。あの　おおきい　の　が
しみずさん　の　です。

3. すずき：たなかさん　は　どこ　に　います　か。
やまだ：たなかさん　は　あの　ぎんこう　に　います。
すずき：しみずさん　も　ぎんこう　に　います　か。
やまだ：はい，います。

XIII. Make a conversation of 4 or 5 lines.

LESSON 4

Vocabulary Items

あした (あした *adv.*)	*n.*	tomorrow
あに	*n.*	(my) older brother
あね	*n.*	(my) older sister
いきます	*v. intr.*	to go
いもうと	*n.*	(my) younger sister
いもうとさん	*n.*	(someone else's) younger sister
いります	*v. intr.*	(something) is necessary, to need
うち	*n.*	house
えいご	*n.*	English language
おかあさん	*n.*	mother
おとうさん	*n.*	father
おとうと	*n.*	(my) younger brother
おとうとさん	*n.*	(someone else's) younger brother
かきます	*v. tr.*	to write
きます	*v. intr.*	to come
すこし	*adv.*	a little
ぜんぶ	*adv.*	all
そふ	*n.*	(my) grandfather
そぼ	*n.*	(my) grandmother
ちち	*n.*	(my) father
ちゅうごくご	*n.*	Chinese language
てがみ	*n.*	letter
でした	*cop.*	was, were (past tense form, cf. です)
と	*conj.*	and (connects nouns)

はなします	*v. tr.*	to speak
はは	*n.*	(my) mother
へ	*pt.*	to
まいにち	*adv.*	every day
……ませんでした	*v. neg.*	didn't . . .
よみます	*v. tr.*	to read
わかります	*v. intr.*	(something) is clear, to make sense, to understand
を	*pt.*	(direct object marker)

Model Sentences

1. Mr. Tanaka and Mr. Yamamoto speak English every day.
2. I also spoke English yesterday.
3. My (younger) brother does not speak Japanese.
4. Mr. Shimizu's older sister did not speak Japanese yesterday.
5. Mr. Matsumoto did not read the newspaper yesterday.
6. Will you write letters tomorrow?
7. No, I will not write letters tomorrow.
8. I understood it all.
9. Mr. Yamada understands Chinese a little.
10. What is necessary? (What do you need?)
11. I need a pencil.
12. Which school did you go to?
13. I went to that school over there.
14. My (older) brother went to Mr. Tanaka's house yesterday.
15. Where will you go tomorrow?
16. I will go to Tokyo.
17. Will you come here tomorrow, too?
18. No, I will not come (here) tomorrow. I will stay home.
19. That was Mr. Tanaka's dictionary.
20. That car was not Mr. Yamada's.

1. たなかさん と，やまもとさん は，まいにち えいご を はなします。
2. わたくし も，きのう，えいご を はなしました。
3. おとうと は にほんご を はなしません。
4. しみずさん の おねえさん は，きのう，にほんご を はなしませんでした。
5. まつもとさん は，きのう，しんぶん を よみません でした。

6. あした，てがみ　を　かきます　か。
7. いいえ，あした　は，てがみ　を　かきません。
8. それ　が，ぜんぶ　わかりました。
9. やまださん　は，ちゅうごくご　が，すこし　わかります。
10. なに　が　いります　か。
11. えんぴつ　が　いります。
12. どの　がっこう　へ　いきました　か。
13. あの　がっこう　へ　いきました。
14. あに　は　きのう，たなかさん　の　うち　へ　いきました。
15. あした　は，どこ　へ　いきます　か。
16. とうきょう　へ　いきます。
17. あなた　は，あした　も　ここ　へ　きます　か。
18. いいえ，あした　は　きません。うち　に　います。
19. それ　は，たなかさん　の　じびき　でした。
20. その　くるま　は，やまださん　の　で　は　ありません　でした。

I. Conjunction と "and"

The conjunction と "and" joins nominal phrases only, as in おもしろい　ほん　と　つまらない　ざっし "interesting book(s) and dull magazine(s)." This conjunction is *not* used for joining verbs, adjectives or sentences.

II. Direct object marker

The particle を is the direct object marker. A direct object occurs with a transitive verb. In English, the direct object is identified by its post-verb position as in *Mr. Tanaka speaks English*, in which *English* is the direct object and *speak* is a transitive verb. In Japanese, however, the direct object is identified by the particle を as in たなかさん　が　えいご　を　はなします or えいご　を　たなかさん　が　はなします in which えいご is the direct object regardless of its position. If the direct object is used as a topic, を is repaced by は as in えいご　は　はなしません "Lit. As for English, (I) don't speak (it)." Also, when も follows the direct object, を is normally deleted as in わたくし　は　えいご　も　はなします "I speak English, too," or わたくし　は　えいごも　にほんご　も　はなしません "I speak neither English nor Japanese."

III. Time adverbs

Words such as まいにち，きょう and きのう are time adverbs, and as such their placement in a sentence is rather free. Thus, the following variations of model sentence 1 are also grammatical. However, notice that the adverb always precedes the verb.

たなかさん と やまもとさん は えいご を まいにち はなします。

まいにち たなかさん と やまもとさん は えいご を はなします。

Such freedom of adverb placement is not confined to Japanese. Study the following English examples, in which the adverb positions seem even freer than those in Japanese examples.

Tomorrow I will go to New York.

I will go to New York tomorrow.

I will go tomorrow to New York.

In some contexts, such adverbs can also occur as nouns both in Japanese and in English. For example, in きょう の しんぶん "today's newspaper" きょう is a noun, and in *Today is Sunday*, *today* is a noun. Also, such adverbs can be topicalized just like any other nouns.

きょう は たなかさん が きました。

"Lit. As for today, Mr. Tanaka came."

In a sense, therefore, we may say that nouns and adverbs often share some similar characteristics, and that time nouns may act as adverbs.

IV. Past and non-past forms of verbs

Notice that the negative form of はなします is はなしません (model sentence 3), the past tense form, はなしました (model sentence 2), and negative past tense form, はなしません でした (model sentence 4). Study the following and memorize.

	Non-past	Past
Affirmative	はなします	はなしました
Negative	はなしません	はなしません でした

The term "non-past" means that the verb may be used both for present and future tenses. Therefore, the sentence わたくし は いきます means "I will go," or "I go." The non-past tense is also used for describing something that is true in the past, at present, and in the future just like the English use of the present tense in *The sun rises in the east.*

The past tense form of the copula です is でした as in ほん でした "It was a book." Its past tense negative form is で は ありませんでした or じゃ ありませんでした, the contracted form. Study the following and memorize.

	Non-past	Past
Affirmative	です	でした
Negative	で は ありません	で は ありません でした

A verb with the ending ます as in はなします is considered to be in a "polite" form, which will be called the "formal" form in this text. In fact, the copula です and an adjective followed by です are also "formal." Formal forms have informal counterparts. Formal forms are used in polite situations and informal forms for less polite occasions or in certain specified grammatical constructions, which will be explained later.

V. Transitive vs. intransitive verbs

As mentioned in the previous section, a direct object occurs with a transitive verb. Intransitive verbs are never accompanied by a direct object. (Some of the English intransitive verbs are: *come, sit, remain, lie, rise,* etc.)

The verb わかります "is clear/make sense" is an intransitive verb and can not take a direct object. Semantically, it is often equated to the English verb *understand,* which is a transitive verb. However, it should be remembered that their similarity does not extend to the realm of grammar. Since わかります is an intransitive verb, a sentence such as *それ を わかります is ungrammatical, but それ が わかります is a correct sentence. Model sentence 8 means something like "That all together made sense to me," which is similar in meaning to "I understood it all."

VI. Quantifiers

The words ぜんぶ "all" and すこし "a little" are not the direct objects in sentences 8 and 9 respectively. Notice that they are not followed by the direct object marker を. Rather, they are adverbs of quantity.

VII. Particle へ "to"

The particle へ "to" usually following a locative noun means that the noun preceding it is the goal or direction. It is pronounced *e*, not *he*. Study the following examples.

たなかさん は きのう とうきょう へ いきました。
"Mr. Tanaka went to Tokyo yesterday."

わたくし は あした ここ へ きます。
"I will come here tomorrow."

VIII. Terminology for family members

When the speaker is talking to someone other than his own family members or close relatives, in referring to his own older brother, あに "(my) older brother" is used, rather than おにいさん, which is an honorific form and is reserved for someone else's older brother. However, if the speaker is talking to his own family members or to close relatives or friends, おにいさん may be used in referring to his own older brother.

The use of all kinship terms follows some rigid rules of politeness. Study the following chart, in which those of the representative kinship terms are given. Note that in a written, impersonal style, the terms on the right side may also be used for someone else's family members.

	Someone else's. Also, for direct address to one's own excepting younger brother & sister.	Referring to one's own. Also, in a written impersonal style in general.
grandfather	おじいさん	そふ
grandmother	おばあさん	そぼ
father	おとうさん	ちち
mother	おかあさん	はは
older brother	おにいさん	あに
older sister	おねえさん	あね
younger brother	おとうとさん	おとうと
younger sister	いもうとさん	いもうと

Note: To directly address one's own younger brother or sister, given names are used.

◈ Exercises

I. Fill in the blanks and translate. In some cases, it is not necessary to insert anything. Enter one hiragana in each blank. Also, translate into English.

1. たなかさん ( ) にほんご ( ) かきました。
2. しんぶん ( ) よみました か。
3. やまもとさん ( ) たなかさん ( ) あそこ ( ) いませんでした。
4. それ ( ) わかりません でした。
5. どこ ( ) いきました か。
6. それ ( ) どこ ( ) ありました か。
7. やまださん ( ) おおさか ( )( ) ありません でした。
8. わたくし ( ) きのう ( ) しんぶん ( ) よみません ( )( )( )。
9. やまもとさん ( ) きょう どこ ( ) いきました か。

10. やまださん （ ） どこ （ ） です （ ）。

II. Correct the errors and translate.

1. えいご を わかります。
2. やまもとさん は とうきょう に でした。
3. たなかさん も とうきょう いました。
4. しんぶん は どこ ありました か。
5. じびき は ここ に いません。
6. きのう がっこう へ いきます。
7. せんせい は きょう がっこう いません。
8. てがみ が かきません でした。
9. あそこ に たなかさん が ありました。
10. あした ここ へ いきました か。

III. Change the following into negative sentences.

1. わたくし は きのう とうきょう へ いきました。
2. やまださん の えいご が わかりました。
3. たなかさん は あそこ に いました。
4. きのう の しんぶん は あそこ に ありました。
5. おとうと は にほんご を はなしました。
6. きのう は てがみ を かきました。
7. ぜんぶ わかりました。
8. その がっこう へ いきました。
9. わたくし は この てがみ を よみました。
10. じびき が いりました。

IV. Write possible answers to the following questions.

1. なに を よみました か。
2. なに が わかりません でした か。
3. どこ へ いきました か。
4. どこ に じびき が ありました か。
5. どの しんぶん を よみました か。
6. なに が いります か。
7. やまださん は どこ でした か。
8. どの ぎんこう へ いきます か。
9. ゆうびんきょく は どこ に ありました か。
10. きょう の しんぶん と きのう の しんぶん は どこ です か。

V. Translate the following sentences into Japanese and write in hiragana.

1. I did not speak Japanese yesterday.
2. I read it all yesterday.
3. Does Mr. Tanaka understand Chinese a little?
4. My older sister came to my school.
5. Did you go to a good hospital?
6. Where did Mr. Yamada go?
7. My older brother also writes English a little.
8. What did you need?
9. Where were your teacher and my younger brother?
10. Did you also come here yesterday?
11. What did you read?
12. What didn't you read?
13. Which newspaper did we have? (Which newspaper was there?)
14. Where is Mr. Yamada's house?
15. There is no small hospital here.
16. That wasn't a bank.
17. Mr. Tanaka wasn't a Japanese.

◈ Oral Practice

I. Substitution.

しみずさん	は	えいご	を	はなします	(か)。
せんせい		ちゅうごくご		よみます	
たなかさん　と　しみずさん		にほんご		かきます	
おねえさん　と　おにいさん		なに			

II. Substitution.

1.

あした	てがみ	を	かきます	(か)。
まいにち	しんぶん		よみます	
きょう	にほんご			
ちょっと	えいご			
すこし	ちゅうごくご			

2. Switch the positions of adverbs and direct objects above and practice.
   Example: てがみ　を　あした　かきます　(か)。

III. Substitution.

1.

たなかさん	は	ちゅうごくご	が	わかります	(か)。
せんせい		えいご			

あなた		にほんご			

2.

わたくし	は	じびき	が	いります	(か)。
おにいさん		ざっし			
おとうとさん		しんぶん			
おねえさん		ほん			
いもうとさん		なに			

3.

たなかさん	は	がっこう	へ	いきます	(か)。
あなた		おおさか		きます	
(あなた　の) おにいさん		にほん			
(わたくし　の) おとうと		どこ			

IV. Response. Answer with はい。

1. あなた　の　おじいさん　は　とうきょう　に　います　か。
   はい，そふ　は　とうきょう　に　います。
2. あなた　の　おばあさん　は　てがみ　を　かきます　か。
   はい，そぼ　は　てがみ　を　かきます。
3. あなた　の　おとうさん　は　くるま　が　いります　か。
   はい，ちち　は　くるま　が　いります。
4. あなた　の　おかあさん　は　えいご　を　はなします　か。
   はい，はは　は　えいご　を　はなします。
5. あなた　の　おにいさん　は　にほんご　が　わかります　か。
   はい，あに　は　にほんご　が　わかります。
6. あなた　の　おねえさん　は　ここ　へ　きます　か。
   はい，あね　は　ここ　へ　きます。
7. あなた　の　おとうとさん　は　しんぶん　を　よみます　か。
   はい，おとうと　は　しんぶん　を　よみます。
8. あなた　の　いもうとさん　は　とうきょう　へ　いきます　か。
   はい，いもうと　は　とうきょう　へ　いきます。
9. あなた　の　おとうさん　は　ざっし　を　よみます　か。
   はい，ちち　は　ざっし　を　よみます。
10. あなた　の　おかあさん　は　おおさか　へ　いきます　か。
    はい，はは　は　おおさか　へ　いきます。
11. あなた　の　おねえさん　は　ちゅうごくご　が　わかります　か。
    はい，あね　は　ちゅうごくご　が　わかります。
12. あなた　の　おにいさん　は　いしゃ　です　か。

はい，あに　は　いしゃ　です。

V. Inflection.

はなします	はなしました	はなしません	はなしません　でした
よみます	よみました	よみません	よみません　でした
かきます	かきました	かきません	かきません　でした
わかります	わかりました	わかりません	わかりません　でした
いります	いりました	いりません	いりません　でした
います	いました	いません	いません　でした
あります	ありました	ありません	ありません　でした
きます	きました	きません	きません　でした
いきます	いきました	いきません	いきません　でした
です	でした	じゃ　ありません	じゃ　ありません　でした

VI. Substitution.

あれは	ほん	じゃ　ありません。
	しんぶん	(では　ありません。)
	ちゅうごくご	じゃ　ありません　でした。
	ざっし	(では　ありません　でした。)
	がっこう	
	えいご　の　じびき	
	たなかさん　の　くるま	
	わたくし　の　うち	
	あなた　の　てがみ	

VII. Transformation. (Past Tense)

1. (わたくし　の)　おとうと　は　えいご　を　はなします。
   → わたくし　の　おとうと　は　えいご　を　はなしました。
2. たなかさん　は　にほんご　の　てがみ　を　かきます。
   → たなかさん　は　にほんご　の　てがみ　を　かきました。
3. どの　がっこう　へ　いきます　か。
   → どの　がっこう　へ　いきました　か。
4. ちゅうごくご　が　わかります。
   → ちゅうごくご　が　わかりました。
5. やまださん　は　きょう　とうきょう　へ　きます。
   → やまださん　は　きょう　とうきょう　へ　きました。
6. (あなた　の)　おにいさん　は　すずきさん　の　うち　に　います。

→（あなた　の）おにいさん　は　すずきさん　の　うち　に　いました。

7. まいにち　しんぶん　を　よみます　か。

→ まいにち　しんぶん　を　よみました　か。

8. じびき　が　いります　か。

→ じびき　が　いりました　か。

9. ざっし　が　ここ　に　あります　か。

→ ざっし　が　ここ　に　ありました　か。

10. あなた　の　くるま　は　どこ　です　か。

→ あなた　の　くるま　は　どこ　でした　か。

VIII. Response.（Answer with いいえ.）

1. それ　が　わかりました　か。

いいえ，それ　が　わかりません　でした。

2. きのう　えいご　を　はなしました　か。

いいえ，きのう　えいご　を　はなしません　でした。

3. きょう　てがみ　を　よみました　か。

いいえ，きょう　てがみ　を　よみません　でした。

4. がっこう　へ　きのう　いきました　か。

いいえ，がっこう　へ　きのう　いきません　でした。

5. きのう　ここ　へ　きました　か。

いいえ，きのう　ここ　へ　きません　でした。

6. きょう　うち　に　います　か。

いいえ，きょう　うち　に　いません。

7. おおきい　じびき　が　いります　か。

いいえ，おおきい　じびき　は　いりません。

8. やすい　くつ　が　あります　か。

いいえ，やすい　くつ　は　ありません。

9. ほん　を　かきます　か。

いいえ，ほん　を　かきません。

10. たなかさん　の　うち　は　ここ　です　か。

いいえ，たなかさん　の　うち　は　ここ　では　ありません。

IX. Response Drill.

1. なに を よみました か。
   (ほん) …… ほん を よみました。
2. なに が いりました か。
   (えんぴつ) …… えんぴつ が いりました。
3. だれ が きました か。
   (あに) …… あに が きました。
4. だれ が はなしました か。
   (せんせい) …… せんせい が はなしました。
5. どこ へ いきました か。
   (とうきょう) …… とうきょう へ いきました。
6. なに が わかりません でした か。
   (にほんご) …… にほんご が わかりません でした。
7. あれ は だれ の ざっし でした か。
   (あね) …… あれ は あね の ざっし でした。
8. どの てがみ を よみました か。
   (その てがみ) …… その てがみ を よみました。
9. どの ほん を かきました か。
   (この ほん) …… この ほん を かきました。

X. Memorize the following conversations.

1. やまもと：あなた は あした どこ へ いきます か。
   しみず　：たなか せんせい の うち へ いきます。
   　　　　　あなた も いきます か。
   やまもと：いいえ。わたくし は きのう せんせい の うち へ
   　　　　　いきました。 あした は，うち に います。

2. Jones　：きのう にほんご を はなしました か。
   Smith　：はい，すこし はなしました。あなた も はなしました か。
   Jones　：いいえ，わたくし は はなしませんでした。
   　　　　　にほん の しんぶん を すこし よみました。
   Smith　：ぜんぶ わかりました か。
   Jones　：いいえ。
   Smith　：にほん の しんぶん は どこ に あります か。
   Jones　：がっこう に あります。

XI. Make a conversation of 5 or 6 lines.

LESSON 5

KATAKANA

Vocabulary Items

(In the following list, personal names are not included. Also, all of the following loan words are nouns.)

アイスクリーム	ice cream
アメリカじん	(an) American(s)
イタリアご	Italian language
ウィスキー	whiskey
ウイスキー	whiskey
ウェーター	waiter
ウエーター	waiter
ウォッチ	watch
ウオッチ	watch
エレベーター	elevator
エンジン	engine
オーストラリア	Australia
オタワ	Ottawa
カバー	cover
カメラ	camera
クリーム	cream
コーヒー	coffee
コカコーラ	Coca Cola
コンピューター	computer
サンクスギビング	Thanksgiving
サンフランシスコ	San Francisco
シアトル	Seattle
シカゴ	Chicago
ジェット	jet
シェル	Shell
ジャズ	jazz
スクリーン	screen
スケート	skate
スピード	speed
スプーン	spoon
タイムズ	Times
ダンス	dance
チェーン	chain
チンパンジー	chimpanzee
ディナー	dinner
テーブル	table
デパート	department store
デモクラシー	democracy
ドイツじん	(a) German(s)
トロント	Toronto
ニューヨーク	New York
ネクタイ	necktie
バージニア（ヴァージニア）	Virginia

パーティー party
バス bus
バンクーバー（ヴァンクーヴァー） Vancouver
ビールス（ヴィールス） virus
ファッション fashion
フィクション fiction
プール pool
フェリーボート ferry boat
フォーム form
フランスご French language
プロデューサー producer
ベール（ヴェール） veil
ベテラン veteran, old timer
ヘルスセンター health center
ホール hall
ボクサー boxer
ボリューム（ヴォリューム） volume
マスト mast
ミス Miss
ミンク mink
ヨーロッパ Europe
ライター lighter/ writer
ライト light /right
ラスト last
リーダー leader/ reader
リング ring
ロンドン London
ワシントン Washington

I. Katakana syllabary

In Lesson 1 we studied hiragana. In Japanese we have another syllabary called *katakana*. The syllable sounds are exactly the same as hiragana, but katakana symbols are used to write foreign, onomatopoeic, and slang words. They are also used for emphatic purposes, similar to English italic usage. Telegrams are always sent in katakana. There are many foreign-derived words in Japanese, such as the words for pen, taxi, bus, coffee, beer and others. Since these common words are written in katakana, it is important for anyone studying Japanese to learn the katakana syllabary.

ア	カ	サ	タ	ナ	ハ	マ	ヤ	ラ	ワ	ン
a	ka	sa	ta	na	ha	ma	ya	ra	wa	n
イ	キ	シ	チ	ニ	ヒ	ミ		リ		
i	ki	shi	chi	ni	hi	mi		ri		
ウ	ク	ス	ツ	ヌ	フ	ム	ユ	ル		
u	ku	su	tsu	nu	hu	mu	yu	ru		
エ	ケ	セ	テ	ネ	ヘ	メ		レ		
e	ke	se	te	ne	he	me		re		
オ	コ	ソ	ト	ノ	ホ	モ	ヨ	ロ	ヲ	
o	ko	so	to	no	ho	mo	yo	ro	o	

voiced syllables and consonant p

ガ	ザ	ダ	バ	パ
ga	za	da	ba	pa
ギ	ジ	ヂ	ビ	ピ
gi	ji	ji	bi	pi
グ	ズ	ヅ	ブ	プ
gu	zu	zu	bu	pu
ゲ	ゼ	デ	ベ	ペ
ge	ze	de	be	pe
ゴ	ゾ	ド	ボ	ポ
go	zo	do	bo	po

Note:
Double consonants are indicated by a small ッ (tsu). One difference from hiragana writing is that identical double vowels are indicated by a dash-sign, as in クリーム "cream" (read: kuriimu), テーブル "table" (read: teeburu), and ホール "hall" (read: hooru). In general, English diphthongs (such as those found in words like b*ea*t, b*oa*t, b*ai*t, b*oo*t, b*ir*d, etc.) are felt to be long vowels in Japanese, where the original second sound of the diphthong becomes simply an elongation of the first vowel. This elongation is indicated by the dash-sign. When Japanese is written from top to bottom, the dash-sign is also written from top to bottom like丨.

English -er and -or are felt to be *aa* in Japanese. Thus:

リーダー "leader" (read: riidaa)
エレベーター "elevator" (read: erebeetaa)

The English [v] is heard in Japanese as *b*; therefore, *va*, *vi*, *vu*, *ve*, and *vo* sounds will be *ba*, *bi*, *bu*, *be* and *bo* in Japanese. Thus:

カバー "cover" (read: kabaa)
ベテラン "veteran" (read: beteran)

The English [l] and [r] sounds are both heard as an *r* sound in Japanese. Thus:

ライト "light" (read: raito)
ライト "right" (read: raito)

The English *th* as in heal*th* or *th*ank is heard as [s] and its voiced counterpart is heard as *z*. Thus:

サンクスギビング "Thanksgiving" (read: sankusugibingu)
ヘルスセンター "Health Center" (read: herusu sentaa)

If a word ends in a [k] or [g] sound, the vowel *u* is then attached in Japanese. The same is true for [m, f, v, l, s, z, th, p, b] sounds. This phenomenon also happens when these sounds are followed immediately by consonants. Thus:

リング "ring" (read: ringu)
ジャズ "jazz" (read: jazu)

ミンク	"mink"	(read: minku)
ミス	"Miss"	(read: misu)
ホール	"hall"	(read: hooru)
ラスト	"la*st*"	(read: ra*su*to)
ボクサー	"bo*x*er"	(read: bo*ku*saa)

If a word has a [t] or [d] sound, the vowel *o* is attached in Japanese. Thus:

マスト	"mast"	(read: masuto)
ラスト	"last"	(read: rasuto)
スピード	"speed"	(read: supiido)

consonant+y+vowel syllables written in katakana

ヤ	キャ	ギャ	シャ	ジャ	チャ	ニャ	ヒャ	ビャ	ピャ	ミャ	リャ
(ya)	kya	gya	sha	ja	cha	nya	hya	bya	pya	mya	rya
ユ	キュ	ギュ	シュ	ジュ	チュ	ニュ	ヒュ	ビュ	ピュ	ミュ	リュ
(yu)	kyu	gyu	shu	ju	chu	nyu	hyu	byu	pyu	myu	ryu
ヨ	キョ	ギョ	ショ	ジョ	チョ	ニョ	ヒョ	ビョ	ピョ	ミョ	リョ
(yo)	kyo	gyo	sho	jo	cho	nyo	hyo	byo	pyo	myo	ryo

II. Read and try to indentify the following.

1. サンフランシスコ
2. ロンドン
3. シアトル
4. バンクーバー
5. トロント
6. オタワ
7. ニューヨーク
8. ワシントン
9. アイスクリーム
10. コカコーラ
11. プール
12. ダンス
13. スケート
14. コンピューター
15. デパート
16. エンジン
17. スプーン
18. スクリーン
19. カメラ
20. デモクラシー

III. Compound symbols peculiar to katakana writing

In order to approximate as much as possible the original English or other foreign sounds, the following compound symbols may be used. (Notice that these compound symbols are not used in hiragana.)

ウィ	for a syllable as in *wi*skey:	ウィスキー	(Also: ウイスキー)
ウェ	〃 〃 *wa*iter:	ウェーター	(〃 : ウエーター)
ウォ	〃 〃 *wa*tch:	ウォッチ	(〃 : ウオッチ)
シェ	〃 〃 *She*ll:	シェル	

(continued on p.54)

IV. Practice writing the katakana syllabary chart according to the following guide.

a	ア	㇇ ア	ne	ネ	丶 ラ ネ ネ
i	イ	ノ イ	no	ノ	ノ
u	ウ	丶 丷 ウ	ha	ハ	ノ ハ
e	エ	一 丅 エ	hi	ヒ	一 ヒ
o	オ	一 十 オ	hu	フ	フ
ka	カ	フ カ	he	ヘ	ヘ
ki	キ	一 二 キ	ho	ホ	一 十 オ ホ
ku	ク	ノ ク	ma	マ	㇇ マ
ke	ケ	ノ 𠂉 ケ	mi	ミ	丶 〃 ミ
ko	コ	フ コ	mu	ム	㇜ ム
sa	サ	一 十 サ	me	メ	ノ メ
shi	シ	丶 冫 シ	mo	モ	一 二 モ
su	ス	フ ス	ya	ヤ	㇇ ヤ
se	セ	㇇ セ	yu	ユ	㇕ ユ
so	ソ	丶 ソ	yo	ヨ	㇕ ヨ ヨ
ta	タ	ノ ク タ	ra	ラ	一 ラ
chi	チ	一 二 チ	ri	リ	丨 リ
tsu	ツ	丶 丷 ツ	ru	ル	ノ ル
te	テ	一 二 テ	re	レ	レ
to	ト	丨 ト	ro	ロ	丨 ㄇ ロ
na	ナ	一 ナ	wa	ワ	丨 ワ
ni	ニ	一 ニ	o	ヲ	一 二 ヲ
nu	ヌ	フ ヌ	n	ン	丶 ン

ga	ガ	za	ザ	da	ダ	ba	バ	pa	パ

チェ	for a syllable as in	*cha*in	: チェーン
ティ	〃	〃 par*ty*	: パーティー
ファ	〃	〃 *fa*shion	: ファッション
フィ	〃	〃 *fi*ction	: フィクション
フェ	〃	〃 *fe*rry boat	: フェリーボート
フォ	〃	〃 *fo*rm	: フォーム
ジェ	〃	〃 *je*t	: ジェット
ディ	〃	〃 *di*nner	: ディナー
デュ	〃	〃 pro*du*cer	: プロデューサー
ヴァ	〃	〃 *Vi*rginia	: ヴァージニア (Usually : バージニア)
ヴィ	〃	〃 *vi*rus (*vi* here pronounced like *vee*)	: ヴィールス (Usually : ビールス)
ヴェ	〃	〃 *ve*il	: ヴェール (〃 : ベール)
ヴォ	〃	〃 *vo*lume	: ヴォリューム(〃 : ボリューム)

Practice reading the examples given above.

◈ Exercises

I. Looking only at the English definitions, write the new vocabulary items for this lesson in katakana. Then, check your answers.

II. Practice reading the new vocabulary items.

III. Read the following first, and then translate.

1. たなかさん は きのう サンフランシスコ へ いきました。
2. ニューヨーク タイムズ は いい しんぶん です。
3. スミスさん は ヨーロッパ と オーストラリア へ いきました。
4. バス は シアトル へ いきます か。
5. コーヒー は やすく ありません。
6. ブラウンさん は ドイツじん では ありません。
7. ジョーンズさん は アメリカじん です。
8. アイスクリーム と コカコーラ が あります か。
9. おおきい デパート は どこ に あります か。
10. エレベーター は どこ です か。
11. あの ネクタイ は あかい です。

12. フランスご　の　いい　じびき　が　いります。
13. ジョーンズさん　は　まいにち　イタリアご　の　しんぶん　を　よみます。
14. ミラーさん，ライター　が　ありません　か。
15. あそこ　に　チンパンジー　が　います。
16. ウェーター　は　どこ　に　います　か。
17. だれ　が　プロデューサー　です　か。
18. きのう　は　バージニア　（ヴァージニア）　へ　いきました。
19. デパート　に　いい　ウイスキー　（ウィスキー）　が　あります。
20. チェーン　は　どこ　に　あります　か。

LESSON 6

Vocabulary Items

ああ	*adv.*	(in) that way (over there) (in) that manner (over there)
ああ	*int.*	ah ! (exclamation)
いくら	*inter./ adv.*	how much ; how many
いち (一)	*num.*	one
――えん (円)	*suf.*	yen
おかね (お金)	*n.*	money
が	*conj.*	but
かいます (買います)	*v. tr.*	to buy
かさ	*n.*	umbrella
かみ (紙)	*n.*	paper
き (木)	*n.*	tree
く，きゅう (九)	*num.*	nine
ご (五)	*num.*	five
こう	*adv.*	(in) this way (in) this manner
さん (三)	*num.*	three
し，よん (四)	*num.*	four
しち，なな (七)	*num.*	seven
じゅう (十)	*num.*	ten
せん (千)	*num.*	thousand
そう	*adv.*	(in) that way (in) that manner
たくさん	*adv.*	many
ちがいます	*v. intr.*	to be different ; to be wrong

——ど（——度）	*suf.*	(counter for "times")
どう	*inter./ adv.*	(in) what way; how
どうもありがとう		thank you (also どうもありがとうございます)
なか（中）	*n.*	inside
に（二）	*num.*	two
ね（え）	*pt.*	("isn't it?")
はこ（箱）	*n.*	box
はち（八）	*num.*	eight
ひゃく（百）	*num.*	hundred
ページ	*n./ suf.*	page
ペン	*n.*	pen
——ほん，ぽん，ぼん（本）	*suf.*	(counter for long, cylindrical objects)
——まい（枚）	*suf.*	(counter for thin, flat objects)
まん（万）	*num.*	ten thousand
もう	*adv.*	more
やま（山）	*n.*	mountain
ろく（六）	*num.*	six

Kanji for Writing (See the Kanji index for stroke order.)

1. 一　いち
2. 二　に
3. 三　さん
4. 四　し，よん
5. 五　ご
6. 六　ろく
7. 七　しち，なな
8. 八　はち
9. 九　く，きゅう
10. 十　じゅう
11. 百　ひゃく
12. 千　せん
13. 万　まん
14. 円　えん
15. 山　やま

Note: For the complete numbers, see the page following the model sentences.

KANJI

In addition to hiragana and katakana, the Japanese writing system makes extensive use of kanji, which are characters borrowed from Chinese. Chinese characters were originally adopted for the purpose of writing the Japanese pronunciation of native Japanese words, and the hiragana and katakana writing systems were developed in this way. Along with Chinese characters, many Chinese words were also brought into Japanese. Therefore, today the Japanese language has many lexical items of Chinese origin. While the Chinese way of reading characters was often adopted, the exact pronunciation may be quite different from that of present day Chinese because the older Chinese pronunciation was often kept and because there was also a " Japanization " of Chinese pronunciation at the time the characters were borrowed. On the other hand, the Japanese also gave the borrowed Chinese characters Japanese readings associated with already existing Japanese words. Therefore, a kanji character may have two or more readings. The Chinese way of reading is called the *on* reading, and the Japanese way, the *kun* reading.

Kanji were originally developed from pictographic writing and many of them can still be associated with pictures: 川 meaning " river " developed from 巛, 月 meaning " moon " from ☽, and 山 meaning " mountain " from ⛰. However, kanji have a variety of sources and today the exact number of existing kanji is not clear, although in Japan somewhere around 3,000 characters are actually in use.

A single kanji has specific readings associated with specific meaning(s). Therefore, even if 五 meaning " five " has the pronunciation ご, we cannot use it to replace the hiragana ご in sentences such as おはようございます, because the hiragana ご in that sentence has no relationship to the meaning of 五 " five."

To learn kanji one by one is rather laborious. However, once kanji are learned to a certain extent, it is possible to group them on the basis of their components. In dictionaries, kanji are usually classified according to 215 radicals which are related to character meaning. The characters belonging to each radical are arranged on the basis of the number of strokes from the fewest to the most. Notice, therefore, the meaning relation of the following kanji which all belong to the radical 言 " speaking ": 訳 " translation," 話 " speak," 語 " word, language," 読 " read," etc. In Japanese, kanji are used mostly as stems for many nouns, verbs, adjectives, and adverbs. Grammatical markers, such as particles, tense markers, and inflections are written in hiragana. From this lesson on, we will write Japanese sentences as they are normally written and we will introduce kanji for each lesson, both for recognition and production purposes. The kanji intended only for recognition will have " hurigana," their reading given in hiragana. However, when the same kanji appears more than once in close proximity, the reading for this kanji will be given only once so that the students will develop their ability to read kanji without the help of pronunciation specification in hiragana. We will gradually reduce giving " hurigana " for kanji as we progress. For the kanji intended both for recognition and production, the reading will be given only in the vocabulary list and the index. However, "hurigana" will still be given in the text for those which have different readings depending upon combination with other kanji or words. Such specifications also will gradually be reduced and be finally eliminated. For the purpose of guiding kanji production, character stroke order is supplied. The students are expected to make full use of the index to practice kanji writing.

Model Sentences

1. This newspaper is fifty yen, but that newspaper is thirty yen.
2. There is three thousand five hundred yen here.
3. I need eight thousand six hundred yen tomorrow.
4. There are many trees in the mountain.
5. There are six umbrellas here.
6. There are fifteen sheets of paper in this box and ten sheets in that box.
7. There are three hundred pages in this book.
8. I read that magazine once more.
9. a. How much is this?
   b. It is three thousand six hundred yen.
10. a. How many yen do you have?
    b. I have eight thousand seven hundred yen.
11. a. How much did you need?
    b. I needed five thousand six hundred eighty five yen.
12. a. How many sheets of paper do you have?
    b. I have fifty sheets here and thirty sheets over there.
13. a. How many pages are there in that magazine?
    b. There are three hundred pages, you know.
14. Is it twenty thousand yen? Expensive, isn't it!
15. a. This is fifty five thousand yen, isn't it?
    b. Yes, it is./ No, it is not. (Lit. No, it is different.)/ No, it isn't.
16. a. Don't you have ten thousand yen?
    b. Yes, I have./ No, I haven't.

1. この新聞は，五十円ですが，その新聞は，三十円です。
2. ここに，お金が三千五百円あります。
3. あしたは，お金が八千六百円いります。
4. 山に，木がたくさんあります。
5. かさがここに，六本あります。
6. 紙は，この箱に十五枚と，あの箱に十枚あります。
7. この本に三百ページあります。

8. その雑誌(ざっし)を，もう一度読(どよ)みました。
9. a．これは，いくらですか。
   b．三千六百円です。
10. a．何(なん)円ありますか。
   b．八千七百円あります。
11. a．いくらいりましたか。
   b．五千六百八十五円いりました。
12. a．紙は，何枚ありますか。
   b．ここに五十枚と，あそこに三十枚あります。
13. a．その雑誌に，何ページありますか。
   b．三百ページありますよ。
14. 二万円ですか。高(たか)いですねえ。(↓)†
15. a．これは，五万五千円ですねえ。(↑)†
   b．はい，そうです。/いいえ，違(ちが)います。/いいえ，そうではありません。
16. a．一万円ありませんか。
   b．はい，あります。/いいえ，ありません。

NUMBERS

いち	に	さん	(よん) し	ご	ろく	(なな) しち	はち	(きゅう) く	じゅう
一，	二，	三，	四，	五，	六，	七，	八，	九，	十

じゅう いち	じゅう に	じゅう さん	(よん) じゅう し	じゅう ご	じゅうろく	(なな) じゅう しち	じゅう はち	(きゅう) じゅう く
十一，	十二，	十三，	十四，	十五，	十六，	十七，	十八，	十九

に じゅう	に じゅう いち	に じゅう に	に じゅう さん	(よん) に じゅう し	に じゅう ご	に じゅう ろく
二十，	二十一，	二十二，	二十三，	二十四，	二十五，	二十六

(なな) に じゅう しち	に じゅう はち	に じゅう く	さん じゅう	さんじゅういち	(よん) し じゅう	(よん) し じゅう いち	ご じゅう
二十七，	二十八，	二十九，	三十，	三十一，	四十，	四十一，	五十

ご じゅう いち	ろく じゅう	ろく じゅう いち	(なな) しち じゅう	(なな) しち じゅう いち	はち じゅう	はち じゅう いち
五十一，	六十，	六十一，	七十，	七十一，	八十，	八十一

(く) きゅう じゅう	(く) きゅう じゅう いち	ひゃく	ひゃく いち	ひゃく に	ひゃく さん	(し) ひゃく よん	ひゃく ご
九十，	九十一，	百，	百一，	百二，	百三，	百四，	百五

---

† **Note:** Intonation markings such as those in 14 and 15 are not given in Japanese writing. Here, they are given only to show the contrast. (↑) indicates sharply rising intonation and (↓) falling intonation, respectively.

ひゃく ろく　ひゃく (なな)しち　ひゃく はち　ひゃく (く)きゅう　ひゃく じゅう　ひゃく じゅう いち　ひゃく じゅう に
百 六,　百 七,　百 八,　百 九,　百 十,　百 十 一,　百 十 二

ひゃく じゅう さん　ひゃく じゅう (よん)し　ひゃく じゅう ご　ひゃく じゅう ろく　ひゃく じゅう (なな)しち
百 十 三,　百 十 四,　百 十 五,　百 十 六,　百 十 七

ひゃく じゅう はち　ひゃく じゅう (きゅう)く　ひゃく に じゅう　ひゃく きゅう じゅう　に ひゃく
百 十 八,　百 十 九,　百 二 十,　百 九 十,　二 百

に ひゃく (く)きゅう じゅう (く)きゅう　さん びゃく　よん ひゃく　ご ひゃく　ろっ ぴゃく　(しち)なな ひゃく　はっ ぴゃく
二 百 九 十 九,　三 百,　四 百,　五 百,　六 百,　七 百,　八 百

きゅう ひゃく　せん　に せん　さん ぜん　よん せん　ご せん　ろく せん　(なな)しち せん　はっ せん　きゅう せん
九 百,　千,　二 千,　三 千,　四 千,　五 千,　六 千,　七 千,　八 千,　九 千

いち まん　に まん　さん まん　よん まん　ご まん　ろく まん　(なな)しち まん　はち まん　(く)きゅう まん　じゅう まん
一 万,　二 万,　三 万,　四 万,　五 万,　六 万,　七 万,　八 万,　九 万,　十 万

じゅう いち まん　に じゅう まん　さん じゅう まん　よん じゅう まん　ご じゅう まん　ろく じゅう まん
十 一 万,　二 十 万,　三 十 万,　四 十 万,　五 十 万,　六 十 万

(しち)なな じゅう まん　はち じゅう まん　ひゃく まん　に ひゃく まん　さん びゃく まん　よん ひゃく まん
七 十 万,　八 十 万,　百 万,　二 百 万,　三 百 万,　四 百 万

ご ひゃく まん　ろっ ぴゃく まん　(しち)なな ひゃく まん　はっ ぴゃく まん　きゅう ひゃく まん　せん まん
五 百 万,　六 百 万,　七 百 万,　八 百 万,　九 百 万,　千 万

いっ せん まん　に せん まん　さん ぜん まん　よん せん まん　ご せん まん　ろく せん まん　(しち)なな せん まん
(一 千 万),　二 千 万,　三 千 万,　四 千 万,　五 千 万,　六 千 万,　七 千 万

はっ せん まん　きゅう せん まん
八 千 万,　九 千 万

きゅう せん きゅう ひゃく きゅう じゅう きゅう まん きゅう せん きゅう ひゃく きゅう じゅう きゅう
九 千 九 百 九 十 九 万 九 千 九 百 九 十 九

I. Conjunction が

The word が "but" as in model sentence 1 is a conjunction connecting two sentences, and as such it is different from the subject marker が which follows noun phrases.

II. Number system : Sino-Japanese

一	one	六	six	百	hundred
二	two	七	seven	千	thousand
三	three	八	eight	万	ten thousand
四	four	九	nine		
五	five	十	ten		

These are the basic numerals out of which you can generate numbers up to 99,999,999 by combining them in specific ways. If a number between 一 and 九 occurs before the digit 十, it means that the number is multiplied by 十. Thus, 二 occurring before 十 is $2\times10=20$. It is written 二十 and is read に じゅう. If 三 occurs before the digit 万, then it means $3\times10{,}000=30{,}000$. It is written 三万 and is read さん まん. In fact, any number occurring before a larger digit means multiplication. Thus, 三十万 "300,000" is $(3\times10)\times10{,}000=300{,}000$. If a number is larger than the one that follows, then it means *addition* to the preceding number. Thus, 二十五 "25" is mathematically $(2\times10)+5=25$. The number 五百六十五 "565" is $(5\times100)+((6\times10)+5)=565$.

Actually, the underlying principle of number generation in Japanese is very much similar to that of English. However, we do not say, *二十百 for "2,000" since we already have 二千 $(2\times1{,}000)$, nor do we say, *二十千 to mean 20,000 since we already have 二万 $(2\times10{,}000)$. Theoretically, 一十 "one ten," 一百 "one hundred," and 一千 "one thousand" should occur, but the "one" part is always dropped for 十, and it is usually deleted for 百 and 千. Thus, 百 and 千 are normal for "one hundred" and "one thousand," but 一百 read いっぴゃく, and 一千, read いっせん, may sometimes occur for emphasis. However, for "ten thousand," 一 is always kept, and we have 一万 "Lit. one ten thousand." Zeros between numbers are neither written nor read. Thus, 20,050 is written as 二万五十 and is read にまんごじゅう.

Although these numbers are written in Chinese characters, Arabic numerals are also used in Japanese. This is especially frequent when sentences containing numbers are written from left to right.

III. Counters: 枚, 本, 円, ページ

Numbers are followed by counters for counting objects, time, people, etc. For object counters, various classifications are employed. For example, for thin, flat objects we use 枚(まい) "sheet(s)," and for long cylindrical objects, 本. Such counters are rather similar to expressions such as two *pieces* of chalk or three *head* of cattle in English.

The phrase 何円(なんえん) asks for information on the amount of money in terms of *yen*. However, the phrase いくら simply means "how much" and can refer to money or other objects unrelated to money. Interrogatives involving counters have the form 何(なん)+*counter*. Thus, 何円 "how much yen," 何枚 "how many sheets," 何ページ "how many pages," and 何本 "how many long units" all have the form 何+*counter*.

IV. Quantifiers as adverbs

In model sentence 10, 何円ありますか "How much (or how many) yen do you have ?/ How much yen is there ?" the phrase 何円 is actually an adverb. The subject here is お金(かね) "money," which is implicitly understood because of the presence of the counter 円. Therefore, if we do not drop the subject, the following grammatical sentence results :

お金(かね)は　何円ありますか　"Lit. Is there money to the amount of how much yen ?"

The same structure applies to model sentence 12 in which 何枚 " how many sheets " functions as a quantity adverb. In the model sentences the quantifiers are all adverbs.

The conjunctive particle と (See Lesson 4) may join noun phrases, each of which is followed by a quantifier as in :

紙(かみ)を三枚と，かさを二本買(か)いました。
" I bought three sheets of paper and two umbrellas."

Study the following. Notice pronunciation changes for numbers 1, 3, 6, 8, and 10. Also, notice that 何 before a counter is pronounced なん.

一度 (いち ど)	一本 (いっ ぽん)	一枚 (いち まい)	一円 (いち えん)	一ページ (いち)
二度 (に)	二本 (に ほん)	二枚 (に)	二円 (に)	二ページ (に)
三度 (さん)	三本 (さん ぼん)	三枚 (さん)	三円 (さん)	三ページ (さん)
四度 ({よ / よん})	四本 (よん ほん)	四枚 ({よ / よん})	四円 ({よ / よん})	四ページ (よん)
五度 (ご)	五本 (ご ほん)	五枚 (ご)	五円 (ご)	五ページ (ご)
六度 (ろく)	六本 (ろっ ぽん)	六枚 (ろく)	六円 (ろく)	六ページ (ろく)
七度 ({しち / なな})	七本 ({しち / なな} ほん)	七枚 ({しち / なな})	七円 ({しち / なな})	七ページ ({しち / なな})
八度 (はち)	八本 ({はち ほん / はっ ぽん})	八枚 (はち)	八円 (はち)	八ページ ({はち / はっ})
九度 ({く / きゅう})	九本 ({く / きゅう} ほん)	九枚 ({く / きゅう})	九円 (きゅう)	九ページ (きゅう)
十度 (じゅう)	十本 ({じゅっ / じっ} ぽん)	十枚 (じゅう)	十円 (じゅう)	十ページ ({じゅっ / じっ})
何度 (なん)	何本 (なん ぼん)	何枚 (なん)	何円 (なん)	何ページ (なん)

V. Sentence particles : よ " you know ;" ね(え) " isn't it "

The sentence particle よ at the end of model sentence 13b means that the speaker is quite sure of the truth of what he is saying. It corresponds to the English expressions "you know," "I tell you," etc. The sentence particle ね (え) "isn't it" at the end of model sentence 14 with falling intonation conveys the meaning of exclamation, agreement or understanding. With it the speaker may also be asking for the hearer's agreement. With abruptly rising intonation it conveys the idea that the speaker is asking for confirmation of his statement. Thus, it is rather similar to the English tag question. Study the following examples.

東京は，大きいですねえ。↓	"Tokyo is big, isn't it?(↓)"
あの山は，きれいですねえ。↓	"That mountain is beautiful, isn't it?(↓)"
あした，病院へ行きますねえ。↑	"You will go to the hospital tomorrow, won't you?(↑)"
きのうは，ここへ来ませんでしたねえ。↑	"You didn't come here yesterday, did you?(↑)"

VI. もう＋Quantifier

The word もう followed by some expressions of number or quantity as in model sentence 8 means "more." Thus, もうちょっと means "a little more" and もう一度, "once more/ again." Study the following examples.

もうちょっと大きいです。	"It is a little bigger."
かさをもう一本買いました。	"I bought one more umbrella."
もう何円ありますか。	"How much more yen do you have?"
あした，もう一度来ます。	"I will come again tomorrow."

VII. Short yes/ no answers

The expression はい，そうです in 15 corresponds to the English expression, "yes, it is (so)." This answer is most normally used for affirming a question with a nominal predicate, such as これは本ですか or これはあなたのですか.

The expression いいえ，そうではありません or its contracted variant いいえ，そうじゃありません corresponds to "no, it is not (so)." The same meaning is also conveyed by いいえ，違います，which literally means, "No, it is different."

The word そう literally means "that manner/ that way," and is associated with other demonstratives such as それ，その，そこ，and これ.

こう話します。	"I speak this way."
どうですか。	"How is it?"

Study the following:

これ	この	ここ	こう	in this way/ manner
それ	その	そこ	そう	in that way/ manner
あれ	あの	あそこ	ああ	in that way (over there) in that manner (there)
どれ	どの	どこ	どう	in what way/ manner

VIII. Negative questions and yes/ no answers

The use of " yes " and " no " in response to negative questions in Japanese may be summarized as follows :

1. If the speaker's presupposition is positive, the use of はい " yes " and いいえ " no " are the same as in English.
2. If the speaker's presupposition is negative, the use of はい and いいえ are entirely different from English.

Thus, the following conversations are all possible, with different interpretations.

Question : 田中(たなか)さんは，来(き)ませんでしたか。

Answer : 1. If the question is interpreted as, " (I thought he came, but) didn't Mr. Tanaka come ?" then :

はい，来ました。 " Yes, he came."

いいえ，来ませんでした。 " No, he didn't come."

2. If the question is interpreted as, " Mr. Tanaka did not come, right ?" then :

はい，来ませんでした。 " Right, he did not come."

いいえ，来ました。 " Wrong, he came."

Answers to negatively phrased invitations, which always have positive presuppositions, are like those in #1 directly above.

映画(えいが)に行(い)きませんか。 " Won't you go to a movie ?" (The particle に here means " to/ for.")

はい，行きます。 " Yes, I will go."

Review Lesson 2 on the meaning of negative questions and on possible answers to them.

◈ Exercises

I. Write the following numbers in kanji and specify the reading with hiragana.

1. 23,465
2. 5,601
3. 1,258
4. 3,844
5. 111,011
6. 98,850
7. 900,001
8. 1,000,000
9. 2,998,343
10. 43,707

II. Read the following and rewrite them in Arabic numerals.

1. 二百六十一
2. 八百五十二
3. 四千四百七十三
4. 二万五千六百四十一
5. 五万三千四百八十五
6. 二百五十八万八千六百三十八
7. 三十五万三百
8. 七十八万百二十一
9. 二千万
10. 五千万八千八十

III. Read the following and rewrite them in Arabic numerals.

1. さんぜん　よんひゃく
2. はっせん　はっぴゃく　ななじゅう　ご
3. ろくまん　ろくせん　ろっぴゃく　ごじゅう
4. きゅうまん　はっせん　さんびゃく
5. にひゃく　ごじゅう　ごまん
6. はっせんまん　はっせん　ろっぴゃく
7. ごまん　きゅうせん　さんびゃく　にじゅう　いち
8. ろくまん　にせん　いち
9. きゅうじゅうまん
10. せん　ろっぴゃく　さんじゅう

IV. Fill in the blanks with the proper counters. You may write them in hiragana if you wish.

1. 紙(かみ)は，五（　）あります。

2. かさが，三（ ）あります。
3. 二千（ ）ですか。高(たか)いですねえ。
4. この字引(じびき)には，三千（　）あります。
5. サンフランシスコへ，三（　）行(い)きました。
6. ペンは，何（　）ありますか。
7. この新聞(しんぶん)は，三十（　）です。高(たか)くありません。
8. それは，何（　）読(よ)みましたか。

V. Complete the following coversations. If two different types of answers are possible for one question, give your interpretations of the question.

1. A：＿＿＿＿＿＿＿＿
   B：いいえ，ありました。
2. A：紙(かみ)を何枚買(か)いましたか。
   B：＿＿＿＿＿＿＿＿
3. A：＿＿＿＿＿＿＿＿
   B：はい，来(き)ませんでした。
4. A：映画(えいが)に行(い)きませんか。
   B：＿＿，行きます。
5. A：千円ありませんか。
   B：いいえ，＿＿＿＿＿

VI. Translate the following into Japanese.

1. There are 523 pages in this dictionary, but there are 800 pages in mine.
2. How much did you need?
3. How many pages did you read?
4. How many pencils are there in this box?
5. How many sheets of paper did you need?
6. Did you write the letter again?
7. A : This is 100,000 yen.
   B : Expensive, isn't it!
8. There is no umbrella, you know.
9. I read today's paper twice.
10. How many times did you read Mr. Tanaka's letter?
11. As for the red ones, how many sheets (of them) did you have?
12. There are 25 blue pens over there.
13. How much is this small car?
14. This magazine is expensive but boring, isn't it?
15. I tell you that I will not go to the hospital tomorrow.

16. How do you write this?
17. How do you read it?
18. We write this kanji this way.
19. A : Don't you understand?
    B : Yes, I understand./ No, I don't understand.
20. A : Won't you come tomorrow?
    B : Yes, I will come.

◈ Oral Practice

I. Read the following.

8	はち
41	よん　じゅう　いち
78	しち(なな)　じゅう　はち
108	ひゃく　はち
399	さんびゃく　きゅう(く)じゅう　きゅう(く)
585	ごひゃく　はちじゅう　ご
632	ろっぴゃく　さんじゅう　に
826	はっぴゃく　にじゅう　ろく
963	きゅうひゃく　ろくじゅう　さん
1,417	せん　よんひゃく　じゅう　しち(なな)
4,254	よんせん　にひゃく　ごじゅう　よん(し)
37,000	さんまん　なな(しち)せん
64,050	ろくまん　よんせん　ごじゅう
78,436	なな(しち)まん　はっせん　よんひゃく　さんじゅう　ろく
93,000	きゅうまん　さんぜん
189,600	じゅうはちまん　きゅうせん　ろっぴゃく
246,846	にじゅう　よんまん　ろくせん　はっぴゃく　よんじゅう　ろく
952,741	きゅうじゅう　ごまん　にせん　なな(しち)ひゃく　よんじゅう　いち
3,415,002	さんびゃく　よんじゅう　いちまん　ごせん　に
7,620,106	ななひゃく　ろくじゅう　にまん　ひゃく　ろく

Note: Alternative readings are in the parentheses.

II. Read the following.

十一	じゅう　いち
二十八	にじゅう　はち
六十三	ろくじゅう　さん

八十九	はちじゅう　きゅう(く)
三百六	さんびゃく　ろく
六百八十七	ろっぴゃく　はちじゅう　しち(なな)
八百五十一	はっぴゃく　ごじゅう　いち
七千九百七十	ななせん　きゅうひゃく　ななじゅう
一万千八百三十二	いちまん　せん　はっぴゃく　さんじゅう　に
三万九千四百六	さんまん　きゅうせん　よんひゃく　ろく
十万四千三百十八	じゅうまん　よんせん　さんびゃく　じゅう　はち
三百万三千二百九十	さんびゃくまん　さんぜん　にひゃく　きゅうじゅう
九千九百万一千五百	きゅうせん　きゅうひゃくまん　いっせん　ごひゃく

III. Substitution.

この　えんぴつ　は	一　本(ぽん)	いくら　ですか。
	二　本(ほん)	
	三　本(ぼん)	
	四　本(ほん)	
	五　本(ほん)	
	六　本(ぽん)	
	七　本(ほん)	
	八　本(ぽん)	
	九　本(ほん)	
	十　本(ぽん)	

IV. Response.

1. これは，一本いくらですか。
   (四円)　　これは，一本四円です。
2. この紙(かみ)は，一枚(まい)いくらですか。
   (百円)　　この紙(かみ)は，一枚(まい)百円です。
3. この木(き)は，一本いくらですか。
   (千五百円)　　この木(き)は，一本千五百円です。
4. 紙(かみ)は，何枚(なんまい)ありますか。
   (八枚)　　紙は，八枚あります。
5. 紙(かみ)は，何枚買(か)いましたか。
   (十六枚)　　紙は，十六枚買いました。
6. 紙(かみ)は，何枚いりましたか。
   (十九枚)　　紙は，十九枚いりました。

7. この本を何度読みましたか。
(二度)　　この本を，二度読みました。

8. 日本へ何度行きましたか。
(三度)　　日本へ三度行きました。

9. 車を何度買いましたか。
(五度)　　車を五度買いました。

10. この本は　何ページありますか。
(五百十ページ)　　この本は，五百十ページあります。

11. この雑誌は　何ページ読みましたか。
(十三ページ)　　この雑誌は，十三ページ読みました。

12. かさは，何本いりますか。
(二本)　　かさは，二本いります。

V. Conjoining.

1. これは，本です。
あれは，字引です。
→ これは，本ですが，あれは，字引です。

2. 田中さんは，日本人です。
私は，カナダ人です。
→ 田中さんは，日本人ですが，私は，カナダ人です。

3. これは，ひらがなです。
それは，かたかなです。
→ これは，ひらがなですが，それは，かたかなです。

4. この新聞は，きょうのです。
あの新聞は，きのうのです。
→ この新聞は，きょうのですが，あの新聞は，きのうのです。

5. あなたのくつは，安いです。
私のは，高いです。
→ あなたのくつは，安いですが，私のは，高いです。

6. この本には，百ページあります。
その本には，二百ページあります。
→ この本には，百ページありますが，その本には，二百ページあります。

7. 東京大学は，大きいです。
私の大学は，小さいです。
→ 東京大学は，大きいですが，私の大学は，小さいです。

8. 私は，日本語がわかります。
私は，英語がわかりません。
→ 私は，日本語がわかりますが，英語がわかりません。

9. 私は，東京へ一度行きました。
父は，東京へ三度行きました。
→ 私は，東京へ一度行きましたが，父は，三度行きました。

10. きょうは，学校へ来ました。
あしたは，学校へ来ません。
→ きょうは，学校へ来ましたが，あしたは，来ません。

VI. Substitution.(Combine the items appropriately.)

紙を一枚	と	かさを一本	買いました。
大きいかさを二本		小さいかさを三本	
安い紙を十枚		高い紙を五枚	
鉛筆を六本		ペンを八本	
紙を十二枚		鉛筆を十本	

VII. Substitution.

紙	が	もう	少し	いります。
			三枚	
			七枚	
			九枚	
			十四枚	
			二十六枚	
			二十八枚	

VIII. Substitution.

この	日本語	を	こう	読みます (か)。
	英語		そう	読みました (か)。
			ああ	
			どう	

IX. Response. Presupposition is positive.

1. 一万円ありませんか。
   (はい) …… はい，あります。
   (いいえ)…… いいえ，ありません。
2. 日本へもう一度行きませんか。
   (はい) …… はい，行きます。
   (いいえ)…… いいえ，行きません。
3. 紙は十枚いりませんでしたか。
   (はい) …… はい，いりました。
   (いいえ)…… いいえ，いりませんでした。
4. きのう，この本を二十ページ読みませんでしたか。
   (はい) …… はい，読みました。
   (いいえ)…… いいえ，読みませんでした。
5. これは，字引ではありませんか。

(はい) …… はい，字引です。(はい，そうです)

(いいえ)…… いいえ，字引じゃありません。(いいえ，そうじゃありません。)

X. Memorize the following conversations.

1. Customer : 紙(かみ)がありますか。

Clerk : はい，ありますよ。

Customer : 大(おお)きい紙が二枚(まい)と，小(ちい)さい紙が五枚いります。

Clerk : 大きい紙は，一枚百円ですが，小さい紙は，一枚六十円です。

Customer : 五百円ですね。

Clerk : はい，そうです。ありがとうございました。

2. スミス：このペンは，あなたのですか。

田中(たなか)　：いいえ，ちがいます。スミスさんは　ペンがいりますか。

スミス：はい，ペンがいります。

田中　：あの箱(はこ)の中(なか)にありませんか。

スミス：いいえ，ありません。

田中　：そうですか。……ああ，ここに私(わたくし)のが一本ありますよ。

スミス：ああ，そうですか。どうもありがとう。

XI. Make a conversation of 4 or 5 lines.

LESSON 7

Vocabulary Items

いえ（家）	*n.*	house
いくつ	*inter./adv.*	how many
いす	*n.*	chair
いま（今）	*n./adv.*	now
かかります	*v. intr.*	(something) takes (time, money)
——かげつ（——か月）	*suf.*	(counter for the number of months)
——かん（——間）	*suf.*	(indicates duration of time)
きょねん（去年）	*n./adv.*	last year
——ぐらい，——くらい	*suf.*	about, approximately
ごご（午後）	*n./adv.*	p.m., afternoon
ごぜん（午前）	*n./adv.*	a.m., morning
ことし	*n./adv.*	this year
——ごろ，——ころ	*suf.*	about, approximately
こんげつ（今月）	*n./adv.*	this month
こんしゅう（今週）	*n./adv.*	this week
——じ（時）	*suf.*	(o'clock)
——しゅう（週）	*suf.*	week
しょうわ（昭和）	*n.*	Showa (name for present era in Japan)
——すぎ	*suf.*	past (the hour)
せんげつ（先月）	*n./adv.*	last month
せんしゅう（先週）	*n./adv.*	last week
そこぢから（底力）	*n.*	latent strength
ちから（力）	*n.*	strength, power
ちぢまります	*v. intr.*	to shrink

——つ	*suf.*	piece, unit (counter)
つき，——がつ，——げつ（月）	*n./suf.*	moon, month
つくえ（机）	*n.*	desk
つづきます	*v. intr.*	to continue
とし，——ねん（年）	*n./suf.*	year
なんじ（何時）	*n.*	what time, what hour
——はん（半）	*suf.*	half
ひ，——にち，——か，——び（日）	*n./suf.*	day, sun
——ふん（分）	*suf.*	minutes
へや（部屋）	*n.*	room
べんきょうします（勉強します）	*v. tr.*	to study
まいげつ（まいつき）（毎月）	*adv.*	every month
まいしゅう（毎週）	*adv.*	every week
まいねん（まいとし）（毎年）	*adv.*	every year
まえ（前）	*n./adv.*	before, in front of
——ようび（——曜日）	*suf.*	(“day of week”)
らいげつ（来月）	*n./adv.*	next month
らいしゅう（来週）	*n./adv.*	next week
らいねん（来年）	*n./adv.*	next year

Kanji for Writing

1.	月	ゲツ，つき	6.	土	ド
2.	火	カ	7.	日	ニチ，カ，ひ，び
3.	水	スイ，みず	8.	田	た
4.	木	モク，き	9.	中	なか
5.	金	キン，かね	10.	今	いま，コン

For Japanese numbers, the names of the days of week and month, and the names of the months, see the grammar notes.

Model Sentences

1. There are two desks in this room.
2. It is 11 : 00 a.m. now.

3. Today is Monday. Tomorrow will be Tuesday.
4. Today is May 5. Yesterday was May 4.
5. This year is 1977. Next year will be 1978.
6. There are sixty minutes in one hour.
7. There are seven days in one week.
8. There are thirty days in one month.
9. There are twelve months in one year.
10. Mr. Smith studies Japanese for about three hours every day.
11. I go to Tokyo once every week.
12. Mr. Yamada was in New York for about three months last year.
13. a. How many desks are there in this room?
    b. There are three.
14. a. What time is it now?
    b. Ten minutes before two p.m./ About half past eleven.
15. a. How many minutes are there in one hour? (Lit. As for one hour, how many minutes is it?)
    b. There are sixty minutes. (Lit. It is sixty minutes.)
16. a. What was the date last Thursday? (Lit. As for last Thursday, what month what day was it?)
    b. It was October 8.
17. a. What day of the week is it before Thursday?
    b. It is Wednesday.
18. a. About how many hours do you speak Japanese every day?
    b. I speak Japanese for about two hours.

1. この部屋(へや)に，机(つくえ)が二つあります。
2. 今，午前(ごぜん)十一時(じ)です。
3. きょうは，月曜日(ようび)です。あしたは，火曜日です。
4. きょうは，五月五日(がついつか)です。きのうは，五月四日(よっか)でした。
5. ことしは，1977年です。来年(らいねん)は，1978年です。
6. 一時間(じかん)には，六十分(ぶん)あります。
7. 一週間(いっしゅうかん)には，七日(なのか)あります。
8. 一か月(いっかげつ)には，三十日(にち)あります。
9. 一年には，十二か月あります。
10. スミスさんは，毎日(まいにち)三時間ぐらい，日本語(にほんご)を勉強(べんきょう)します。
11. 私(わたくし)は，毎週(しゅう)一度(ど)，東京(とうきょう)へ行きます。
12. 山田(だ)さんは，去年(きょねん)三か月間(げつかん)ぐらい，ニューヨークにいました。
13. a. この部屋には，机がいくつありますか。
    b. 三(みっ)つあります。

14. a．今何(なん)時ですか。
　　b．午後(ごご)二時十分前(じっぷんまえ)です。/ 十一時半(はん)ごろです。
15. a．一時間は何分ですか。
　　b．六十分です。
16. a．先週(せんしゅう)の木曜日(ようび)は，何月(がつ)何日(にち)でしたか。
　　b．十月八(よう)日でした。
17. a．木曜日の前は，何曜日ですか。
　　b．水曜日です。
18. a．毎日何時間ぐらい，日本語を話(はな)しますか。
　　b．二時間ぐらい，日本語を話します。

I. Numerical system of Japanese origin

In addition to the Sino-Japanese counting system which we studied in the previous lesson, there is another system of counting *up to ten.* It is used mostly for counting inanimate objects. This system is related to the native Japanese counting system, but numbers beyond ten have long gone out of use. The counter つ meaning "piece/ unit" is attached to numbers one through nine, but for ten nothing is added. Memorize the following.

一(ひと)つ	"one unit"	六(むっ)つ	"six units"
二(ふた)つ	"two units"	七(なな)つ	"seven units"
三(みっ)つ	"three units"	八(やっ)つ	"eight units"
四(よっ)つ	"four units"	九(ここの)つ	"nine units"
五(いつ)つ	"five units"	十(とお)	"ten units"

For counting pieces or units above the number ten, Sino-Japanese numbers are used without the addition of a counter. Therefore, to say, "There are fifteen desks," we say, 机(つくえ)が十五あります.

The native Japanese numerical system is also used for counting a person's age up to ten. Beyond the age ten, Sino-Japanese numerical system is used. Study the following.

ジョンは，いくつですか。	"How old is John ?"
八つです。	"He is eight."
メアリーは，いくつですか。	"How old is Mary ?"
十一です。	"She is eleven."
ビルは，九つですか。	"Is Bill nine years old ?"
いいえ。十です。	"No. He is ten."

II. Time: 分(ふん) "minutes," 時(じ) "hour," 間(かん) "duration of time"

The counters 分, 時, and ……間 are used for minutes, hours, and duration of time, respectively. Study the following charts.

minutes:

一分(いっぷん)	"one minute"	六分(ろっぷん)	"six minutes"
二分(にふん)	"two minutes"	七分({なな/しち}ふん)	"seven minutes"
三分(さんぷん)	"three minutes"	八分({はち/はっ}{ふん/ぷん})	"eight minutes"
四分(よんぷん)	"four minutes"	九分(きゆうふん)	"nine minutes"
五分(ごふん)	"five minutes"	十分({じっ/じゆっ}ぷん)	"ten minutes"
		十一分(じゆういっぷん)	"eleven minutes"
		十二分(じゆうにふん)	"twelve minutes"
		何分(なんぷん)	"how many minutes"

o'clock:

一時(じ)	"one o'clock"	八時	"eight o'clock"
二時	"two o'clock"	九(く)時	"nine o'clock"
三時	"three o'clock"	十時	"ten o'clock"
四(よ)時	"four o'clock"	十一時	"eleven o'clock"
五時	"five o'clok"	十二時	"twelve o'clock"
六時	"six o'clock"	何(なん)時	"what time"
七時	"seven o'clock"		

duration of hours and minutes:

Add the suffix 間(かん) to 分 or 時. Study the following:

一時間(いちじかん)	"one hour/ for one hour"	一分間(いっぷんかん)	"for one minute"
二時間	"two hours/ for two hours"	二分間	"for two minutes"
十二時間	"twelve hours/ for twelve hours"	十二分間	"for twelve minutes"
何(なん)時間	"how many hours/ for how many hours"	何分間	"for how many minutes"

The addition of the suffix 間 to 分 for the duration of minutes is optional. Therefore, the following two sentences mean the same thing.

三十分勉強しました。
三十分間勉強しました。
"I studied for thirty minutes."

minutes after or before the hour:

For expressing minutes *after* or *before* the hour, the words すぎ "past" and 前 "before" are used as in 二時五分すぎ "five minutes past two," and 二時五分前 "five minutes before two." For telling the minutes past the hour, however, すぎ does not have to be used. Thus, 二時十五分 is similar to the English expression 2:15 read *two fifteen.*

a.m./p.m.

The word 午前 literally means "before noon," and 午後, "after noon." They are used for specifying morning and afternoon hours as in 午前九時です "It is 9 a.m." or 午後二時十五分です "It is 2:15 p.m."

There is no special way of saying "quarter past three" or "quarter to four," except by using the number 十五. However, half past the hour can be expressed by adding the suffix 半 "half" to the hour, as in 二時半 "half past two."

approximate time; approximate quantity:

In order to indicate approximate time, the suffix ごろ (or occasionally ぐらい) is used as in 二時ごろ (or 二時ぐらい) "about two o'clock." The same suffix is used to indicate approximate date as in 十日ごろ "about the tenth (of the month)," or 水曜日ごろ "about Wednesday." However, in order to indicate approximate quantity of time —or of anything else—, the suffix ぐらい is used as in 二時間ぐらい "about two hours," and 四枚ぐらい "about four sheets (of something)."

III. Days of the week

To name the days of the week in Japanese, we add the words 月, 火, 水, 木, 金, 土, and 日 and the suffix 曜日 (or simply 曜 used for informal expression). Also, 何曜日ですか means "what day of the week is it?" Study the following and memorize:

日曜日	"Sunday"	木曜日	"Thursday"
月曜日	"Monday"	金曜日	"Friday"
火曜日	"Tuesday"	土曜日	"Saturday"
水曜日	"Wednesday"	何曜日	"what day of the week"

IV. Duration of weeks: 週間(しゅうかん) "for——weeks"

The suffix 週間(しゅうかん) is used for duration of weeks. Study the following and memorize.

一週間(いっしゅうかん)	"one week"	六週間	"six weeks"
二週間	"two weeks"	七週間({なな/しち})	"seven weeks"
三週間	"three weeks"	八週間(はっ)	"eight weeks"
四週間(よん)	"four weeks"	九週間(きゅう)	"nine weeks"
五週間	"five weeks"	十週間({じっ/じゅっ})	"ten weeks"
		何週間(なん)	"how many weeks"

Some of the useful words combined with 週 "week" are:

先週(せんしゅう)	"last week"	来週(らい)	"next week"
今週(こん)	"this week"	毎週(まい)	"every week"

V. Days of the month

For telling the date and counting days, both Sino-Japanese and Japanese numbers are used with the counter 日(にち/か). Thus, 五日(いつか) and 十五日(にち) mean "the fifth day/ five days" and "the fifteenth day/ fifteen days," respectively. Study the following chart and memorize. Notice that 日 is pronounced か for the 2nd, 3rd, 4th, 5th, 6th, 7th, 8th, 9th, 10th, 14th, 20th, and 24th days.

一日(いちにち)	the 1st day of the month/ one day	八日(ようか)	the 8th day of the month/ eight days
一日(ついたち)	the 1st day of the month	九日(ここのか)	the 9th day of the month/ nine days
二日(ふつか)	the 2nd day of the month/ two days	十日(とおか)	the 10th day of the month/ ten days
三日(みっか)	the 3rd day of the month/ three days	十一日(じゅういちにち)	the 11th day of the month/ eleven days
四日(よっか)	the 4th day of the month/ four days	十二日(じゅうににち)	the 12th day of the month/ twelve days
五日(いつか)	the 5th day of the month/ five days	十三日(じゅうさんにち)	the 13th day of the month/ thirteen days
六日(むいか)	the 6th day of the month/ six days	十四日(じゅうよっか)	the 14th day of the month/ fourteen days
七日(なのか)	the 7th day of the month/ seven days	十五日(じゅうごにち)	the 15th day of the month/ fifteen days

十六日 (じゅうろくにち)	the 16th day of the month/ sixteen days
十七日 (じゅうしちにち)	the 17th day of the month/seventeen days
十八日 (じゅうはちにち)	the 18th day of the month/ eighteen days
十九日 (じゅうくにち)	the 19th day of the month/ nineteen days
二十日 (はつか)	the 20th day of the month/ twenty days
二十一日 (にじゅういちにち)	the 21st day of the month/ twenty-one days
二十二日 (にじゅうににち)	the 22nd day of the month/ twenty-two days
二十三日 (にじゅうさんにち)	the 23rd day of the month/ twenty-three days
二十四日 (にじゅうよっか)	the 24th day of the month/ twenty-four days
二十五日 (にじゅうごにち)	the 25th day of the month/ twenty-five days
二十六日 (にじゅうろくにち)	the 26th day of the month/ twenty-six days
二十七日 (にじゅうしちにち)	the 27th day of the month/ twenty-seven days
二十八日 (にじゅうはちにち)	the 28th day of the month/ twenty-eight days
二十九日 (にじゅうくにち)	the 29th day of the month/ twenty-nine days
三十日 (さんじゅうにち)	the 30th day of the month/ thirty days
三十一日 (さんじゅういちにち)	the 31st day of the month/ thirty-one days
みそか	the last day of the month
何日 (なんにち)	what day of the month/how many days
何日(間) (なんにち(かん))	how many days

VI. Names of the months

For the names of the months, 月 (がつ) is attached to Sino-Japanese numbers from 一 to 十二.

一月 (がつ)	"January"	七月	"July"
二月	"February"	八月	"August"
三月	"March"	九月 (く)	"September"
四月 (し)	"April"	十月	"October"
五月	"May"	十一月	"November"
六月	"June"	十二月	"December"
		何月 (なん)	"what month"

VII. Counting the number of months

For counting the number of months, 月 (げつ) is attached to the Sino-Japanese number followed by か, which means "unit." Notice that 月 is pronounced げつ, not がつ. Also, for 七 either しち or なな is possible.

一(いっ)か月(げつ)	"one month"	七({しち/なな})か月	"seven months"
二か月	"two months"	八({はち/はっ})か月	"eight months"
三か月	"three months"	九(きゅう)か月	"nine months"
四(よん)か月	"four months"	十({じっ/じゅっ})か月	"ten months"
五か月	"five months"	十(じゅう)一(いっ)か月	"eleven months"
六(ろっ)か月	"six months"	十二か月	"twelve months"
		何(なん)か月	"how many months"

Occasionally, 月 pronounced つき is used in combination with Japanese numbers to count months. This system, however, is normally used to count up to four months. Notice that か is omitted here.

一(ひと)月(つき)	"one month"	三(み)月(つき)	"three months"
二(ふた)月(つき)	"two months"	四(よ)月(つき)	"four months"

In counting duration of months (either where 月 is pronounced げつ or つき), the suffix 間 may be added. Thus, all of the following can mean "for two months."

二か月	二(ふた)月(つき)
二か月間(かん)	二月間

Some of the useful words combined with 月 are:

先(せん)月(げつ)	"last month"	来(らい)月(げつ)	"next month"
今(こん)月(げつ)	"this month"	毎({まい/まい})月({げつ/つき})	"every month"

VIII. Year: 年

For counting and naming the years, the counter 年(ねん) is used with the Sino-Japanese numbers, with a few exceptions (e.g. 四(よ)年(ねん) and 七({しち/なな})年).

一(いち)年(ねん)	"one year/ year one"
二年	"two years/ year two"
三年	"three years/ year three"
四(よ)年	"four years/ year four"
五年	"five years/ year five"
六年	"six years/ year six"

七(しち/なな) 年	" seven years/ year seven "
何(なん) 年(ねん)	" how many years/ what year "

In counting duration of years, the suffix 間 may be added as in 一年間 " for one year," 四(よ)年間 " for four years," and 何年間 " for how many years."

Some of the useful words combined with 年 are:

去(きょ) 年(ねん)	" last year "	来(らい) 年	" next year "
ことし	" this year "	毎(まい/まい) 年(ねん/とし)	" every year "

In Japan, when the emperor changes, a new era begins and the years are counted from the beginning of that era. We are now in the era of 昭(しょう) 和(わ). " 1977 " can be expressed in two ways: 1) 千九百七十七年 and 2) 昭和五十二年. Both are used in Japan.

IX. Sound representation of ji and zu

Notice that for indicating the pronunciation of *ji* as in 時, the hiragana じ is used, never ぢ, although they both represent the same sound. In general, じ is used to represent the *ji* sound except when 1) the initial sound *chi* as in 力(ちから) " power " becomes voiced in compounds such as 底(そこ) 力(ぢから) " latent strength," and 2) the sound *ji* follows the sound *chi* within the same meaningful unit as in ちぢまります " to shrink." The above principles also apply in the case of the hiragana づ. In general, only ず is used for the sound *zu*, but when つ is voiced because of compound word formation, づ must be used as in 勉強机(べんきょうづくえ) " study desk," which is the combination of 勉(べん)強(きょう) and 机(つくえ). Also, づ must be used when the *zu* sound follows *tsu* within the same meaningful unit as in つづきます " to continue."

X. Use of the suffix 間(かん) for the duration of time

For specifying the duration of time, the use of the suffix 間 is sometimes optional and sometimes obligatory. In the following, examples are given and where it is optional, the suffix is parenthesized.

十 分（間）	" for ten minutes "
十 時 間	" for ten hours "
十 日(か)（間）	" for ten days "
十 週(しゅう) 間	" for ten weeks "
十 か 月(げつ)（間）	" for ten months "
三 月(つき)（間）	" for three months "

十　年（間）　　“ for ten years ”

XI. Particle は attached to Noun+Particle

Notice that the particle は may be attached to *Noun*+に as in model sentence 6. In fact, は may be used following other particles, also. It adds the meaning of contrast to the phrase. The literal meaning of 一時間(じかん)には is something like “as far as ‘in one hour’ is concerned,” which contains a meaning of contrast. Other similar examples will be given in later lessons.

◈ Exercises

I. Complete the following chart. Write in hiragana.

	分	時
一		
二	にふん	にじ
三		
四		
五	ごふん	ごじ
六		
七		
八		はちじ
九		
十		

II. Complete the following sentences. You may use hiragana if you wish.

1. きょうは，月曜日(ようび)です。あしたは，　　　　です。
2. きのうは，日曜日でした，あしたは，　　　　です。
3. 水曜日の前(まえ)は，　　　　です。
4. 一月二日は，木曜日でした。一月五日は，　　　　でした。
5. 三月三日は，土曜日でした。三月四日は，　　　　でした。
6. 四月一日は，木曜日です。四月二日は，　　　　です。
7. 九月三十日は，金曜日です。十月一日は，　　　　です。
8. 金曜日の前は，　　　　です。
9. 来(らい)年の五月三十一日は，日曜日です。六月一日は，　　　　です。
10. 月曜日の前は，　　　　です。
11. 先月(せんげつ)は，三月でした。来月(らいげつ)は，　　　　です。
12. 今月(こんげつ)は，一月です。先月は，　　　　でした。

13. ことしは，千九百七十七年です。来年は，________です。
14. 去年は，千九百七十五年でした。ことしは，________です。
15. 一年に，________月あります。
16. 一年に，________日ぐらいあります。
17. 一時間に，______分あります。
18. ___に，二十四時間あります。
19. ______に，三十日ぐらいあります。
20. ______に，七日あります。

III. Give possible answers to the following questions.

1. きょうは，何曜日ですか。
2. きのうは，何曜日でしたか。
3. あしたは，何曜日ですか。
4. こん月は，何月ですか。
5. きょうは，何月何日ですか。
6. 来週の月曜日は，何日ですか。
7. 先週の火曜日は，何日でしたか。
8. 毎週，日本語を何時間ぐらい勉強しますか。
9. 一週間に何日ありますか。
10. 一か月に何日ありますか。
11. きのうは，何時間勉強しましたか。
12. 今，何時ですか。
13. 田中さんは，きのう何分ぐらい，この部屋にいましたか。
14. ことしは何年ですか。
15. 何年ぐらい，日本にいましたか。
16. 何時ごろですか。
17. 何週間ぐらい，かかりましたか。
18. 何日ごろでしたか。
19. 何か月ぐらい，かかりますか。
20. この部屋にいすは，いくつぐらいありますか。

IV. Translate into Japanese.

1. Today is December 24, 1976.
2. It is thirteen minutes before eight.
3. Do you study Japanese three hours every day?
4. I was in Canada for five years.

5. John is six years old, but Bill is fifteen years old.
6. There are three hundred and sixty five days in a year.
7. I was in Tokyo for six months.
8. Every month I go to Tokyo twice.
9. How many minutes did you stay here? (...were you here)
10. It is about twenty minutes past eleven.
11. How many desks are there in this room?
12. What time is it now?
13. How many days are there in a month ?
14. Who goes to Osaka every day?
15. How many minutes does it take?
16. What day of the week is it today?
17. Last week I was in Osaka for three days.
18. Last Wednesday was August 21st.

◈ Oral Practice

I. Substitution.

机(つくえ)	が	一つ	あります。
いす		二つ	
箱(はこ)		三つ	
部屋(へや)		四つ	
		五つ	
		六つ	
		七つ	
		八つ	
		九つ	
		十	

II. Response.

1. 机がいくつありますか。
   (五つ) …… 五つあります。
2. いすがいくつありますか。
   (六つ) …… 六つあります。
3. 銀行(ぎんこう)がいくつありますか。
   (四つ) …… 四つあります。
4. 学校(がっこう)がいくつありますか。
   (八つ) …… 八つあります。

5. 交通公社(こうつうこうしゃ)がいくつありますか。

　　(九つ) …… 九つあります。

6. 部屋がいくつありますか。

　　(十) …… 十あります。

7. 病院(びょういん)がいくつありますか。

　　(七つ) …… 七つあります。

III. Read the following and practice.

1：04	一時(じ)四分	7：45	七時四十五分
2：10	二時十分	7：02	七時二分
2：03	二時三分	8：06	八時六分
3：09	三時九分	8：28	八時二十八分
3：11	三時十一分	9：34	九時三十四分
4：22	四時二十二分	9：19	九時十九分
4：35	四時三十五分	10：20	十時二十分
5：30	五時三十分（半(はん)）	10：31	十時三十一分
5：36	五時三十六分	11：29	十一時二十九分
6：47	六時四十七分	11：30	十一時三十分（半）
6：50	六時五十分	12：44	十二時四十四分

Practice the above using 午前(ごぜん) and 午後(ご).

eg. 午前一時(じ)四分
　　午後一時四分

IV. Substitution.

九時五分	すぎです。
一時十分	前(まえ)です。
二時十五分	
三時六分	
四時十九分	
五時十三分	
七時八分	
八時七分	
十時四分	

V. Substitution.

毎(まい)日	日本語(にほんご)を勉強(べんきょう)しました。

毎週
毎月
毎年
先週
先月
去年
きのう

VI. Substitution.

来週 | 東京へ行きます。
来月
来年
今週
今月
ことし

VII. Memorize days of the week and of the month. Grammar notes III and V.

VIII. Response.

SEPTEMBER 1976

日	月	火	水	木	金	土
1	2	3	4	5	6	7
8	9	10	11	12	13	14
15	16	17	18	19	⑳	21
22	23	24	25	26	27	28
29	30					

1. 一週間には，何日ありますか。
(七日)…… 一週間には，七日あります。
2. 一月には，何日ありますか。
(三十一日)…… 一月には，三十一日あります。
3. 一年には，何か月ありますか。
(十二か月)…… 一年には，十二か月あります。
4. 一日は，何時間ですか。
(二十四時間)…… 一日は，二十四時間です。
5. 一時間は，何分ですか。
(六十分)…… 一時間は，六十分です。

6. きょうは，九月二十日です。あしたは，何日ですか。
　　(二十一日)…… あしたは，二十一日です。
7. きょうは，何曜日ですか。
　　(金曜日)…… きょうは，金曜日です。
8. 来週の金曜日は，何日ですか。
　　(二十七日)…… 来週の金曜日は，二十七日です。
9. 先週の金曜日は，何日でしたか。
　　(十三日)…… 先週の金曜日は，十三日でした。
10. 九月八日は，何曜日でしたか。
　　(日曜日)…… 九月八日は，日曜日でした。
11. 九月八日の前の日曜日は，何日でしたか。
　　(一日)…… 九月八日の前の日曜日は，九月一日でした。
12. 九月には，日曜日が何日ありますか。
　　(五日)…… 日曜日が五日あります。
13. 九月には，火曜日が何日ありますか。
　　(四日)…… 火曜日が四日あります。
14. きのうは，何曜日でしたか。
　　(木曜日)…… きのうは，木曜日でした。

IX. Substitution.

三日 四日 八日 十日 十四日 二十日 三か月 六か月 二年 四時間 九時間	いました。

X. Response. (Use ぐらい or ごろ appropriately.)

1. 何時間かかりますか。
　　(二時間)…… 二時間（ぐらい）かかります。
2. 何日かかりますか。

(三日）……　　三日（ぐらい）かかります。

3. 何週間かかりますか。

(一週間）……　　一週間（ぐらい）かかります。

4. 何か月かかりますか。

(四か月）……　　四か月（ぐらい）かかります。

5. 何年かかりますか。

(五年）……　　五年（ぐらい）かかります。

6. 何時ですか。

(四時）……　　四時（ごろ）です。

7. 何曜日ですか。

(月曜日）……　　月曜日（ごろ）です。

8. 何日ですか。

(六日）……　　六日（ごろ）です。

9. 何月ですか。

(九月）……　　九月（ごろ）です。

10. 何年ですか。

(1976年）……　　1976年（ごろ）です。

XI. Memorize the following conversations.

1. 山田：この家は，小さいですね。この家には，部屋がいくつありますか。
田中：三つあります。
山田：この家は，いくらぐらいですか。
田中：二千万円ぐらいです。

2. 中田：田中さんは，来週東京へ行きます。
山中：来週の何曜日ですか。
中田：土曜日です。
山中：来週の土曜日は，何月何日ですか。
中田：三月三日です。

3. ジョーンズ：学校は，遠いですか。
田中：はい，遠いですよ。
ジョーンズ：何分ぐらいかかりますか。
田中：四十五分ぐらいかかりますよ。

XII. Make a conversation of 5 or 6 lines and practice.

LESSON 8

Vocabulary Items

あう（会う）	*v. intr.*	to meet
あんな	*dem.*	that kind of (over there)
いつ	*n./inter.*	when
うえ（上）	*n.*	top, on
おしえる（教える）	*v. tr.*	to teach
かえる（帰る）	*v. intr.*	to return
カナダ	*n.*	Canada
から	*pt.*	from
クラス	*n.*	class
こんな	*dem.*	this kind of
した（下）	*n.*	underneath
そんな	*dem.*	that kind of, such a
だ	*cop.*	is (informal form of です)
たべる（食べる）	*v. tr.*	to eat
で	*pt.*	in, at; by means of
でしょう	*cop.*	probably (tentative form of copula)
でる（出る）	*v. intr.*	to get out of
と	*pt.*	with
どんな	*inter./dem.*	what kind of
ひこうき（飛行機）	*n.*	airplane
ひと（人）	*n.*	person
ふね（船）	*n.*	ship
ほんや（本屋）	*n.*	bookstore
……ましょう		shall do, let's do

まで	*pt.*	as far as, until
よ	*pt.*	(“ you know ”)
レストラン	*n.*	restaurant
ロシアご（ロシア語）	*n.*	Russian language
を	*pt.*	along from (used with verbs of motion)

Kanji for Writing

1. 何　なん，なに
2. 時　ジ
3. 分　フン，プン
4. 毎　マイ
5. 週　シュウ
6. 行　い（きます）
7. 来　ライ，き（ます）
8. 人　ひと，ジン
9. 年　ネン，とし
10. 本　ホン，ポン，ボン
11. 枚　マイ

Model Sentences

1. What time will you go to school tomorrow?
2. I will go at 8:15.
3. On what day do you have Japanese class every week?
4. We have Japanese class on Mondays and Wednesdays.
5. Mr. Tanaka returned from Yokohama on May 8th by ship.
6. Tomorrow I will go on this road from here to Seattle by car.
7. Last week, how did you go from New York to Chicago? (Lit. ...by what did you go...)
8. This week, let's return from Toronto to Vancouver by plane.
9. Who will come next week, I wonder.
10. This year, too, Mr. Yamada will probably teach Japanese in France.
11. Mr. Johnson met Mr. Smith in Tokyo last year.
12. Next year many students will probably come to Canada from Japan.
13. When did you study English at the University of Washington with Mr. Tanaka?
14. What did Mr. Smith teach in Japan from 1948 until 1965?
15. Neither on the top of nor under the desk was there any pencil, you know.
16. Mr. Suzuki's car was in front of my car, but...
17. I buy newspapers every day at the bookstore.
18. I bought ten sheets of paper of this kind at the bookstore.
19. This kind of car is probably expensive, isn't it?
20. I wonder what kind of person will be good?

1. あした，何時に学校へ行きますか。
2. 八時十五分に，行きます。
3. 毎週，何曜日に，日本語のクラスがありますか。
4. 月曜日と水曜日に，日本語のクラスがあります。
5. 田中さんは，五月八日に横浜から船で帰りました。
6. あした，ここからシアトルまで，この道を車で行きます。
7. 先週，ニューヨークからシカゴへ，何で行きましたか。
8. 今週，トロントからバンクーバーまで，飛行機で帰りましょう。
9. 来週は，だれが来るでしょうか。
10. 山田さんは，ことしもフランスで，日本語を教えるでしょう。
11. ジョンソンさんは，去年東京で，スミスさんに会いました。
12. 来年，日本から，学生がたくさんカナダへ，来るでしょう。
13. いつ，田中さんといっしょに，ワシントン大学で英語を勉強しましたか。
14. スミスさんは，1948年から1965年まで，日本で何を教えましたか。
15. 机の上にも下にも鉛筆がありませんでしたよ。
16. 私の車の前には，鈴木さんの車がありましたが……
17. 毎日，本屋で，新聞を買います。
18. 本屋で，こんな紙を十枚買いました。
19. こんな車は，高いでしょうね。
20. どんな人が，いいでしょうか。

I. Adverbs in a sentence

Adverbs in Japanese may be single words such as あした "tomorrow," きょう "today," ちょっと "a little," etc., but there are also many other adverbs composed of a combination of *noun+particle*. They specify the meaning of *means, time, place, extent, goal, manner,* etc. Thus, the phrase 車で "by car" specifies *means,* while phrases such as 一時に "at one o'clock," 日曜日に "on Sunday," 二月に "in February," and 千九百七十六年に "in 1976" specify *time.*

One or more adverbs may occur in a sentence. The outline structure of a sentence may look as follows:

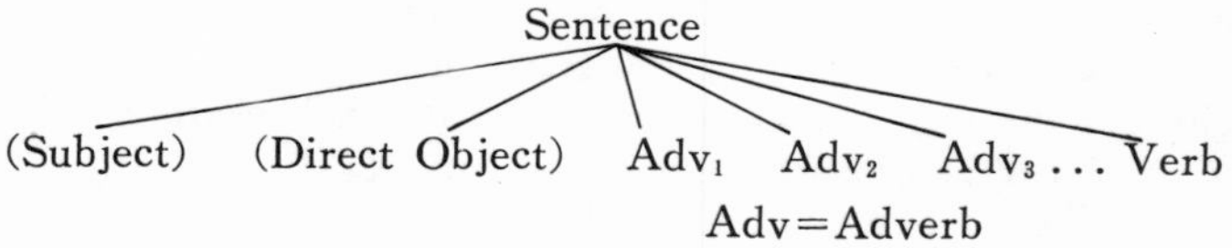

Depending upon the verb, the direct object may not be present; also, depending upon the situation or the context, the subject may not be present either.

Many adverbs can be topicalized. Thus, in model sentence 9, the phrase 来週(らいしゅう)は "Lit. as for next week" is an example of a topicalized time adverb.

There are time adverbs in English such as *today* and *last night* which are not preceded by *at*, *on*, or *in*. We do not say **on today* or **at last night*, although the phrases *at one o'clock* and *on Sunday* are perfectly normal. A similar situation exists in Japanese where some time adverbs are never followed by the particle に "at/on/in." Study the following:

Time adverbs used with に to show the exact point of time.	Time adverbs without the use of に.	
八時十五分に	きのう	先月(せんげつ)
八時に	きょう	今月
八時半に	あした	来月
三月二日に	毎日(まいにち)	毎月
五月に	先週(せんしゅう)	去年(きょねん)
千九百七十六年に	今週(こん)	ことし
月曜日に	来週	来年
	毎週(まい)	毎年

II. ましょう "shall"

帰(かえ)りましょう "let's return/we shall go back" in model sentence 8 is a *volitional form* for the verb 帰ります "to return." While the basic meaning of the form is "shall return," the meaning "let's return" is a derived one applicable only when the subject is understood as the first person plural, i.e. *we*. If the subject is わたくし "I," then it means "I shall return." The same phenomenon applies to many other verbs of humanly controllable action. A volitional form is non-existent with a non-action verb or an adjective.

III. でしょう "probably"

The phrase でしょう is a *tentative form* of the copula. If combined with the interrogative marker か, the meaning becomes something like "I wonder (if) ..." Without the interrogative marker, it means "... probably ..." With such a meaning, でしょう must occur with a falling intonation. Thus, 学生でしょう means "(He) is probably a student," and 学生でしょうか, "I wonder if (he) is a student." Also, でしょう occurs following an informal verb or adjective as in model sentences 9, 10, 12, 19, and 20. (See the next section.)

IV. Informal forms of verbs and adjectives

Notice that the verbs in model sentences 9, 10, and 12 are not in ます form, and that the adjectives in 19 and 20 are not followed by です. They are informal forms. In fact, even if the phrase でしょう is omitted in these sentences, they will still be grammatical. Thus, in 9, for example, the sentence without でしょう is an informal sentence which may be used in an informal situation. An informal sentence may also be used as an embedded sentence. (In this text a sentence within another sentence will be called an embedded sentence.) Embedded sentences in Japanese tend to be informal, and in many cases, they are required to be informal.

Forms with ます and です, then, are called *formal* as opposed to *informal* forms. Informal forms are typically ——る for verbs, and ——い for adjectives.

The informal form of the copula です is だ. When a sentence with this informal copula だ is embedded into the frame with でしょう "probably," だ is dropped. Study the following example sentences.

あれは，田中さんの車(くるま)です。 "That is Mr. Tanaka's car." (formal)

あれは，田中さんの車だ。 "That is Mr. Tanaka's car." (informal)

あれは，田中さんの車でしょう。 "That probably is Mr. Tanaka's car."

Compare the above examples with the following:

田中さんは，フランス語(ご)を教(おし)えます。
"Mr. Tanaka teaches French." (formal)

田中さんは，フランス語を教える。
"Mr. Tanaka teaches French." (informal)

田中さんは，フランス語を教えるでしょう。
"Mr. Tanaka will probably teach French."

車は 高(たか)いです。 "Cars are expensive." (formal)

車は 高い。 "Cars are expensive." (informal)

車は 高いでしょう。 "Cars are probably expensive."

There are other informal verb endings: ——く，——す，——つ，——ぬ，——う，and ——む. Informal sentences are designated most readily by informal verb and adjective forms. The non-past informal forms of verbs and adjectives are basic and are called *citation* forms. Verbs and adjectives are listed in dictionaries in such forms; therefore, they are also called dictionary forms.

As you have seen, the non-past informal forms of adjectives are quite simple to derive. If we simply delete です from 大きいです, for example, we get the informal form 大きい "big." For modifying nouns, only the informal form of the adjective is used, but for predication, both informal and formal forms can be used.

In this lesson, the informal forms of the following verbs must be memorized along with their formal counterparts.

1) *formal*	*informal*	2) *formal*	*informal*	3) *formal*	*informal*
います	いる	あります	ある	来(き)ます	来(く)る
教(おし)えます	教える	行きます	行く		
食(た)べます	食べる	話(はな)します	話す	勉強(べんきょう)します	勉強する
出(で)ます	出る	読(よ)みます	読む		
		いります	いる		
		会(あ)います	会う		
		買(か)います	買う		

As can be seen, the verbs here are classified into *three* major groups. Notice that the relationships between formal and informal forms can be summarized as follows:

1. group one : ます is replaced by る.
2. group two : Drop ます, then replace the preceding syllable with the う-line syllable. Thus, a*ri*masu becomes a*ru*, and yo*mi*masu becomes yo*mu*.
3. group three : The verb stem itself changes in pronunciation. (*ki* becomes *ku*, and *shi* becomes *su*.)

Note: A stem is a form to which a suffix or prefix can be added.

These verb classifications are important for forming the informal past tense, gerund forms, negative forms and others which will be presented later.

V. Particles : に "with," で "at," で "by/with," を "along," から "from," まで "until," と "with"

The verb 会(あ)う "to meet" is an intransitive verb in Japanese. The person who is met is specified by the particle に "to/ with" and not by the direct object marker を. Thus, we say:

田中さんに 会(あ)います "I will meet Mr. Tanaka."

The particle で in model sentence 13 specifies the location where events or actions take place. This particle, typically, occurs with action verbs. However, the particle に as in 15 specifies the location where something or someone exists. Therefore, one practical way to memorize the difference between the use of に and で will be to remember a pair of sentences such as 東京(とうきょう)で勉強(べんきょう)します "I will study in Tokyo," in contrast to 東京にあります "It is in Tokyo."

The particle で in a phrase like 車(くるま)で "by car" specifies the *means* and is semantically equivalent to the English phrase "by means of." An English phrase like " to speak in Japanese " can be expressed with this particle, as in 日本語で話す " to speak by means of Japanese."

The particle を in 道を行く in sentence 6 is not a direct object marker but a particle which indicates the " path " in which the motion specified by the verb takes place. Thus, この道を来る " to come along this road," or そこを行く " to go along there " are common expressions. This same particle may be used to indicate the meaning of " origin," or " source " as in 東京を出る " to get out of Tokyo/ leave Tokyo." (However, 東京に出る means " to get out to Tokyo/ to go to Tokyo.")

The particle を with such meanings is typically used with motion verbs.

The particles から " from," and まで " as far as/ until " may be used either for *time* or *place*. Used with *time*, the particle まで means " until." To ask *when* something will take place, use いつ. Study the following examples.

いつまで，ここにいますか。	" Until when will you be here?"
あしたまで，ここにいます。	" I will be here until tomorrow."

The particle と " with " usually occurs with the adverb いっしょに " together " as in model sentense 13. However, the adverb いっしょに may be dropped with little change in meaning.

VI. Conjunction が at the sentence final position

The conjunction が " but " may end a statement as in model sentence 16. In fact, such a sentence is an unfinished statement, and the deleted part of the statement is either implied or suggested. It is rather similar to English sentences such as, " He is a good teacher, but . . . " The deleted part may not be stated simply because the speaker is hesitant, he is too polite, or because he feels that his meaning is clear without further statement.

VII. Additional particles: に and へ " to "

The particles に and へ " to " (attached, typically, to locative nouns) are both used with motion verbs such as 行く and 来る. They specify the " goal " of the verb. Thus:

田中さんは，サンフランシスコ {に/へ} 行きます。

" Mr. Tanaka will go to San Francisco."

Note: In the case of the verbs of existence, only に can be used, but it does not mean " to," but " at/ on/ in."

VIII. Demonstratives: こんな，そんな，あんな，どんな

The demonstratives こんな "this kind of," そんな "that kind of," あんな "that kind of over there," and どんな "what kind of" are usually followed by nouns. Thus, どんな本 means "what kind of book," and こんな車 means "this kind of car."

◈ Exercises

I. Fill in the blanks and translate.

1. きのう，東京（　）車（　），この道（　）来ました。
2. ニューヨーク（　）ロンドン（　）行きました。
3. 大学（　）日本語（　）勉強しました。
4. 田中さんがニューヨーク（　），スミスさん（　）会いました。
5. ジョーンズさん（　）いっしょ（　）英語（　）教えました。
6. どこ（　）新聞（　）読みましたか。
7. 机（　）上（　），ペンはありませんでしたよ。
8. わたくしは，1945年（　）1950年（　）日本（　）いました。
9. 去年（　），横浜（　）船（　）サンフランシスコ（　）行きました。
10. 何時（　）クラス（　）ありますか。
11. 日本語（　）その本（　）書きました。
12. 八月（　），横浜（　）船（　）出ました。

II. Fill in each blank with as many of the following adverbs as possible.

先週，今週，来週，きのう，きょう，あした，去年，ことし，来年

Example: 先週，きのう，去年＿＿＿＿＿＿来ましたか。

1. ＿＿＿＿＿＿＿＿＿＿帰りますか。
2. ＿＿＿＿＿＿＿＿＿＿日本語を話すでしょうか。
3. ＿＿＿＿＿＿＿＿＿＿教えましたか。
4. ＿＿＿＿＿＿＿＿＿＿わかりましたか。
5. ＿＿＿＿＿＿＿＿＿＿買いますか。
6. ＿＿＿＿＿＿＿＿＿＿スミスさんと行きました。

III. Give the questions to elicit the following answers.

1. いいえ，あしたは行きません。
2. 山田さんは，東京から来ました。
3. ニューヨークへ飛行機で行きました。

4. いいえ，きのうの新聞は，読みませんでした。
5. 机の上には，鉛筆とペンがあります。
6. はい，ワシントン大学で勉強しました。
7. いいえ，スミスさんには会いませんでした。
8. 田中さんに会いました。
9. こんな車がいいでしょう。
10. はい，勉強しましょう。
11. きのうは，シアトルまで行きました。
12. 来週は，ジョンソンさんが来るでしょう。
13. いいえ，ことしは教えません。
14. はい，高いでしょう。
15. 私の車の前には，ミラーさんがいます。
16. 日曜日に勉強しました。
17. 十二時十五分に食べました。
18. 四月に来るでしょう。
19. この道を行くでしょう。
20. 日本語で話すでしょう。

IV. Transform the following sentences in such a way that they will convey the meaning of "we shall do/ let's do."

1. 車で行きます。
2. きょうの新聞を買います。
3. 英語で話します。
4. 鈴木さんに会います。
5. 英語も教えます。
6. あした来ます。
7. いっしょに勉強します。
8. この本を読みます。
9. これを食べます。
10. 日本語を教えます。

V. Transform the sentences in IV above so that they will convey the meaning of "Mr. Tanaka will probably do . . ."

VI. Use the above sentences, and rewrite them in such a way that they will convey the meaning of "I wonder if (someone) will do. . ." Remember, embedded sentences tend to be informal.

VII. Translate the following into Japanese.

1. Who will go from Seattle by car?
2. Last week I returned from New York by airplane.
3. I wonder who will read this kind of book.
4. I wonder if Mr. Tanaka will return from Washington next week.
5. Will Mr. Smith teach Japanese in Japan this year again?
6. I did not meet Mr. Suzuki in Tokyo.
7. This year, a lot of students will go to Japan from Canada.
8. When did you study Japanese in Vancouver?
9. What did you study in Japan from 1955 to 1960?
10. On the top of the desk, there are three pencils.
11. In front of the hospital there is a big post office.
12. Where did you buy your car?
13. What kind of car would you like? (Lit. ...would be good?)
14. This kind of car is probably good.
15. I went from Seattle to Vancouver by car with Mr. Johnson last year
16. I wonder if he will be in Seattle in December of this year.
17. I wonder at what time he will return from school.
18. Will you be at the bank at 12:00 o'clock on Friday?
19. He will go along this road to his house.
20. I wonder if he will speak in English.

Oral Practice

I. Substitution.

ここ	から	シアトル	まで	行きました(か)。
ニューヨーク		シカゴ		帰(かえ)りました(か)。
日本		アメリカ		来(き)ました(か)。
東京(とうきょう)		ホンコン		
トロント		バンクーバー		
		どこ		

II. Substitution.

ここ	から	サンフランシスコ	へ	バス	で	行きました(か)。
トロント		バンクーバー	に	車(くるま)		帰(かえ)りました(か)。
シアトル		ニューヨーク		タクシー		来ました(か)。
シカゴ		田中さんの　うち		飛行機(ひこうき)		
				何		

III. Substitution.

本	を	本屋(や)	で	買(か)いました(か)。
字引(じびき)		デパート		
		ニューヨーク		
		日本		
		大学(だいがく)の本屋		
		トロント		
		東京(とうきょう)		
		どこ		

IV. Substitution. (Match the parenthetical elements.)

きのう	田中さん	に	学校(がっこう)	で	会(あ)いました。
(あした)	先生(せんせい)		本屋(や)		(会いましょう)
	学生(がくせい)		レストラン		
	スミスさん		山		
	あの人(ひと)				

V. Substitution.

きょうは	先生(せんせい)	といっしょに	話(はな)しました。
	ジョンソンさん		帰(かえ)りました。
	父(ちち)		
	妹(いもうと)		
	弟(おとうと)		

VI. Substitution.

あの	道(みち)	を	行(い)きました(か)。
その			帰りました(か)。
この			来(き)ました(か)。
どの			

VII. Substitution.

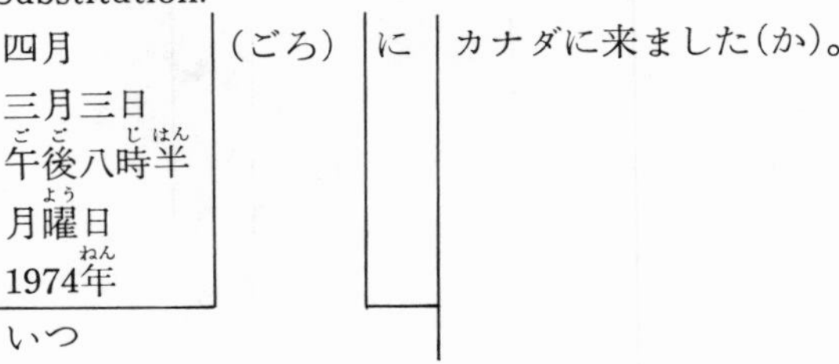

四月	(ごろ)	に	カナダに来ました(か)。
三月三日			
午後八時半(ごごじはん)			
月曜日(よう)			
1974年(ねん)			
いつ			

VIII. Transformation.

Example: Instructor: 山田さんは来る。（今(こん)週）
Student: 山田さんは今週来ます。
山田さんは今週来ました。

1. 私(わたくし)は，英語(えいご)を勉強(べんきょう)する。
（先(せん)週）　私は，先週英語を勉強しました。
2. 山田さんは，田中さんに会(あ)う。
（来週）　山田さんは，来週田中さんに会います。
3. 山本(もと)さんは，日本語(ご)を教(おし)える。
（去(きょ)年）　山本さんは，去年日本語を教えました。
4. 田中さんは，カナダへ行く。
（ことし）　田中さんは，ことしカナダへ行きます。
田中さんは，ことしカナダへ行きました。
5. スミスさんは，新聞(しんぶん)を買(か)う。
（毎日）　スミスさんは，毎日新聞を買います。
スミスさんは，毎日新聞を買いました。
6. 日本語のクラスがある。
（一時に）　日本語のクラスが一時にあります。
日本語のクラスが一時にありました。
7. 学校(がっこう)で勉強する。
（日曜日(にちようび)に）　日曜日に学校で勉強します。
日曜日に学校で勉強しました。

IX. Transformation.

1. 車(くるま)で行きます。　→ 車で行きましょう。
2. シアトルまで帰(かえ)ります。　→ シアトルまで帰りましょう。
3. 東京(とうきょう)へ来ます。　→ 東京へ来ましょう。
4. 日本語(ご)を教(おし)えます。　→ 日本語を教えましょう。
5. フランス語(ご)を勉強(べんきょう)します。　→ フランス語を勉強しましょう。
6. 本を買(か)います。　→ 本を買いましょう。
7. 田中さんに会(あ)います。　→ 田中さんに会いましょう。
8. あの道(みち)を行きます。　→ あの道を行きましょう。
9. 部屋(へや)を出(で)ます。　→ 部屋を出ましょう。

X. Transformation.

1. 本が机(つくえ)の上(うえ)にあります。　→ 本が机の上にあるでしょう。

2. スミスさんが行きます。 → スミスさんが行くでしょう。
3. 日本語で話します。 → 日本語で話すでしょう。
4. 手紙を読みます。 → 手紙を読むでしょう。
5. フランス語がわかります。 → フランス語がわかるでしょう。
6. 机の下にあります。 → 机の下にあるでしょう。
7. 山本さんは，シカゴにいます。 → 山本さんは，シカゴにいるでしょう。
8. 山田さんは，ロシア語を教えます。 → 山田さんは，ロシア語を教えるでしょう。
9. 田中さんは，英語を勉強します。 → 田中さんは，英語を勉強するでしょう。
10. あした，兄が来ます。 → あした，兄が来るでしょう。
11. あなたは，ブラウンさんに会います。 → あなたは，ブラウンさんに会うでしょう。
12. 父は，車を買います。 → 父は，車を買うでしょう。

XI. Transformation.

1. どんな人がいいですか。 → どんな人がいいでしょうか。
2. いつ田中さんは来ますか。 → いつ田中さんは来るでしょうか。
3. スミスさんは，フランス語を教えますか。 → スミスさんは，フランス語を教えるでしょうか。
4. 来年あの人は，日本へ行きますか。 → 来年あの人は，日本へ行くでしょうか。
5. ジョーンズさんは，だれに会いますか。 → ジョーンズさんは，だれに会うでしょうか。
6. 山本さんは，何を買いますか。 → 山本さんは，何を買うでしょうか。
7. ジョンソンさんは，あそこにあしたもいますか。 → ジョンソンさんは，あそこにあしたもいるでしょうか。
8. ブラウンさんは，この本がいりますか。 → ブラウンさんは，この本がいるでしょうか。

XII. Response.

どこで日本語を教えますか。
(大学) …… 大学で教えます。

スミスさんにどこで会いましたか。
(シカゴ) …… シカゴで会いました。

だれといっしょに行きましたか。
(ジョーンズさん) …… ジョーンズさんといっしょに行きました。

きのうどこへ行きましたか。

(シアトル) …… シアトルへ行きました。

トロントから何で来ましたか。

(飛行機) …… 飛行機で来ました。

どこで英語を勉強しましたか。

(ワシントン大学) …… ワシントン大学で勉強しました。

あなたの車はどこですか。

(田中さんの車の前) …… 田中さんの車の前です。

ブラウンさんはいつアメリカへ帰りましたか。

(去年) …… 去年帰りました。

どこで新聞を買いますか。

(本屋) …… 本屋で買います。

XIII. Transformation.

この鉛筆は，いくらですか。 → こんな鉛筆は，いくらでしょうか。

そのたばこは，安いですか。 → そんなたばこは，安いでしょうか。

あの車は，高いですか。 → あんな車は，高いでしょうか。

どの雑誌がおもしろいですか。 → どんな雑誌がおもしろいでしょうか。

どの映画がいいですか。 → どんな映画がいいでしょうか。

XIV. Expansion.

行きました。	行きました。
飛行機で	飛行機で行きました。
シカゴまで	シカゴまで，飛行機で行きました。
シアトルから	シアトルからシカゴまで，飛行機で行きました。
三時四十分に	三時四十分にシアトルからシカゴまで，飛行機で行きました。
きのう	きのう三時四十分に，シアトルからシカゴまで飛行機で行きました。

帰りましょう	帰りましょう。
スミスさんといっしょに	スミスさんといっしょに帰りましょう。
車で	車でスミスさんといっしょに帰りましょう。
バンクーバーへ	バンクーバーへ車で，スミスさんといっしょに帰りましょう。
来週の火曜日に	来週の火曜日に，バンクーバーへ車で，スミスさんといっしょに帰りましょう。

教(おし)えました	教えました。
1963年まで	1963年まで教えました。
1960年から	1960年から1963年まで教えました。
アメリカで	アメリカで1960年から1963年まで教えました。
日本語を	日本語をアメリカで1960年から1963年まで教えました。
ジョンソンさんは	ジョンソンさんは，日本語をアメリカで1960年から1963年まで教えました。

XV. Transformation.

あれは，学校です。──→あれは，学校でしょう。

あれは，アメリカの船(ふね)です。──→あれは，アメリカの船でしょう。

それは，日本の飛行機(ひこうき)です。──→それは，日本の飛行機でしょう。

これは，レストランです。──→これは，レストランでしょう。

これは，田中さんの車(くるま)です。──→これは，田中さんの車でしょう。

XVI. Memorize the following conversations.

1. スミス：いつカナダに来ましたか。
   田中：先(せん)週の月曜(よう)日に来ました。
   スミス：日本の大学(だいがく)では，何を勉強(べんきょう)しましたか。
   田中：フランス語(ご)とロシア語を勉強しました。

2. Customer： こんな紙(かみ)は高(たか)いでしょうね。
   Clerk： はい，これは高いですが，その机(つくえ)の上(うえ)のは，安(やす)いですよ。一枚十円です。
   Customer： きょうの新聞(しんぶん)は，どこにありますか。
   Clerk：そこに，たくさんありますよ。

3. 中田：去年(きょ)は，ジョンソンさんと，どこへ行きましたか。
   山本(もと)：サンフランシスコまで車(くるま)で行きました。
   中田：そうですか。サンフランシスコでは，スミスさんに会(あ)いましたか。
   山本：はい，日本のレストランで会(あ)いました。

XVII. Make a conversation of 4 or 5 lines.

LESSON 9

Vocabulary Items (From this lesson on, verbs will be listed in informal forms.)

あたらしい（新しい）	*aj.*	new
あまり，あんまり	*adv.*	too much
いう（言う）	*v. tr.*	to say
ええ	*int.*	yes (more colloquial than はい)
おもう（思う）	*v. tr.*	to think
かいしゃ（会社）	*n.*	business company
きく（聞く）	*v. tr.*	to hear, ask
する	*v. tr.*	to do
たてもの（建物）	*n.*	building
だめ（な）	*na.*	(It is) no good
つかう（使う）	*v. tr.*	to use
テレビ	*n.*	TV
と	*pt.*	(quotative particle)
ドイツご（ドイツ語）	*n.*	German language
ドル	*n.*	dollar
にく（肉）	*n.*	meat
のみもの（飲物）	*n.*	beverage
のむ（飲む）	*v. tr.*	to drink
ビール	*n.*	beer
ふるい（古い）	*aj.*	old (object)
みる（見る）	*v. tr.*	to see
よく	*adv.*	well, often
ラジオ	*n.*	radio

Kanji for Writing

1. 車　くるま
2. 思　おも（う）
3. 食　た（べる）
4. 見　み（る）
5. 大　おお（きい）
6. 高　たか（い）
7. 言　い（う）
8. 英　エイ
9. 語　ゴ
10. 飲　の（む）

Model Sentences

1. I said that there is no dictionary in this room.
2. I think that this car is not Mr. Tanaka's.
3. The Japanese eat a lot of fish, but I think they don't eat much meat.
4. He watches TV every day, but he probably doesn't see many movies.
5. He probably won't drink such a beverage.
6. Mr. Ikeda probably won't buy such a big car as that.
7. Who do you think will write this letter?
8. I think that Mr. Yamada will write that letter.
9. I asked who would not come tomorrow. (Lit. I asked, "Who wouldn't come tomorrow.)
10. I think that tall building is not very far from the hospital.
11. I think the bookstore at the University is not too big, but...
12. They call *yuubinkyoku* " post office " in English.
(Lit.: As for " yuubinkyoku," they call it " post office " in English.)
13. How do you say " kaisha " in English?
14. How do you say " ginkoo " in Chinese?
15. I don't think that Mr. Tanaka will come tomorrow.
16. I don't think this kind of house is expensive.
17. I think that there are probably thirty more sheets of paper in this box.
18. I intend to buy that dictionary at the university bookstore. (Lit.: As for that dictionary, I think I shall buy it at the university bookstore.)
19. I don't intend to see such a movie.
20. I intend to do a lot of studying tomorrow, too.

1. この部屋(へや)には，字引(じびき)がないと言いました。
2. この車は，田中さんのではないと思います。
3. 日本人(じん)は，魚(さかな)をたくさん食べますが，肉(にく)は，あまり食べないと思います。
4. テレビは，毎日見ますが，映画(えいが)は，あまり見ないでしょう。
5. そんな飲物(もの)は，飲まないでしょう。

6. 池田さんは，あんな大きい車は，買わないでしょう。
7. この手紙は，だれが書くと思いますか。
8. その手紙は，山田さんが書くと思います。
9. あしたは，だれが来ないかと聞きました。
10. あの高い建物は，病院からあまり遠くないと思います。
11. 大学の本屋は，あまり大きくはないと思いますが……
12. 郵便局は，英語で Post Office と言います。
13. 会社は，英語でどう言いますか。
14. 銀行は，中国語で何と言いますか。
15. 田中さんがあした来ると，私は思いません。
16. こんな家が高いと思いません。
17. この箱の中に，紙がもう三十枚ぐらいあるだろうと思います。
18. その字引は，大学の本屋で買おうと思います。
19. そんな映画を見ようとは思いません。
20. あしたも勉強をたくさんしようと思います。

I. Informal negative forms

Like informal affirmative forms, the informal negatives may be used in embedded sentences. Thus, they are often embedded in frames such as ……と思う "to think that...," ……と言う "to say that.../to say...," ……と聞く "to hear/to ask if...../to ask...," …… でしょう "probably...," and others.

To make the informal negative form of verbs, observe the following general rules:

A. For verb of group one, replace る by ない.

いる	→	いない	食べる	→	食べない
教える	→	教えない	見る	→	見ない
出る	→	出ない			

B. For verbs of group two:

1. For verbs ending in う, replace う by わない.

会う	→	会わない	買う	→	買わない

2. For verbs ending in a syllable other than う, replace the final syllable with its あ-line syllable and add ない.

行く	→	行かない	わかる	→	わからない
話す	→	話さない	読む	→	読まない

3. The verb of existence ある is irregular here, and its negative informal form is ない. Also, ではありません becomes ではない, or contracted じゃない.

C. The verbs of group three are irregular, and the following forms must be memorized.

来(く)る → 来(こ)ない　　　する → しない

Note: Compare the following, with special attention to pronunciation.

Group one		
*oshie*masu	*oshie*ru	*oshie*nai
*tabe*masu	*tabe*ru	*tabe*nai
*mi*masu	*mi*ru	*mi*nai
*de*masu	*de*ru	*de*nai
Group two		
*yom*imasu	*yom*u	*yom*anai
*wakar*imasu	*wakar*u	*wakar*anai
*kak*imasu	*kak*u	*kak*anai

Notice the italicized parts which are common to each form for a given verb. These parts can be called the *root* of the verb. The roots of group one verbs end in the vowel *i* or *e*. Those in group two end in consonants. Consequently, group one verbs are called *vowel verbs*, and group two verbs, *consonant verbs*. From this point of view, the roots of consonant verbs such as 買(か)う, pronounced *kau*, and 会(あ)う, pronounced *au*, should be considered as *kaw* and *aw*, respectively. The consonant *w* is actually dropped from the pronunciation of *kawu*, *kawimasu*, *awu*, and *awimasu*, but it is retained for the pronunciation of the negative form, *kawanai* and *awanai*, respectively.

Also, notice the tense markers. Non-past vowel verbs end with *ru*, but the consonant verb, with *u*. In some cases, the final syllable of consonant verbs may be *ru* as in *wakaru* "to understand," and *aru* "to exist." They may give the impression that they should belong to group one. However, we can tell that they do not belong to group one because the vowel preceding the final syllable *ru* is neither *e* nor *i*.

There are a few consonant verbs in which either *e* or *i* may precede the final syllable *ru* as in *kaeru* "to return" and *iru* "to need/ to be necessary." The word *kaeru* is analyzed as *kaer*+*u*, and *iru*, as *ir*+*u*. These verbs must simply be memorized as consonant verbs. The number of such verbs is limited.

With respect to vowel and consonant verbs, we can give the following general rules. (They do not apply to the irregular verbs of *kuru* and *suru*.)

1. Formal non-past:
   Verb root + *masu* for vowel verbs
   　　　　　 imasu for consonant verbs
2. Informal non-past:
   Verb root + *ru* for vowel verbs
   　　　　　 u for consonant verbs
3. Informal negative non-past:
   Verb root + *nai* for vowel verbs
   　　　　　 anai for consonant verbs

To form the informal negative form of the adjective, replace the final vowel い by くない. Thus:

大きい → 大きくない
赤い → 赤くない

The negative of いい "good" is よくない "not good/ no good." The word だめ also means "no good," although its form is an affirmative form. Therefore, よくない may often be replaced by だめ as in:

それは，よくないでしょう。　　それは，だめでしょう。

If だめ is used for a noun modification, the syllable な must follow as in だめな車 "Lit. a no good car." (See lesson 15)

Memorize the following verb forms:

食べる → 食べない
見る → 見ない
教える → 教えない
出る → 出ない
いる → いない
飲む → 飲まない
読む → 読まない
いる → いらない
わかる → わからない
帰る → 帰らない
買う → 買わない
会う → 会わない
使う → 使わない
思う → 思わない
書く → 書かない
聞く → 聞かない
話す → 話さない
ある → ない
来る → 来ない
する → しない
だ → {ではない / じゃない}

Notice that the final syllable of an informal negative form is い, which is characteristic of adjective endings. In fact, *the informal negative is an adjective in Japanese*, and as such, it is subject to rules applicable to other regular adjectives.

II. あまり＋negative

The word あまり is a degree adverb meaning "excessively/ too much." In combination with a negative verb, it may mean "not too much," or "not much." When this word is emphasized, あんまり results. It is actually the form produced by elongating the nasal sound as *amari*→*ammari*. Emphatic forms are often characterized by elongated sounds in English, also. e.g. long vs. lo-ong.

III. Quotative particle と

The quotative particle is と. It follows a direct or indirect quotation, which may take the form of a word, phrase, or sentence. Compare the following five statements.

田中さんと言いました。	"He said, 'Mr. Tanaka!'"
田中さんにと言いました。	"He said, 'To Mr. Tanaka.'"
これは本ですと言いました。	"He said, 'This is a book.'"
あした来ますかと聞きました。	"He asked, 'Will you come tomorrow?'"
行きましょうと言いました。	"I said, 'Let's go.'"

Notice that just like direct quotations in English, the tense of the quoted sentence is not affected by the tense of the main sentence verb.

Like other constructions of noun＋particle such as 車で "by car" or 八時に "at eight o'clock," the quotatives are adverbs. Therefore, a quotative may be replaced by どう or 何と, both of which are adverbs. Also, as an adverb, the position of a quotative is rather free with respect to other adverbs. Study the following:

どう言いましたか。	"What did he say?" (Lit. "How did he say?")
何と言いましたか。	"What did he say?" (Lit. "'What' did he say?")
どう思いますか。	"What do you think?" (Lit. "How do you think?")
何だと思いますか。	"What do you think it is?" (Lit. "'It is what' do you think?")
きのうここで，行くと言いました。	Lit. "I said, 'I would go,' here yesterday."
きのう，行くとここで言いました。	Lit. "I said here, 'I would go,' yesterday."
行くと，きのうここで言いました。	Lit. "I said here yesterday, 'I would go.'"

The quotative particle と may be used with a verb such as 思う, which may not directly be associated with the act of "saying" anything. However, in such a case, we may say that the content of "thinking" is "quoted," and it appears in the quotative construction. The quoted sentence which occurs with the phrase ……と思う *must be* informal.

IV. Contrastive particle は

The particle は may be used to indicate the meaning of contrast. (See Lesson 2) Thus, 大きくはない in model sentence 11 implies that some meaning of contrast involving the size of the bookstore is at issue. Therefore, the implication is that although the bookstore is not big, it may be good, or it may be convenient, or the service may be good, or something else. Such a use of は is also possible for verbs and nouns. In general, negated verbs and adjectives tend to cooccur with this contrastive は. Study the following examples.

食べはしない。	"Lit. As far as eating is concerned, he doesn't do it."
買(か)いはしました。	"As far as buying is concerned, he bought it." "He bought it all right."
飲みはしません。	"He doesn't *drink* it."
飲みはします。	"He *drinks* all right."

The forms 食べ and 飲み can be made by dropping ます ending from the formal forms.

V. Informal forms of ましょう and でしょう†

The informal form of でしょう is だろう. The informal form of ましょう for vowel verbs is よう as in 食べよう "I shall eat/ we shall eat/ let's eat." However, for consonant verbs, replace the final syllable of the citation form with the お-line syllable, and add う. Thus:

読む → 読もう	買(か)う → 買おう
行く → 行こう	帰(かえ)る → 帰ろう

If we take *roots* into consideration, the following rules apply.

Add *yoo* to the root for vowel verbs.

Add *oo* to the root for consonant verbs.

For irregular verbs, 来る become 来(こ)よう, and する becomes しよう. Within the frame ……と思う, verbs in these volitional forms express the definite speaker's intention.

VI. Negative movement

Although the meaning becomes slightly different, the negative ない may

---

† **Note:** An adjective tentative meaning may be expressed as, for example, 大きいだろう. It can also be 大きかろう by adding かろう to the stem. However, the former is more widely used.

move from the embedded sentence to the main sentence verb, *if* the main sentence verb is like 思う "to think." This is somewhat similar to English.

田中さんは，あした来ないと思います。	"I think that Mr. Tanaka will not come tomorrow."
↓	↓
田中さんは，あした来ると思いません。	"I don't think Mr. Tanaka will come tomorrow."

Note: In the case of a direct quotation in Japanese, quotation marks「……」are used, as in「田中さんが来ました。」と言いました。"He said, 'Mr. Tanaka came.'" When Japanese is written vertically, quotation marks are correspondingly written ﹁……﹂.

Although the verb 言う "to say" is actually pronounced *yuu*, when it is written in hiragana, it is written いう，not *ゆう.

Exercises

I. Negate the following sentences and embed in the frame ……でしょう and translate each sentence.

Example: 行きます。→ 行かないでしょう。"He will probably not go."

1. あそこに，いい病院(びょういん)があります。
2. 来年，アメリカで教(おし)えます。
3. あした，英語で話(はな)します。
4. スミスさんは，日本語の新聞(しんぶん)を毎日読(よ)みます。
5. フランス語がわかります。
6. お金(かね)が一万円あります。
7. 田中さんにあした会(あ)います。
8. 池田(いけだ)さんが八時十五分すぎに来ます。
9. 大きい車を買(か)います。
10. きょうは，勉強(べんきょう)します。
11. この字引(じびき)は，おもしろいです。
12. その病院(びょういん)は，いいです。
13. 日曜(よう)日に映画(えいが)を見ます。
14. そんな魚(さかな)を食べます。
15. この車は，安(やす)いです。

II. Complete the following conversations according to the example given.

Also, translate the conversations.

Example: A：池田(いけだ)さんが行きますか。

B：いいえ，池田さんは，行かないと思います。

1. A：この部屋(へや)に，いい字引(じびき)がありますか。
   B：いいえ，________________
2. A：田中さんがそこにいますか。
   B：いいえ，________________
3. A：この車は，安(やす)いでしょうか。
   B：いいえ，________________
4. A：あの先生(せんせい)は，日本語がわかりますか。
   B：いいえ，________________
5. A：あなたのお兄(にい)さんは，来年英語を教(おし)えますか。
   B：いいえ，________________
6. A：あした池田さんは，この本を百ページ読(よ)むでしょうか。
   B：いいえ，________________
7. A：田中さんのうちは，ここから遠(とお)いですか。
   B：いいえ，________________
8. A：あの大学(だいがく)には，郵便局(ゆうびんきょく)がありますか。
   B：いいえ，________________
9. A：山田(やまだ)さんは，肉(にく)を食べますか。
   B：いいえ，________________
10. A：この大きいうちは，高いでしょうか。
    B：いいえ，________________

III. Fill in the blanks and translate. One blank is for one word.

Example: University は日本語(ご) で 大学(だいがく) と 言います。

1. Bank は 日本語___ ____ ___ 言います。
2. 作家(さっか)は ____ ___ author ___ 言います。
3. 会社員(かいしゃいん)は ____ ___ company employee ___ 言います。
4. Bookstore は日本語 ___ ______ ___言います。
5. Last year は日本語 ___ ______ ___言います。
6. 魚(さかな)は英語 ___ ______ ___言います。
7. お父(とう)さんは英語 ___ ______ ___言います。
8. Building は日本語 ___ _____ ___言います。
9. 机(つくえ)は ____ ___desk ___ 言います。

10. 字引は____ ___ dictionary ___言います。

IV. Move the negative out of the embedded sentence and attach it to the main sentence verb and translate each sentence. Then, read the sentences out loud.

Example: 田中さんが来ないと思います

→田中さんが来ると思いません。

"I don't think that Mr. Tanaka will come."

1. 高くないと思いました。
2. あの日本人は，英語がよくわからないと思います。
3. お金が五千ドルいらないと思います。
4. 新聞を毎日読まないと思います。
5. スミスさんは，アメリカ人じゃないと思います。
6. あまり肉を食べないと思います。
7. この映画は，あまりおもしろくないと思います。
8. この車は，安くないと思います。
9. 来週は，ここにいないと思います。
10. 田中さんは，そんな本を買わないと思います。

V. Embed the following sentences into the frame ……と思います and translate.

1. 八時に帰りましょう。
2. 田中さんはあした来ないでしょう。
3. 東京からバスが出るでしょう。
4. 毎日，新聞を読みましょう。
5. あした映画を見ましょう。
6. 田中さんは，あまりコーヒーを飲まないでしょう。
7. 大きい字引を見ましょう。
8. 私の英語は，わからないでしょう。
9. アメリカ人と英語で話しましょう。
10. あしたも来ましょう。

VI. Translate into Japanese.

1. I think that he will not return home tomorrow.
2. I said that he wouldn't go to Canada by airplane this week.
3. Mr. Ikeda will probably not buy such an expensive house.
4. I asked if he would not use this room this week. (hint: I asked, "…?")

5. How do you say "the top of the desk" in Japanese?
6. As for "Yuubinkyoku," don't you say "post office" in English?
7. Who do you think will go from here to Tokyo next week?
8. Who did you say would read this kind of book?
9. Do you think that this kind of dictionary is no good?
10. Did you think that Kyoto wouldn't be too far from Osaka?
11. I wonder if it is not too expensive.
12. Didn't you say that the Japanese do not eat too much meat?
13. Where do you think he will teach next year?
14. I think that I shall study at a Japanese university next year. (I intend to study at...)

◈ Oral Practice

I. Inflection.

行く	行かない	大きい	大きくない
思う	思わない	新しい	新しくない
聞く	聞かない	近い	近くない
話す	話さない	遠い	遠くない
飲む	飲まない	赤い	赤くない
使う	使わない	広い	広くない
言う	言わない	おもしろい	おもしろくない
食べる	食べない	古い	古くない
見る	見ない		
来る	来ない		
する	しない		

II. Transformation.

1. 田中さんは，アメリカへ行きません。 → 田中さんはアメリカへ行かないでしょう。
2. 山本さんは，本を買いません。 → 山本さんは本を買わないでしょう。
3. スミスさんは，テレビを見ません。 → スミスさんはテレビを見ないでしょう。
4. あの先生は，日本語を話しません。 → あの先生は日本語を話さないでしょう。
5. あの学生は，学校に来ません。 → あの学生は学校に来ないでしょう。
6. かさは，使いません。 → かさは使わないでしょう。
7. ビールは，飲みません。 → ビールは飲まないでしょう。

8. ラジオを聞きません。 → ラジオを聞かないでしょう。
9. 英語で言いません。 → 英語で言わないでしょう。
10. こんな魚は，食べません。 → こんな魚は食べないでしょう。

III. Substitution.

田中さん	は	あした来る	と	思います(か)。
スミスさん		英語を教える		言いました(か)。
ブラウンさん		シカゴにいる		聞きました(か)。
その学生		その本を読む		
あの人		魚を食べる		
(だれが)		手紙を書く		
		テレビを見る		

IV. Substitution.

田中さん	は	「映画は，おもしろいですか。」	と	言いました。
スミスさん		「あのくつは高いですか。」		聞きました。
兄		「ビールを飲みますか。」		
弟		「ラジオを聞きますか。」		
先生のお姉さん		「お金を使いましたか。」		
		「レストランで何を食べましたか。」		
		「東京でだれに会いましたか。」		

V. Negative using あまり.

1. このコーヒーは，安いです。 → このコーヒーはあまり安くありません。
2. このくつは，高いです。 → このくつはあまり高くありません。
3. この大学は，大きいです。 → この大学はあまり大きくありません。
4. あの本は，おもしろいです。 → あの本はあまりおもしろくありません。
5. 学校は，遠いです。 → 学校はあまり遠くありません。
6. 病院は，近いです。 → 病院はあまり近くありません。
7. その字引は，いいです。 → その字引はあまりよくありません。
8. そのかさは，古いです。 → そのかさはあまり古くありません。
9. あの紙は，新しいです。 → あの紙はあまり新しくありません。
10. あの魚は，赤いです。 → あの魚はあまり赤くありません。

VI. Transformation. (Negative Movement)

1. 田中さんは，あした来ないと思います。 → 田中さんは，あした来ると思いません。
2. スミスさんは，日本語がわからないと思います。 → スミスさんは，日本語がわかると思いません。
3. この大学は，大きくないと思います。 → この大学は，大きいと思いません。
4. そんな本がないと思います。 → そんな本があると思いません。
5. それは，いい字引ではないと思います。 → それは，いい字引だと思いません。
6. あの学生は，勉強しないと思います。 → あの学生は，勉強すると思いません。
7. この部屋に人がいないと思います。 → この部屋に人がいると思いません。
8. 大きい車は，いらないと思います。 → 大きい車は，いると思いません。
9. 安いくつを買わないと思います。→ 安いくつを買うと思いません。
10. 古いうちではないと思います。 → 古いうちだと思いません。

VII. Transformation. (Embed into the frame ……と思います.)

Example: Instructor: 肉を食べる。魚を食べない。

Student: 肉は食べますが，魚は，食べないと思います。

1. 映画を見る。テレビを見ない。

   映画は，見ますが，テレビは，見ないと思います。

2. テレビを見る。ラジオを聞かない。

   テレビは，見ますが，ラジオは，聞かないと思います。

3. ラジオを聞く。新聞を読まない。

   ラジオは，聞きますが，新聞は，読まないと思います。

4. 日本語を話す。英語を話さない。

   日本語は，話しますが，英語は，話さないと思います。

5. きょう先生に会う。あした会わない。

   きょうは，先生に会いますが，あしたは，会わないと思います。

6. 本を使う。字引を使わない。

   本は，使いますが，字引は，使わないと思います。

VIII. Inflection.

行く	行こう	行きましょう
聞く	聞こう	聞きましょう

思う	思おう	思いましょう
使う	使おう	使いましょう
言う	言おう	言いましょう
会う	会おう	会いましょう
話す	話そう	話しましょう
飲む	飲もう	飲みましょう
読む	読もう	読みましょう
食べる	食べよう	食べましょう
見る	見よう	見ましょう
来る	来よう	来ましょう
する	しよう	しましょう

IX. Transformation. (Embed into the frame of ……と思います)

1. 本を書く。 → 本を書こうと思います。
2. 医者に会う。 → 医者に会おうと思います。
3. うちに帰る。 → うちに帰ろうと思います。
4. あの建物を使う。 → あの建物を使おうと思います。
5. きょうは，テレビを見る。 → きょうは，テレビを見ようと思います。
6. 田中さんに聞く。 → 田中さんに聞こうと思います。
7. ドイツ語を勉強する。 → ドイツ語を勉強しようと思います。

X. Transformation. (Embed into the frame ……だろう. Also, use は for contrast.)

Example: Instructor: そんな飲物は飲まない。

Student: そんな飲物は飲みはしないだろう。

1. こんな字引は，あまり使わない。
   → こんな字引は，あまり使いはしないだろう。
2. あした，会社に行かない。
   → あした，会社に行きはしないだろう。
3. アメリカのビールを買わない。
   → アメリカのビールを買いはしないだろう。
4. あの人が先生だと思わない。
   → あの人が先生だと思いはしないだろう。
5. 山田さんは肉を食べない。
   → 山田さんは肉を食べはしないだろう。

6. 日本語でそう言わない。

　　→ 日本語でそう言いはしないだろう。

7. あの学生(がくせい)は，ラジオを聞(き)かない。

　　→ あの学生はラジオを聞きはしないだろう。

8. 中田さんは，英語(えいご)がわからない。

　　→ 中田さんは英語がわかりはしないだろう。

XI. Substitution.

「銀行(ぎんこう)」	は	英語	で	どう	言いますか。
「学校(がっこう)」		中国語(ちゅうごくご)		何と	
「本」		フランス語		こう	
「魚(さかな)」		ロシア語		そう	
「くつ」		ドイツ語		ああ	

XII. Memorize the conversations.

1. 山田：スミスさんは，日本語がよくわかりますか。

　中山：ええ，よくわかると思いますよ。きのうは，スミスさんと，日本語で話(はな)しました。

　山田：スミスさんは，日本語を何年勉強(べんきょう)しましたか。

　中山：「三年大学(だいがく)で勉強(べんきょう)しました。」と言いましたが……

2. 高田：こんにちは，田中さん。きょうは何を買(か)いましたか。

　田中：ウィスキーを一本と，ビールを六本買(か)いました。

　高田：ウィスキーは，高いでしょう。

　田中：いいえ。このウィスキーは，カナダのですが，あまり高くはありませんよ。

3. 山田：ここに，いい病院(びょういん)はありませんか。

　スミス：ええ，あまりいい病院は，ないと聞(き)きました。大きい病院はありますが……

　山田：病院は，英語でどう言いますか。

　スミス：「Hospital」といいます。

XIII. Make a conversation of 4 or 5 lines.

LESSON 10

Vocabulary Items

いそぐ（急ぐ）	*v. intr.*	to hurry
おいしい	*aj.*	delicious
おかし（お菓子）	*n.*	cake, cookies, sweets
おくれる（遅れる）	*v. intr.*	to be late
オレンジ	*n.*	orange
がいじん（外人）	*n.*	foreigner
コース	*n.*	course
さけ（酒）	*n.*	sake (rice wine)
しけん（試験）	*n.*	exam, test
しぬ（死ぬ）	*v. intr.*	to die
しまる（閉まる）	*v. intr.*	(something) closes
しろい（白い）	*aj.*	white
ずいぶん	*adv.*	quite, very
タクシー	*n.*	taxi
とにかく	*adv.*	anyway, at any rate
とぶ（飛ぶ）	*v. intr.*	to fly
とる（取る）	*v. tr.*	to take
な	*cop.*	(variant of だ)
べつに（別に）	*adv.*	(not) particularly
まちがう（間違う）	*v. tr./ intr.*	to make a mistake
まつ（待つ）	*v. tr.*	to wait for
まど（窓）	*n.*	window
みせ（店）	*n.*	store
むずかしい	*aj.*	difficult

やさしい	*aj.*	easy
よぶ（呼ぶ）	*v. tr.*	to invite, summon, call
わるい（悪い）	*aj.*	bad
ん	*n.*	(variant of の)

Kanji for Writing

1. 買　か（う）
2. 魚　さかな
3. 私　わたくし
4. 取　と（る）
5. 先　セン
6. 会　あ（う）
7. 上　うえ
8. 待　ま（つ）
9. 屋　や
10. 下　した

Model Sentences

1. I hurried to that company, but I was late.
2. Did you say that you ate such a fish too?
3. What did you buy in that store (over there) yesterday?
4. Mr. Tanaka spoke to that foreigner in English, but ...
5. I think that he invited (summoned) Mr. Yamamoto to this room yesterday, but...
6. This was Mr. Ueda's house, wasn't it?
7. The windows of this room did not close, did they?
8. I think that building was quite far from the school.
9. That beverage was not very delicious, but I drank it anyway.
10. I heard that Mr. Tanaka did not wait very long, but...
11. I think that he did not take (subscribe to) either newspapers or magazines.
12. I did not study too much last week, but I think I understood it well.
13. The examination was not too difficult, but I made a few mistakes.
14. That is not my car, you know. (The fact is that ...) That is Mr. Ueda's car. (The fact is that ...)
15. It was not particularly expensive, but it was not too cheap, either.
16. That was under the desk. (The fact is that...)
17. The bus from Tokyo did not come yesterday. (The fact is that...)
18. I studied eight hours, but I did not understand it. (The fact is that...)
19. What do you think he did not understand?
20. How many weeks do you think he studied Japanese?

1. その会社に急いだんですが，遅れました。
2. あなたは，そんな魚も食べたと言いましたか。
3. きのうあの店で，何を買ったんですか。
4. その外人に，田中さんは，英語で話したんですが……
5. きのう，山本さんをこの部屋に呼んだと思いますが……
6. これは，上田さんのうちだったでしょう。
7. この部屋の窓は，閉まらなかったでしょう。
8. その建物は，学校からずいぶん遠かったと思います。
9. その飲物は，あまりおいしくなかったんですが，とにかく飲みました。
10. 田中さんは，あまり待たなかったと聞きましたが……
11. 新聞も雑誌も取らなかったと思います。
12. 先週，あまり勉強しなかったんですが，よくわかったと思います。
13. 試験は，あまりむずかしくなかったんですが，すこし間違いました。
14. あれは，私の車ではないんですよ。あれは上田さんの車なんです。
15. 別に高くは {なかったです / ありませんでした} が，あまり安くも {なかったです。/ ありませんでした。}
16. それは，机の下だったんです。
17. きのう，東京からのバスは来なかったんです。
18. 八時間，勉強したんですが，わからなかったんです。
19. 何がわからなかったと思いますか。
20. 何週間，日本語を勉強したと思いますか。

I. Informal past tense

Just like non-past informal forms, the past informal forms are used mostly in embedded sentences, impersonal sentences, or in very informal situations among peers or to inferiors. Observe the following rules for the formation of the past tense:

A. For verbs of *group one* (i.e. vowel verbs), replace る with た.

いる → いた	出る → 出た	教える → 教えた
見る → 見た	食べる → 食べた	

B. For *group two* verbs (i.e. consonant verbs) ending in う，つ，or る，replace the final syllable with った.

会う → 会った	待つ → 待った	閉まる → 閉まった
買う → 買った	わかる → わかった	帰る → 帰った

For those ending in く or ぐ，replace the final syllable with いた,

or いだ, respectively.

書く → 書いた　　急ぐ → 急いだ

For those ending in ぬ, む, or ぶ, replace the final syllable with んだ.

死ぬ → 死んだ　　読む → 読んだ　　呼ぶ → 呼んだ

For those ending in す, replace the final syllable with した.

話す → 話した

C. The following forms must be memorized as irregular forms.

行く → 行った　　来る → 来た　　だ → だった

(yuu) 言う → 言った　　する → した

From the pronunciation point of view, the following rules are useful:

1. Add *ta* to the root of vowel verbs. *tabe+ta*
2. For consonant verbs:
   a. If the root ends in *r*, *w*, or *ts*, replace the final syllable (i.e. the consonant+*u*) with *tta* as in *wakar-u→wakatta*, *ka(w)-u→katta*, and *mats-u→matta*.
   b. If the root ends in *n*, *m*, or *b*, replace the final syllable with *nda* as in *shin-u→shinda*, *yom-u→yonda*, and *tob-u→tonda*.
   c. If the root ends in *k* or *g*, replace the final syllable *ku* with *ita*, and *gu*, with *ida* as in *kak-u→kaita*, and *isog-u→isoida*.
   d. If the root ends in *s*, replace the final syllable with *shita* as in *hanas-u→hanashita*.
3. Irregular forms are: *iku→itta*, *yuu→itta*, *kuru→kita*, *suru→shita*.

D. The informal past tense of adjectives is formed by replacing the final syllable い with かった. 大きい→大きかった(cf. いい→よかった)

Note: Since all informal negative forms are adjectival in form, the past tense formation of negatives follows the same rule as above.

食べる → 食べない → 食べなかった

だ → [ではない / じゃない] → [ではなかった / じゃなかった]

Memorize the following forms:

	Non-past	*Past*	*Negative Non-past*	*Negative Past*
"to exist (animate)"	いる	いた	いない	いなかった
"to teach"	教える	教えた	教えない	教えなかった
"to eat"	食べる	食べた	食べない	食べなかった
"to see"	見る	見た	見ない	見なかった
"to get out"	出る	出た	出ない	出なかった

"to be late"	遅(おく)れる	遅れた	遅れない	遅れなかった
"to die"	死ぬ	死んだ	死なない	死ななかった
"to speak"	話す	話した	話さない	話さなかった
"to use"	使(つか)う	使った	使わない	使わなかった
"to think"	思う	思った	思わない	思わなかった
"to make a mistake"	間違(まちが)う	間違った	間違わない	間違わなかった
"to need"	いる	いった	いらない	いらなかった
"to understand"	わかる	わかった	わからない	わからなかった
"to take"	取る	取った	取らない	取らなかった
"to close"	閉(し)まる	閉まった	閉まらない	閉まらなかった
"to return"	帰(かえ)る	帰った	帰らない	帰らなかった
"to wait"	待つ	待った	待たない	待たなかった
"to write"	書(か)く	書いた	書かない	書かなかった
"to hear"	聞(き)く	聞いた	聞かない	聞かなかった
"to hurry"	急(いそ)ぐ	急いだ	急がない	急がなかった
"to drink"	飲む	飲んだ	飲まない	飲まなかった
"to read"	読(よ)む	読んだ	読まない	読まなかった
"to call"	呼(よ)ぶ	呼んだ	呼ばない	呼ばなかった
"to fly"	飛(と)ぶ	飛んだ	飛ばない	飛ばなかった
"to come"	来(く)る	来(き)た	来(こ)ない	来なかった
"to do"	する	した	しない	しなかった
"to exist (inanimate)"	ある	あった	ない	なかった
"to say"	言(い)う (yuu)	言(い)った	言わない	言わなかった
"to be"	だ	だった	{ではない / じゃない}	{ではなかった / じゃなかった}
"red"	赤(あか)い	赤かった	赤くない	赤くなかった

II. Adding です to adjectives

As mentioned previously, when です is added to informal adjectives, including all informal negatives, as in 大きいです or わからないです, the entire phrase will then be interpreted as a formal form. The word です here functions only as the formality marker; it has nothing to do with tense. Therefore, the negatives わからないです and わかりません are both felt to be formal, although the latter is felt to be a little politer than the former. The word です, the formality marker, may be added to an adjective in its past tense form. Study the following.

Informal Non-past		*Formal Non-past*	*Informal Past*	*Formal Past*
大きい	"It is big."	大きいです	大きかった	大きかったです

わからない	"He does not understand."	わからないです	わからなかった	わからなかったです
本ではない	"It is not a book."	本ではないです	本ではなかった	本ではなかったです

Notice that です is always the same, and never becomes でした when it is attached to adjectives.

III. Explanatory predicate: のです or んです

The phrase のです or its contracted form んです is a predicate which is semantically somewhat similar to the English expression *it is that* ... or *the fact is that* ... The addition of the phrase のです or んです at the end of a statement sentence does not change the basic meaning of the statement itself, but it contributes to the meaning of indirectness, politeness, the situational explanation, or even emphasis. In fact, most of the time, the sentence with のです or んです in the main sentence cannot start a conversation unless the conversational situation is very clear to both the speaker and the hearer, and the speaker wants to explain something presupposed between the two. A similar situation exists in English in which a phrase like "the fact is that ..." cannot normally start a conversation. If it is used at all, it is used to explain certain presupposed or previously mentioned matters.

The embedded sentence which precedes のです or んです is usually in informal form. The informal copula だ changes to な before のです/んです as in model sentence 14. In general, だ becomes な before の "one/ fact."

IV. Tag question of confirmation: でしょう↑

Sharply rising intonation at the end of model sentences 6 and 7 indicates a *tag question*, used when the speaker wishes to confirm what he has just stated and which he believes to be true. An affirmative answer is expected. If falling intonation is used, it simply means "probably," and the speaker does not expect any special kind of answer.

V. Adverbs followed by the particle の

Just like nouns, certain adverbs may be followed by the particle の to modify a following noun or noun phrase as in 東京(とうきょう)からのバス "the bus from Tokyo," アメリカへの手紙(てがみ) "the letter to America," 日本(に)での勉強(べんきょう) "studying in Japan," etc. In general, the particles which can be followed by の in such a construction are: と "with," で "at/ on/ in," で "by means of," へ "to," まで "as far as/ until," and から "from."

VI. Interrogative within an embedded sentence

A noun, verb, adjective or adverb within a sentence embedded in a quotative frame such as ……と思いますか may be replaced by an interrogative resulting in a kind of embedded question. Study the following:

1. a. 東京から来ると思いますか。 "Do you think that he will come from Tokyo?"
   b. どこから来ると思いますか。 "Where do you think he will come from? (Lit. Do you think that he will come from where?")
2. a. この本はむずかしいと思いますか。 "Do you think that this book is difficult?"
   b. この本はどうだと思いますか。 "What do you think of this book? (Lit. Do you think that this book is how?)"
3. a. 飛(と)んだと思いますか。 "Do you think that it flew?"
   b. どうしたと思いますか。 "What do you think it did? (Lit. Do you think it did how/ it did in what way?)"

◈ Exercises

I. Fill in the blanks with the past tense form of the given verb, adjective, or copula, and translate into English.

1. 田中さんは，去年(きょねん)アメリカで，日本語(にほんご)を（　　）と思います。（教(おし)える）
2. 池田(いけだ)さんに，きのう（　　）でしょう。（会う）
3. だれと英語を（　　）んですか。（勉強(べんきょう)する）
4. きのう，この部屋(へや)に（　　）です。（来ない）
5. その車は，（　　）です。（大きい）
6. そんな魚は，（　　）です。（食べない）
7. 手紙(てがみ)を（　　）と聞(き)きましたが……（書(か)く）
8. 日本語を毎日（　　）んです。（話(はな)さない）
9. このうちは，（　　）んですが，とにかく（　　）んです。（高い，買う）
10. きょうは，どこに（　　）んですか。（行く）
11. ビールを（　　）でしょう。（飲む）
12. きのうの新聞(しんぶん)は，（　　）と思います。（読まない）
13. あの山の上を飛行機(ひこうき)が（　　）でしょう。（飛(と)ぶ）
14. それは，私(わたくし)の（　　）です。（本じゃない）
15. その車は，あんまり（　　）です。（高い）

II. Transform the following sentences according to the example and translate.

Example: 肉(にく)を食べる。→肉を食べたと思います。

1. 大学(だいがく)で勉強(べんきょう)する。→
2. 田中さんも呼(よ)ぶ。→
3. 英語で言う。→
4. 池(いけ)田さんに聞(き)く。→
5. その車は高い。→
6. たくさん間違(まちが)う。→
7. 田中さんのうちは新(あたら)しい。→
8. それがわかる。→
9. ここにいる。→
10. それは大学(がく)の建物(たてもの)だ。→
11. 英語を教(おし)えない。→
12. 鉛筆(えんぴつ)を使(つか)わない。→
13. 窓(まど)が閉(し)まらない。→
14. あまり待たない。→
15. 映画(えいが)を見ない。→
16. 酒(さけ)を飲まない。→
17. 赤(あか)くない。→
18. このうちはあまり古(ふる)くない。→
19. その大学(だいがく)は，近(ちか)くない。→
20. これは，山田さんの車じゃない。→

III. Combine the two sentences according to the example given and translate into English.

Example:

勉強(べんきょう)した。
わからなかった。 } → 勉強したんですが，わからなかったんです。
"I studied, but did not understand it."

1. 安(やす)かった。
買わなかった。 } →
2. その本を買った。
読(よ)まなかった。 } →
3. 田中さんはきのう来た。
私(わたくし)は会わなかった。 } →

4. たくさん教(おし)えた。 }→
   わからなかった。

5. 急(いそ)いだ。 }→
   遅(おく)れた。

6. むずかしかった。 }→
   間違(まちが)わなかった。

7. おいしかった。 }→
   あまり食べなかった。

8. そこにペンがあった。 }→
   使(つか)わなかった。

9. 日本語がよくわからない。 }→
   日本語の勉強(べんきょう)がおもしろい。

10. 安(やす)い。 }→
    いい字引(じびき)だ。

IV. Translate the following into Japanese.

1. I did not think that he would come, but he came at 10:00 o'clock. (Use ……んです.)
2. What do you think he took?
3. Mr. Tanaka made a mistake, didn't he?
4. I said that I did not use your dictionary last week. (Use ……んです for the main sentence.)
5. Did you say that the examination at the university was very difficult? (Use での.)
6. The beverage from Tokyo was good, wasn't it? (Use からの.)
7. It wasn't particularly big, but I bought it anyway.
8. The fact is that I did not summon Mr. Yamamoto on the 5th of September, you know. (Use ……んです.)
9. Did you speak to that foreigner in English yesterday? (Use ……んです.)
10. Where do you think I bought the car?
11. I don't think he ate much.
12. I think he did not understand it.
13. The windows of that room did not close, did they?
14. I said that Mr. Tanaka wasn't my teacher of English.
15. Did you say Mr. Yamada bought 100 pencils?
16. The fact is that I came here at 11:15 a.m., but you weren't here.
17. The fact is that I used a big dictionary.
18. The fact is that this is my car, not yours.
19. How many months did you think I stayed in New York anyway?
20. On what days of the week do you teach? (Use ……んです.)

◈ Oral Practice

I. Inflection.

いる	いた	だ	だった
遅(おく)れる	遅れた	おいしい	おいしかった
出(で)る	出た	白(しろ)い	白かった
食べる	食べた	むずかしい	むずかしかった
教(おし)える	教えた	悪(わる)い	悪かった
思う	思った	新(あたら)しい	新しかった
買う	買った	古(ふる)い	古かった
わかる	わかった	青(あお)い	青かった
待つ	待った	広(ひろ)い	広かった
閉(し)まる	閉まった	近(ちか)い	近かった
間違(まちが)う	間違った	大きい	大きかった
言(い)う	言った	小(ちい)さい	小さかった
取(と)る	取った	遠(とお)くない	遠くなかった
急(いそ)ぐ	急いだ	おもしろくない	おもしろくなかった
聞(き)く	聞いた	やさしくない	やさしくなかった
呼(よ)ぶ	呼んだ	読(よ)まない	読まなかった
死(し)ぬ	死んだ	話(はな)さない	話さなかった
行く	行った	書(か)かない	書かなかった
来(く)る	来た	見ない	見なかった
する	した		

II. Transformation.

1. 魚が死(し)ぬ。 → 魚が死んだでしょう。(↓)
2. 新聞(しんぶん)を取る。 → 新聞を取ったでしょう。
3. 窓(まど)が閉(し)まる。 → 窓が閉まったでしょう。
4. 田中さんに会う。 → 田中さんに会ったでしょう。
5. 学校(がっこう)に急(いそ)ぐ。 → 学校に急いだでしょう。
6. タクシーを待つ。 → タクシーを待ったでしょう。
7. 日本語を話(はな)す。 → 日本語を話したでしょう。
8. 山本(もと)さんを呼(よ)ぶ。 → 山本さんを呼んだでしょう。
9. 試験(しけん)をする。 → 試験をしたでしょう。
10. スミスさんのうちに来る。 → スミスさんのうちに来たでしょう。

11. 道を間違う。 → 道を間違ったでしょう。
12. バスに遅れる。 → バスに遅れたでしょう。
13. テレビを見る。 → テレビを見たでしょう。

III. Practice the above sentences with the sharply rising intonation for tag questions. (↑)

IV. Transformation. (Past : in the frame of ……と思います)

1. あの大学は大きい。 → あの大学は大きかったと思います。
2. その飛行機は青い。 → その飛行機は青かったと思います。
3. そんな車は古い。 → そんな車は古かったと思います。
4. その映画は新しい。 → その映画は新しかったと思います。
5. シカゴは遠い。 → シカゴは遠かったと思います。
6. シアトルは近い。 → シアトルは近かったと思います。
7. 日本語は，おもしろい。 → 日本語は，おもしろかったと思います。
8. そのオレンジは，おいしい。 → そのオレンジは，おいしかったと思います。
9. 魚は，おいしくない。 → 魚は，おいしくなかったと思います。
10. 田中さんは，来ない。 → 田中さんは，来なかったと思います。
11. そんな飲物を飲まない。 → そんな飲物を飲まなかったと思います。
12. 兄の本ではない。 → 兄の本ではなかったと思います。
13. 字引がない。 → 字引がなかったと思います。

V. Transformation. (Past, Formal)

1. この窓は，小さいです。 → この窓は，小さかったです。
2. 大学は，遠いです。 → 大学は，遠かったです。
3. その飲物は，安いです。 → その飲物は，安かったです。
4. 田中さんの車は，白いです。 → 田中さんの車は，白かったです。
5. 日本語は，むずかしいです。 → 日本語は，むずかしかったです。
6. この道は，広いです。 → この道は，広かったです。
7. こんな字引がいいです。 → こんな字引がよかったです。
8. あんな雑誌は，悪いです。 → あんな雑誌は，悪かったです。
9. あんなくつは，高くないです。 → あんなくつは，高くなかったです。
10. こんな本は，おもしろくないです。 → こんな本は，おもしろくなかったです。
11. あの外人は，英語を話さないです。 → あの外人は，英語を話さなかったです。

12. あれは，バスではないです。 → あれは，バスではなかったです。
13. いい家(いえ)がないです。 → いい家がなかったです。

VI. Variation.

1. この魚は，古(ふる)くありませんでした。→ この魚は，古くなかったです。
2. 学校(がっこう)は，遠(とお)くありませんでした。 → 学校は，遠くなかったです。
3. その道(みち)は，広(ひろ)くありませんでした。→ その道は，広くなかったです。
4. その大学(だいがく)は，よくありませんでした。 → その大学は，よくなかったです。
5. 父(ちち)のうちは，小(ちい)さくありませんでした。 → 父のうちは，小さくなかったです。
6. あの車は，悪(わる)くありませんでした。→ あの車は，悪くなかったです。
7. いいウィスキーがありませんでした。 → いいウィスキーがなかったです。
8. ニューヨークに行きませんでした。→ ニューヨークに行かなかったです。
9. 兄(あに)を待ちませんでした。 → 兄を待たなかったです。

VII. Transformation. (Use ……んです.)

1. この本は，やさしいです。 → この本は，やさしいんです。
2. 肉(にく)は，安(やす)かったです。 → 肉は，安かったんです。
3. この店(みせ)は，小(ちい)さかったです。 → この店は，小さかったんです。
4. 先生(せんせい)は，やさしくなかったです。→ 先生は，やさしくなかったんです。
5. あの魚は，おいしくなかったです。 → あの魚は，おいしくなかったんです。
6. あした姉(あね)が来ます。 → あした姉が来るんです。
7. 母(はは)は，ウィスキーを飲みます。 → 母は，ウィスキーを飲むんです。
8. 日本へ二度(ど)行きました。 → 日本へ二度行ったんです。
9. デパートに急(いそ)ぎました。 → デパートへ急いだんです。
10. こんなペンは，たくさんありました。 → こんなペンは，たくさんあったんです。
11. ここに妹(いもうと)がいました。 → ここに妹がいたんです。
12. それは，田中さんの車です。 → それは，田中さんの車なんです。
13. あれは，いい字引(じびき)です。 → あれは，いい字引なんです。
14. これは，むずかしい試験(しけん)です。 → これは，むずかしい試験なんです。

VIII. Transformation. (Past : in the frame of ……と言いました)

1. 田中さんに会(あ)わない。 → 田中さんに会わなかったと言いました。

2. お菓子を食べない。 → お菓子を食べなかったと言いました。
3. 字引を使わない。 → 字引を使わなかったと言いました。
4. 日本語がわからない。 → 日本語がわからなかったと言いました。
5. 窓が閉まらない。 → 窓が閉まらなかったと言いました。
6. 道を間違わない。 → 道を間違わなかったと言いました。
7. 英語を教えない。 → 英語を教えなかったと言いました。
8. クラスに遅れない。 → クラスに遅れなかったと言いました。
9. 病院に急がない。 → 病院に急がなかったと言いました。

IX. Transformation. (Embed the following in the frame of ……と思いますか.)

Example: Instructor: これはだれの本ですか。
Student: これはだれの本だと思いますか。

1. だれがそれを買いますか。 → だれがそれを買うと思いますか。
2. いつ田中さんは帰りましたか。→ いつ田中さんは帰ったと思いますか。
3. 何を教えましたか。 → 何を教えたと思いますか。
4. だれに，スミスさんは会いましたか。 → だれに，スミスさんは会ったと思いますか。
5. どこへ，山田さんは急ぎましたか。 → どこへ，山田さんは急いだと思いますか。
6. どの窓が，閉まりませんでしたか。 → どの窓が，閉まらなかったと思いますか。
7. 何が飛びましたか。 → 何が飛んだと思いますか。
8. 何を，レストランで取りましたか。 → 何を，レストランで取ったと思いますか。

X. Substitution.

これ	は	サンフランシスコ	から	の	バス	です。
それ		シカゴ	まで		飛行機	
あれ		ニューヨーク			船	
		東京				
		大阪				

XI. Memorize the conversations.

1. 山田：これは，田中さんのうちだったんでしょう。
中山：ええ，そうです。大きいうちですね。
山田：今は，だれがいますか。
中山：スミスさんがこのうちを買ったと聞きましたが……

山田：そうですか。こんなうちは，高かったでしょうね。

中山：そうでしょうね。

2. 田中：日本語のクラスは，どうですか。

ジョン：日本語は，むずかしいですね。
毎日勉強(べんきょう)するんですが，よくわかりません。

田中：去(きょ)年は，スミスさんも日本語のコースを取ったんですが，むずかしかったと言いましたよ。

ジョン：そうですか。

3. 田中：きのう肉(にく)を買いましたか。

山田：いいえ，きのうの肉(にく)は安(やす)かったんですが，あまりいい肉(にく)じゃありませんでした。魚は，買いましたよ。

田中：魚は，安(やす)かったんですか。

山田：ええ，安(やす)かったんです。たくさん買いましたよ。

XII. Make a conversation of 5 or 6 lines.

LESSON 11

Vocabulary Items

あく（開く）	*v. intr.*	(something) opens
あける（開ける）	*v. tr.*	to open (something)
あさ（朝）	*n.*	morning
あさごはん（朝御飯）	*n.*	breakfast (Lit: morning meal)
あたたかい（暖かい）	*aj.*	warm
あるく（歩く）	*v. intr.*	to walk
イギリス	*n.*	England
いれる（入れる）	*v. tr.*	to put (something) in
うる（売る）	*v. tr.*	to sell (something)
えき（駅）	*n.*	station
おとす（落とす）	*v. tr.*	to drop (something)
おぼえている（覚えている）	*v. tr.*	to remember
おぼえる（覚える）	*v. tr.*	to learn, memorize
およぐ（泳ぐ）	*v. intr.*	to swim
か	*conj.*	or
かえす（返す）	*v. tr.*	to return (something)
かえる（返る）	*v. intr.*	to return
ガソリン	*n.*	gasoline
かんじ（漢字）	*n.*	kanji
——き（機）	*suf.*	(counter for airplanes)
きしゃ（汽車）	*n.*	train (steam)
ください	*v.*	please (do)
こども（子供）	*n.*	child
ごはん（御飯）	*n.*	rice, a meal
しっている（知っている）	*v. tr.*	(I) know

しめる（閉める）	*v. tr.*	to close
しょうせつ（小説）	*n.*	a novel
しらない（知らない）	*v. tr.*	don't know
cf.（知る）	*v. tr.*	to know
そと（外）	*n.*	outside
それでは	*adv.*	then, well then
――だい（台）	*suf.*	(counter for a big machine)
だす（出す）	*v. tr.*	to put (something) out, to mail
では	*adv.*	then, well then
でんしゃ（電車）	*n.*	train (electric)
と（戸）	*n.*	door
ところ（所）	*n.*	place
としょかん（図書館）	*n.*	library
とても	*adv.*	very
とまる（止まる）	*v. intr.*	(something) stops
とめる（止める）	*v. tr.*	to stop (something)
なく（泣く）	*v. intr.*	to cry
なまえ（名前）	*n.*	name
はいる	*v. intr.*	(something) enters
はしる（走る）	*v. intr.*	to run
はつおん（発音）	*n.*	pronunciation
はなし（話）	*n.*	speech, story
はやい（速い）	*aj.*	fast
ハワイ	*n.*	Hawaii
ふゆ（冬）	*n.*	winter
もつ（持つ）	*v. tr.*	to have, carry
もの	*n.*	thing
りょこうする（旅行する）	*v. intr.*	to travel
わすれる（忘れる）	*v. tr.*	to forget

Kanji for Writing

1. 読　よ（む）
2. 店　みせ
3. 前　まえ
4. 出　で（る）　だ（す）
5. 生　セイ
6. 学　ガク
7. 兄　あに

Model Sentences

1. What is Mr. Tanaka reading now?
2. I think that he is reading Kawabata's novel.
3. What are you doing now?
4. I am studying English.
5. I wonder what Mr. Tanaka is buying at that store.
6. I think he is buying meat or fish, but it's not quite clear.
7. Mr. Yamada has neither newspapers nor magazines now.
8. I said that I was not reading such a book yesterday morning.
9. The windows are open, but the doors are closed.
10. I heard that three or four cars are stopped in front of the station.
11. Having eaten breakfast, he went to school.
12. Well then, please go to the post office at 4:15 and mail this letter.
13. Well then, please go to the library on Friday and return this book.
14. It is warm in Vancouver in winter, and it's a nice place isn't it?
15. The Japanese pronunciation of the teacher is too fast, and I don't understand it. (I don't understand it because...)
16. Mr. Smith is a good student and learned many kanji.
17. Is Mr. Smith an American or is he a Canadian?
18. Did you come by car or did you come by bus?
19. I don't know whether Mr. Tanaka came by car or by bus.
20. Please tell me what is interesting.

1. 今，田中さんは，何を読んでいますか。
2. 川端の小説を読んでいると思います。
3. あなたは，今，何をしていますか。
4. 英語を勉強しています。
5. 田中さんは，あの店で，何を買っているんでしょうか。
6. 肉か魚を買っていると思いますが，よくわかりません。
7. 山田さんは，今，新聞も雑誌も持っていないんです。
8. そんな本は，きのうの朝は読んではいなかったと言いました。
9. 窓は開いていますが，戸は閉まっています。
10. 車が，三台か四台，駅の前に止まっていると聞きました。
11. 朝御飯を食べて，学校へ行きました。
12. では，四時十五分に郵便局へ行って，この手紙を出してください。
13. それでは，金曜日に図書館へ行って，この本を返してください。
14. バンクーバーは，冬あたたかくて，いい所ですね。
15. 先生の日本語の発音は，あまり速くてわかりません。

16. スミスさんは，いい学生で，漢字をたくさん覚えました。
17. スミスさんは，アメリカ人ですか，カナダ人ですか。
18. 車で来ましたか，バスで来ましたか。
19. 田中さんが車で来たか，バスで来たか，知りません。
20. なにが，おもしろいか教えてください。

I. Gerunds

In this text the verb form ending in て will be called the "gerund," or the て form. One simple way to remember the form will be to recollect the informal past tense form of verbs. For the informal past tense verb formation, we added た to the root of the verb. Now, just replace た with て to make the gerund form. When the past tense form ends in だ as in 読んだ, replace the final だ with で. Also, the gerund form of the copula だ is simply で. Study the following:

Informal Past	*Gerund*
いた	いて
教えた	教えて
見た	見て
会った	会って
買った	買って
読んだ	読んで

Adjectives also have gerund forms. The final syllable い of adjectives is replaced by くて. Thus, 大きい→大きくて，赤い→赤くて，食べない→食べなくて，etc.

II. Gerund usage and meaning

There are different uses of gerund forms.

A. *To express continuous or progressive action.* In English this is expressed by *be V-ing* as in *I am working.* For gerunds expressing progressive action, we must use the verb いる with the gerund form. Thus, 食べている means that someone *is eating*, and 読んでいる means that someone *is reading*. Also, by changing the form of the verb いる，we can generate the past progressive, negative forms, formal forms, informal forms, tentative forms, etc.

食べていた。	(……いました。)	"I was eating."
食べていない。	(……いません。)	"I am not eating."
食べているだろう。	(……いるでしょう。)	"He may be eating."

食べている。　(……います。)　"I am eating."
食べていなかった。(……いませんでした。)　"I was not eating."

If a time adverb is used with gerunds expressing progressive action, it can mean that during the specified time the action has been or will be continuing. This variation of meaning depends upon the context or the time adverb itself. Study the following:

三年<ruby>間勉強<rt>かんべんきょう</rt></ruby>しています。　"I have been studying for three years."

三年間勉強していました。　"I had been studying for three years."

一時から三時まで，ここで待っていましょう。　"I shall be waiting here from one o'clock to three o'clock."

あしたからここで待っています。　"From tomorrow on I will be waiting here."

きのうから勉強しています。　"I have been studying since yesterday."

先週の月<ruby>曜<rt>よう</rt></ruby>日から待っています。　"I have been waiting since last Monday."

B. *To express continuous state of completed action.* This is often expressed in English by a past participle verb form such as "The door is closed." In <ruby>戸<rt>と</rt></ruby>が<ruby>閉<rt>し</rt></ruby>まっています "The door is closed," the closing of the door is completed, and the door is in the *state* of having been closed.

Note: In Japanese, *to know* is expressed as the completed action of "to come to know." Therefore, <ruby>知<rt>し</rt></ruby>っている means "I have come to know/I know." However, 知らない means "I don't know." Do not use the form *知っていない for "I don't know."

C. *To join two sentences.* A similar example in English is: *Having eaten breakfast, he left for school,* in which the two sentences are joined. This use of the gerund is relevant to both verbs and adjectives. One important feature of the use of the gerund for the purpose of expressing "conjoining" is the pause right after the gerund form て. Such a pause is not observed for the meaning of either the progressive action or the perfective state. Thus, the following two sentences are different.

田中さんは，<ruby>新聞<rt>しんぶん</rt></ruby>を読んで，いました。　"Mr. Tanaka read the newspaper, and was there." "Having read the newspaper, Mr. Tanaka remained there."

田中さんは，新聞を読んでいました。　"Mr. Tanaka was reading the newspaper."

The following examples show the adjectival gerund used for coordination.

この本は，むずかしくて，わかりません。　"This book is difficult, and I don't understand it." "This book being difficult, I don't understand it."

字引がなくて，勉強しませんでした。	"I had no dictionary, and I didn't study." "Having no dictionary, I didn't study."

As you see in the examples above, when two sentences are joined by a gerund, the first sentence is often felt to be the cause of the second sentence. Also, notice that the gerund form itself is tenseless; however, its tense interpretation depends upon the tense of the *final verb* in the case of joined sentences and on the form of the verb いる in the case of progressive or perfective meaning.

Note: When two sentences are conjoined, the identical elements in the second sentence are usually dropped as in:

田中さんは，その本を買って，その本を読みました。

→ 田中さんは，その本を買って，読みました。

"Mr. Tanaka bought that book and read it."

D. *To express requests.* In this case, the gerund is used with the verb ください (Lit. "Give me.") Therefore, the expression この手紙を出してください literally means "Give me (the favor of) putting this letter out," which is to say, "Please mail this letter."

Model sentences 1-8 are related to gerund usage A; 9-10, to B; 12-16, to C; and 12 and 13, to D. The other uses of gerunds will be given in the following lessons.

III. Transitive vs. intransitive in the construction ている†

When transitive verbs are used in the construction ……ている, the meaning of progressive action "is V-ing" is usually possible. However, there are cases in which such a meaning is impossible. For example, for transitive verbs such as 忘れる "to forget," and 覚える "to learn," this construction serves only to specify the meaning of continuous state as in 忘れている "he

† **Note:** A "punctual verb" may be interpreted to mean "continuous" or "progressive" action if it is associated with the meaning of repetition. Thus, without the context, the following example is ambiguous.

ジョンは大学に行っています。

1. "John is at the university."
2. "John goes to the university." (His *going* is *taking place* every day.)

On the other hand, a "durative verb" may express the meaning of completed action, which has some effect upon the present. Thus, we may say:

川端は小説をたくさん書いています。

"Kawabata has written many novels."

For such interpretations, the context is always helpful.

has forgotten it," and 覚えている "he remembers it."

Notice that for both of these verbs, the "action" of forgetting or of learning has already taken place, and the continuing state only is expressed by the ている construction.†

On the other hand, many intransitive verbs in this construction express the meaning of continuous state. Study the following examples.

田中さんが来ています。	"Mr. Tanaka is here." (This does *not* mean, "Mr. Tanaka is coming.")
田中さんが行っています。	"Mr. Tanaka is there." (*Not*, "Mr. Tanaka is going.")
戸が閉まっています。	"The door is closed." (cf. 田中さんが戸を閉めています。 "Mr. Tanaka is closing the door.")
窓が開いています。	"The window is open."
魚が死んでいます。	"The fish is dead." (*Not*, "The fish is dying.")

There are some intransitive verbs, however, which express the meaning of progressive action as in 歩いている "he is walking," 走っている "he is running," 飛んでいる "it is flying," etc. Typically, they are motion verbs, but there are some other action verbs like them, too. (e.g. 泣く 'to cry') The difference of the meaning of progressive action or continuous state of completed action is often ascribed to the semantic nature of the verb itself. For example, in order to have the meaning of progressive action, there should be some noticeable duration of time between the beginning and the end of the action. Such verbs may be called "durative" verbs as opposed to "punctual" verbs, which express the meaning of "momentary" actions. Punctual verbs in this construction typically express the meaning of continuous state of completed actions. (For further discussion on this topic, see the footnotes of this section.)

IV. Counter 台

The suffix 台 in model sentence 10 is the counter for machines such as cars, trucks, sewing machines, bicycles, etc. Airplanes, however, may be counted with this counter or with the counter 機.

V. Conjunction か "or" and alternative question

The conjunction か in model sentence 6 corresponds to the English word "or"

† **Note:** There is no animate-inanimate distinction for the use of the phrase ……ている.

which expresses the meaning of *disjunction.* It connects nouns or adverbs related to nouns. Study the following:

英語か日本語で書(か)いてください。	"Please write in English or Japanese."
鉛筆(えんぴつ)を一本か二本買いました。	"He bought one or two pencils."
アメリカに二年か三年いるでしょう。	"He will probably be in America two or three years."
ここかあそこにあります。	"It is here or over there."
一時か二時に来てください。	"Please come at one o'clock or two o'clock."

An alternative question is made by simply juxtaposing semantically contrasting questions as in 行きますか，行きませんか "Are you going, or are you not going?" An alternative question may be embedded within a frame, which has a verb related to the meaning of "information." e.g. 行くか行かないか知りません † "I don't know whether he goes or not." When it is embedded, the second question may be replaced by どうか as in 来るかどうか教(おし)えてください "Please tell me whether he will come or not. (Lit. Please teach me, will he come or how is it?)" With such a verb, an embedded sentence may contain an interrogative, and may result in a sentence such as: だれが来るか教えてください "Please tell me who will come."

◈ Exercises

I. Change the following sentences so that the new sentences express the progressive meaning. Also, translate.

Examples: 肉(にく)を食べます。 → 肉を食べています。 "I am eating meat."
肉(にく)を食べました。→ 肉を食べていました。"I was eating meat."

1. スミスさんをここで待ちます。
2. 何を教(おし)えますか。
3. どんな本を使(つか)いますか。
4. 新聞(しんぶん)も雑誌(ざつし)も買いません。
5. 手紙(てがみ)を書(か)きます。
6. 田中さんの話(はなし)を二時間聞きました。

† **Note:** In embedded questions, the copula だ may be deleted.

a. 学生だか先生だか知りません → 学生か先生か知りません。
"I don't know whether he is a student or a teacher."

b. それが何(なん)だかわかりません → それが何(なに)かわかりません。
"I don't understand what that is."

7. ビールを飲みました。
8. 山田さんを呼びました。
9. きのう午後何を勉強しましたか。
10. 映画を見ました。

II. Translate the following into English.

1. タクシーは，何台銀行の前に止まっていますか。
2. 田中さんは，どこに行っていたんですか。
3. 私の部屋の戸は，閉まっていますが，田中さんの部屋の窓は，開いています。
4. それは違います。あなたは間違っています。
5. 東京の山中さんを知っていますか。
6. 田中さんは，それを忘れているんですよ。
7. そこには，魚が死んでいたんですよ。
8. きょうは，電車が遅れていますねえ。
9. 田中さんは，部屋の中にはいっています。
10. 田中さんは，外に出ています。

III. Conjoin the two sentences using the gerund forms for the (a) sentences.

1. a. 車を止めました。
   b. 戸を開けました。
2. a. 戸を開けました。
   b. 部屋の中にはいりました。
3. a. 外に出ました。
   b. 大学に急ぎました。
4. a. 三年間，日本語を勉強しました。
   b. 日本へ行きました。
5. a. この車は大きい。
   b. ガソリンがたくさんいります。
6. a. あの建物は，遠いです。
   b. よく道がわかりません。
7. a. ハワイは，冬暖かいです。
   b. ハワイは，いい所です。
8. a. きのう，行きました。
   b. きょう，二時五分前に帰りました。

9. a．新聞(しんぶん)を読みました。
   b．御飯(ごはん)を食べました。
10. a．学校で，五時十五分すぎまで勉強(べんきょう)しました。
   b．うちへ帰(かえ)りました。
11. a．田中さんは，いい学生です。
   b．英語がよくわかります。
12. a．これは，高い本です。
   b．あの本屋で売(う)っていません。

IV. Write request sentences according to the example.

Example: この映画(えいが)を見る。→ この映画を見てください。

1. 小(ちい)さい車を買う。
2. 毎日日本語で話(はな)す。
3. あした山田さんに手紙(てがみ)を書(か)く。
4. 箱(はこ)の中にこのペンを入(い)れる。
5. この肉(にく)を食べる。
6. フランス語を教(おし)える。
7. もう一度(ど)言う。
8. 木曜(よう)日にバスで帰(かえ)る。
9. 紙(かみ)を三枚取る。
10. 学校へ急(いそ)ぐ。

V. Make embedded alternative questions in the frame of ……知りません.

Example: バスで行きますか。
車で行きますか。 } → バスで行くか車で行くか知りません。

1. 肉(にく)を食べますか。
   魚を食べますか。 } →
2. 小さい車を買いますか。
   大きい車を買いますか。 } →
3. 五時まで勉強(べんきょう)しますか。
   六時まで勉強しますか。 } →
4. 英語がわかりますか。
   フランス語がわかりますか。 } →
5. その映画(えいが)は，おもしろいですか。
   おもしろくないですか。 } →

VI. Embed the following questions in the frame わかりません.

Example: だれが来ますか。→ だれが来るかわかりません

1. 何を食べますか。
2. 何時まで勉強しましたか。
3. 箱(はこ)の中に何がありますか。
4. 何か月アメリカにいましたか。
5. どこで車を買いましたか。

VII. Translate the following into Japanese.

1. What are you eating?
2. I am not drinking coffee.
3. We are using hiragana, katakana and kanji in our *Japanese class.* (Nihongo no kurasu)
4. Whose novel do you think he is reading?
5. Are you studying French or are you studying German?
6. I think he is buying either a Japanese dictionary or a Chinese dictionary, but it's not quite clear.
7. Are the windows of your house open?
8. Who said, "I wasn't looking at such things"?
9. Where are the buses stopped?
10. I went by taxi last Sunday and came back by train today.
11. I bought ten sheets of paper and wrote a letter to Mr. Tanaka.
12. Please go home and study well.
13. This house is spacious (wide) and good, isn't it?
14. This book is small and cheap.
15. Where shall I go and mail this letter?
16. How many years have you studied Japanese? (You are still studying.)
17. Since what day of the week have you been waiting for the letter?
18. This is a Chinese language book and they don't sell it at the bookstore. (hint: ... they are not selling it at the...)
19. Did you read Kawabata's novel, or did you read Mishima's novel?
20. Do you need ten sheets of paper, or do you need twenty sheets of paper?
21. I don't know whether Mr. Smith is an American or an Englishman.
22. I don't know where it came from.

◈ Oral Practice

I. Inflection.

出(で)る	出て	持(も)つ	持って
入(い)れる	入れて	待つ	待って

覚(おぼ)える	覚えて	使(つか)う	使って
閉(し)める	閉めて	聞(き)く	聞いて
止(と)める	止めて	話(はな)す	話して
開(あ)ける	開けて	死(し)ぬ	死んで
開く	開いて	読む	読んで
歩(ある)く	歩いて	呼(よ)ぶ	呼んで
売(う)る	売って	飛(と)ぶ	飛んで
泳(およ)ぐ	泳いで	取る	取って
返(かえ)す	返して	はいる	はいって
帰(かえ)る	帰って	来る	来て
知(し)る	知って	する	して
出(だ)す	出して	だ	で
止(と)まる	止まって	大きい	大きくて
泣(な)く	泣いて	速(はや)い	速くて
走(はし)る	走って	白(しろ)い	白くて

II. Transformation. (Progressive)

1. 新聞(しんぶん)を読む。 → 新聞を読んでいます。
2. 日本語で言う。 → 日本語で言っています。
3. ビールを飲む。 → ビールを飲んでいます。
4. テレビを見る。 → テレビを見ています。
5. 窓(まど)を開(あ)ける。 → 窓を開けています。
6. 本を返(かえ)す。 → 本を返しています。
7. 飛行機(ひこうき)が飛(と)ぶ。 → 飛行機が飛んでいます。
8. あそこで泳(およ)ぐ。 → あそこで泳いでいます。
9. バスで旅行(りよこう)する。 → バスで旅行しています。
10. 父(ちち)が歩(ある)く。 → 父が歩いています。
11. 汽車(きしや)が走(はし)る。 → 汽車が走っています。
12. 駅(えき)に急(いそ)ぐ。 → 駅に急いでいます。
13. 子供(こども)が泣(な)く。 → 子供が泣いています。

III. Transformation. (State)

1. 先生が来た。 → 先生が来ています。
2. 東京(とうきよう)へ行った。 → 東京へ行っています。
3. 魚が死(し)んだ。 → 魚が死んでいます。

4. 兄はうちに帰った。 → 兄はうちに帰っています。
5. フランス語がわかった。→ フランス語がわかっています。
6. 窓が開いた。 → 窓が開いています。
7. タクシーが止まった。 → タクシーが止まっています。
8. 戸が閉まった。 → 戸が閉まっています。
9. 本が出た。 → 本が出ています。
10. 紙がはいった。 → 紙がはいっています。
11. 田中さんを知った。 → 田中さんを知っています。
12. 名前を忘れた。 → 名前を忘れています。
13. 日本語を覚えた。 → 日本語を覚えています。
14. かさを持った。 → かさを持っています。

IV. Transitive - Intransitive＋ています Contrast.

1. バスを止めました。 — バスが止まっています。
2. 車の戸を閉めました。 — 車の戸が閉まっています。
3. 字引を出しました。 — 字引が出ています。
4. お金を入れました。 — お金がはいっています。
5. 箱を開けました。 — 箱が開いています。
6. 車を返しました。 — 車が返っています。

V. Conjoin and change the citation to the formal form for the final verb.

1. 御飯を食べた。
映画を見た。 → 御飯を食べて，映画を見ました。
2. 車を売った。
日本へ行った。 → 車を売って，日本へ行きました。
3. 英語を三か月勉強した。
カナダへ来た。 → 英語を三か月勉強して，カナダへ来ました。
4. 朝　手紙を書いた。
母に出した。 → 朝　手紙を書いて，母に出しました。
5. 窓をしめた。
部屋を出た。 → 窓をしめて，部屋を出ました。
6. 日本の汽車は速かった。
きれいだった。 → 日本の汽車は速くて，きれいでした。
7. ここの冬は暖かかった。
よかった。 → ここの冬は暖かくて，よかったです。

8. そのお菓子は，新しかった。
おいしかった。 → そのお菓子は，新しくて，おいしかったです。
9. カメラは，高かった。
買わなかった。 → カメラは，高くて，買いませんでした。
10. 日本語は，むずかしかった。
よくわからなかった。 → 日本語は，むずかしくて，よくわかりませんでした。
11. あれは，私のうちだった。
小さかった。 → あれは，私のうちで，小さかったです。
12. これは，いい字引だった。
高かった。 → これは，いい字引で，高かったです。
13. 川端は，いい作家だった。
おもしろい小説を書いた。 → 川端は，いい作家で，おもしろい小説を書きました。

VI. Transformation. (Request)

1. バスを止める。 → バスを止めてください。
2. 名前を覚える。 → 名前を覚えてください。
3. 学校まで歩く。 → 学校まで歩いてください。
4. この新聞を取る。 → この新聞を取ってください。
5. カナダに来る。 → カナダに来てください。
6. ペンを使う。 → ペンを使ってください。
7. うちにいる。 → うちにいてください。
8. こんな作家は忘れる。→ こんな作家は忘れてください。
9. あそこで泳ぐ。 → あそこで泳いでください。
10. この車を売る。 → この車を売ってください。

VII. Response.

1. 何を読んでいますか。
   (川端の小説) …… 川端の小説を読んでいます。
2. きのうは，どこで待っていましたか。
   (学校の前) …… 学校の前で待っていました。
3. だれが泣いていますか。
   (子供) …… 子供が泣いています。
4. 日曜日にはどこで泳いでいましたか。
   (大学のプール) …… 大学のプールで泳いでいました。
5. どの窓が開いていますか。
   (その窓) …… その窓が開いています。

6. だれの車が止まっていましたか。
   (医者の車) …… 医者の車が止まっていました。
7. いつ，新しい魚を買って，来ますか。
   (あした) …… あした新しい魚を買って，来ます。
8. どこがむずかしくて，わかりませんでしたか。
   (ここ) …… ここがむずかしくて，わかりませんでした。

VIII. Substitution.

山田さんが	行くか，行かないか，	知りません。
	来るか，来ないか	わかりませんか。
	話すか，話さないか，	教えてください。
	ビールを飲むか，どうか，	
	英語で読むか，どうか，	
	車を買ったか，どうか，	
	何をするか，	
	どこへ行ったか，	
	何時に帰るか，	
	日本人（だ）か，どうか，	

IX. Response.

Example: Instructor : 山田さんは，来ますか，来ませんか。
Student : 山田さんは，来るか {来ないか，/ どうか，} わかりません。

1. 車を買いましたか，買いませんでしたか。
   車を買ったか {買わなかったか，/ どうか，} わかりません。
2. 英語を話しますか，フランス語を話しますか。
   英語を話すかフランス語を話すか，わかりません。
3. 何時に帰りましたか。
   何時に帰ったか，わかりません。
4. あの人は，日本人ですか。
   あの人は，日本人か，どうか，わかりません。
5. どこの人ですか。 どこの人か，わかりません。
6. 山田さんは，アメリカで何を勉強しましたか。
   山田さんは，アメリカで何を勉強したか，わかりません。
7. どこで車を買いましたか。
   どこで車を買ったか，わかりません。

X. Memorize the following conversations.

1. 山田：田中さん，大きくて，いい本を持っていますね。
   田中：ええ。今，大学の本屋で買ったんです。
   山田：大学の本屋で，日本語の本も売っていますか。
   田中：ええ，売っていますよ。あまりたくさんではありませんが……
   山田：そうですか。私も本屋へ行きましょう。

2. 山田：新しい先生の名前を知っていますか。
   中山：私は知りませんが，田中さんが知っていると思います。
   田中さんに聞いてください。
   山田：それでは田中さんに聞きましょう。
   中山：田中さんは，きょう図書館に来て，勉強していると思いますが……
   山田：そうですか。では図書館に行って，聞きましょう。
   中山：ええ。そうしてください。

3. 田中：きょうは，山田さんのうちの前に，車が四台か五台止まっていますね。
   中山：ええ，きょうは，山田さんのうちで，パーティーがあると聞いています。
   田中：あの黒くて新しい車は，大きいですね。
   中山：ええ，とても大きいですね。だれの車か，知っていますか。
   田中：池田さんの車だと思います。

XI. Make a conversation of 5 or 6 lines.

LESSON 12

Vocabulary Items

いぬ（犬）	*n.*	dog
いぬのこ（犬の子）	*n.*	puppy
おく（置く）	*v. tr.*	to leave, put, place
——か（課）	*n./suf.*	(counter for lessons)
かりる（借りる）	*v. tr.*	to borrow
けっこう（な）	*na.*	fine, all right
——さつ（冊）	*suf.*	(counter for books)
しまう	*v. tr.*	to put away, finish
じむしょ（事務所（じむしょ））	*n.*	office
すぐ	*adv.*	immediately
それから	*adv.*	afterwards
だい（第——）	*prefix.*	(prefix for ordinal numbers)
たいへん	*adv.*	very
たべもの（食物（たべもの））	*n.*	food
つくる（作る）	*v. tr.*	to make
つれていく（連れていく）	*v. tr.*	to take (animate being)
つれてくる（連れてくる）	*v. tr.*	to bring (animate being)
なくす（無くす）	*v. tr.*	to lose
ノート	*n.*	notebook
ひしょ（秘（ひ）書）	*n.*	secretary
マッチ	*n.*	match
みせる（見せる）	*v. tr.*	to show
もっていく（持っていく）	*v. tr.*	to take (objects)
もってくる（持ってくる）	*v. tr.*	to bring (objects)

ラジオ屋さん *n.* worker in a radio store (Lit. Mr. radio dealer)

Kanji for Writing

1. 持 も（つ）
2. 借 か（りる）
3. 勉 ベン
4. 強 キョウ
5. 名 な
6. 少 すこ（し）
7. 小 ちい（さい）
8. 使 つか（う）
9. 犬 いぬ

Model Sentences

1. What did you buy? (You are here. i.e. What did you buy before you came here?)
2. I bought ice cream. (I went and bought some ice cream, and I am here.)
3. Please bring a notebook and pencil tomorrow.
4. Please bring that small dog here.
5. There is no paper here. Please go and get some from the office immediately.
6. Mr. Tanaka borrowed a lot of books from the library. (Mr. Tanaka went away. i.e. Mr. Tanaka borrowed a lot of books from the library before he went away.)
7. Mr. Smith did not leave such a thing.
8. Please study lesson twelve today (for future use).
9. I will write that person's name in this notebook (in advance).
10. This "sake" is good. Please try a little.
11. I read that novel (and saw how it was), but I think it was quite interesting.
12. As for the money, I have spent it all!
13. The dog died, you know.
14. As for the letter, I have mailed it.
15. The bus was gone! (i.e. I missed it)
16. Mr. Nakayama lost three library books (to his regret).

1. 何を買ってきましたか。
2. アイスクリームを買ってきました。
3. あした，ノートと鉛筆(えんぴつ)を持ってきてください。
4. あの小さい犬を，ここに連(つ)れてきてください。

5. ここに，紙(かみ)がないですね。すぐ事務所(じむしょ)から取ってきてください。
6. 田中さんは，図書館(としょかん)から，たくさん本を借りていったんです。
7. スミスさんは，そんな物(もの)は，置(お)いていかなかったですよ。
8. きょう，十二課(か)を勉強しておいてください。
9. このノートに，その人の名前を書(か)いておきましょう。
10. この酒(さけ)は，おいしいですよ。少し飲(の)んでみてください。
11. その小説(せつ)を読んでみましたが，たいへんおもしろかったと思います。
12. お金(かね)は，みんな使ってしまいました。
13. その犬は，死(し)んでしまったんですよ。
14. その手紙(てがみ)は，出してしまいました。
15. バスは行ってしまいました。
16. 中山さんは，図書館の本を三冊(さつ)無(な)くしてしまいました。

I. Gerund and auxiliary verbs

Verbs in the gerund form may be combined with verbs such as くる，いく，おく，みる，and しまう. Such combinations are so tight that they often behave like single semantic units.

A. *Gerund*＋くる *or* いく

The verbs くる and いく mean " to come " and " to go," respectively. When they are combined with other verbs in the gerund form, they produce meanings which may be represented by individual words in English.

持ってくる	" to bring " (inanimate objects)
持っていく	" to take " (inanimate objects)
連(つ)れてくる	" to bring " (animate beings)
連れていく	" to take " (animate beings)

The phrase 買ってくる means " to go and buy " or " to come having bought." In order to understand the reason for associating くる in such a phrase with English *go*, we must understand the difference of presuppositions. Suppose Jack and Bill are at the same place, and Jack wants Bill to go to a store to buy a paper, in English Jack may say, " Go and buy a paper for me, will you ?" or something like that. In the same situation in Japanese, we use an expression such as 新聞(しんぶん)を買ってきてください Lit." Please come having bought a paper." The difference here is only in the realm of presupposition. In English, Bill's coming back is presupposed, while in Japanese, his going to the store is presupposed. Study the following examples :

図書館から，本を借りてきました。	"I went to the library and checked out the book."
本を借りていきました。	"He checked out the book and left."

Also, study the meanings of the following phrases:

部屋にはいってくる	"to come in the room/ to enter the room"
部屋にはいっていく	"to go in the room/ to enter the room"
部屋 {を／から} 出てくる	"to come out of the room/ to leave the room"
部屋 {を／から} 出ていく	"to go out of the room/ to leave the room"
帰ってくる	"to come back/ to return"
帰っていく	"to go back/ to return"

B. *Gerund*＋おく

The verb おく "to put down/ to place" in combination with a gerund form means that the action expressed by the gerund is done in advance for some future use in mind. Study the following examples.

きょう，手紙を書いておきましょう。	"I shall write the letter today (in advance)." (The implication is that the speaker does not really have to write it *today*, but if he writes it today, it will be beneficial or be more convenient in the future).
きょうは，肉が安いです。たくさん買っておきましょう。	"Today, meat is cheap. I shall buy a lot (for future use)."
これを覚えておいてください。	"Please memorize this one (for future use)."

Notice that the literal meaning of おく "to put down" becomes only metaphorical in our examples above, and we do not really have to physically "put down" anything.

C. *Gerund*＋みる

The verb みる "to look at/ see" in combination with a gerund form may mean "to try to do" if its tense is non-past, and "(... did ...) and saw" if its tense is past. Study the following examples.

この字引を使ってみてください。	"Please try to use this dictionary./ Please use this dictionary, and see (how it is)."
飲んでみる	"to try to drink/ to drink and see"
読んでみる	"to try to read/ to read and see"

その字引を使ってみましたが，あまりいい字引ではありませんでした。 "I used the dictionary and saw (how it was), but it wasn't a good dictionary." (*Not* "I tried to use ..." since the phrase *tried to use* in English may be applicable even when the *using* actually has not taken place.)

飲んでみた "drank and saw (how it was)"

読んでみた "read and saw (how it was)"

In the examples above, notice that the meaning of みる "to look at/see" is present only metaphorically, and you really don't have to use the eyes.

D. *Gerund*＋しまう

The verb しまう "to put away/finish" in combination with a gerund form expresses the meaning that the action of the verb in the gerund form is completed. Thus, we may say:

本を読んでしまいました。 "I have finished reading the book."

食べてしまいました。 "I have eaten it."

見てしまいました。 "I have looked at it./I have seen it."

田中さんは，行ってしまいました。 "Mr. Tanaka is gone!"

書(か)いてしまう "to finish writing"

勉強(べんきょう)してしまう "to finish studying"

In some cases such a combination with しまう in its past tense form may imply that the speaker is *regretful* that the action expressed by the gerund has been completed. Thus, 田中さんは行ってしまいました "Mr. Tanaka is gone!" expresses the meaning that the speaker regrets the fact that Mr. Tanaka is gone. This may be because of the fact that what is done cannot be undone. On the other hand, it can sometimes imply that the speaker is proud of his completed action as in 本を読んでしまいました "I have (already) read the book." Such a difference of implications is usually clarified by the context. (Similar cases exist in English. For example, an utterance such as "I've done it!" may mean that I shouldn't have done it or that I have already finished doing the job. The former interpretation is for regret, the latter, for pride.)

The verbs くる，いく，おく，みる，and しまう occurring with the gerund form are considered to be auxiliary verbs, and they are normally written in hiragana.

II. Counters 課 and 冊

The word 課(か) is the counter for *lessons*. Its readings in combination with numbers are as follows: (cf. Readings of ……か月 in Lesson 7)

一課 (いっか)	"lesson one" "one lesson"
二課 (にか)	"lesson two" "two lessons"
三課 (さんか)	"lesson three" "three lessons"
四課 (よんか)	"lesson four" "four lessons"
五課 (ごか)	"lesson five" "five lessons"
六課 (ろっか)	"lesson six" "six lessons"
七課 ({しち/なな}か)	"lesson seven" "seven lessons"
八課 ({はっ/はち}か)	"lesson eight" "eight lessons"
九課 (きゅうか)	"lesson nine" "nine lessons"
十課 ({じっ/じゅっ}か)	"lesson ten" "ten lessons"
十一課 (じゅういっか)	"lesson eleven" "eleven lessons"
十二課 (じゅうにか)	"lesson twelve" "twelve lessons"
二十課 (に{じっ/じゅっ}か)	"lesson twenty" "twenty lessons"
三十課 (さん{じっ/じゅっ}か)	"lesson thirty" "thirty lessons"
何課 (なんか)	"what lesson" "how many lessons"

Often, 第 (だい), the prefix for ordinal numbers, may be attached to each of the above. Thus, 第一課 (だいいっか) is "lesson number one," and 第二課 is "lesson number two," and so on.

The word 冊 (さつ) 'volume' is the counter for books, magazines, dictionaries, etc. It is used only for counting the quantity as in "five (volumes of) books."

一冊 (いっさつ)	"one volume"
二冊	"two volumes"
三冊	"three volumes"
四冊 (よんさつ)	"four volumes"
五冊	"five volumes"
六冊	"six volumes"
七冊	"seven volumes"
八冊 ({はっ/はち}さつ)	"eight volumes"
九冊 (きゅうさつ)	"nine volumes"
十冊 ({じっ/じゅっ}さつ)	"ten volumes"
十一冊 (じゅういっさつ)	"eleven volumes"
二十冊	"twenty volumes"
何冊 (なんさつ)	"how many volumes"

◈ Exercises

I. State the meaning difference between a's and b's.

1. a. 車を買いました。
   b. 車を買ってきました。
2. a. ビールを飲んでいきました。

b．ビールを飲みました。

3. a．このアイスクリームを，食べてください。
   b．このアイスクリームを，食べてみてください。
4. a．ここにそれを書きます。
   b．ここにそれを書いておきます。
5. a．田中さんの手紙を，読みました。
   b．田中さんの手紙を，読んでしまいました。
6. a．お金を使ってしまいました。
   b．お金を使いました。
7. a．そのページは，きのう勉強しました。
   b．そのページは，きのう勉強しておきました。
8. a．行ってください。
   b．行ってみてください。
9. a．字引を持ちました。
   b．字引を持っていきました。
10. a．この本を借りてきました。
    b．この本を借りました。

II. Select suitable final verbs from くる，いく，みる，いる，おく，and しまう，and fill in the blanks according to the given meaning.

1. 犬を連れて_______。	I shall take the dog away.
2. きょう十一課を勉強して__________。	Let's study lesson 11 today (so we will have it done).
3. 山田さんが持って_____しまいました。	Mr. Yamada took it away, (and I can't do anything about it.)
4. アイスクリームを買って__________。	Have you bought ice cream (in advance)?
5. 新聞を読んで_______が，よくわかりませんでした。	I read newspapers (and saw how it was), but I didn't understand it.
6. ジョンを連れて______ください。	Please bring John.
7. 魚を食べて__________。	He is eating fish.
8. 日本語で書いて____________。	Let's try to write it in Japanese.
9. 手紙を郵便局で出して____________。	I mailed the letter at the post office (and I am here.)
10. 本を机に置いて____________。	I will put (down) the book on

the desk (for future use.)

11. 日本で何を勉強して＿＿＿＿＿＿。 What did you study in Japan? (You are here now.)

12. 田中さんが来て＿＿＿＿＿。 Mr. Tanaka is here.

III. Translate the following into Japanese.

1. What did you eat? (You are here now.)
2. Please bring two big dictionaries tomorrow.
3. Will you please go and buy me today's newspapers?
4. Who borrowed my pen? (He is not here.)
5. Mr. Tanaka did not leave his car here. (i.e. He took it.)
6. Please mail this letter in advance.
7. What did you write (for the future)?
8. This sukiyaki is good. Try a little.
9. I spoke about it (unintentionally)!
10. Please take John to the hospital (and see how it is).

◈ Oral Practice

I. Substitution.

紙(かみ)	を	買ってきてください。
テレビ		
タバコ		
新聞(しんぶん)		
日本語の字引(じびき)		

II. Substitution.

先生	に	聞(き)いて	きます。
兄		返(かえ)して	
学生		言って	
ラジオ屋さん		見せて	
田中さん		話(はな)して	

III. Substitution.

田中さんが	出て	きました。
	はいって	
	聞(き)いて	
	帰(かえ)って	
	持って	

歩(ある)いて
連(つ)れて

IV. Substitution.

第一課(だいいっか)	は	読んで	きました。
第三課		勉強して	
第六課			
第九課			
第十課			
第二十四課			

V. Substitution.

本	を	一冊(さつ)	机(つくえ)の上に	出して	おきました。
雑誌(ざっし)		三冊		置(お)いて	
		四冊			
		八冊			
		九冊			
		十冊			
		十六冊			

VI. Substitution.

学生が	出て	いきました。
	はいって	
	読んで	
	帰(かえ)って	
	持って	
	連(つ)れて	
	借りて	

VII. Transformation. (Gerund＋おく)

1. 箱(はこ)に入(い)れましょう。 → 箱に入れておきましょう。
2. お金(かね)を借りましょう。 → お金を借りておきましょう。
3. 肉(にく)を買いましょう。 → 肉を買っておきましょう。
4. 本を机(つくえ)に置(お)きましょう。 → 本を机に置いておきましょう。
5. 日本語を勉強しましょう。 → 日本語を勉強しておきましょう。
6. 先生に見せました。 → 先生に見せておきました。

7. 紙とペンを出しました。 → 紙とペンを出しておきました。
8. 名前を言いました。 → 名前を言っておきました。
9. お酒を持っていきました。 → お酒を持っていっておきました。
10. 窓を閉めました。 → 窓を閉めておきました。

VIII. Transformation. (Gerund＋みる)

1. ヨーロッパで車を借ります。 → ヨーロッパで車を借りてみます。
2. 私の字引を持ってきます。 → 私の字引を持ってきてみます。
3. 犬を見せます。 → 犬を見せてみます。
4. 日本の食物を食べます。 → 日本の食物を食べてみます。
5. 新しい事務所にはいります。 → 新しい事務所にはいってみます。
6. 箱に入れてください。 → 箱に入れてみてください。
7. お酒を飲んでください。 → お酒を飲んでみてください。
8. このペンを使ってください。 → このペンを使ってみてください。
9. あした小説を読んでください。→ あした小説を読んでみてください。
10. 戸を少し開けてください。 → 戸を少し開けてみてください。

IX. Transformation. (Gerund＋しまう)

1. お菓子を箱に入れます。 → お菓子を箱に入れてしまいます。
2. 窓を閉めます。 → 窓を閉めてしまいます。
3. 名前をみんな書きます。 → 名前をみんな書いてしまいます。
4. このお酒はあした飲むでしょう。 → このお酒はあした飲んでしまうでしょう。
5. 発音は，すぐ覚えるでしょう。→ 発音は，すぐ覚えてしまうでしょう。
6. あの子供は，午後勉強するでしょう。 → あの子供は，午後勉強してしまうでしょう。
7. 来週，手紙を出すでしょう。 → 来週，手紙を出してしまうでしょう。
8. この本は，あした読むでしょう。 → この本は，あした読んでしまうでしょう。

X. Gerund＋shimau continued. (Speaker's Regret)

1. 日本語をみんな忘れました。 → 日本語をみんな忘れてしまいました。
2. お金をみんな使いました。 → お金をみんな使ってしまいました。
3. 犬の子が死にました。 → 犬の子が死んでしまいました。
4. 兄は，私の本を持っていきました。 → 兄は，私の本を持っていってしまいました。

5. 母は，日本に帰りました。 → 母は，日本に帰ってしまいました。
6. 字引は，図書館に返しました。→ 字引は，図書館に返してしまいました。
7. 新しいかさは，箱にしまいました。 → 新しいかさは，箱にしまってしまいました。
8. 大きいうちを売りました。 → 大きいうちを売ってしまいました。

XI. Response.

1. 何を買っておきましたか。
   (肉) …… 肉を買っておきました。
2. 何を持ってきましたか。
   (字引) …… 字引を持ってきました。
3. 何を忘れてしまったんですか。
   (お金) …… お金を忘れてしまったんです。
4. 何を食べてみましたか。
   (日本の食物) …… 日本の食物を食べてみました。
5. いつ話してみましたか。
   (五月一日) …… 五月一日に話してみました。
6. いつ勉強しておきましたか。
   (きのう) …… きのう勉強しておきました。
7. いつ，日本から帰ってきましたか。
   (去年) …… 去年，日本から帰ってきました。
8. いつ，事務所を売ってしまいましたか。
   (去年の冬) …… 去年の冬，事務所を売ってしまいました。
9. 今，だれが出ていきましたか。
   (田中さん) …… 今，田中さんが出ていきました。
10. だれがお菓子を作っておきましたか。
   (私の姉) …… 私の姉がお菓子を作っておきました。

XII. Memorize the following conversations.

1. ジョン：十二課は，勉強してしまいましたか。
   太郎：いいえ。きのうは，勉強しませんでした。あなたは。
   ジョン：私は，きのう読んでみましたが，たいへんむずかしいですよ。
   太郎：そうですか。私も，きょう勉強しておきましょう。
2. 秘書：タバコとコーヒーを買ってきましょうか。
   清水：ええ，そうしてください。それからマッチも買ってきてください。

秘書：きょうの新聞(しんぶん)はここにありますか。
清水：いいえ。
秘書：それでは，新聞も買ってきましょう。

3. 鈴木(すずき)：田中先生に手紙(てがみ)をはやく書(か)いて，出してください。
秘書：田中先生には，きのう出しておきましたが……
鈴木：ああそうですか。
秘書：山本(もと)先生にも書いておきましょうか。
鈴木：いいえ，けっこうです。山本先生には，私が書いて，出しておきましょう。

XIII. Make a conversation of 5 or 6 lines.

LESSON 13

Vocabulary Items

あそぶ（遊ぶ）	*v. intr.*	to play
うま（馬）	*n.*	horse
かける（電話をかける）	*v. tr.*	to hang, suspend, (to telephone)
がっかりする	*v. intr.*	to be disappointed
ガレージ	*n.*	garage
きっぷ（切符）	*n.*	ticket
こと（事）	*n.*	thing, fact
こまる（困る）	*v. intr.*	to be troubled, at a loss
しごと（仕事）	*n.*	work
だけ	*pt.*	only
でんわ（電話）	*n.*	telephone
でんわする（電話する）	*v. intr.*	to telephone
ドア	*n.*	door
のる（乗る）	*v. intr.*	to ride in/ on
まだ	*adv.*	still, (not) yet
もう	*adv.*	already
レーンコート	*n.*	raincoat

Kanji for Writing

1. 手　て
2. 止　と（まる），と（める）
3. 物　もの
4. 字　ジ
5. 引　びき
6. 戸　と
7. 紙　かみ，がみ
8. 校　コウ

9. 入　　い（れる）

Model Sentences

1. Have the windows and the door of your room been opened?
2. The door has been opened but not the windows.
3. The cake has not yet been bought.
4. As for that matter, it has already been written in the letter, but shall I try to phone him?
5. The bus has been stopped (and it is still there).
6. Only good dictionaries have been brought (here). (Lit. "Somebody brought only good dictionaries here.")
7. Over here yesterday's newspaper has no longer been placed (i.e. it's been removed). (Yesterday's newspaper is no longer here.)
8. I went to school without studying.
9. Let's try to go walking today instead of taking the bus.
10. I finished doing the work without playing around.
11. Please do not read such a thing.
12. Please do not drink too much.
13. I did not take the taxi because I did not have money in Toronto.
14. I am really in trouble because I do not understand the teacher's Japanese.
15. Please speak Japanese, not English.

1. あなたの部屋(へや)の窓(まど)と戸が，開(あ)けてありますか。
2. 戸は，開けてありますが，窓は，開けてありません。
3. お菓子(かし)は，まだ買ってありません。
4. その事(こと)は，手紙にもう書(か)いてありますが，電話(でんわ)をかけてみましょうか。
5. バスは，まだあそこに止めてあります。
6. いい字引だけが持ってきてありますよ。
7. ここには，もうきのうの新聞(しんぶん)は置(お)いてありません。
8. 勉強しないで，学校に行きました。
9. きょうは，バスに乗(の)らないで，歩(ある)いて行ってみましょう。
10. 遊(あそ)ばないで，仕事(しごと)をしてしまいました。
11. そんな物は，読まないでください。
12. あんまりたくさん飲まないでください。
13. トロントでは，お金がなくて，タクシーに乗(の)りませんでした。
14. 先生の日本語は，わからなくて，とても困(こま)ります。

15. 英語じゃなくて，日本語を話してください。

I. Gerund form of transitive verbs＋ある

In the sentence 手紙を書く "Someone writes the letter," the word 手紙 is the direct object. In 手紙が書いてある ("Someone wrote the letter and the letter is there written") the word 手紙 is the subject of the sentence. No doubt, these two sentences are grammatically and semantically related. Apparently, there has been a shift of the subject and object. Note that in the former, the statement is about someone writing the letter, but in the latter, the statement is about the letter.

Semantically, the combination of transitive gerunds and ある is often associated with the English expression "... has been done." Thus, study the following examples:

新聞が買ってある	"The newspaper has been bought." (Someone bought the newspaper and it is there now.)
窓が開けてある	"The window has been opened." (Someone opened the window and it has been kept open.)
戸が閉めてある	"The door has been closed." (Someone closed the door and it has been kept closed.)

In Japanese, however, the ……てある expression is not directly related to passive forms, which the English translation of "... has been done" may suggest. Rather, the ……てある construction expresses the meaning that someone *completed* the action with respect to something and that something has been kept *in that state*. Therefore, the example, 手紙が書いてある can be thought of as related to two sentences: 手紙がある and 手紙を書いた. We do not specify who wrote the letter. It might very well be the speaker himself.

Typically, transitive action verbs can occur in this construction. There are a limited number of transitive verbs which do not occur in this construction. Some of them are 知る "to know," 思う "to think," 持つ "to carry/ to have," 待つ "to wait for," etc. Check with native speakers. (For further discussion on this construction, see the footnote.)†

† **Note:** Normally, the ……てある construction occurs with the subject marker が as in 手紙が書いてある. However, occasionally, the direct object marker を is used and 手紙を書いてある may result with much the same meaning. However, strictly speaking, the former is the statement about the letter, while the latter implies the agent, and it may come very close to the meaning of 手紙を書いておいた "I/ He wrote the letter in advance." We may mention that there are some who object to the grammaticality of sentences such as 手紙を書いてある.

II. Gerund form of intransitive verbs＋いる contrasted to てある

Often the following two sentences are semantically confusing to native speakers of English.

a．窓が開いている。（intr. verb＋ている） "The window is open."

b．窓が開けてある。（tr. verb＋てある） "The window has been opened."

Sentence (a) describes the state of the window being open, while sentence (b) implies that someone did the action of opening and that it has been kept open. A similar difference can be observed in the following sentences.

c．窓が閉まっている。 "The window is closed."

d．窓が閉めてある。 "The window has been closed (and kept that way).

e．バスが止まっている。 "The bus is stopped."

f．バスが止めてある。 "The bus has been kept stopped."

Do not confuse (c) and (d) above with 窓を閉めている "Someone is closing the windows."

III. Gerunds of negatives：なくて and ないで

There are two gerund forms for negative verb forms：……なくて and ……ないで as in 食べなくて and 食べないで. Connecting two sentences, both of them can semantically be associated with the meaning of "and" as in 御飯を食べなくて困ります "He doesn't eat meals, and we are troubled" and 御飯を食べないで，学校へ行きました "He didn't eat the meal and went to school." However, there is a difference in meaning between these two gerunds. In the former sentence, the gerund is associated with the meaning of "cause," but in the latter, with the meaning of "not doing" or "without doing." Thus, the above examples can respectively be translated, "Because he doesn't eat meals, we are troubled," and "He went to school without eating." Study the following examples. (Note：In *many* cases, the ……なくて gerund used with an intransitive verb contributes to the interpretation of *cause*. The same is true with *some* transitive verbs, especially when there is a logical relationship between $sentence_1$ and $sentence_2$.)

字引がなくて，勉強しませんでした。
"Because there was no dictionary, I did not study."

先生の日本語がわからなくて困ります。
"Because I don't understand the teacher's Japanese, I am troubled."

子供は勉強しなくて，困ります。
"Since the children don't study, we are troubled."

日本語がわからないで，日本へ行きました。
"I went to Japan without knowing Japanese."

学校へ行かないで，うちにいました。
"I didn't go to school and stayed home./ I stayed home without going to school."

手紙を書(か)かないで，電話(でんわ)しました。
"I telephoned, instead of writing a letter."

There are a few restrictions in the use of these gerunds:

1. Only the gerund form ……ないで is used for negative requests as in:

   急(いそ)がないでください。 "Please don't hurry."

   行かないでください。 "Please don't go."

2. The verb ある has only one negative gerund form なくて. Therefore, the negative copula ではない has only ではなくて, not *ではないで. (ではなくて becomes じゃなくて, contracted.)

   田中さんではなくて，がっかりしました。
   "It was not Mr. Tanaka, and we were disappointed./ Because it wasn't Mr. Tanaka, we were disappointed."

   池田(いけだ)さんではなくて，田中さんでした。
   "It was Mr. Tanaka, not Mr. Ikeda./ It was Mr. Tanaka instead of Mr. Ikeda."

3. The negative gerund of adjectives also has only one form ……なくて.

   おもしろくなくて，困(こま)ります。
   "It's not interesting, and we are inconvenienced./ Because it's not interesting, we are inconvenienced."

   赤(あか)くなくて青(あお)いです。
   "It's not red, but blue./ It's not red, and it is blue."

IV. Adverbs まだ "still" and もう "already"

The adverbs まだ "still" and もう "already" have interesting semantic characteristics.

まだ＋negative＝"not yet"	もう＋negative＝"no longer"
まだ＋affirmative＝"still"	もう＋affirmative＝"already"

Study the following examples.

まだ来ません。	"They haven't come yet./ They aren't coming yet."
まだ来ていません。	"They aren't here yet.
まだ来ます。	"They will still come./ Still more will come."

もう来ません。	"They will no longer come."
もう来ます。	"They will soon come. (i.e. It is already time for them to come.)"
もう来ています。	"They are already here."
もう来ました。	"They already came."

Notice that the pitch for もう is different from もう "more." The latter is used with the quantifier such as 一度 as in もう一度 "once more."

もう，一度読みました。	"I read it once already."
もう一度読みました。	"I read it once more."

Note: In some clear contexts, the whole verb phrase occurring with まだ may be replaced by the copula です. This is most frequent with negative responses.

いいえ，まだ来ません。 → いいえ，まだです。
"No, he hasn't come yet." "No, not yet."

V. に乗る "to ride in/on"

The verb 乗る co-occurs with the particle に as in バスに乗る. Thus:

タクシーに乗る	"to ride in a taxi"
馬に乗る	"to ride on horseback"
飛行機に乗る	"to take a plane (Lit. to ride in a plane)"
船に乗る	"to take a ship (Lit. to ride in a ship)"

VI. Gerunds as adverbs

A verb in its gerund form may be used as an adverb modifying another verb. For example, in model sentence 9, the gerund 歩いて modifies the following verb 行ってみる. In lesson 15, more explanation will be given on this point.

◈ Exercises

I. Transform the following sentences according to the example given and translate.

Example: もう，窓を開けました。→もう，窓が開けてあります。
"The window has already been opened."

1. もう，十一課を教えました。
2. まだ，十三課を勉強しません。

3. もう，その手紙を書いたでしょう。
4. どの部屋の窓を閉めましたか。
5. 川端の小説を，もう，読みましたか。
6. きょうの新聞を，もう，買ったんです。
7. 大きい字引をどこに置きましたか。
8. バスは，どこに止めましたか。
9. 車をガレージの外に出しましたか。
10. 車を中に入れましたか。

II. Fill in the blanks with either います or あります and translate.

1. 戸を開けて______。
2. その戸は開いて______。
3. 戸が開けて______。
4. 英語を勉強して______。
5. 十三課を読んで______。
6. 十三課がまだ読んで______。
7. 新しい本を買って______。
8. どんな本が買って______か。
9. どこの戸が閉めて______か。
10. 田中さんの部屋の窓を閉めて______。
11. 手紙を書いて______。
12. 何を教えて______か。
13. どこに私の字引が置いて______か。
14. バスがあそこに止まって______。
15. タクシーがどこに止めて______か。

III. Combine the following pairs of sentences using ……なくて or ……ないで and produce sentences which are semantically most plausible. Also, translate.

Examples: a. 御飯を食べませんでした。学校に行きました。 → 御飯を食べないで，学校に行きました。
"I went to school without eating."

b. それがわかりませんでした。字引を見ました。 → それがわからなくて，字引を見ました。
"Because I didn't understand it, I looked at the dictionary."

1. バスが来ませんでした。
学校へ行きませんでした。 } →
2. 車の戸が閉まりませんでした。
困りました。 } →
3. 本を見ませんでした。
言いました。 } →
4. サンフランシスコに行きませんでした。
ロスアンゼルスに行きました。 } →
5. そのうちの戸が開きませんでした。
窓から中にはいりました。 } →
6. 勉強しません。
遊んでいます。 } →
7. お金がありませんでした。
新聞を買いませんでした。 } →
8. 今週，バンクーバーに帰りません。
来週，帰ります。 } →
9. 手紙を書きませんでした。
電話で話しました。 } →
10. 先生が来ませんでした。
日本語のクラスがありませんでした。 } →

IV. Make negative requests from the following sentences and translate.

Example: それを食べます。→ それを食べないでください。
"Please do not eat that."

1. きょう帰ります。
2. そんなことを教えます。
3. 田中さんに会います。
4. 大きい車を買います。
5. 十三課を勉強します。
6. あした来ます。
7. 知らないと言います。
8. そのうちの中にはいります。
9. 車の戸を開けます。
10. 部屋から外に出ます。

V. Translate into Japanese.

1. Which room's door has been closed?
2. What has been bought?
3. My book has already been written.
4. Has the taxi been stopped?
5. Has the newspaper been bought (and is it here now)?
6. I drank sake, instead of beer (i.e. without drinking beer).
7. I will meet Mr. Tanaka this week instead of next week (i.e. without meeting him next week).
8. Please do not walk too *fast*. (hayaku)
9. Because I did not understand English, I spoke in Japanese.
10. Please teach me lesson 13, not lesson 12.
11. Because the bus did not stop there today, I came here by taxi.
12. I no longer speak English.
13. He still doesn't understand Chinese, I think.
14. He is still writing letters.
15. Has the car already been put inside?

◈ Oral Practice

I. Substitution.

車の戸	が	開(あ)けて	あります。
窓(まど)		閉(し)めて	
家(いえ)の戸			
部屋(へや)のドア			
ここの窓			

II. Transformation. (Gerund＋あります)

1. 車の戸を開けました。 → 車の戸が開けてあります。
2. お菓子(かし)をしまいました。 → お菓子がしまってあります。
3. 本を箱(はこ)から出しました。 → 本が箱から出してあります。
4. バスを一台(だい)借りました。 → バスが一台借りてあります。
5. 病院(びょういん)にかさを忘(わす)れました。 → 病院にかさが忘れてあります。
6. 十三課(か)は覚(おぼ)えました。 → 十三課は覚えてあります。
7. 新(あたら)しいペンを使いました。 → 新しいペンが使ってあります。
8. タクシーを止めました。 → タクシーが止めてあります。
9. 飲物を買いました。 → 飲物が買ってあります。
10. 御飯(ごはん)を作(つく)りました。 → 御飯が作ってあります。

III. Inflection. (Negative Gerund) Practice and memorize.

会う	会わないで	会わなくて
思う	思わないで	思わなくて
聞く	聞かないで	聞かなくて
話す	話さないで	話さなくて
待つ	待たないで	待たなくて
死ぬ	死なないで	死ななくて
遊ぶ	遊ばないで	遊ばなくて
乗る	乗らないで	乗らなくて
見る	見ないで	見なくて
教える	教えないで	教えなくて
来る	来ないで	来なくて
する	しないで	しなくて

IV. Transformation. (Negative Request)

1. ビールを飲みません。 → ビールを飲まないでください。
2. 電話をかけません。 → 電話をかけないでください。
3. 学校に急ぎません。 → 学校に急がないでください。
4. タクシーを呼びません。 → タクシーを呼ばないでください。
5. 新聞を取りません。 → 新聞を取らないでください。
6. お金を借りません。 → お金を借りないでください。
7. あまりがっかりしません。 → あまりがっかりしないでください。
8. 船に乗りません。 → 船に乗らないでください。
9. 手紙を見せません。 → 手紙を見せないでください。
10. きょうは，遊びません。 → きょうは，遊ばないでください。

V. Substitution.

日本語は，むずかしくて	困ります。
道が悪くて	
車が古くて	
うちが小さくて	
名前がなくて	
ここの食物がおいしくなくて	
仕事がおもしろくなくて	
部屋が広くなくて	

VI. Substitution.

子供(こども)が勉強しなくて	困(こま)りました。
英語がわからなくて	
この窓(まど)は，開(あ)かなくて	
バスが来なくて	
タクシーが止まらなくて	
スミスさんがいなくて	

VII. Join the sentences using gerund forms.

1. 日本語がわかりませんでした。
   困(こま)りました。 → 日本語がわからなくて，困りました。
2. バスが来ませんでした。
   タクシーで行きました。 → バスが来なくて，タクシーで行きました。
3. 車がありませんでした。
   兄の車を借りました。 → 車がなくて，兄の車を借りました。
4. きのう学校へ行きませんでした。
   先生に会いませんでした。 → きのう学校へ行かなくて，先生に会いませんでした。
5. お金がありませんでした。
   切符(きっぷ)を買いませんでした。 → お金がなくて，切符を買いませんでした。
6. 新聞(しんぶん)を読みませんでした。
   その事(こと)を知(し)りませんでした。 → 新聞を読まなくて，その事を知りませんでした。
7. 仕事(しごと)がありませんでした。
   困(こま)りました。 → 仕事がなくて，困りました。
8. 交通公社(こうつうこうしゃ)の建物(たてもの)がわかりませんでした。
   たくさん歩(ある)きました。 → 交通公社の建物がわからなくて，たくさん歩きました。

VIII. Join the sentences using gerund forms.

1. 今，食べません。
   あした食べます。 → 今，食べないで，あした食べます。
2. 字引を買いませんでした。
   映画(えいが)を見ました。 → 字引を買わないで，映画を見ました。
3. 船(ふね)に乗(の)りませんでした。
   飛行機(ひこうき)に乗りました。 → 船に乗らないで，飛行機に乗りました。
4. 私を待たないでください。
   スミスさんとすぐ行ってください。 → 私を待たないで，スミスさんとすぐ行ってください。
5. かさを持ちませんでした。
   レーンコートを持ってきました。 → かさを持たないで，レーンコートを持ってきました。

6. 駅まで歩きませんでした。タクシーで行きました。 → 駅まで歩かないで，タクシーで行きました。
7. 電話をかけませんでした。先生の部屋へ行きました。 → 電話をかけないで，先生の部屋へ行きました。
8. あの建物は銀行ではありません。本の会社です。 → あの建物は銀行ではなくて，本の会社です。

IX. Response. (Answer with いいえ.)

1. もう，ここは，読んでありますか。	いいえ，まだ，読んでありません。 (いいえ，まだです。)
2. もう，窓が閉めてありますか。	いいえ，まだ，窓が閉めてありません。 (いいえ，まだです。)
3. もう，教えましたか。	いいえ，まだ，教えません。 (いいえ，まだです。)
4. もう，先生は，来ていますか。	いいえ，まだ，来ていません。 (いいえ，まだです。)
5. まだ，食べますか。	いいえ，もう，食べません。
6. まだ，本屋は閉まっていますか。	いいえ，もう，閉まっていません。
7. まだ，お菓子がありますか。	いいえ，もう，ありません。
8. まだ，手紙を書いていますか。	いいえ，もう，書いていません。

X. Response. (Answer with いいえ.)

1. もう，店を開けましたか。	いいえ，まだ，店を開けません。
2. もう，うちを借りていませんか。	いいえ，まだ，うちを借りています。
3. もう，仕事がありますか。	いいえ，まだ，仕事がありません。
4. もう，こんな紙はありませんか。	いいえ，まだ，あります。
5. もう，学校へ来ませんか。	いいえ，まだ，学校へ来ます。
6. まだ，お金がありますか。	いいえ，もう，お金がありません。
7. まだ，むずかしいですか。	いいえ，もう，むずかしくありません。
8. まだ，日本語を勉強していますか。	いいえ，もう，日本語を勉強していません。
9. まだ，田中さんは来ませんか。	いいえ，もう，田中さんは来ました。
10. まだ，わかりませんか。	いいえ，もう，わかりました。 (わかります。)

XI. Memorize the following conversations.

1. 山田：シアトルまで何で行きますか。
   ジョン：バスで行くと思います。
   山田：どこでバスに乗りますか。
   ジョン：銀行の前で乗ります。
   山田：もう，切符は買ってありますか。
   ジョン：いいえ，まだです。

2. 田中：スミスさん，毎日日本語を話していますか。
   スミス：ええ。英語は話さないで，日本語だけ話しています。（日本語だけ "only Japanese"）†
   田中：日本語は，むずかしいでしょうね。
   スミス：ええ。もう，日本に一年いますが，まだ，先生の話がよくわかりません。

XII. Make a conversation of 5 or 6 lines, and practice.

---

† **Note :** A noun or quantifier may be followed by the particle だけ "only" which expresses the meaning of delimitation. More will be said about this particle in Lesson 28.

LESSON 14

Vocabulary Items

いけません	*v. intr.*	no good, won't do
うつくしい（美しい）	*aj.*	beautiful
うんてんする（運転する）	*v. tr.*	to drive
おそい（遅い）	*aj.*	slow, late
おちゃ（お茶）	*n.*	tea
かいもの（買物）	*n.*	shopping
かまいません	*v. intr.*	do not matter
から	*pt.*	after . . . ing（Gerund＋から）
きゅうに（急に）	*adv.*	suddenly
けっこんする（結婚する）	*v. intr.*	to marry
さむい（寒い）	*aj.*	cold
すむ（住む）	*v. intr.*	to live, reside
だんだん	*adv.*	gradually
チーズ	*n.*	cheese
でかける（出かける）	*v. intr.*	to go out
つめたい（冷たい）	*aj.*	cold（to the touch）
なる	*v. intr.*	to become
はじまる（始まる）	*v. intr.*	（something）starts, begins
はじめる（始める）	*v. tr.*	to start（something）
ふる（降る）	*v. intr.*	（rain, snow, etc.）falls
ゆき（雪）	*n.*	snow

Kanji for Writing

1. 新　シン，あたら（しい）
2. 聞　ブン，き（く）
3. 仕　シ
4. 事　ごと
5. 書　か（く），ショ
6. 安　やす（い）
7. 売　う（る）
8. 白　しろ（い）

Model Sentences

1. I shall work after reading the newspaper.
2. I phoned him after returning (home) from the company.
3. I lived in Vancouver after getting married.
4. Please do not go out after drinking "sake."
5. It suddenly became cold in December. (Lit. . . . "after becoming December.")
6. The Japanese universities start in April. (Lit. ..."after becoming April.")
7. May I drive the car after it snows?
8. No, you should not drive the car after it snows.
9. As for this kanji, you do not have to write it.
10. As for this letter, you must write it.
11. Would *I* be OK? (Would *I* do?)
12. Can it be cheap? (Lit. "Is it OK even if it is cheap?")
13. Whether it is Mr. Yamada or Mr. Tanaka, it is OK.
14. Even cold tea is OK.
15. Whether it is red or white, it is OK.
16. Whether it rains or not, tomorrow I will go to the mountain.
17. It doesn't matter whether you sell it or not.
18. It started raining.
19. The study of English will gradually get to be more interesting.
20. It has begun to make no sense to me.

1. 新聞を読んでから，仕事をしましょう。
2. 会社(かいしや)から帰(かえ)ってから，電話(でんわ)をかけました。
3. 結婚(けつこん)してからは，バンクーバーに住(す)みました。
4. 酒(さけ)を飲んでからは，出かけないでください。
5. 十二月になってから，急(きゆう)に寒(さむ)くなりました。
6. 日本の大学(だいがく)は，四月になってから，始(はじ)まります。
7. 雪(ゆき)が降(ふ)ってから，車を運転(うんてん)してもいいですか。
8. いいえ，雪が降ってから，車を運転してはいけません。

9. この漢字は，書かなくてもいいです。
10. この手紙は，書かなくてはいけません。
11. 私でもいいでしょうか。
12. 安くてもいいでしょうか。
13. 山田さんでも田中さんでもいいです。
14. 冷たいお茶でもいいんですよ。
15. 赤くても白くてもいいです。
16. 雨が降っても降らなくてもあしたは山へ行きます。
17. 売っても売らなくてもかまいません。
18. 雨が降ってきましたよ。
19. 英語の勉強はだんだんおもしろくなっていきますよ。
20. わからなくなってきました。

I. Gerund＋から "after ...ing"

When the particle から is added to the gerund form of verbs, the phrase will mean "after doing..." The main part of the sentence will then follow, as in model sentences 1, 2, 3 and others. It should be remembered that the action or event expressed by the main sentence will follow consecutively the event or the action expressed by the gerund form＋から. For example, in 1, the action 仕事をする "to do the work" follows the action of 読む "to read." The tense interpretation of the verb in the gerund form conforms to the tense of the main sentence verb. Therefore, in 3, both the fact that the speaker lived in Vancouver and the fact that the speaker got married are regarded as past events. On the other hand, in 1, the reading of the newspaper and doing the work are both non-past events.The particle は in 3 and 4 is for contrast. (cf, Lesson 7, note XI, and Lesson 9, note IV.)

II. Permission : gerund＋もいい/ もかまわない

In Japanese the meaning of permission is expressed by the gerund followed by the particle も＋いい/かまわない. Thus, the literal meaning of 食べてもいい, for example, is "Even eating (it) is OK," which amounts to saying, "you may eat it." Also, 食べてもかまわない literally means, "Even eating (it) doesn't matter."

Adjectives, which include negative forms of verbs also, can occur in this construction as in 小さくてもいい"Even being small it is OK/It can be small." and 仕事をしなくてもいい "Even not working is OK/You don't have to work." This construction is also used for the copula as in model sentence 11.

For asking permission, then, use this construction with the addition of the interrogative particle か as in 英語で話してもいいですか "May I speak in English?" or あした仕事をしなくてもいいですか "Is it OK even if I don't work tomorrow?"

More than one *gerund*＋も construction can occur in a sentence. Such parallel constructions show contrast and are often translated "whether ... or ..." as in 行っても，行かなくても "whether one goes or not." Study the following examples.

美しくても，美しくなくても	"whether it is beautiful or not"
Xでも，Yでも，Zでも	"whether it is X or Y or Z"
犬を連れてきても，連れてこなくても	"whether one brings a dog or not"

If we add the words いいです "it is OK" or かまいません "it doesn't matter," to these phrases, we will get the following:

美しくても，美しくなくてもいいです。	"It is OK whether it is beautiful or not."
美しくても，美しくなくてもかまいません。	"It doesn't matter whether it is beautiful or not."
Xでも，Yでも，Zでもいいです。	"It it OK whether it is X or Y or Z."
Xでも，Yでも，Zでもかまいません。	"It dosn't matter whether it is X or Y or Z."
犬を連れてきても，連れてこなくてもいいです。	"It is OK whether one brings a dog or not."
犬を連れてきても，連れてこなくてもかまいません。	"It doesn't matter whether one brings a dog or not."

III. Prohibition and obligation: gerund＋はいけない

The meaning of prohibition is expressed using the gerund form followed by はいけない. The negative phrase いけない by itself has the meaning of "no good, won't do, wrong, bad," etc. Therefore, a phrase like この部屋を出てはいけません literally means, "As for leaving this room, it won't do," which amounts to the meaning of prohibition: "You must not leave this room." Study the following.

手紙を英語で書いてはいけません。	"You must not write the letter in English."
きょう，私の車を運転してはいけません。	"You must not drive my car today."
酒を飲んではいけません。	"You must not drink *sake*."

遊(あそ)んでいてはいけません。 "You must not be playing around."

The meaning of obligation can be expressed by using the same type of construction. For example, we may say, 教(おし)えなくてはいけません, which literally means, "As for not teaching, it won't do." Notice here that it involves double negation. Study the following examples.

毎日勉強しなくてはいけません。 "You must study every day."
帰(かえ)らなくてはいけません。 "I must go home."
英語で書かなくてはいけません。 "You must write it in English."
小さい車でなくてはいけません。 "It has to be a small car."
もう少し安くなくてはいけません。 "It has to be a little cheaper."

IV. なる "to become"

The verb なる means "to become/ grow into." In Japanese, if the meaning of "X becomes Y" is to be expressed, we say, XがYになる. Notice that the particle に which is similar to the English *into* as in *turn into* or *grow into* is attached to the noun. Thus, the phrase Yに in the example above is an adverbial phrase composed of *noun+particle*. An adjective, transformed to an adverb by replacing い with く, can be used with the verb なる as in 美(うつく)しくなる "to become beautiful." Negative verb forms behave the same way, and we get examples such as:

お金がなくなる "Lit. Money becomes non-existent (i.e. to run out of money)"
わからなくなる "to become incomprehensible"
戸が開(あ)かなくなる "The door becomes unopenable. (Lit. The door becomes such that it doesn't open.)"

V. ていく/てくる "becoming/ happening"

The auxiliary verbs いく and くる (see Lesson 12) following the gerund of a verb can be used to express the meaning of "becoming, happening, growing or coming into being" of events or states. The verbs preceding these auxiliaries must be those which express event, state, or non-voluntary action. In most cases, they are intransitive verbs although a few transitives can be used in this construction. Study the following:

だんだん，漢字(かんじ)を忘(わす)れていきました。 "He gradually forgot kanji (from then on). (Lit. He gradually proceeded to forget kanji.)"
だんだん，覚(おぼ)えてきました。 "He has gradually begun to learn it. (Lit. He has gradually come to learn it.)"

高くなっていきました。 "It grew expensive (from then on)."
だんだん，寒くなってきます。"It will get gradually cold (hereafter)."

◈ Exercises

I. Combine the following pairs of sentences and produce expressions meaning *after ...ing* as in the example.

Example: 御飯を食べました。
学校へ行きました。 } → 御飯を食べてから，学校へ行きました。

1. 漢字を読む。
書いてください。 } →
2. よく勉強しました。
東京に出かけました。 } →
3. 先生が来ました。
聞いてみました。 } →
4. 日本語で言いました。
英語で言いました。 } →
5. スミスさんに駅で会いました。
うちに帰りました。 } →
6. ウィスキーをたくさん飲みます。
勉強しないでください。 } →
7. 東京で英語を教えました。
大阪でフランス語を教えました。 } →
8. その字引を十二月まで使いました。
売ってしまいました。 } →
9. カナダに来ました。
学生になりました。 } →
10. 車を買いました。
うちを買いました。 } →
11. 1975年になりました。
車が高くなりました。 } →
12. 十二時になります。
うちに帰ってもいいです。 } →
13. 三月になりました。
暖かくなりました。 } →

14. 雪(ゆき)が降(ふ)りました。
出かけました。 }→

15. 三時間待ちました。
電話(でんわ)をかけました。 }→

II. Change the following into expressions asking for permission.

Examples: 行きます。 → 行ってもいいですか。

行きます，行きません。 → 行っても，行かなくてもいいですか。

1. 英語で話(はな)す。
2. 家(いえ)は高い。
3. 車は小さい。
4. 私の兄です。
5. 田中さんです，山田さんです。
6. 窓(まど)が開(あ)いています。
7. ここで待っています。
8. 先生になります。
9. 赤(あか)くなります。
10. 十月になってから，その仕事をします。
11. 一月です，二月です。
12. あまり急(いそ)ぎません。
13. きょうは私が運転(うんてん)しません。
14. 今買ってきます。
15. 見ておきます。
16. 行ってみます。
17. スミスさんに会いません。
18. これを教(おし)えません。
19. あまりよくありません。
20. 大きい大学ではありません。
21. 来ます，来ません。
22. 食べます，食べません。
23. 十二時半(はん)になってからです。
24. 日曜(よう)日です，月曜日です。
25. 英語がわかりません。

III. Give negative answers to the following questions.

Examples: a. 行かなくてもいいですか。
——いいえ，行かなくてはいけません。

b. 行かなくてはいけませんか。
——いいえ，行かなくてもいいです。

1. あした学校へ来なくてもいいですか。
2. 学生でなくてはいけませんか。
3. 図書館(としょかん)から，本を借りていかなくてもいいですか。
4. 英語で書かなくてもいいですか。
5. 仕事をしなくてはいけませんか。
6. この車を，十台(だい)売らなくてもいいでしょう。(↑)
7. 大きい字引を使わなくてはいけませんか。
8. きょう，アイスクリームを買っておかなくてはいけませんか。
9. こんな漢(かん)字を覚えなくてもいいでしょう。(↑)
10. ありがとうございますと言わなくてはいけませんか。

IV. Translate into Japanese.

1. Please study after reading the novel.
2. What did you do after working?
3. What did you do after eating sukiyaki here yesterday?
4. After it became cold, I lived in Los Angeles.
5. May I try to drive this car?
6. I wonder if my younger brother could go? (i.e. ... would be OK to go)
7. Whether you come this week or next week, it doesn't matter.
8. I must study Japanese every day.
9. I don't have to study English every day.
10. Whether it is March or April, it is OK.
11. May I buy it after it becomes cheap?
12. I don't have to buy it after it becomes expensive.
13. Please don't drive my expensive car after drinking "sake."
14. After going to Japan, I taught English in Tokyo.
15. Where did you live after you got married?
16. You may sell your car after I use it for two more weeks.
17. Whether it is interesting or not (interesting), you must read this book.
18. Will this one do? (Lit. Even if it is this one, is it OK?)
19. Please don't go by car! It has started snowing.
20. Has it gradually begun to make sense to you?

◈Oral Practice

I. Substitution.

田中さんは	日本語の先生	になりました。
	学生	
	作家（さっか）	
	本屋さん	
	カナダ人	
	会社員（かいしゃいん）	
	医者（いしゃ）	
	お父（とう）さん	

II. Substitution.

日本語が	おもしろく	なって	いきました。
	むずかしく		きました。
	やさしく		
	わからなく		
	つまらなく		

III. Transformation.

1. 弟（おとうと）は大きい。 → 弟は大きくなりました。
2. 日本の車はいい。 → 日本の車はよくなりました。
3. あの店（みせ）は広（ひろ）い。 → あの店は広くなりました。
4. この大学は古（ふる）い。 → この大学は古くなりました。
5. お酒（さけ）が高い。 → お酒が高くなりました。
6. 日本語がおもしろい。 → 日本語がおもしろくなりました。
7. 十一月から寒（さむ）い。 → 十一月から寒くなりました。
8. 漢（かん）字はやさしい。 → 漢字はやさしくなりました。
9. バンクーバーは美（うつく）しい。 → バンクーバーは美しくなりました。
10. 字引は安い。 → 字引は安くなりました。

IV. Transformation. (Use gerund＋きました.)

1. 雨が降（ふ）る。 → 雨が降ってきました。
2. 雪（ゆき）が降る。 → 雪が降ってきました。
3. 漢（かん）字を覚（おぼ）える。 → 漢字を覚えてきました。
4. 漢字を忘（わす）れる。 → 漢字を忘れてきました。

5. フランス語がわかる。 → フランス語がわかってきました。
6. フランス語がわからなくなる。→ フランス語がわからなくなってきました。
7. だんだん寒(さむ)くなる。 → だんだん寒くなってきました。
8. だんだん冷(つめ)たくなる。 → だんだん冷たくなってきました。

V. Substitution.

買って	から，この本を読みました。
借りて	
来て	
行って	
食べて	
テレビを見て	
勉強して	
手紙を読んで	

VI. Substitution.

大きくて	も，いいですか。
安くて	
つまらなくて	
古(ふる)くて	
話(はな)して	
住(す)んで	
出かけて	
始(はじ)めて	

VII. Substitution.

日本へ行かなくて	は	いけません。
勉強しなくて		
家(いえ)を売らなくて		
お金を借りなくて		
字引を買わなくて		
買物に行かなくて		
タクシーに乗(の)らなくて		
先生を待たなくて		

VIII. Substitution.

結婚(けっこん)して	は	いけません。
日本語で話して		
運転(うんてん)して		
コーヒーを飲んで		
ラジオを聞いて		
映画(えいが)を見て		
戸を閉(し)めて		
タクシーを止めて		

IX. Transformation. (Permission) (Use either ……いいですか or かまいませんか.)

1. 田中さんと結婚(けっこん)する。→ 田中さんと結婚してもいいですか。
2. 車を運転(うんてん)する。 → 車を運転してもいいですか。
3. 学生になる。 → 学生になってもいいですか。
4. もう，出かける。 → もう，出かけてもいいですか。
5. あした学校に来ない。→ あした，学校に来なくてもいいですか。
6. お金を借りない。 → お金を借りなくてもいいですか。
7. 先生に電話(でんわ)しない。 → 先生に電話しなくてもいいですか。
8. 山は高い。 → 山は高くてもいいですか。
9. 車は小さい。 → 車は小さくてもいいですか。
10. 家(いえ)は少し古(ふる)い。 → 家は少し古くてもかまいませんか。
11. 遅(おそ)いバスだ。 → 遅いバスでもかまいませんか。
12. つまらない雑誌(ざっし)だ。 → つまらない雑誌でもかまいませんか。
13. 冷(つめ)たいコーヒーだ。 → 冷たいコーヒーでもかまいませんか。

X. Transformation. (whether ...or...)

1. 日本語で話(はな)す。
英語で話す。 } → 日本語で話しても英語で話してもいいです。
2. 今お菓子(かし)を食べる。
食べない。 } → 今お菓子を食べても食べなくてもいいです。
3. 四月に旅行(りょこう)する。
旅行(りょこう)しない。 } → 四月に旅行しても（旅行）しなくてもいいです。
4. 兄だ。
弟(おとうと)だ。 } → 兄でも弟でもいいです。

5. 十二月だ。
一月だ。 → 十二月でも一月でもいいです。
6. 仕事はたくさんだ。
少しだ。 → 仕事はたくさんでも少しでもいいです。
7. 学生だ。
学生ではない。 → 学生でも学生ではなくてもいいです。
8. 暖かい。
寒い。 → 暖かくても寒くてもいいです。
9. 車は青い。
赤い。 → 車は，青くても赤くてもいいです。
10. 仕事はむずかしい。
むずかしくない。 → 仕事は，むずかしくてもむずかしくなくてもいいです。

XI. Transformation.（Prohibition）

1. 車を運転する。 → 車を運転してはいけません。
2. スミスさんと結婚する。 → スミスさんと結婚してはいけません。
3. デパートに出かける。 → デパートに出かけてはいけません。
4. アパートに住む。 → アパートに住んではいけません。
5. 船に乗る。 → 船に乗ってはいけません。
6. テレビを見る。 → テレビを見てはいけません。
7. 先生になる。 → 先生になってはいけません。
8. 窓を開ける。 → 窓を開けてはいけません。
9. その話を忘れる。 → その話を忘れてはいけません。
10. お金を借りる。 → お金を借りてはいけません。
11. テストを始める。 → テストを始めてはいけません。
12. 電話をかける。 → 電話をかけてはいけません。

XII. Transformation.（……てから）

1. お金を借りる。
新しい車を買ってください。 → お金を借りてから，新しい車を買ってください。
2. 東京駅へ行く。
バスに乗ってください。 → 東京駅へ行ってから，バスに乗ってください。
3. 仕事をする。
何をしますか。 → 仕事をしてから，何をしますか。
4. 窓を閉めた。
部屋を出た。 → 窓を閉めてから，部屋を出ました。

5. 本を読んだ。
弟と遊んだ。 → 本を読んでから，弟と遊びました。

6. お酒を飲んだ。
帰っていった。 → お酒を飲んでから，帰っていきました。

7. 手紙をよく読んだ。
電話をかけた。 → 手紙をよく読んでから，電話をかけました。

8. 日本語を勉強した。
日本へ行った。 → 日本語を勉強してから，日本へ行きました。

9. 買物をした。
郵便局へ行った。 → 買物をしてから，郵便局へ行きました。

10. 結婚した。
シアトルに住んだ。 → 結婚してから，シアトルに住みました。

11. 雨が降った。
雪になった。 → 雨が降ってから，雪になりました。

XIII. Transformation.（Obligation）

1. 車を運転する。 → 車を運転しなくてはいけません。
2. かさを持っていく。 → かさを持っていかなくてはいけません。
3. 切符を見せる。 → 切符を見せなくてはいけません。
4. 漢字を覚える。 → 漢字を覚えなくてはいけません。
5. 山本さんに電話をかける。 → 山本さんに電話をかけなくてはいけません。
6. 駅に急ぐ。 → 駅に急がなくてはいけません。
7. 本を返す。 → 本を返さなくてはいけません。
8. ここで止まる。 → ここで止まらなくてはいけません。
9. お菓子はおいしい。 → お菓子は，おいしくなくてはいけません。
10. 新聞は新しい。 → 新聞は，新しくなくてはいけません。
11. チーズは古い。 → チーズは，古くなくてはいけません。
12. 部屋は大きい。 → 部屋は，大きくなくてはいけません。

XIV. Response.

1. この飲物を飲んでもいいですか。

(はい) …… はい，飲んでもいいです。

(いいえ) …… いいえ，飲んではいけません。

2. あの建物の中に，はいってもいいですか。

(はい) …… はい，はいってもいいです。

(いいえ) …… いいえ，はいってはいけません。

3. ここで，タクシーを止めてもいいですか。
(はい) …… はい，止めてもいいです。
(いいえ) …… いいえ，止めてはいけません。

4. パーティーに，子供を呼んでもいいですか。
(はい) …… はい，呼んでもいいです。
(いいえ) …… いいえ，呼んではいけません。

5. 大学の前で待っていてもいいですか。
(はい) …… はい，待っていてもいいです。
(いいえ) …… いいえ，待っていてはいけません。

6. 車を運転しなくてもいいですか。
(はい) …… はい，運転しなくてもいいです。
(いいえ) …… いいえ，運転しなくてはいけません。

7. 雪の日は，出かけなくてもいいですか。
(はい) …… はい，出かけなくてもいいです。
(いいえ) …… いいえ，出かけなくてはいけません。

8. シアトルに住まなくてもいいですか。
(はい) …… はい，住まなくてもいいです。
(いいえ) …… いいえ，住まなくてはいけません。

9. 字引を持ってこなくてもいいですか。
(はい) …… はい，持ってこなくてもいいです。
(いいえ) …… いいえ，持ってこなくてはいけません。

10. この漢字を覚えなくてもいいですか。
(はい) …… はい，覚えなくてもいいです。
(いいえ) …… いいえ，覚えなくてはいけません。

11. あしたの日本語のクラスに，出なくてもいいですか。
(はい) …… はい，出なくてもいいです。
(いいえ) …… いいえ，出なくてはいけません。

XV. Memorize the following conversations.

1. 田中：バンクーバーは，いつから寒くなりますか。
スミス：十一月から雨が降って，少し寒くなります。
田中：いつまで寒いのですか。
スミス：そうですね。三月になってからは，あまり寒くありませんが……
田中：雪は，たくさん降りますか。
スミス：ええ，山にはたくさん降りますよ。
雪が降ってから，山はとても美しくなります。

2. 学生：この大学は，新しいクラスはいつからですか。
先生：九月からです。
学生：私は，日本語のコースを取ってもいいでしょうか。
先生：ええ，いいですよ。あなたは，日本語が少しわかりますか。
学生：ええ，去年，シアトルで勉強しました。
先生：それでは，田中先生の日本語のクラスに行ってください。田中先生のクラスでは，日本語で話さなくてはいけません。英語を話してはいけませんよ。
学生：はい，わかりました。

XVI. Make a conversation of 5 or 6 lines.

LESSON 15

Vocabulary Items

あお（青）	*n.*	blue (noun)
あか（赤）	*n.*	red (noun)
いろ（色）	*n.*	color
から	*conj.*	because
きらい（な）	*na.*	dislike
げんき（な）（元気な）	*na.*	healthy
コート	*n.*	coat
じょうず（な）	*na.*	skillful
しろ（白）	*n.*	white
しんぱい（する）（心配する）	*v. tr.*	worry (to worry)
すき（な）（好きな）	*na.*	like, love
たいいんする（退院する）	*v. intr.*	to be discharged from a hospital
たつ（立つ）	*v. intr.*	to stand
チューリップ	*n.*	tulip
テスト	*n.*	test
トマト	*n.*	tomato
なおる（直る）	*v. intr.*	to become well, to be fixed, set better
ながい（長い）	*aj.*	long
なぜ	*adv.*	why
ので	*conj.*	because
はな（花）	*n.*	flower
びょうき（病気）	*n.*	sick
ふゆやすみ（冬休み）	*n.*	winter vacation

へた（な）	*na.*	not skillful, poor (at something)
まち（町）	*n.*	town
まにあう（間に合う）	*v. intr.*	to be sufficient, to be in time
みじかい（短い）	*aj.*	short
ようふく（洋服（ようふく））	*n.*	(western) clothes
りょけん（旅券（りょけん））	*n.*	passport

Kanji for Writing

1. 東　トウ，ひがし
2. 京　キョウ
3. 肉　ニク
4. 病　ビョウ
5. 気　キ
6. 元　ゲン
7. 机　つくえ
8. 話　はな（す）
9. 赤　あか（い）

Model Sentences

1. This red flower is very pretty.
2. Kyoto is a very pretty city. (Lit. "town")
3. Professor Tanaka is a healthy person. (a person of pep)
4. Professor Yamada is also very healthy.
5. Meat has become very expensive, hasn't it? (regrettably)
6. Please buy it after it becomes cheap.
7. Mr. Yamanaka was sick last week, but this week he has gotten well. (Lit. ...after becoming this week.)
8. My brother became a writer after graduating from college.
9. Please clean this desk. (Please make this desk clean.)
10. As for the examination room, which room shall we decide on?
11. Please do not make the Japanese examination difficult.
12. Mr. Nakayama went to Tokyo in a hurry but missed the eight o'clock plane.
13. Mr. Nakada is reading the newspaper there, standing.
14. Let's settle on that small car because this car is too big and expensive.
15. Please do not worry because I already talked to Mr. Smith about that matter.
16. Mr. Yamanaka is very good at English because he studied in America.
17. Mr. Smith is poor at Japanese, but good at French.
18. I don't like fish but I like meat.

1. この赤い花は，とてもきれいです。
2. 京都は，とてもきれいな町です。
3. 田中先生は，元気な人です。
4. 山田先生も，たいへん元気です。
5. 肉は，たいへん高くなってしまいましたねえ。
6. 安くなってから買ってください。
7. 山中さんは，先週病気でしたが，今週になってから，元気になりましたよ。
8. 弟は，大学を出てから，作家になりました。
9. この机を，きれいにしてください。
10. 試験の部屋は，どの部屋にしましょうか。
11. 日本語の試験は，むずかしくしないでください。
12. 中山さんは，急いで東京へ行きましたが，八時の飛行機に間に合いませんでした。
13. 中田さんは，あそこで立って新聞を読んでいます。
14. この車は，あまり大きくて高いから，あの小さい車にしましょう。
15. スミスさんに，そのことをもう話したから，心配しないでください。
16. 山中さんは，アメリカで勉強したから，英語がとてもじょうずです。
17. スミスさんは，日本語はへたですが，フランス語はじょうずです。
18. 魚はきらいですが，肉は好きです。

I. Nominal adjectives

We already know a number of adjectives such as 大きい "big" and 小さい "small." Let us call these *true adjectives*. There is another kind of adjective. Words such as 元気 "well," きれい "pretty," 好き "likeable," じょうず "skillful," へた "not skillful," and others belong to this group and we will call them *nominal adjectives*. The differences between *true adjectives* and *nominal adjectives* are:

1. True adjectives end in one of the following sounds:

   -ai, -ii, -ui, -oi

e.g.	赤い	pronounced ak*ai*	"red"
	大きい	pronounced ook*ii*	"big"
	古い	pronounced hur*ui*	"old (something)"
	青い	pronounced a*oi*	"blue"

   Nominal adjectives usually do not have such endings. (きらい "hateful" is an exception.)

2. True adjectives must end in syllable い in order to modify a noun, but nominal adjectives must end in な for the same purpose.

   e.g. 大きい人 "a big person"
   元気な人 "a healthy person/ peppy person"

3. The adverbial forms to be derived from true adjectives have く, but nominal adjectives must occur with the particle に just like any other nouns.

   e.g.

速く書きました。	"I wrote it quickly."
赤くなりました。	"It became red."
美しく書きました。	"I wrote it beautifully."
美しくなりました。	"It became pretty."
じょうずに書きました。	"He wrote it well."
きれいになりました。	"It became pretty."

4. When used as predicates, informal forms for true adjectives end in い, but nominal adjectives end in the copula だ.

   e.g.

田中さんは速い。	"Mr. Tanaka is quick."
池田さんは元気だ。	"Mr. Ikeda is healthy."

There exist similarities between true adjectives and nominal adjectives:

1. Most of the time, both true adjectives and nominal adjectives become adjectives when they are translated into English. This suggests that they are all semantically felt to be adjectival.
2. Both true adjectives and nominal adjectives can be modified by a degree adverb such as たいへん "very."

   e.g.

たいへん元気です。	"He is very well."
たいへん美しいです。	"It is very beautiful."

Therefore, we may say that nominal adjectives are like nouns from the grammatical point of view, but they are like adjectives from the semantic point of view.

II. Adjectives＋くする/ Nominal adjectives＋にする

(Review Lesson 14, grammar note IV.)

There are cases when we want to express the meaning of *making* something big or pretty. Then, we use the verb する "to do/ make" and say, 赤くしました "I made it red," or きれいにしました "I made it pretty." The same construction can be used for expressing the meaning of "deciding/ settling on something" as in:

ビールにしました。	"We decided on beer."
先生は，試験(しけん)を来週にしました。	"The teacher decided to have the test next week. (Lit. The teacher settled the test on next week.)"

The phrases する and なる are conceptually related. The latter can be regarded as the result of the former. For example, if we make the car big, the car becomes big. Also, notice that the direct object of する construction becomes the subject in the なる construction.

部屋(へや)を大きくしました。	"We made the room big."
部屋が大きくなりました。	"The room became big."
部屋をきれいにしました。	"We made the room clean/ pretty."
部屋がきれいになりました。	"The room became clean/ pretty."

III. Gerunds as adverbs

Gerund forms that we studied in the previous lessons may be used for joining two sentences as in S_1 -te S_2. When such a combination of two sentences occurs, S_1 is often interpreted as a manner adverb for S_2. For example, 急(いそ)いで行きました Lit. "Hurrying, he went./ He went in a hurry," is really a combination of two sentences: 急ぎました and 行きました. Notice that the S_1 part can be interpreted as an adverb. In fact, a similar situation exists in English in which V-ing forms used for combining two sentences can be interpreted as adverbs. Here, we want to emphasize the possibility of the adverbial interpretation of gerund forms in Japanese. Study the following examples.

歩(ある)いて行きました。	"He went on foot."
立(た)って読んでいます。	"He is reading standing."
飛(と)んで行きました。	"It went flying."

IV. 間に合う "to be in time for/ to be sufficient with/ to get by with"

If the phrase 間(ま)に合(あ)う is used with the meaning of "to be in time for," it must follow the particle に as in クラスに間に合う "to be in time for class," or 飛行機(ひこうき)に間に合う "to be in time for the plane." However, if it is used with the meaning of "to be sufficient" or "to get by with," it must follow the particle で as in:

この字引で間に合います。	"You will get by with this dictionary."
このペンで間に合います。	"I will get by with this pen."

V. から/ので "because"

For expressing cause or reason, we use the form S_1 から S_2 or S_1 ので S_2 "Because S_1, S_2" in which S_1 must be a statement sentence, and S_2 is a main sentence. Study the following examples.

この本は，むずかしい {から/ので} あの本を読みます。
(S_1: この本は，むずかしい; S_2: あの本を読みます。)
"Because this book is difficult, I will read that book."

家(いえ)は，安かった {から/ので} 買いました。
(S_1: 家は，安かった; S_2: 買いました。)
"Because the house was cheap, I bought it."

山田さんがあした来る {から/ので} うちにいてください。
(S_1: 山田さんがあした来る; S_2: うちにいてください。)
"Because Mr. Yamada will come tomorrow, please stay home."

バスが来なかった {から/ので} タクシーで行きました。
(S_1: バスが来なかった; S_2: タクシーで行きました。)
"Because the bus didn't come, I went by taxi."

お金(かね)がなかった {から/ので} タクシーに乗(の)らなかったのですか。
(S_1: お金がなかった; S_2: タクシーに乗らなかったのですか。)
"You didn't take a taxi because you didn't have money?"

病気が直(なお)った {から/ので} あした，退院(たいいん)してもいいですよ。
(S_1: 病気が直った; S_2: あした，退院してもいいですよ。)
"Because your sickness has been cured, you may go home (from the hospital) tomorrow."

The non-past tense copula だ must change its form to な before ので. In general, it is possible to analyze ので as の "fact/matter" plus で, the gerund of the copula だ. As mentioned before, だ changes to な before の. (See Lesson 10, grammar note III.)

Semantically, the phrase ので tends to give a factual reason, while から may give a reason based upon a personal point of view or opinion as well as fact. Study the following examples.

池田さんは日本人なので旅券(りょけん)がいります。
"Because Mr. Ikeda is a Japanese, he needs a passport."
(Lit. It being the fact that Mr. Ikeda is a Japanese, ...)

池田さんは日本人だから旅券がいります。
"Because Mr. Ikeda is a Japanese, he needs a passport."

The phrase ので has a somewhat formal connotation in contrast to the から phrase which is more colloquial and is more generally used.

The interrogative for asking "cause" is どうして or なぜ "why" as in:

どうして，それがわかりませんか。 "Why don't you understand?"
なぜ，日本語を勉強していますか。 "Why are you studying Japanese?"

◈ Exercises

I. Change the following sentences so that they will have the meaning 'to have become.' Then translate into English.

Example: 大きいです → 大きくなりました "It became big."

1. バンクーバーは，きれいです。
2. 山田さんは，先生です。
3. 暖(あたた)かいです。
4. 田中さんは，病気です。
5. 飛行機(ひこうき)は，速(はや)いです。
6. このトマトは，おいしいです。
7. これは，酒(さけ)です。
8. あの建(たて)物は，図書館(としょかん)です。
9. 英語は，たいへんむずかしいです。
10. 日本語は，やさしいです。
11. フランス語がわかりません。
12. ビールを飲みません。
13. 酒(さけ)が好(す)きです。
14. 弟(おとうと)は，車の運転(うんてん)がじょうずです。
15. たばこがきらいです。

II. Change the following sentences so that they will have the meaning of 'to have made...' Then translate into English.

Example: 大きいです → 大きくしました。 "I made it big."

1. 机がきれいです。
2. 車が安いです。
3. 魚が高いです。
4. 試験(しけん)は，やさしいです。
5. 弟(おとうと)は，作家(さっか)です。
6. その建(たて)物は，図書館(としょかん)です。

7. その英語がわかりません。
8. この部屋が暖(あたた)かいです。
9. これが酒(さけ)です。
10. 窓(まど)が開(あ)きません。

III. Combine each pair of the following sentences with a gerund form and translate into English.

Example: 急(いそ)ぎました。 } → 急いで行きました。
行きました。 “He went in a hurry.”

1. 急ぎました。 } →
帰(かえ)りました。
2. 立(た)っています。 } →
英語を勉強しています。
3. 酒(さけ)を飲みました。 } →
車を運転(うんてん)しました。
4. 病気になりました。 } →
うちへ帰ってきました。
5. 元気です。 } →
日本語を教(おし)えています。

IV. Combine each pair of the following sentences. The first sentences are intended to have the meaning of “cause” for the second sentences. Translate the combined sentences.

1. 英語がわかりません。 } →
日本語で話してください。
2. この漢字(かんじ)は，むずかしいです。 } →
覚(おぼ)えなくてもいいです。
3. スミスさんは，アメリカ人だ。 } →
旅券(りょけん)がいります。
4. 飛行機(ひこうき)は，速(はや)いです。 } →
飛行機で行ってください。
5. 池(いけ)田さんは，病気(びょうき)だ。 } →
きょうは，仕事をしていません。
6. これは，私の字引だ。 } →
使ってもいいよ。

V. Fill in the blanks with the given words and translate.

Examples: あの（きれいな）うちは，田中さんのです。（きれい）

"That pretty house over there is Mr. Tanaka's."
（速く）書きました。（速い） "I wrote it quickly."

1. 田中さんは（　　）人です．（元気）
2. （　　）部屋がありますか。（きれい）
3. 私は（　　）英語で話さなくてはいけませんでした。（へた）
4. 今月は，肉が（　　）なりました。（高い）
5. （　　）飲物がありますか。（好き）
6. 車の運転が（　　）と思います。（じょうず）
7. 山中さんは，お菓子を（　　）作りました。（きれい）
8. 山田さんは，（　　）なりました。（元気）
9. これを，もう少し（　　）してください。（安い）
10. もう少し（　　）書きましょう。（じょうず）

VI. Translate the following into Japanese.

1. I don't think that Toronto is pretty.
2. Do you think that Kyoto is a pretty city?
3. Mr. Ikeda has become quite well today.
4. Who is a healthy person?
5. I ended up in becoming sick. (The speaker is regretful.)
6. After I left Japan, I went to America, and became a student.
7. Please make my room clean.
8. As for this one, how much shall we charge? (Lit. How much shall we make it? ——as in deciding the price. how much＝ikura)
9. Please make the English examination easy.
10. Mr. Tanaka is eating ice cream there, standing.
11. Because my car has become old, I will buy a new car tomorrow.
12. Because I am a Canadian, I don't understand Japanese well.
13. Because I did not know the *kanji*, I asked the teacher.
14. Because the teacher did not come, there was no Japanese class.
15. Because I am *busy* today, please come tomorrow. (busy＝いそがしい)
16. Please do not buy the big car because it needs a lot of *gas*. (gasorin)
17. Please borrow the book you like and read it at the library.
18. Can you get by with 10,000 yen?
19. I went in a hurry, but I missed the bus. (... was not in time)
20. I was late for the Japanese class today again.

◈ Oral Practice

I. Substitution.

それは	きれい	になりました。
	じょうず	
	好き	
	へた	
	立派	
	きらい	

II. Substitution.

たいへん	立派	な人です。
	きらい	
	元気	
	じょうず	
	へた	
	きれい	
	好き	

III. Substitution. (The parenthetical elements should occur together.)

その部屋を	立派に	しました。
(その部屋が)	きれいに	(なりました。)
	兄の部屋に	
	大きく	
	小さく	
	新しく	

IV. Transformation. (to become...)

1. ホンコンは，きれいです。 → ホンコンは，きれいになりました。
2. 私は，病気です。 → 私は，病気になりました。
3. 兄は，先生です。 → 兄は，先生になりました。
4. 子供は，元気です。 → 子供は，元気になりました。
5. 田中さんは，英語がじょうずです。 → 田中さんは，英語がじょうずになりました。
6. 弟 は，ビールが好きです。 → 弟は，ビールが好きになりました。
7. この洋服がきらいです。 → この洋服がきらいになりました。
8. 日本は，暖かいです。 → 日本は，暖かくなりました。
9. 冬休みが短いです。 → 冬休みが短くなりました。
10. 話が長いです。 → 話が長くなりました。

11. ロシア語がわかりません。 → ロシア語がわからなくなりました。
12. 手紙を出しません。 → 手紙を出さなくなりました。
13. 車が直りません。 → 車が直らなくなりました。

V. Transformation. (to make into...)

1. 田中さんの家は，立派です。 → 田中さんの家を，立派にしました。
2. 町がきれいです。 → 町を，きれいにしました。
3. この部屋は，事務所です。 → この部屋を事務所にしました。
4. あの建物は，病院です。 → あの建物を病院にしました。
5. 切符は，高いです。 → 切符を高くしました。
6. お酒が暖かいです。 → お酒を暖かくしました。
7. 洋服が短いです。 → 洋服を短くしました。
8. テストは，やさしいです。 → テストをやさしくしました。

VI. Transformation. (to decide on...)

1. パーティーは，十二月です。 → パーティーは，十二月にしました。
2. テストの部屋は，ここです。 → テストの部屋は，ここにしました。
3. 銀行は，日本銀行です。 → 銀行は，日本銀行にしました。
4. 飲物は，コーヒーです。 → 飲物は，コーヒーにしました。
5. 洋服は，赤いのです。 → 洋服は，赤いのにしました。
6. 飛行機は，アメリカのです。 → 飛行機は，アメリカのにしました。
7. 切符は，二枚です。 → 切符は，二枚にしました。
8. 船は，P & Oです。 → 船は，P & Oにしました。
9. お酒は，スコッチです。 → お酒は，スコッチにしました。
10. 大学は，シカゴ大学です。 → 大学は，シカゴ大学にしました。
11. 花は，チューリップです。 → 花は，チューリップにしました。
12. 色は，白です。 → 色は，白にしました。

VII. Substitution.

クラス	に	間に合いました。
バス		
飛行機		
一時の汽車		
学校		
三時の船		

VIII. Substitution.

タクシー	は	一台(だい)	で間に合うでしょう。
車		三台	
バス		四台	
		八台	
		九台	

IX. Substitution.

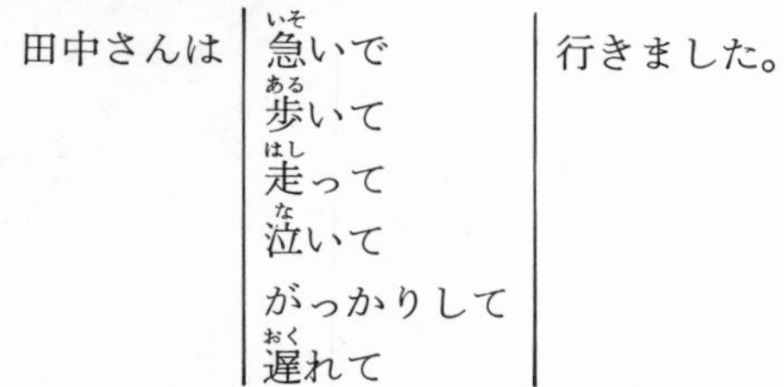

田中さんは	急(いそ)いで	行きました。
	歩(ある)いて	
	走(はし)って	
	泣(な)いて	
	がっかりして	
	遅(おく)れて	

X. Transformation. (Conjoining: ...and.../manner adverb)

1. 急(いそ)ぎました。ご飯(はん)を食べました。 → 急いでご飯を食べました。
2. がっかりしました。うちへ帰(かえ)りました。 → がっかりしてうちへ帰りました。
3. 元気でした。遊(あそ)びました。 → 元気で遊びました。
4. 歩(ある)きました。駅(えき)まで行きました。 → 歩いて駅まで行きました。
5. 立(た)ちました。「こんにちは」と言いました。 → 立って「こんにちは」と言いました。
6. 泳(およ)ぎました。あそこまで行きました。 → 泳いであそこまで行きました。
7. 子供(こども)は泣(な)きました。「お母(かあ)さん」と呼(よ)びました。 → 子供は泣いて「お母さん」と呼びました。
8. 間違(まちが)いました。電話(でんわ)をかけました。 → 間違って電話をかけました。
9. お兄さんが走(はし)りました。うちに帰(かえ)ってきました。 → お兄さんが走ってうちに帰ってきました。
10. クラスに遅(おく)れました。来ました。 → クラスに遅れて来ました。

XI. Substitution.

安い	から	たくさん買ってきました。
おいしい	ので	
新(あたら)しい		
安かった		
大きかった		
おいしかった		
新しかった		

XII. Substitution.

田中さんは	先生	だから	よく知(し)っています。
	日本人	なので	
	カナダ人		
	アメリカ人		
	医者(いしゃ)		
	作家(さっか)		

XIII. Substitution.

ロシア語で	読んだ	から	よくわかりませんでした。
	書いてある	ので	
	話した		
	聞いた		
	言った		

XIV. Transformation. (because...)

1. 田中さんは先生です。
よく知(し)っています。 } → 田中さんは，先生{だから/なので}，よく知っています。
2. きょうはもう十二月です。
寒(さむ)いですね。 } → きょうは，もう十二月だから，寒いですね。
3. ここは小さい町(まち)です。
病院(いん)がありません。 } → ここは，小さい町{だから/なので}，病院がありません。
4. よく覚(おぼ)えていました。
テストはやさしかったです。 } → よく覚えていた{から/ので}，テストはやさしかったです。
5. あの外人(がいじん)はフランス語で話(はな)します。
よくわかりません。 } →あの外人は，フランス語で話す{から/ので}，よくわかりません。

6. 仕事がありました。
うちに遅く帰りました。 } → 仕事があった{から／ので}，うちに遅く帰りました。

7. お金がありませんでした。
田中さんに借りました。 } → お金がなかった{から／ので}，田中さんに借りました。

8. 飛行機は速いです。
飛行機で行きましょう。 } → 飛行機は，速いから，飛行機で行きましょう。

9. このオレンジはおいしいです。
たくさん買ってください。 } → このオレンジは，おいしいから，たくさん買ってください。

10. コーヒーは冷たかったです。
飲みませんでした。 } → コーヒーは，冷たかった{から／ので}，飲みませんでした。

XV. Response.

1. なぜ，日本語を勉強していますか。
(日本へ行く)……　日本へ行くから，勉強しています。
2. なぜ，遅く来ましたか。
(バスが来なかった)……　バスが来なかったから，遅く来ました。
3. なぜ，車を使いませんでしたか。
(雪が降っていた)……　雪が降っていたから，使いませんでした。
4. なぜ，窓を閉めましたか。
(寒くなってきた)……　寒くなってきたから，閉めました。
5. なぜ，そこに立っているんですか。
(子供を待っている)……　子供を待っているから，立っているんです。
6. なぜ，心配しているんですか。
(弟が病気になった)……　弟が病気になったから，心配しているんです。

XVI. Memorize the following conversations.

1. 田中：急いでどこへ行くのですか。
清水：銀行へ行くのですが，……
田中：銀行は，もう閉まっていますよ。
清水：車が直らなかったので，走ってきたのですが，きょうも間に合いませんでした。あした，もう一度来ましょう。
田中：では，いっしょに帰りましょう。

2. 清水：こんな紙を買って何にするのですか。

山本：箱にするのですよ。
清水：どんな箱を作るのですか。
山本：大きい箱を作るのです。色は，赤と青と白にします。
清水：きれいな箱になるでしょうね。なぜそんな箱を作りますか。
山本：田中さんが使うので，作ります。急いで作って田中さんに持っていきます。

XVII. Make a conversation of 5 or 6 lines.

LESSON 16

Vocabulary Items

いそがしい（忙しい）	*aj.*	to be busy
うける（受ける）	*v. tr.*	to receive, to take (an examination)
えいぶんぽう（英文法〔ぶんぽう〕）	*n.*	English grammar
かまう	*v. intr.*	to matter
かんがえる（考える）	*v. tr.*	to think
けれども，けれど	*conj.*	but, however, although
テニス	*n.*	tennis
テニスコート	*n.*	tennis court
ではまた		Well, see you again./ Well, goodbye.
ながら	*conj. suf.*	while, although
はやい（早い）	*aj.*	early
ピンポン	*n.*	ping-pong
ぶんぽう（文法〔ぶんぽう〕）	*n.*	grammar
べつ（な/の）（別な/の）	*na.*	different, separate, another
また	*adv.*	again
やすむ（休む）	*v. intr./tr.*	to rest, to be absent from
れきし（歴史〔れきし〕）	*n.*	history

Kanji for Writing

1. 度　ド
2. 降　ふ（る）
3. 別　ベツ
4. 乗　の（る）
5. 早　はや（い）
6. 雨　あめ
7. 去　キョ
8. 好　す（き）
9. 雪　ゆき
10. 立　た（つ）

Model Sentences

1. I want to buy it after it becomes a little cheaper.
2. Since this car is too big and expensive, I want to buy a different car.
3. I want to become healthy soon!
4. I want to take the Japanese language examination tomorrow, but is it all right?
5. I wanted to take a course in German.
6. I don't want to speak in English.
7. I did not want to ride the bus, but I went by bus anyway because it was raining.
8. Although I don't want to be here, I must be here two more years.
9. Because I didn't understand grammar well last year, I want to try to study it again this year.
10. What do you want to drink?
11. I want to drink coffee.
12. I want to smoke.
13. You must not study while smoking.
14. Although Mr. Tanaka has been sick since yesterday, he is working.
15. Although I went to Japan, I returned without seeing Tokyo.
16. I wanted to go to town to see the movie yesterday. However, I didn't go because I was busy studying English grammar.
17. Have you come to Tokyo in order to see Mr. Tanaka?
18. Mr. Yamada went on trip to Europe last year.

1. もう少し安くなってから，買いたいですね。
2. この車は，あまり大きくて高いから，別の車が買いたいです。
3. 早く元気になりたいですねえ。
4. 日本語の試験(しけん)は，あした受(う)けたいんですが，かまいませんか。
5. ドイツ語のコースを取りたかったんです。
6. 英語で話したくはありませんよ。
7. バスに乗りたくなかったんですが，雨が降っていたから，とにかくバスで行きました。
8. もう，ここにはいたくないけれども，もう二年ここにいなくてはいけません。
9. 去年は，文法(ぶんぽう)がよくわからなかったから，今年(ことし)は，もう一度勉強してみたいんです。
10. 何を飲みたいですか。
11. コーヒーを飲みたいです。
12. たばこがのみたいです。
13. たばこをのみながら勉強してはいけませんよ。

14. 田中さんは，きのうから病気（であり）ながら，仕事をしています。
15. 日本へ行きながら，東京を見ないで帰ってきました。
16. きのうは，町へ映画を見に行きたかったんです。けれども，英文法の勉強で忙しくて，行きませんでした。
17. 田中さんに会いに東京へ来たんですか。
18. 山田さんは去年ヨーロッパに旅行に行きました。

I. Desiderative form：たい

The desiderative form has the meaning of "(I/ Someone) want to do something." The formation of such a construction can most easily be remembered as follows:

A. Replace ます verb ending with たい. (From this lesson on, let us call the verb form from which ます is dropped "conjunctive form." † This form is used for making compounds.) Once たい is added, the desiderative will no longer behave like a verb, but like an adjective. Study the following examples:

山田さんに会いたいです。	"I want to meet Mr. Yamada."
教えたいです。	"I want to teach it."
帰りたいですか。	"Do you want to go home?"

If the final です is deleted, the resulting form is the informal desiderative. (Normally, たい predicates a first person in a simple statement sentence, and a second person pronoun in a simple interrogative sentence.)

B. Since the desiderative form is an adjective, the constructions of its adverbial, past tense, negative and gerund forms follow exactly the same principles as other adjectives. Compare the following:

Informal	Adverbial	Past Tense	Negative	Gerund
話したい	話したく	話したかった	話したくない	話したくて
大きい	大きく	大きかった	大きくない	大きくて

C. Although it is *not obligatory*, the direct object of most transitive verbs can become the subject of the desiderative form.

コーヒーを飲みます。→ コーヒーが飲みたいです。
"I drink coffee." "I want to drink coffee."

そんな本を読みます。→ そんな本が読みたいです。
"I read such a book." "I want to read such a book."

---

† **Note**: An adjective form from which い is dropped can be called "conjunctive form" too.

If the verb is intransitive, there is no direct object; therefore, the subject-object shift does not apply. Simply change the verb form as in:

東京へ行きます。 → 東京へ行きたいです。
"I go to Tokyo." "I want to go to Tokyo."

D. Since たい is an adjective, the desiderative form of the verb can modify a noun as in 飲みたいビール "the beer that one wants to drink."

E. The negative desiderative meaning is expressed as ……たくない as in 行きたくない "I don't want to go" and it is also an adjective.

II. ながら "although/ while"

To express the meaning of two actions done simultaneously, or of the simultaneous existence of two states concerning one and the same person, the suffix ながら is attached to the verb in its conjunctive form, the noun, the adjective, or the nominal adjective as in 歩(ある)きながら "while walking," 病気ながら "although he is sick," 小さいながら "although it is small," and 下手(へた)ながら "although he is poor (at it)."

Notice that the English equivalent "while" has two meanings; it may be related to the meaning of "during the time some action is taking place" on the one hand, but it may also be related to the meaning of "although" on the other. The ながら construction in Japanese has sometimes the same kind of ambiguity. Usually, the context will clarify the ambiguity, but if the verb of the main sentence is negated, the meaning of the ながら construction tends to be associated with "although." Also, if ながら is attached to nouns, adjectives, nominal adjectives, and stative verbs, it is usually interpreted "although." The copula in its conjunctive form であり (derived from the copula である) may be inserted between the noun or the nominal adjective and ながら as in:

病気でありながら "although he is sick"
先生でありながら "although he is a teacher"
へたでありながら "although he is unskillful"

Study the following examples:

田中さんはコーヒーを飲みながら新聞を読んでいます。
"While Mr. Tanaka is drinking coffee, he is reading the newspaper."
ラジオを聞(き)きながら仕事しました。
"While listening to the radio, I worked at the same time."
学校にいながら，クラスに来ませんでした。
"Although he was at school, he didn't come to the class."

日本へ行きながら，東京を見ないで帰(かえ)りました。
"Although he went to Japan, he returned without seeing Tokyo."

へた（であり）ながら，山田さんはピンポンがたいへん好きです。
"Although he is poor at it, Mr. Yamada likes to play ping-pong very much."

山田さんは病気（であり）ながら，きょうも来ています。
"Although Mr. Yamada is sick, he is here today again."

知(し)っていながら，話さない。
"Although he knows it, he doesn't talk."

III. けれど（も）"although/ but/ however"

The word けれども means much the same thing as the conjunction が "but/ although." However, けれども may occur either at the sentence initial position or the final position, while the conjunction が normally occurs at the sentence final position followed by another sentence as in これは銀行(ぎんこう)ですが，あれは病院(いん)です．"This is a bank, but that is a hospital." The word けれども occurring sentence initially is similar to the English word "however," but when it occurs sentence finally, it is like "although."

車を買いたい。けれども，お金(かね)がない。
"I want to buy a car. However, I have no money."

車を買いたいけれども，お金がない。
"Although I want to buy a car, I have no money."

In colloquial Japanese けれども may be shortened to けれど or けど. In some cases, the meaning expressed by the けれども construction may come very close to the meaning expressed by the ながら construction as in:

田中さんは病気 {でありながら / だけれども} 仕事をしています。
"Although Mr. Tanaka is sick, he is working."

However, differences do exist between the two constructions, especially when the verb preceding ながら is an action verb and the second sentence is in the affirmative construction. Study the following.

池(いけ)田さんは英文法(ぶんぽう)を考(かんが)えながら，英語で速(はや)く話します。
"Mr. Ikeda speaks fast in English as he thinks about English grammar. (i.e. ...paying attention to the English grammar.)

池田さんは英文法を考えるけれども，英語で速く話します。
"Although Mr. Ikeda thinks about English grammar, he speaks fast in English."

The ながら construction expresses the meaning of co-existing actions while the けれども construction precedes a statement of unexpected action or state.

IV. Particle に for purpose expressions

The meaning of "to go/ come in order to do... " is expressed with the particle に occurring between a verb in its conjunctive form and a motion verb, typically 行く and 来る as in 取りに行く "to go in order to get," 買いに来る "to come in order to buy," etc. When the verb preceding に is composed of *Noun*＋する (e.g. 勉強する, 仕事する, 旅行(りょこう)する, etc.) either *Noun* ＋に行く／に来る or *Noun*＋し＋に行く／に来る is possible as in 仕事に行く／に来る or 仕事しに行く／しに来る "to go/ come in order to work."

◈ Exercises

I. Change the following into desiderative sentences and translate.

Examples: ビールを飲む→ビール{が/を}飲みたい。 "I want to drink beer"

行きます → 行きたいです。 "I want to go."

1. 田中さんに会いに行きます。→
2. 飛行機(ひこうき)で帰(かえ)ります。→
3. 日本の映画(えいが)を見に行きます。→
4. おいしい肉をたくさん食べます。→
5. あたたかい所(ところ)にいます。→
6. そんな話は，忘(わす)れます。→
7. もっと日本語を覚(おぼ)えます。→
8. 東京大学にはいります。→
9. 大きい字引を持っていきます。→
10. あしたも町(まち)へ遊(あそ)びに行きます。→
11. 山田さんと結婚(けっこん)します。→
12. もう少し元気になります。→

II. Change the above desiderative constructions into past tense forms.

Examples: ビール{が/を}飲みたい → ビール{が/を}飲みたかった。

行きたい → 行きたかった。

III. Embed the desiderative forms produced for (I) into the frame ……と思います. An embedded sentence within such a frame is informal.

Examples: ビール{が/を}飲みたいと思います。 "I think that I want to drink beer."

行きたいと思います。 "I think that I want to go."

IV. Complete the following sentences using the desiderative forms of the given verb phrases embedded in the frame ……と思います and translate.

Example: 病気だから, ＿＿＿＿＿(休(やす)む)

病気だから, 休みたいと思います。 "I think I want to rest because I am sick."

1. きょうは, 寒(さむ)いから, ＿＿＿＿＿＿＿＿。(家(いえ)にいる)
2. 車があるから, 車で ＿＿＿＿＿＿＿＿。(でかける)
3. ハワイは, 暖(あたた)かいから, ＿＿＿＿＿＿＿＿。(来年は, ハワイに住(す)む)
4. 雨が降っているから, ＿＿＿＿＿＿＿＿。(休む)
5. わからないから, ＿＿＿＿＿＿＿＿。(電話(でんわ)で聞いてみる)
6. 切符(きっぷ)がないから, ＿＿＿＿＿＿＿＿。(すぐ買う)
7. 日本語を覚(おぼ)えてから, ＿＿＿＿＿＿＿＿。(日本へ勉強に行く)
8. お金がなくても, ＿＿＿＿＿＿＿＿。(大学で勉強する)
9. あした雪が降っても, ＿＿＿＿＿＿＿＿。(仕事をする)
10. 試験(しけん)は, むずかしくても, ＿＿＿＿＿＿＿＿。(受(う)ける)

V. Combine the two sentences, using the suffix ながら, and translate into English.

Example: 本を読みました。
ラジオを聞きました。 }→ 本を読みながらラジオを聞きました。
"I listened to the radio while reading the book."

1. 英語で話しました。
日本語で書きました。 }→
2. たばこをのみました。
手紙を読みました。 }→
3. 田中さんは, 先生だ。
教(おし)えない。 }→
4. この字引を使う。
日本語を毎日勉強している。 }→
5. 新聞を読む。
バスをそこで待っている。 }→

VI. Combine the two sentences, using the conjunction けれども and translate into English.

Example: 私は日本人だ。
日本語がへただ。 → 私は日本人だけれども，日本語がへただ。
"Although I am a Japanese, I am poor at Japanese."

1. 私は，日本語で考(かんが)える。
英語で話す。 →
2. 雪が降っている。
車で行きましょう。 →
3. 雨が降っていました。
かさを持たないで行きました。 →
4. 先生が来ませんでした。
たくさん勉強しました。 →
5. きょうは，日曜日です。
会社(かいしゃ)で仕事をしたいです。 →
6. バスを一時間待ちました。
バスは，来ませんでした。 →
7. 戸が閉(し)まっています。
窓(まど)は，開(あ)いています。 →

VII. Translate the following into Japanese.

1. Because I ate a lot at 12:00 o'clock, I don't want to eat too much now.
2. Because I want to hear English, I want to go see an American movie.
3. Because it costs a lot of money, I don't want to become sick.
4. I don't want to drive after it snows.
5. After returning home from my company, I don't want to work any more.
6. After drinking "sake," I don't want to go out.
7. Even if it rains tomorrow, I want to go to the mountain.
8. As for those who want to ride in the taxi, please come to the front of the station. (hint: タクシーに乗りたい人)
9. I wanted to take my radio to the radio shop.
10. I wanted to mail this letter at the post office.
11. What do you think he wanted to do?
12. I wanted to learn Japanese and came here. (hint: S_1 te S_2)
13. Even if I want to go to see a movie today, there is no car, so I must wait until tomorrow.
14. Even if you don't want to speak in English, you must speak in English.
15. I drank coffee while I waited for the bus.

16. I spoke German while writing a letter in English.
17. Although he went to school, he did not *attend the class.*
(クラスに出る)
18. Although Mr. Tanaka is a Japanese, he does not know this kanji.
19. Although he is sick today, he is saying that he wants to go to school.
20. Please come to the office in order to get 50 more sheets of paper.

◈ Oral Practice

I. Substitution.

お菓子を	食べ	たいです。
	作り	
	売り	
	買い	
	箱に入れ	
	持っていき	
	持ってき	

II. Substitution.

英語を	話し	たくありません。
	聞き	
	勉強し	
	読み	
	書き	
	覚え	
	忘れ	

III. Transformation. (Desiderative Form)

1. お金を借りる。 → お金を借りたい。
2. お菓子を食べる。 → お菓子を食べたい。
3. 日本へ行く。 → 日本へ行きたい。
4. 電話をかける。 → 電話をかけたい。
5. 新聞を取る。 → 新聞を取りたい。
6. 学生になる。 → 学生になりたい。
7. 窓を開ける。 → 窓を開けたい。
8. 歴史の試験を受ける。 → 歴史の試験を受けたい。

IV. Transformation. (Negative)

1. 英語で話したいです。 → 英語で話したくありません。
2. 漢(かん)字を覚(おぼ)えたいです。 → 漢字を覚えたくありません。
3. 家(いえ)を売りたいです。 → 家を売りたくありません。
4. 山田さんに会いたいです。 → 山田さんに会いたくありません。
5. タクシーを呼(よ)びたいです。 → タクシーを呼びたくありません。
6. 大学に急(いそ)ぎたいです。 → 大学に急ぎたくありません。
7. ここに立ちたいです。 → ここに立ちたくありません。
8. 田中さんと結婚(けっこん)したいです。 → 田中さんと結婚したくありません。

V. Transformation. (Non-past → Past tense)

1. 日本語を話したい。 → 日本語を話したかった。
2. 田中さんを待ちたい。 → 田中さんを待ちたかった。
3. かさを持っていきたい。 → かさを持っていきたかった。
4. ここにもう一年いたい。 → ここにもう一年いたかった。
5. 先生になりたい。 → 先生になりたかった。
6. 八時に店を閉(し)めたい。 → 八時に店を閉めたかった。
7. 映画(えいが)の切符(きっぷ)を買いたい。 → 映画の切符を買いたかった。
8. 死(し)んでしまいたい。 → 死んでしまいたかった。

VI. Transformation. (たい in the frame of ……と言いました)

1. ビールを飲む。 → ビールを（が）飲みたいと言いました。
2. とにかく遊(あそ)ぶ。 → とにかく遊びたいと言いました。
3. たくさんお金を借りる。 → たくさんお金を借りたいと言いました。
4. 田中さんと話した。 → 田中さんと話したかったと言いました。
5. プールで泳(およ)いだ。 → プールで泳ぎたかったと言いました。
6. 東京にいない。 → 東京にいたくないと言いました。
7. 学校に来ない。 → 学校に来たくないと言いました。
8. 字引を使わなかった。 → 字引を使いたくなかったと言いました。

VII. Transformation. (Join two sentences using gerund.)

1. 本が読みたいです。学校へ行きました。 → 本が読みたくて，学校へ行きました。
2. 映画(えいが)が見たいです。東京へ行きました。 → 映画が見たくて，東京へ行きました。
3. 英語を勉強したいです。アメリカへ来ました。 → 英語を勉強したくて，アメリカへ来ました。

4. 家(いえ)を買いたいです。
お金を借りました。 } → 家を買いたくて，お金を借りました。

5. お母(かあ)さんに会いたいです。
日本に帰(かえ)りました。 } → お母さんに会いたくて，日本に帰りました。

6. ヨーロッパへ行きたいです。
車を売りました。 } → ヨーロッパへ行きたくて，車を売りました。

VIII. Substitution.

コーヒーを飲み ごはんを食べ ラジオを聞き たばこをのみ	ながら，新聞を読んでいます。

IX. Substitution.

日本語を勉強してい 日本語を知(し)ってい 日本語がわかってい 日本人であり	ながら，日本語を話しません。

X. Transformation. (Combine the two sentences using ながら.)

1. 食べます。
勉強します。 } → 食べながら勉強します。

2. 話します。
バスに乗っています。 } → 話しながらバスに乗っています。

3. 本を読みます。
ビールを飲みます。 } → 本を読みながらビールを飲みます。

4. 映画(えいが)を見ました。
英語を勉強しました。 } → 映画を見ながら英語を勉強しました。

5. コーヒーを飲みました。
兄と話しました。 } → コーヒーを飲みながら兄と話しました。

6. わかっています。
わからないと言います。 } → わかっていながら，わからないと言います。

7. 学校にいます。
クラスに出ません。 } → 学校にいながら，クラスに出ません。

8. 学生です。
学校に行きません。 } → 学生でありながら，学校に行きません。

9. 仕事があります。
遊(あそ)んでいます。 → 仕事がありながら，遊んでいます。

10. 魚は，きらいです。
食べました。 → 魚は，きらい（であり）ながら，食べました。

XI. Substitution.

田中さんは	お金がある	けれど（も）使いません。
	車がある	
	字引を持っている	
	車を買った	
	テニスコートを作(つく)った	

XII. Transformation. (Combine the two sentences using けれども. Use formal forms.)

1. 私は映画(えいが)を見たい。
あなたは本を読みたいですか。 → 私は，映画を見たいけれども，
あなたは，本を読みたいですか。

2. たくさん勉強する。
よくわからない。 → たくさん勉強するけれども，
よくわかりません。

3. お茶は飲む。
コーヒーは飲まない。 → お茶は飲むけれども，
コーヒーは飲みません。

4. 兄はお金を借りる。
お金を返(かえ)しません。 → 兄はお金を借りるけれども，
お金を返しません。

5. 私は忙しい。
毎日テニスをします。 → 私は忙しいけれども，
毎日テニスをします。

6. 日本語は，むずかしい。
日本語は，おもしろい。 → 日本語は，むずかしいけれども，
おもしろいです。

7. きょうは，雪だ。
外(そと)で遊(あそ)びたい。 → きょうは，雪だけれども，
外で遊びたいです。

8. これは，いい字引だ。
とても高い。 → これは，いい字引だけれども，
とても高いです。

9. 日本の歴史(れきし)を勉強した。
みんな忘(わす)れてしまった。 → 日本の歴史を勉強したけれども，
みんな忘れてしまいました。

10. よくそのことを考(かんが)えた。
あまりよくわからなかった。 → よくそのことを考えたけれども，
あまりよくわかりませんでした。

XIII. Substitution.

ビールを飲み	に	行きました。
母に会い		来ました。
勉強し		帰(かえ)りました。
テストを受(う)け		
先生と話し		
お金を借り		
電話(でんわ)をかけ		

XIV. Memorize the following conversations.

1. 山本：タバコがのみたいのですが，マッチがありません。田中さん，マッチがありますか。
   田中：いいえ，マッチは，ないけれども，ライターは，ありますよ。
   山本：このライターは，小さくていいライターですね。
   私も，こんなライターが買いたいですね。
   田中：こんなライターは，デパートで売っていますよ。
   山本：そうですか。では，あした買いに行きましょう。

2. 清水(しみず)：大学で何を教(おし)えていますか。
   マイヤー：ドイツ語を教えていますが，来年は，ドイツ語を教えたくありません。
   清水：何が教えたいですか。
   マイヤー：ドイツの歴史(れきし)を教えたいですね。
   清水：アメリカで歴史を教えていましたか。
   マイヤー：ええ，アメリカで二年間(かん)ドイツの歴史を教えながら，本を書いていました。

3. 山田：テニスがしたいのですが，あなたは，テニスが好きですか。
   中川：ええ，私は，テニスがへたながら，とても好きなんです。
   山田：では，きょうの午後(ごご)二時にテニスをしましょう。
   中川：いいですね。テニスコートで二時に待っています。
   山田：では，また。

XV. Make a conversation of 5 or 6 lines.

LESSON 17

Vocabulary Items

がいこく（外国）	*n.*	foreign country
かわ（川）	*n.*	river
きる（切る）	*v. tr.*	to cut (something)
くだもの（果物）	*n.*	fruit
くに（国）	*n.*	country
しま（島）	*n.*	island
しまぐに（島国）	*n.*	island country
スキー	*n.*	ski, skiing
スポーツ	*n.*	sports
ソーセージ	*n.*	sausage
そば	*n.*	nearby
ダットサン	*n.*	Datsun
たんご（単語）	*n.*	vocabulary item, word
ともだち（友だち）	*n.*	friend
ナイフ	*n.*	knife
にくや（肉屋）	*n.*	meat store
にほんこうくう（日本航空）	*n.*	Japan Air Lines
ニュース	*n.*	news
ぬれる	*v. intr.*	to get wet
ヒマラヤ	*n.*	the Himalayas
ぶんがく（文学）	*n.*	literature
cf. にほんぶんがく（日本文学）	*n.*	Japanese literature
もも（桃）	*n.*	peach
りんご	*n.*	apple

Kanji for Writing

1. 汽　キ
2. 休　やす（む）
3. 帰　かえ（る）
4. 友　とも
5. 町　まち
6. 冬　ふゆ
7. 外　そと，ガイ
8. 教　おし（える）
9. 国　くに，コク，ゴク
10. 子　こ

Model Sentences

1. Which one is the train that goes to Tokyo? Please tell me.
2. This is the book which Mr. Tanaka wrote with Mr. Yamada.
3. The fruits which I want to eat are peaches and apples, but...
4. New York is the place that I don't want to go to very much.
5. Are there words that you don't understand?
6. The newspaper that I am reading now is the *New York Times*.
7. The dictionary I bought yesterday is the one which my teacher wrote.
8. The person Mr. Takahashi is waiting for is Mr. Yamanaka.
9. As for the students who do not have the money now, please bring it tomorrow.
10. Mr. Smith who is an American speaks only English, but Mr. Meyers who is a German speaks German, French, and English.
11. As for those who are sick, please *be resting*. (i.e. take a break)
12. The city that we call Kyoto is a pretty place.
13. The one who returned by plane yesterday is Mr. Yamada.
14. The one who is now waiting for the bus over there is my friend.
15. The one who is sick is Mr. Yamada.
16. The one who is the teacher is Mr. Ueda and not Mr. Yamashita.
17. I have just read the newspaper.
18. Mr. Ueda is about to cut fruit with a knife over there.

1. 東京へ行く汽車は，どれですか。教えてください。
2. これは，田中さんが山田さんと一緒（いっしょ）に書いた本です。
3. 私が食べたい果物（くだもの）は，桃（もも）とりんごですが……
4. ニューヨークは，私があまり行きたくない所（ところ）です。
5. わからない単（たん）語がありますか。
6. 今読んでいる新聞は，ニューヨークタイムズです。
7. きのう買ってきた字引は，私の先生が書いたのです。
8. 高橋（はし）さんの待っている人は，山中さんです。

9. 今お金のない学生は，あした持ってきてください。
10. アメリカ人のスミスさんは，英語だけ話しますが，ドイツ人のマイヤーズさんは，ドイツ語もフランス語も英語も話します。
11. 病気の人は，休んでいてください。
12. 京都という町は，きれいな所です。
13. きのう飛行機で帰ったのは，山田さんです。
14. 今あそこでバスを待っているのは，私の友だちです。
15. 病気なのは，山田さんです。
16. 先生なのは，上田さんで，山下さんではありません。
17. 新聞を読んだところです。
18. 上田さんはあそこで，果物をナイフで切るところです。

I. Noun modification (Relative construction)

A noun in Japanese may be modified by a directly preceding sentence as follows:

毎日食べる物	" the things that I eat every day "
山田さんが運転している車	" the car Mr. Yamada is driving "
八時に帰った人	"the person who returned at eight o'clock"
お金がない人	" the person who doesn't have money "

We call the noun modification structure above " relative construction." Notice that in Japanese the modifiers are all in the pre-noun position. We may say, therefore, that the Japanese noun modification pattern is $S+N$, in which S is a sentence and N is a noun. (In English, the relative construction structure may be summarized something like $N+S$.) Actually, a phrase like 大きい町 " big town " is an example of relative construction, which can be analyzed as 大きい " It is big," and 町 " town."

Relative constructions must conform to the following rules:

1. The modifying sentence must be an *informal statement sentence.*

私がきのう会った人	" the person I met yesterday "
私が教えた所	" the place where I taught "

2. The copula だ following a nominal adjective becomes な before a modified noun. (See Lesson 15, grammar note I.)

きれいな大学	" the university which is pretty "

3. The copula だ following a noun becomes の before a modified noun.

アメリカ人のスミスさん	"Mr. Smith who is an American"
学生の田中さん	"Mr. Tanaka who is a student"

4. The copula だ before the pronoun の "one" becomes な. (See Lessons 10 and 15.)

   病気なのは，田中さんです。"The one who is sick is Mr. Tanaka."

   (The above sentence results when the modified noun is replaced by the pronoun の. Compare the above sentence with 病気の人は田中さんです.)

5. A relative construction is derived from two source sentences which contain an identical noun that eventually gets modified.

   本は，おもしろいです。
   スミスさんが本を書きました。 } → スミスさんが書いた本は，おもしろいです。
   "The book that Mr. Smith wrote is interesting."

Within an S+N construction, the subject marker が in the S may be optionally replaced by の without changing the meaning.

きのう私が読んだ本は，これです。→きのう私の読んだ本は，これです。
"The book that I read yesterday is this one."

The relative phrase 京都(きょうと)という町(まち) in model sentence 12 can be translated as "the town by the name of Kyoto." Study the following:

スミスという人	"the person by the name of Smith"
横浜(よこはま)という所(ところ)	"the place by the name of Yokohama"
ジョーンズという先生	"the teacher by the name of Jones"

II. ところ "moment/ time"

The word ところ in model sentence 17 and 18 can be associated with the word 所(ところ) "place" in model sentence 12. The former refers to the point in time, while the latter, in space. The former is always written in hiragana, but the latter, in kanji. Also, the former is always modified, but the latter can be free of modification as in 所(ところ)はどこですか "As for the place, where is it?" Study the following.

手紙を書いているところです。	"I am just writing the letter. (Lit. I am at the point where I am writing the letter.)"
部屋(へや)を出るところです。	"I am about to leave the room. (Lit. I am at the point where I leave the room.)"
帰ったところです。	"I have just returned. (Lit. I am at the point where I returned.)"

手紙を書いていたところです。 "I was just writing the letter."
部屋を出るところでした。 "I was about to leave the room. (Lit. I was at the point where I would leave the room.)"
帰ったところでした。 "I had just returned."

◈ Exercises

I. Using (b) sentences, modify the underlined nouns in (a) sentences and translate.

Example: a. バスは，どこから出ますか。
b. バスは，横浜(よこはま)に行きます。 → 横浜に行くバスは，どこから出ますか。
"Where does the bus for Yokohama leave from?"

1. a. 友だちは，病気になりました。
   b. きのう，アメリカから友だちが帰ってきました。 →
2. a. 雨で道(みち)がぬれています。
   b. きのう，雨が降りました。 →
3. a. 私は，大学で勉強したいんです。
   b. 大学で，私の兄が勉強しました。 →
4. a. スミスさんは，田中さんにも日本文(ぶん)学を教えました。
   b. 田中さんは，日本人です。 →
5. a. 学生は，このクラスにはいません。
   b. 学生は，日本語がわかりません。 →
6. a. 外人は，ジョーンズさんではありません。
   b. 外人はあそこを歩(ある)いています。 →
7. a. 試験(しけん)は，むずかしかった。
   b. きのう試験を受(う)けました。 →
8. a. 字引を見てもいいですか。
   b. その机の上に字引があります。 →
9. a. スミスさんは，田中さんに会いました。
   b. 田中さんは，先生です。 →
10. a. 私は車を買ってしまいました。
    b. 車は，とても高いです。 →
11. a. バスは，どこへ行きますか。
    b. あそこにバスが止まっています。 →
12. a. これは本です。
    b. 田中さんが本を書きました。 →

13. a．<u>人</u>は，スポーツが好きです。
    b．人は，元気です。 →

14. a．バンクーバーは，<u>町</u>です。
    b．町は，美(うつく)しいです。 →

15. a．その紙は，<u>ナイフ</u>で切(き)ってください。
    b．ナイフは，今田中さんが使っています。 →

II. Produce sentences with relative constructions; then replace the head noun with pronoun の. Also, translate into English.

Example: <u>食物</u>は肉です。
私は食物が好きです。 → 私が好きなのは肉です。
" What I like is meat."

1. a．<u>人</u>は田中さんです。
   b．人はあそこでバスを待っています。 →

2. a．<u>新聞</u>を読みたいです。
   b．新聞は田中さんが買いました。 →

3. a．<u>大学</u>が東京にあります。
   b．大学は，とてもいいです。 →

4. a．<u>本</u>を読んでおいてください。
   b．本はあなたが好きです。 →

5. a．<u>ビール</u>を飲んでいます。
   b．ビールは，日本から来ました。 →

III. Insert a proper noun in each of the following blanks and translate.

Example: 京都(と)という（　　）→ 京都という（町）" the city called Kyoto."

1. スミスという（　　）が来ました。
2. コロンビアという（　　）はニューヨークにあります。
3. 日本という（　　）は中国(ちゅうごく)のそばにあります。
4. ダットサンという（　　）は日本から来ます。
5. 大阪(さか)という（　　）はとても大きいですよ。

IV. Transform the particle が into の wherever possible.

1. 田中さんが運転(うんてん)している車がダットサンです。
2. 英語がわからない人は，あまりいませんが，日本語がわからない人は，多(おお)いです。
3. これを作(つく)っている人が，山田さんのお兄(にい)さんです。
4. 字引がない人は，買ってください。
5. ピンポンが好きな人は，だれでしょうか。

V. Translate into Japanese.

1. Is there a plane that goes to Japan today?
2. Where is the book that you read yesterday?
3. Mr. Tanaka who is my friend became sick yesterday.
4. The company I am working for is Mitsubishi.
5. The student I taught last year is Mr. Smith.
6. The one I like is the *New York Times*.
7. The one I think pretty is Vancouver.
8. The person who is very healthy is the person whom we call Mr. Kobayashi. (i.e. ...the person by the name of Mr. Kobayashi)
9. I don't understand the English that Mr. Sato speaks.
10. New York is not the place that I want to go to.
11. Have you already read the letter that I wrote?
12. Which one is the town that you want to see?
13. Who is that man over there who is reading while eating?
14. The pages that you don't have to read are page 100 and page 110.
15. The man who is reading the letter while drinking coffee is Mr. Tanaka.
16. Mr. Smith is about to go out of the room.
17. I had just been reading the letter that came today.
18. I have just brought the paper from the office.

◈ Oral Practice

I. Substitution.

アメリカ人	のジョンソンさんは，日本語がわかりません。
外国人	
カナダ人	
学生	
医者（いしゃ）	
会社員（かいしゃいん）	
友だち	
肉屋	

II. Substitution.

外国へ行く	友だちは，スミスさんです。
そばに住（す）んでいる	
アメリカから来る	
文学（ぶんがく）を勉強している	
きのう会った	

雨でぬれた
いっしょに泳(およ)いだ
スキーをしに行った

III. Transformation. (Noun Modification)

1. スミスさんは，アメリカ人です。 → アメリカ人のスミスさん
2. 私は，日本人です。 → 日本人の私
3. 子供(ども)は，病気です。 → 病気の子供
4. 田中さんは，元気です。 → 元気な田中さん
5. 魚と肉は，好きです。 → 好きな魚と肉
6. サンフランシスコは，きれいです。 → きれいなサンフランシスコ
7. サッカーは，へたです。 → へたなサッカー
8. 東京は，大きいです。 → 大きい東京
9. ナイル川(がわ)は，長(なが)いです。 → 長いナイル川
10. ミルクは，冷(つめ)たいです。 → 冷たいミルク
11. 大学は，近(ちか)いです。 → 近い大学
12. バスは，シアトルへ行きます。 → シアトルへ行くバス
13. 先生は，学校を休んでいます。 → 学校を休んでいる先生
14. 父(ちち)は，会社(かいしゃ)に出かけました。 → 会社に出かけた父
15. 田中さんは，日本語を話しません。 → 日本語を話さない田中さん

IV. Transformation. (Noun Modification)

Example:

Instructor: { 映画(えいが)はおもしろかった。 / きのう映画を見ました。

Student: きのう見た映画は，おもしろかった。

1. もう，本を読みました。
   きのう本を買いました。 } → きのう，買った本を，もう読みました。
2. 田中さんは，私の先生です。
   田中さんは，テレビに出ました。 } → テレビに出た田中さんは，私の先生です。
3. スミスさんは，大学の先生です。
   スミスさんは，日本語を話します。 } → 日本語を話すスミスさんは，大学の先生です。
4. バスは，サンフランシスコへ行きました。
   バンクーバーでバスに乗りました。 } → バンクーバーで乗ったバスは，サンフランシスコへ行きました。
5. 日本のカメラは，いいです。
   日本のカメラは，高いです。 } → 高い日本のカメラは，いいです。

6. トロントの冬はきらいです。
トロントの冬は寒(さむ)かったです。 → 寒かったトロントの冬は，きらいです。

7. 車を売りました。
車は新(あたら)しかったです。 → 新しかった車を，売りました。

8. 太郎(たろう)は勉強がきらいです。
太郎は私の子供(ども)です。 → 私の子供の太郎は，勉強がきらいです。

9. 町はおもしろかったです。
町は大阪(さか)です。 → 大阪の町は，おもしろかったです。

10. 国は小さい島(しま)国です。
国は日本です。 → 日本の国は，小さい島国です。

11. スキーが好きです。
スキーはへたです。 → へたなスキーが好きです。

12. 外国語はドイツ語です。
外国語はじょうずです。 → じょうずな外国語は，ドイツ語です。

13. 黒(くろ)い馬(うま)が走(はし)っています。
馬は元気です。 → 元気な黒い馬が走っています。

14. 家(いえ)を借りました。
家は大きくて立派(りっぱ)です。 → 大きくて立派な家を，借りました。

V. Substitution.

好きなのは	コーヒーです。
きらいなのは	日本語です。
	スキーです。
	桃(もも)です。
	魚です。

じょうずなのは	サッカーです。
へたなのは	私の弟(おとうと)です。
	ピンポンです。
	田中さんです。
	子供(こども)です。

VI. Transformation.

1. 私は果物(くだ)が好きです。 → 私{の/が}好きなのは，果物です。
2. 日本語の本を読みました。 → 読んだのは，日本語の本です。
3. 田中さんはテニスがじょうずです。 → 田中さん{の/が}じょうずなのは，テニスです。

4. 学生は，元気です。 → 元気なのは，学生です。
5. この魚は，病気です。 → 病気なのは，この魚です。
6. 私はコーヒーがきらいです。 → 私{の/が}きらいなのは，コーヒーです。
7. この映画(えいが)は，おもしろいです。 → おもしろいのは，この映画です。
8. あの大学は，古(ふる)いです。 → 古いのは，あの大学です。
9. 子供(こども)は，ミルクをよく飲みます。→ ミルクをよく飲むのは，子供です。
10. 弟(おとうと) が手紙を書きました。 → 手紙を書いたのは，弟です。

VII. Transformation.（が → の conversion）

1. 映画(えいが)が好きな私は，テレビも好きです。 → 映画の好きな私は，テレビも好きです。
2. 田中さんが会った人は，スミスさんです。 → 田中さんの会った人は，スミスさんです。
3. 雨が降る日(ひ)は，きらいです。 → 雨の降る日は，きらいです。
4. 山本さんが買った家(いえ)を借りました。→ 山本さんの買った家を借りました。
5. 母(はは)が作(つく)ったお菓子(かし)を食べましょう。→ 母の作ったお菓子を食べましょう。
6. 兄が旅行(りょこう)したのは，去年です。 → 兄の旅行したのは，去年です。
7. 父(ちち)が運転(うんてん)しているのは，ダットサンです。 → 父の運転しているのは，ダットサンです。
8. 雪が降った日は，先週の日曜(よう)日でした。 → 雪の降った日は，先週の日曜日でした。
9. 子供(ども)が行った山は，富士山(ふじさん)です。 → 子供の行った山は，富士山です。
10. スケートがじょうずな山田さんは，スキーもじょうずです。 → スケートのじょうずな山田さんは，スキーもじょうずです。
11. 私が食べたりんごは，おいしいです。 → 私の食べたりんごは，おいしいです。
12. ジョンが知っている外国語は，中国語です。 → ジョンの知っている外国語は，中国語です。

VIII. Substitution. (Match the corresponding nouns.)

日本	という	国	です。
バンクーバー		町	
スミス		先生	
コロンビア		大学	
田中		学生	

IX. Response.

1. これは，何という小説ですか。
   (雪国) ……　　「雪国」という小説です。
2. あの外人は，何という人ですか。
   (スミス) ……　　「スミス」という人です。
3. あの人は，何という先生ですか。
   (山本) ……　　「山本」という先生です。
4. それは，何という映画ですか。
   (友だち) ……　　「友だち」という映画です。
5. これは，何という町ですか。
   (大阪) ……　　「大阪」という町です。
6. それは，何という国ですか。
   (カナダ) ……　　「カナダ」という国です。
7. あれは，何という大学ですか。
   (ワシントン大学) ……　　「ワシントン大学」という大学です。
8. それは，何という山ですか。
   (ヒマラヤ) ……　　「ヒマラヤ」という山です。
9. あれは，何という川ですか。
   (コロンビア) ……　　「コロンビア」という川です。
10. これは，何という船ですか。
    (アメリカ) ……　　「アメリカ」という船です。

X. Substitution.

手紙を書いている	ところ	です。
テレビを見ている		でした。
文学を勉強している		
大学へ行く		
果物を切る		
電話をかけた		
肉屋で買った		

XI. Response.

1. 何を読んでいるところですか。
   (日本の小説)……　　日本の小説を読んでいるところです。
2. 何を見ているところですか。
   (テレビのニュース) ……　　テレビのニュースを見ているところです。

3. 何をしたところですか。
　（テニス）……　　テニスをしたところです。
4. 何を作ったところですか。
　（子供の洋服）……　　子供の洋服を作ったところです。
5. だれが来ていたところですか。
　（友だちの田中さん）……　　友だちの田中さんが来ていたところです。
6. だれが話をするところですか。
　（医者の清水さん）……　　医者の清水さんが話をするところです。
7. だれに電話していたところですか。
　（私の兄）……　　私の兄に電話していたところです。
8. だれが結婚したところですか。
　（妹）……　　妹が結婚したところです。

XII. Memorize the following conversations.

1. 田中：このソーセージはおいしいですね。どこで買いましたか。
清水：駅の前にある肉屋で買いました。
田中：何というソーセージですか。
清水：名前は，忘れてしまいました。

2. スミス：イタリアから来るくつは，安くていいですね。
山本：日本でも，イタリアのくつをたくさん売っていますよ。
スミス：日本でも，イタリアのくつは安いですか。
山本：いいえ。日本では，外国から来る物は，みんな高いです。

3. ジョーンズ：あなたの乗った飛行機は，日本航空でしたか。
中川：ええ。日本航空でした。
ジョーンズ：東京を出たのは，何時でしたか。
中川：東京を出たのは，午後九時でした。
ジョーンズ：あそこで，コーヒーを飲みましょうか。
中川：私は，飛行機の中で飲んできたところですから，いりませんが，……
ジョーンズ：では，すぐ私のうちへ行きましょう。
中川：はい，ありがとうございます。

XII. Make a conversation of 5 or 6 lines.

LESSON 18

Vocabulary Items

おきる（起きる）	*v. intr.*	to get up
おわる（終わる）	*v. intr./tr.*	(something) ends, to finish (something)
きっさてん（喫茶店）	*n.*	coffee shop
こたえる（答える）	*v. intr.*	to answer
……ことがある		to have done, to have occasion to do/ to be
このごろ	*adv.*	these days
こんばん（今晩）	*n.*	this evening
しつもん（質問）	*n.*	question
だいきん（代金）	*n.*	payment, charge
だす（出す）	*v. tr.*	to serve
cf. だす	*v. tr.*	to put out.
つく（着く）	*v. intr.*	to arrive
つとめる（勤める）	*v. intr.*	to work (for), to be employed
つもり	*n.*	intend to do/ be under the impression...
ときどき（時々）	*adv.*	sometimes
なつ（夏）	*n.*	summer
ならう（習う）	*v. tr.*	to study, learn
にもつ（荷物）	*n.*	baggage, luggage
ねだん（値段）	*n.*	price
はず	*n.*	to be expected/ should
はらう（払う）	*v. tr.*	to pay
プレゼント	*n.*	present, gift
まえに（前に）	*adv.*	previously
までに	*pt.*	by (a certain time)

ミルク	*n.*	milk
もんだい（問題）	*n.*	problem
やすみ（休み）	*n.*	vacation, holiday
りょうり（料理）	*n.*	cooking
cf. 日本料理	*n.*	Japanese cuisine

Kanji for Writing

1. 午 ゴ
2. 後 ゴ
3. 課 カ
4. 院 イン
5. 困 こま（る）
6. 文 ブン
7. 弟 おとうと
8. 父 ちち
9. 母 はは

Model Sentences

1. The train that comes from Kyoto is expected to arrive in Tokyo at one o'clock.
2. This class is expected to end by 10:00 p.m.
3. Since Mr. Tanaka is expected to be in San Francisco this week, let's try to phone him.
4. As for the payment for that baggage, my mother should have paid yesterday, but... (i.e. we expect that my mother paid...)
5. Mr. Smith is supposed to be an Englishman, but...
6. I intend to be up until 12:00 tonight.
7. I intend not to work tomorrow, since it is a holiday.
8. I did not intend to say such a thing, but I have said it. (Regret is implied.)
9. I am under the impression that I studied this lesson well, but...
10. I think that I already answered that question, but...
11. I think that I understand English, but...
12. That child thinks that he is tall (big).
13. Have you ever read sentences written in *kanji* and *hiragana*?
14. Have you ever eaten Japanese food?
15. There are times when I don't understand the English that my younger brother speaks.
16. I have never gone to Japan by ship from Canada.
17. My father never drinks coffee.
18. By the time we arrive in Tokyo, I intend to finish writing this letter.
19. Please listen to the teacher well until you understand. (Lit. Please listen

to the teacher's talk well until you understand.)

20. I had done a lot of work by the time the vacation ended.

1. 京都から来る汽車は，一時に東京に着くはずです。
2. このクラスは，午後十時までに，終わるはずです。
3. 田中さんは，今週，サンフランシスコにいるはずだから，電話をかけてみましょう。
4. その荷物の代金は，私の母が，きのう払ったはずですが……
5. スミスさんは，イギリス人のはずですが……
6. 今晩，十二時まで起きているつもりです。
7. あしたは，休みだから，仕事はしないつもりです。
8. そんな事を言うつもりはなかったけれど，言ってしまいました。
9. この課は，よく勉強したつもりですが……
10. その質問には，もう，答えたつもりですが……
11. 英語は，わかるつもりですが……
12. あの子供は，大きいつもりだよ。
13. ひらがなと漢字で書いてある文を，読んだことがありますか。
14. 日本料理を食べたことがありますか。
15. 弟の話す英語がわからないことがあります。
16. カナダから日本へ，船で行ったことはありません。
17. 父は，コーヒーを飲むことはありません。
18. 東京に着くまでに，この手紙を書いてしまうつもりです。
19. わかるまで，先生の話をよく聞いてください。
20. 休みが終わるまでに，たくさん仕事をしました。

I. Noun modification, continued: はず，つもり，こと

A. はず "*it is expected that.../should.../is to do/is to be*"

The word はず is a noun which *must be modified* either by demonstratives (usually その and そんな) or by sentences. Normally, it occurs as a predicate followed by the copula. Also, it can occur as the subject of ない or occasionally of あるか (interrogative).

そのはずです。	"It is expected to be so. (Lit. It is that expectation.)"
むずかしいはずです。	"It is expected to be difficult."
上田さんがあした来るはずです。	"Mr. Ueda is expected to come tomor-

	row."
着いたはずです。	"He is expected to have arrived./He should have arrived."
田中さんは，先生のはずです。	"Mr. Tanaka *is* a teacher (as I understand him to be.)"
田中さんは，元気なはずです。	"Mr. Tanaka should be well."
そんなはずはない。	"It cannot be !/It cannot be such ! (Lit. There is no expectation that it should be so.)"
そんなはずじゃなかった。	"It wasn't supposed to be so."
あした雨が降るはずがありますか。	"Is it possible that it will rain tomorrow?/ How can it rain tomorrow ?"

Semantically, the word はず as given above is related to the English "expectation." This "expectation," however, should be associated with supposition based upon a *definite* schedule, agreement, or established understanding which the speaker is aware of. It cannot mean anything like "to regard as likely to happen" or "to hope that something should happen." Thus, without listening to the weather forecast, or without being a specialist who has carefully studied recent weather, it is impossible to say, あした雨が降るはずです to mean "I expect it will rain tomorrow," because it actually means "There is a general (or definite) understanding that it will rain tomorrow." Personal opinion about the weather is more naturally expressed as あした雨が降るでしょう or あした雨が降ると思います.

The modifier of はず may be either in the past or non-past tense form. Also, the copula that follows はず may be either in the past or non-past tense. Thus, we have four different combination possibilities.

質問に答えるはずです。	"He is expected to answer the question."
質問に答えたはずです。	"He is expected to have answered the question."
質問に答えるはずでした。	"He was expected to answer the question."
質問に答えたはずでした。	"It was expected that he had answered the question."

B. つもり "*intention/ impression*"

The noun つもり is modified in the same way that はず is. It is usually followed by the copula だ, but occasionally it is used as the subject of ない, or ある (mostly for interrogatives).

質問に答えるつもりです。	"I intend to answer the question."
質問に答えないつもりです。	"I intend not to answer the question."
あしたまでに読むつもりです。	"I intend to read it by tomorrow."

質問に答えるつもりはありません。 "I have no intention of answering the question."

あした仕事するつもりがありますか。 "Do you have any intention of working tomorrow?/ Do you intend to work tomorrow?"

The phrase つもりがない instead of つもりではない is generally used. However, the phrases そんなつもりじゃない/ありません "I have no intention like that" and そんなつもりではありませんでした "Such wasn't my intention" are often used.

The meaning of つもり is associated with "impression," or "to think," or "to mean to be/ to pretend to be," when it is modified by (1) a verb in its past tense form, (2) stative verbs (including potentials which we will study later), (3) true adjectives (excluding the negative action verbs), and (4) a noun plus の or a nominal adjective plus な.

勉強したつもりです。 "I think that I studied./ I am under the impression that I studied."

わかるつもりです。 "I think that I understand it."

先生のつもりです。 "I pretend to be a teacher./ I mean to be a teacher./ I think I am a teacher."

じょうずなつもりです。 "I think I am good at it."

これは安いつもりですが…… "Lit. As for this, I think it is cheap, but.../ I am under the impression that it is cheap, but.../ I believe it is cheap, but..."

There are four possibilities of tense combinations. Study the following:

日本語で質問（しつもん）に答えるつもりです。 "I intend to answer in Japanese."

質問に答えたつもりです。 "I think I answered the question."

日本語で答えるつもりでした。 "I intended to answer in Japanese."

質問に答えたつもりでした。 "I was under the impression that I had answered the question./ I thought I answered the question."

When つもり is modified by a sentence with a meaning of progressive action, the meaning may be ambiguous. Study the following.

たくさん仕事しているつもりです。 "I intend to be working a lot." "I think I am working a lot./ I am under the impression that I am working a lot."

However, the context will clarify the ambiguity. The following sentence is not ambiguous.

あした，たくさん仕事している つもりです。 "I intend to be working a lot tomorrow."

C. こと "*fact/ matter*"

The noun こと is also modified and may occur followed by the verb of existence ある as in 見たことがある "I have seen it (in the past)." If the modifying verb, adjective or copula is in the past tense form, the meaning of ことがある is associated with the experience, fact or event in the past and if it is in the non-past tense form, the meaning is associated with a fact or event to take place at the present or future time.

あの喫茶店（きっさてん）で，コーヒーを飲んだことがありますか。
"Have you ever had coffee at that coffee shop?"

あの店（みせ）の肉は，安かったことがありますか。
"Has the meat at that store ever been cheap?"

上田さんは，先生だったことがありません。
"Mr. Ueda has never been a teacher."

日本へ行くことがありますか。
"Do you have occasions to go to Japan?"

このごろ，肉が安いことがあります。
"These days, there are occasions when meat is cheap."

時々（ときどき），朝御飯（あさごはん）が，ミルクだけのことがあります。
"Sometimes, there are occasions when breakfast is only milk."
(The symbol 々 in the example sentence is the kanji repetition sign.)

In all of the above constructions involving はず，つもり，and こと，the subject marker が，if it occurs in the modifying sentence, *cannot* be changed to の. This is one difference between constructions in this lesson and usual relative constructions.

II. まで "until" vs. までに "by"

The particle までに "by" and まで "until/ as far as" are quite different.

1. 八時まで，それを勉強しました。 "I studied that until 8 o'clock."
2. 八時までに，それを勉強しました。"I studied that by 8 o'clock."

The difference between 1 and 2 is that in 1 the studying was finished at 8 o'clock, while in 2 the studying might have been finished at 8, 7:55, or even earlier.

Both まで and までに may be preceded by a sentence with a *non-past verb*. Thus, they are very much like nouns. Therefore, we can say that まで and までに are particles in some cases but can behave like nouns in other cases. Study the following examples.

バスが出るまで，そこにいてください。

"Please stay there until the bus leaves."

私が帰るまでに，それを買っておいてください。

"Please buy it (in advance) by the time I return."

◈ Exercises

I. Transform the following sentences so that they will have the meaning of "expectation." Give the meaning in English.

Examples: 田中さんが来ます。 → 田中さんが来るはずです。
"Mr. Tanaka is expected to come."

田中さんが行きました。→ 田中さんが行ったはずです。
"Mr. Tanaka is expected to have gone."

1. 郵便局(ゆうびんきょく)は，遠(とお)いです。
2. うちの子供(ども)は，学校で遊(あそ)んでいます。
3. スミスさんは，日本語がわかりません。
4. 会社(かいしゃ)は，英語で company と言います。
5. その本は，図書館(としょかん)へ返(かえ)しました。
6. お菓子(かし)が買ってあります。
7. 中田さんは，清水(しみず)先生に会いに行きました。
8. 日本の大学は，四月になってから始(はじ)まります。
9. 雪が降ってから，車を運転(うんてん)してはいけません。
10. 山中さんは，とても元気になりました。
11. 試験(しけん)は，あしたです。
12. 田中さんは，病気です。
13. 来週の火曜(よう)日は，十七日です。
14. スミスさんは，日本語がじょうずです。
15. 旅券(りょけん)がいります。

II. Transform the following so that they will have the meaning of "I intend" or "I am under the impression." Translate into English.

Example: 日本語で話します。→ 日本語で話すつもりです。
"I intend to speak in Japanese."

1. あしたまでに，この課を勉強します。→
2. 来年は，日本語のコースを取りません。→
3. 雪の日には，出かけません。→
4. タクシーに乗っていきます。→

5. 夏には，京都に旅行します。→
6. 仕事をたくさんしました。→
7. 私が売る車の値段は，安いです。→
8. 日本語は，よくわかります。→
9. その問題は，学生がわかるまでよく教えました。→
10. どうしますか。→
11. 私は，いいカナダ人です。→
12. 私は，よく勉強する学生です。→
13. 大学を出てから作家になります。→
14. 私が買う車は，小さいのにします。→
15. 早く元気になります。→
16. 田中さんが来るまでに，この本を読んでしまいます。→
17. 汽車が東京に着くまでに，この手紙を書いてしまいます。→
18. 十時にクラスが終わるまで，ここで待ちます。→

III. Use the following verb and adjective phrases to generate sentences with ことがある/ない and translate into English.

Example: 食べない →
- 食べないことがあります。
  "There are times when I don't eat."
- 食べないことがありません。
  "There isn't an occasion when I don't eat. (i.e. I always eat.)"

1. 言わなかった
2. 高くなかった
3. 待つ
4. むずかしい
5. 車で旅行する
6. 忘れた
7. 使った
8. ドイツ語を習った
9. 先生に聞いた
10. 銀行に勤めた
11. 山中さんに会った
12. やさしい
13. 寒い
14. 元気だ

15. 雨だ

IV. Insert はず, つもり, or こと in accordance with the suggested meaning.

1. お菓子(かし)を作(つく)る（　　）はありません。
   "I don't intend to make the cake."
2. タクシーに乗った（　　）です。
   "He is expected to have ridden a taxi."
3. きのう来る（　　）でした。
   "I intended to come yesterday."
4. そんな手紙は，書かなかった（　　）です。
   "I am under the impression that I didn't write such a letter"
5. ニューヨークへ行く（　　）がありますか。
   "Do you ever go to New York?"
6. 休んだ（　　）はありません。
   "I have never been absent (have never rested)."
7. 雨の（　　）はありません。
   "It cannot be rain."
8. ここで待っていた（　　）です。
   "He is expected to have been waiting here."
9. 病院に勤(つと)めた（　　）はありません。
   "He cannot have worked for the hospital."
10. 休んだ（　　）はありません。
    "He cannot have been absent."
11. 試験(しけん)は，あした受(う)けない（　　）です。
    "I don't intend to take an examination tomorrow."
12. 田中さんは，ドイツ語のコースを取った（　　）があります。
    "Mr. Tanaka has taken a course in German."
13. 雪が降ってから，車を運転(うんてん)した（　　）はありません。
    "I have never driven a car after it snowed."
14. 勉強しないで，学校で遊(あそ)ぶ（　　）でした。
    "I intended to play at school without studying."
15. 日本語がわからなくて，困る（　　）があります。
    "There are times when I am troubled because I don't understand Japanese."

V. Translate the following into Japanese.

1. I will finish it by December. (intention)
2. It is supposed to snow a lot by 4:00 p.m. tomorrow.
3. Mr. Sato and Miss Yamada are expected to get married.
4. He probably has never studied German.

5. I intend to live in a big town where there are a lot of people.
6. Have you ever had an occasion when you did not understand?
7. Have you ever been sick?
8. Do you ever worry? No, I never worry.
9. I am under the impression that I taught this lesson already.
10. Until what time do you intend to work?
11. I intend to open the window (in advance) by 8:00 o'clock.
12. Mr. Tanaka should be studying until 12:00 o'clock at the library.
13. It is expected that the ticket has been bought already.
14. I don't intend to make a phone call.
15. I have always understood Mr. Smith's English. (hint: Neg ... Neg)
16. There is no expectation that Mr. Tanaka will not come.
17. By the time the class ended, I had read as far as page 150.
18. Please wait here until the train arrives.

◈ Oral Practice

I. Substitution.

田中さんは	東京へ行く	はずです。
	英語を話す	はずがありません。
	八時に着(つ)いた	
	先月日本に帰った	
	肉を食べない	
	先生に会わなかった	
	病気の	
	大学の先生の	
	元気な	
	勉強がきらいな	

II. Transformation. (……はずです)

1. 田中さんは，学生です。 → 田中さんは，学生のはずです。
2. スミスさんは，病気です。 → スミスさんは，病気のはずです。
3. カナダは，きれいです。 → カナダは，きれいなはずです。
4. 弟は，テニスがじょうずです。→ 弟は，テニスがじょうずなはずです。
5. あなたは，魚が好きでした。 → あなたは，魚が好きだったはずです。
6. 十五課は，むずかしいです。 → 十五課は，むずかしいはずです。
7. この小説(せつ)は，おもしろいです。→ この小説は，おもしろいはずです。
8. 二時に，クラスが終(お)わります。→ 二時に，クラスが終わるはずです。

9. 母は，荷物を出しました。 → 母は，荷物を出したはずです。
10. 先生は，知りませんでした。 → 先生は，知らなかったはずです。

III. Substitution.

私は	あした休む	つもりです。
	仕事をする	つもりでした。
	来年結婚する	
	お金を払う	
	車を売らない	
	ここに住まない	
	かさを借りない	
	まちがわない	

IV. Substitution.

私は	日本語がわかった	つもりです。
	十六課は終わった	つもりでした。
	田中さんに答えた	
	その単語は覚えた	
	病気が直った	
	部屋の窓を閉めた	
	それを話しておいた	
	日本語のテストがやさしかった	
	その手紙が短かった	

V. Transformation.（……つもりです）

1. 先生の話がわかります。 → 先生の話がわかるつもりです。
2. きょうは，少しビールを飲みます。 → きょうは，少しビールを飲むつもりです。
3. お菓子をたくさん作ります。 → お菓子をたくさん作るつもりです。
4. 部屋をきれいにします。 → 部屋をきれいにするつもりです。
5. 雪の日は，運転しません。 → 雪の日は，運転しないつもりです。
6. 十七課を読んでおきません。 → 十七課を読んでおかないつもりです。
7. そんな事を心配しません。 → そんな事を心配しないつもりです。
8. むずかしい漢字は，教えません。→ むずかしい漢字は，教えないつもりです。
9. その代金を払いません。 → その代金を払わないつもりです。

10. あした，町へ出かけません。 → あした，町へ出かけないつもりです。

VI. Transformation.

1. 勉強は，終わりました。 → 勉強は，終わったつもりです。
2. その質問には，答えました。 → その質問には，答えたつもりです。
3. 代金は，先月払いました。 → 代金は，先月払ったつもりです。
4. 会社によく勤めました。 → 会社によく勤めたつもりです。
5. そのことは，知っています。 → そのことは，知っているつもりです。
6. お菓子は，買ってあります。 → お菓子は，買ってあるつもりです。
7. 駅に急いでいます。 → 駅に急いでいるつもりです。
8. 日本語は，わかっています。 → 日本語は，わかっているつもりです。
9. この桃は，安いです。 → この桃は，安いつもりです。
10. この小説は，おもしろいです。 → この小説は，おもしろいつもりです。
11. そんなことは，言いませんでした。 → そんなことは，言わなかったつもりです。
12. こんな漢字は，教えませんでした。 → こんな漢字は，教えなかったつもりです。

VII. Transformation. (Negative of つもり)

1. 三時に終わるつもりです。 →
   1. 三時に終わらないつもりです。
   2. 三時に終わるつもりではありません。
   3. 三時に終わるつもりはありません。
2. フランス語で答えるつもりです。 →
   1. フランス語で答えないつもりです。
   2. フランス語で答えるつもりではありません。
   3. フランス語で答えるつもりはありません。
3. 代金を払うつもりです。 →
   1. 代金を払わないつもりです。
   2. 代金を払うつもりではありません。
   3. 代金を払うつもりはありません。
4. 会社を休むつもりです。 →
   1. 会社を休まないつもりです。
   2. 会社を休むつもりではありません。
   3. 会社を休むつもりはありません。
5. この質問は，むずかしいつもりです。 →
   1. この質問は，むずかしくないつもりです。
   2. この質問は，むずかしいつもりではありません。
   3. この質問は，むずかしいつもりはありません。
6. この仕事は，やさしいつもりです。 →
   1. この仕事は，やさしくないつもりです。
   2. この仕事は，やさしいつもりではありません。
   3. この仕事は，やさしいつもりはありません。

7. 田中さんは，作家(さっか)のつもりです。→
   1. 田中さんは，作家ではないつもりです。
   2. 田中さんは，作家のつもりではありません。
   3. 田中さんは，作家のつもりはありません。

8. これは，文学のつもりです。→
   1. これは，文学ではないつもりです。
   2. これは，文学のつもりではありません。
   3. これは，文学のつもりはありません。

9. これは，日本料理(りょうり)のつもりです。→
   1. これは，日本料理ではないつもりです。
   2. これは，日本料理のつもりではありません。
   3. これは，日本料理のつもりはありません。

10. 私は，医者(いしゃ)のつもりです。→
   1. 私は，医者ではないつもりです。
   2. 私は，医者のつもりではありません。
   3. 私は，医者のつもりはありません。

VIII. Substitution.

日本へ行った	ことが	あります。
ドイツ語を習(なら)った		ありません。
大学に勤(つと)めた		
田中さんと出かけた		
川で泳(およ)いだ		
日本料理(りょうり)を食べた		
朝(あさ)四時に起(お)きた		

IX. Substitution.

時々(ときどき)	バスで帰る	ことがあります。
	十一時に終(お)わる	
	日本語で質問(しつもん)する	
	三時ごろ着(つ)く	
	タクシーで出かける	
	ドルで払(はら)う	
	日本料理(りょうり)を作(つく)る	
	学校を休む	

X. Transformation. (……ことがあります)

1. 田中さんと仕事をしました。 → 田中さんと仕事をしたことがあります。
2. 日本で勉強しました。 → 日本で勉強したことがあります。
3. 汽車で旅行(りょ)しました。 → 汽車で旅行したことがあります。

4. 映画を見て，泣きました。 → 映画を見て，泣いたことがあります。
5. 大学のプールで泳ぎました。 → 大学のプールで泳いだことがあります。
6. 魚が高かったです。 → 魚が高かったことがあります。
7. 冬暖かかったです。 → 冬暖かかったことがあります。
8. 兄は，東京大学の学生でした。→ 兄は，東京大学の学生だったことがあります。
9. 田中さんは，カナダ人でした。→ 田中さんは，カナダ人だったことがあります。
10. 私は，先生でした。 → 私は，先生だったことがあります。

XI. Transformation. (……ことがあります)

1. 私は，事務所で仕事をします。→ 私は，事務所で仕事をすることがあります。
2. 私は，子供の洋服を作ります。→ 私は，子供の洋服を作ることがあります。
3. タクシーに乗ります。 → タクシーに乗ることがあります。
4. バスは，遅れて，着きます。 → バスは，遅れて，着くことがあります。
5. 試験は，むずかしいです。 → 試験は，むずかしいことがあります。
6. 勉強は，おもしろいです。 → 勉強は，おもしろいことがあります。
7. あの山がきれいです。 → あの山がきれいなことがあります。
8. 作家の話がへたです。 → 作家の話がへたなことがあります。
9. 飲物は，ビールです。 → 飲物は，ビールのことがあります。
10. 先生は，日本人です。 → 先生は，日本人のことがあります。

XII. Response. (Answer with いいえ.)

1. 日本のビールを飲んだことがありますか。
いいえ，飲んだことはありません。
2. 田中先生に会ったことがありますか。
いいえ，会ったことはありません。
3. あなたは，作家だったことがありますか。
いいえ，作家だったことはありません。
4. スミスさんは，会社員だったことがありますか。
いいえ，会社員だったことはありません。
5. 勉強がおもしろかったことがありますか。
いいえ，おもしろかったことはありません。
6. テストは，やさしいことがありますか。
いいえ，やさしいことはありません。

7. 日本語がつまらないことがありますか。

いいえ，つまらないことはありません。

8. 肉が安いことがありますか。

いいえ，安いことはありません。

9. 冬泳(およ)ぐことがありますか。

いいえ，泳ぐことはありません。

10. 家(いえ)を八時に出ることがありますか。

いいえ，八時に出ることはありません。

XIII. Substitution.

田中さんは	六時まで	本を読んでいました。
	午後三時まで	店をあけていました。
		休んでいました。
		仕事をしていました。
		出かけていました。

汽車がバンクーバーに着(つ)くまでに	手紙を書いてしまいました。
	この小説(せつ)を読んでしまいました。
	十三課の単(たん)語を覚(おぼ)えてしまいました。
	この仕事をしてしまいました。
	ウィスキーを飲んでしまいました。

XIV. Memorize the following conversations.

1. よし子：あしたパーティーがありますが，何を出すつもりですか。
   とも子：魚のてんぷらを出すつもりでしたが，いい魚がなかったから，すきやきを出すつもりです。
   よし子：田中さんも呼(よ)びましたか。
   とも子：ええ。あしたは，お休みで仕事がないから，来るはずですよ。
   よし子：何時に，パーティーは始(はじ)まりますか。
   とも子：七時にみんな来るはずですが。
   みんな来るまで，すきやきは，作(つく)らないで待っているつもりです。

2. 田中：日本の小説(せつ)を読むことがありますか。
   スミス：ええ，読むことがありますよ。
   田中：川端康成(かわばたやすなり)の書いた小説(せつ)を，読んだことがありますか。
   スミス：ええ，三年前に，「雪国」を読みました。
   田中：日本語で読んだのですか。

スミス：ええ，一度日本語で読んでから，英語で読んでみました。

XV. Make a conversation of 5 or 6 lines and practice.

LESSON 19

Vocabulary Items

あまい（甘い）	*aj.*	sweet
うごく（動く）	*v. intr.*	to move
おおみそか（大みそか）	*n.*	the last day of the year
おしょうがつ（お正月(しょうがつ)）	*n.*	the New Year, January, New Year's Day
おりる（降りる）	*v. intr.*	to get off/ to get down
（……{を/から} 降りる）		to get off ...
……ことにする	*v. tr.*	to decide to ...
……ことになる	*v. intr.*	to come about ...
こんや（今夜(こんや)）	*n.*	this evening
そうですね……	*int.*	well, ...
だいじ（な）（大事(だいじ)な）	*na.*	important
できる	*v. intr.*	to be able to do
とけい（時計(とけい)）	*n.*	watch, clock
なげる（投げる）	*v. tr.*	to throw
のぼる（登る）	*v. intr.*	to climb, go up
e. g. 山に登る		to climb a mountain
ばかり	*pt.*	only, just
はたらく（働く）	*v. intr.*	to work
ボール	*n.*	ball
ほか	*n.*	other
や	*conj.*	and...etc.
ワイン	*n.*	wine

Kanji for Writing

1. 家　いえ，カ
2. 知　し（る）
3. 作　つく（る）
4. 近　ちか（い）
5. 間　あいだ，マ，カン
6. 遊　あそ（ぶ）
7. 漢　カン
8. 忙　いそが（しい）

Model Sentences

1. Can you throw this ball that far (Lit. as far as that place)?
2. There were many people in that room, and I could not move.
3. You cannot get off the bus here.
4. I could teach Japanese history to Japanese in Japan.
5. To speak German is difficult, isn't it!
6. It has been decided that I will enter Osaka University next year.
7. I decided to work in America.
8. I have already decided not to buy that house.
9. Do you know that Mr. Tanaka's house is close to that mountain?
10. Let's forget about the matter of yesterday, O.K.?
11. I have never worked on January 1, you know.
12. It has been decided that it is all right not to go to school on May 5.
13. It has been decided that we would do the work even on December 31, you know!
14. It is decided that I will go to San Francisco on the 14th of next month.
15. I make it a rule not to do other work on Sunday.
16. I worked in Tokyo for about three months. I was quite busy.
17. Mr. Smith writes only kanji every day. (Lit. ... is writing ...)
18. I just went and had beer, so I don't want to drink beer now.
19. The meal is all ready. (Lit. The meal has already become (so that) the only thing (to do) is to eat.)
20. Our children only play around and do not study.

1. このボールを，あそこまで投げることができますか。
2. その部屋の中には，人がたくさんいて，動くことができませんでした。
3. ここで，バスを降りることはできません。
4. 日本で，日本人に，日本の歴史を教えることができました。
5. ドイツ語を話すことは，むずかしいですねえ。
6. 来年は，大阪大学にはいることになりました。
7. アメリカで働くことにしました。

8. もう，その家は，買わないことにしました。
9. 田中さんの家が，あの山に近いことを知っていますか。
10. きのうのことは，忘れましょうねえ。
11. 一月一日に働(はたら)いたことは，ありませんよ。
12. 五月五日には，学校に行かなくてもいいことになりました。
13. 十二月三十一日にも，仕事をすることになったんですよ。
14. 来月の十四日には，サンフランシスコに行くことになっています。
15. 日曜(よう)日には，ほかの仕事をしないことにしています。
16. 三か月ばかり，東京で働きました。とても忙しかったんです。
17. スミスさんは，毎日，漢字ばかり書いています。
18. ビールを飲んできたばかりなので，今は，ビールを飲みたくありません。
19. もう，御飯(ごはん)は，食べるばかりになっています。
20. うちの子供(ども)は，遊ぶばかりで勉強しません。

I. Nominalizer こと

A. *Potential :* ことができる “*can do*”
As in lesson 18, こと is a noun that must be modified. When it is modified by an action verb in its non-past tense form, and followed by the verb できる“is possible,” the whole construction expresses the meaning of “...can do.”

日本語を話すことができます。
“I can speak Japanese.” (Lit. The matter that I speak Japanese is possible.)
質問(しつもん)に答(こた)えることができました。
“I could answer the question.”
このボールを，あそこまで投げることができません。
“I cannot throw this ball as far as that place over there.”
バスの中で，あまり動(うご)くことができませんでした。
“I could not move much in the bus.”

B. *Further uses of verb*＋こと *as a noun*
The word こと may be used also to express the meaning of the noun *doing*, or *to do*.

ドイツ語を話すことは，むずかしい。
“Speaking German is difficult./To speak German is difficult.”
山へ行くことは，おもしろい。
“Going to a mountain is interesting./To go to a mountain is interesting.”

When the modified こと is followed by にする/になる, it gives the meaning of " to decide on ... ing/ to be decided on (to come about that)."

来年，日本で教えることにしました。
" I decided on teaching in Japan next year./ I decided to teach in Japan next year."

もう，たばこをのまないことにします。
" I will decide not to smoke any more."

来年，ヨーロッパで働(はたら)くことになりました。
" It has been decided that I will work in Europe next year."

車を使わないことになります。
" It will be decided that we will not use the car."

魚を食べないことにしています。
" I have decided (and the decision is still in effect) that I won't eat fish."

日曜(よう)日に，働かないことになっています。
" It's been decided that on Sundays we don't work."

(Review Lessons 14 and 15.)

II. こと as a noun

The word こと occurring in section I is associated with the noun こと " matter/ fact/ thing." Study the following and notice the literal meaning of " matter/ fact/ thing " present in the example sentences.

上田さんがきのう私に会いに来たことを知りませんでした。
" I did not know the fact that Mr. Ueda came to see me yesterday."

それは，大事(じ)なことです。
" That is an important matter."

おもしろいことがあります。
" There is something interesting."

そんなことをしてはいけません。
" You must not do such a thing."

III. ばかり

The word ばかり expresses the meaning of " about " or " only/ just." It behaves sometimes like a noun, and sometimes like a suffix attached to a noun. Study the different uses of the word in the following examples.

1. Immediately following specific quantifiers, it may express the meaning of " about."

ここで，二時間ばかり働(はたら)きました。

"I worked here for about two hours."

事務所から，紙を三十枚ばかり持ってきてください。
"Please bring about thirty sheets of paper from the office."

きのう三百ページばかり読みました。
"I read about three hundred pages yesterday."

2. Immediately following nouns (including quantifiers) or *noun+particle*, or modified by a sentence, it means "only/ just."

英語ばかり話しています。
"He is speaking only English."

勉強ばかりしました。
"I did only studying./ I only studied."

少しばかりですが，使ってください。
"This is only a little bit, but please use it."

働くばかりで，休む時間がありません。
"We only work, and there is no time to rest."

毎日忙しいばかりで，遊びたくても，遊ぶ時間がありません。
"We are only busy every day, and we have no time to play even if we want to play."

東京からばかり来ます。
"They come only from Tokyo."

3. Frequently, when ばかり is modified by a verb in its past tense form, it expresses the meaning of the action just completed.

来たばかりです。
"I came just now."

東京駅に着いたばかりでしたが，そこでスミスさんに会いました。
"Although I had just arrived at Tokyo Station, I met Mr. Smith there."

4. Modified by a verb in its non-past tense form, it expresses the meaning of "...ready to."

もう，行くばかりです。
"We are ready to go, already. (Lit. The only thing (left to do) is to go,)"

食べるばかりにしてください。
"Please arrange it so that we will be ready for eating. (Lit. Please make it so that the only thing (left to do) is to eat.)"

バスは，出るばかりです。
"The bus is ready to leave."

The ばかり construction is often ambiguous without the context.

三十分ばかり勉強しました。

"He studied only thirty minutes./He studied about thirty minutes."
手紙を書いたばかりです。
"He only wrote letters./He just finished writing letters."
見るばかりです。
"We only look at it./We are ready to look at it.

Review lesson 17 and compare the following.

果(くだ)物をナイフで切(き)るところです。
"I am about to cut the fruit with the knife." "I am at the point where..."
果物をナイフで切るばかりです。
"I am ready to cut the fruit with the knife."
果物をナイフで切ったところです。
"I have just cut the fruit with the knife." "I am at the point where ..."
果物をナイフで切ったばかりです。
"I have just cut the fruit with the knife."

5. Preceded by the gerund form of verbs, and followed by いる, the ばかり construction expresses the meaning of "only/just."

   飲んでばかりいます。 "He is only drinking."
   勉強してばかりいます。 "He is only studying."

6. The particles は, が and を are usually dropped when ばかり occurs immediately after a noun. For the purpose of emphasis, however, they may be retained as in 英語ばかりを話す.

◈ Exercises

I. Change the following sentences into corresponding potential sentences. Then, translate into English.

Example: きのう来ました。→ きのう，来ることができました。
"I could come yesterday."

1. バスの中では，動(うご)きませんでした。
2. 忘(わす)れません。
3. 汽車に乗りませんでした。
4. 果(くだ)物を買いました。
5. そのナイフで切(き)ります。
6. その代(だい)金は，ドルで払(はら)います。
7. 午後，田中さんに会いました。

8. あした休みますか。
9. きのうは，十時まで起きませんでした。
10. 質問に答えませんでした。
11. ボールをどこまで投げますか。
12. 日本では何をしますか。
13. 十二時までに，手紙を書きました。
14. 英語で話しませんでした。
15. 土曜日に，仕事をしませんでした。

II. Complete the following conversations.

1. A：______________________________
   B：いいえ，八時までに着くことはできません。
2. A：______________________________
   B：はい，運転することができます。
3. A：______________________________
   B：日本では，英語を教えることができます。
4. A：______________________________
   B：八時までに帰ることができます。
5. A：______________________________
   B：はい，ドイツ語も日本語も話すことができます。
6. A：______________________________
   B：はい，ドルで払うことができます。
7. A：______________________________
   B：いいえ，部屋の中では，動くことができませんでした。
8. A：______________________________
   B：いいえ，ここでバスに乗ることはできません。
9. A：何日ここで働くことになりましたか。
   B：______________________________
10. A：何日間，ここにいることができますか。
    B：______________________________

III. According to the hint given in the parentheses, change the following in such a way that the new sentences have the meaning of "to decide on/to have been decided." Then, translate.

Examples: 田中さんが行きます。（なる）→田中さんが行くことになります。
"It will be decided that Mr. Tanaka will go."

私が行きます。(なった) → 私が行くことになりました。
"It has been decided that I will go."

1. 東京大学で勉強しません。(する) →
2. 来年結婚します。(なる) →
3. 十二月三十日まで待ちます。(した) →
4. 歩いて行く。(する) →
5. 田中さんが電話で聞いてみます。(なった) →
6. 今週は，仕事しないで遊びます。(する) →
7. もう，お酒は飲みません。(した) →
8. 大学からその字引を借ります。(なった) →
9. ニューヨークから飛行機で帰ります。(なる) →
10. これを，私が事務所まで持っていきます。(なった) →

IV. Fill in the blanks and translate.

1. この仕事を十月二十日までにすること (　　) できますか。
2. これは，あそこにしまっておくこと (　　) しましょう。
3. たいへんむずかしい日本語を，読まなくてはいけないこと (　　) なりました。
4. この旅券は，すぐ事務所に返すこと (　　) 大事ですよ。
5. 窓と戸を閉めること (　　) 忘れてはいけません。
6. 横浜へ行ったこと (　　) ありません。
7. ここに，バスが止まること (　　) あります。
8. タクシーをここで止めること (　　) できません。
9. 東京にいる友だちに，手紙を出すこと (　　) しました。
10. 英語で書くこと (　　)，むずかしいですよ。
11. そんな甘い飲物は，飲むこと (　　) できません。
12. あそこで，バスを降りること (　　) しましょうか。
13. そんなこと (　　) してはいけません。
14. 今年も，あの会社で働くこと (　　) なりました。
15. 田中さんが，五月十日に東京に着くこと (　　) 知っていますか。

V. Use ばかり after the noun or the quantifier of the following sentences and translate into English.

Example: 手紙を書きました。→ 手紙ばかり書きました。
"I wrote only letters."

1. 三年，働きたいと思っています。

2. 東京を見てきたいと思っています。
3. 日本語を教えました。
4. 三十枚持ってきました。
5. あしたは，休みたいです。
6. 四十本いりますか。
7. 英語を話してはいけません。
8. 映画を見ても，よくわかりません。

VI. Attach ばかりです at the end of the sentence and give possible meanings. Be sure to have the correct tense form.

Example: 手紙を書きました。→ 手紙を書いたばかりです。
"I only wrote letters."
"I just finished writing letters."

1. 雨が降りました。
2. アメリカから帰りました。
3. ボールをあそこまで投げました。
4. バスはちょっと動きました。
5. 窓と戸を開けました。
6. 電話をかけます。
7. 図書館から本を借ります。
8. お金を払います。

VII. Translate the following into Japanese.

1. I don't think I will be able to answer the question.
2. I could not live in Tokyo.
3. Can you speak English?
4. I have decided not to work at that company any more.
5. It has been decided that I will teach only English this year.
6. I have just decided to get married on January 10.
7. How many days did you decide to be in Tokyo?
8. It is not possible to go to Japan without a passport.
9. It is possible to see Japanese movies in this town.
10. I think it is difficult to learn Chinese.
11. Can you do such a thing (as that)?
12. Driving on a day when it is snowing is not good.
13. I have decided that I will not play around on Sundays.
14. It has been arranged that we speak only Japanese, not English.
15. I have decided not to worry any more.
16. I am ready to cut the paper with this knife.
17. My friend has just left the room.
18. He just arrived yesterday.

◈ Oral Practice

I. Substitution.

山に登る	ことが	できます。
日本で働く		できません。
バスの中で動く		できました。
ボールを投げる		できませんでした。
船を降りる		
時計を売る		
朝四時に起きる		
おいしいワインを飲む		
車を借りる		
ロシア語で答える		

II. Transformation. (Non-past Potentials)

1. お酒を飲みます。 → お酒を飲むことができます。
2. 日本語で答えます。 → 日本語で答えることができます。
3. 車を運転します。 → 車を運転することができます。
4. ラジオを聞きます。 → ラジオを聞くことができます。
5. 漢字を読みます。 → 漢字を読むことができます。
6. 山に登ります。 → 山に登ることができます。
7. 朝，早く起きます。 → 朝，早く起きることができます。
8. 仕事をしません。 → 仕事をすることができません。
9. 学校を休みません。 → 学校を休むことができません。
10. 紙を切りません。 → 紙を切ることができません。
11. お金を借りません。 → お金を借りることができません。
12. あした，働きません。 → あした，働くことができません。
13. 家を売りません。 → 家を売ることができません。
14. 代金を払いません。 → 代金を払うことができません。

III. Transformation. (Past Potentials)

1. 八時に着きました。 → 八時に着くことができました。
2. 本をきのう返しました。 → 本をきのう返すことができました。
3. 朝，四時に起きました。 → 朝，四時に起きることができました。
4. 一月一日に，日本を出ました。 → 一月一日に，日本を出ることができました。

5. 三月三日に，家に帰りました。 → 三月三日に，家に帰ることができました。
6. 汽車に間に合いました。 → 汽車に間に合うことができました。
7. 三日，休みました。 → 三日，休むことができました。
8. 冬，山に登りませんでした。 → 冬，山に登ることができませんでした。
9. 四日，働きませんでした。 → 四日，働くことができませんでした。
10. 去年，教えませんでした。 → 去年，教えることができませんでした。
11. お菓子を六つに切りませんでした。 → お菓子を六つに切ることができませんでした。
12. 午前八時までに，来ませんでした。 → 午前八時までに，来ることができませんでした。
13. 手紙では，答えませんでした。 → 手紙では，答えることができませんでした。
14. きのう，退院しませんでした。 → きのう，退院することができませんでした。

IV. Substitution.

私は	英語で話す	ことに	します。
	来年結婚する		なります。
	銀行で働く		しています。
	日本語を教える		なっています。
	バスで行かない		
	大阪に住まない		
	家を売らない		
	ことし大学にはいらない		

V. Transformation. (……ことにしました)

1. 毎日，六時に起きます。 → 毎日，六時に起きることにしました。
2. 九月二十日に日本を出ます。 → 九月二十日に日本を出ることにしました。
3. 代金をドルで払います。 → 代金をドルで払うことにしました。
4. 冬の休みは，旅行しません。 → 冬の休みは，旅行しないことにしました。
5. 新聞を取りません。 → 新聞を取らないことにしました。
6. 甘いお菓子は，食べません。 → 甘いお菓子は，食べないことにしました。

VI. Transformation. (……ことになりました)

1. 来週，退院します。 → 来週，退院することになりました。
2. 来年，先生になります。 → 来年，先生になることになりました。

3. あした東京に出かけます。 → あした東京に出かけることになりました。
4. 子供(ども)をこの大学に入れません。→ 子供をこの大学に入れないことになりました。
5. 水曜(よう)日まで待ちません。 → 水曜日まで待たないことになりました。
6. 大きい荷物(にもつ)は持ちません。 → 大きい荷物は持たないことになりました。

VII. Substitution.

日本語を勉強する	ことは	おもしろい	です。
あの山に登(のぼ)る		むずかしい	
お金を借りる		やさしい	
日本を旅(りょ)行する			
東京で，車を運転(うんてん)する			
日本人に英語を教える			
銀(ぎん)行で働(はたら)く			
時計(とけい)を作る			
このプールで泳(およ)ぐ			
東京に住(す)む			

VIII. Substitution.

その	ことを	知りました。
あの		知りませんでした。
あした，田中さんが日本に帰る		
その旅(りょ)行は，二日かかる		
四月一日に，山本さんが結婚(けっこん)する		
ここから，大学まで歩(ある)くことができる		
田中先生も，あの山に登(のぼ)った		
十二課は，きのう終(お)わった		
日本のお酒(さけ)のおいしい		
山田さんの家が近い		
十六課は，とても短(みじか)い		
日本語のテストのむずかしかった		
去年の夏(なつ)までは，家が安かった		
富士山(ふじさん)のきれいな		
田中さんは，テニスのじょうずな		

IX. Substitution.

紙を三百枚	ばかり使いました。
お金を一万円	
ペンを五本	
タクシーを六台(だい)	
東京でバスを四度(ど)	
田中さんの車を十日間	

X. Substitution.

コーヒー	ばかり	飲んでいます。
ミルク		
お茶(ちゃ)		
ワイン		
ウイスキー		
水		

XI. Substitution.

テレビを見る	ばかりで，勉強しません。
外で遊ぶ	
お酒を飲む	
旅(りょ)行する	
勉強すると言う	
勉強したいと思う	

XII. Substitution.

この時計(とけい)	は	高い	ばかりで，よくありません。
私の車		大きい	
		新しい	
		きれいな	
		立派(りっぱ)な	

XIII. Substitution.

あの子供(ども)は	食べて	ばかりいます。
	遊んで	
	勉強して	
	本を読んで	
	時計(とけい)を見て	
	ボールを投(な)げて	

XIV. Transformation. (Use ばかりで.)

Example : Instructor : 映画(えいが)を見る。
本を読まない。

Student : 映画を見るばかりで，本を読みません。

1. あの人は，働(はたら)く。
休まない。 → あの人は，働くばかりで，休みません。

2. 弟(おとうと)は，お金を借りる。
返(かえ)さない。 → 弟は，お金を借りるばかりで，返しません。

3. 兄は，ワインを買う。
飲まない。 → 兄は，ワインを買うばかりで，飲みません。

4. 私の先生は，電話(でんわ)をかける。
手紙を書かない。 → 私の先生は，電話をかけるばかりで，手紙を書きません。

5. 毎日，忙しい。
遊ぶ時間がない。 → 毎日，忙しいばかりで，遊ぶ時間がありません。

6. この小説(せつ)は長(なが)い。
あまりおもしろくない。 → この小説は，長いばかりで，あまりおもしろくありません。

7. シカゴは大きい。
おもしろい町ではない。 → シカゴは，大きいばかりで，おもしろい町ではありません。

8. この花は赤い。
あまり美(うつく)しくない。 → この花は，赤いばかりで，あまり美しくありません。

XV. Substitution.

今	食べた	ばかりです。
	着(つ)いた	
	スミスさんに会った	
	手紙を出した	
	人がバスから降(お)りた	
	田中さんとコーヒーを飲んだ	

XVI. Substitution.

もう	うちへ帰る	ばかりです。
	アメリカを出る	
	汽車に乗る	
	御飯(ごはん)を食べる	
	タクシーを待つ	
	山に登(のぼ)る	

XVII. Memorize the following conversations.

1. スミス：あなたは，本ばかり読んでいますね。

山田：ええ。私は，本を読むことが好きですから。本を読んでばかりいて，あまりほかの勉強はしません。

スミス：あしたの試験(しけん)の勉強は，もう終(お)わりましたか。

山田：ええ，今終わったばかりです。あなたは。

スミス：私は，忙しいばかりで，まだ勉強していませんが，今夜(こんや)するつもりです。

2. スミス：一月三十一日や四月三十日のことを「みそか」ということは，知っていましたが，十二月三十一日のことを「大みそか」ということは，知りませんでした。

清水(しみず)：日本で大みそかは，とても忙しい日なんですよ。

スミス：大みそかの日に，どんなことをしますか。

清水：家をきれいにして，お正月(しょうがつ)の料理(りょうり)を作ります。

スミス：お正月は何ですか。

清水：一月一日から七日ごろまでを，お正月と言っています。

スミス：お正月は，いつまでお休みですか。

清水：私の会社(かいしゃ)は，一月三日まで休んで，四日から働(はたら)くことになっています。

3. 田中：この店でお酒(さけ)を買うことができますか。

山本(もと)：ええ，できますよ。

田中：お酒は，好きですか。

山本：はい，とても好きです。それから，ワインも好きです。

田中：ワインはどんなのがいいですか。

山本：そうですね。あまり甘(あま)くないのがいいですね。

田中：では，お酒を一本買って，それからワインは，甘くないのを買うことにしましょう。

XVIII. Make a conversation of 5 or 6 lines.

LESSON 20

Vocabulary Items

いつも	*adv.*	always
いみ（意味）	*n.*	meaning
（お）てんき（お天気）	*n.*	weather
おんな（女）	*n.*	woman
かす（貸す）	*v. tr.*	to lend
きがつく（気が付く）	*v. intr.*	to notice (Lit. mind gets attached to)
きをつける（気を付ける）	*v. intr.*	to pay attention (to)
こえ（声）	*n.*	voice
ゴルフ	*n.*	golf
こんど（今度）	*n.*	next time (this time)
サラリー	*n.*	salary
しずか（な）（静かな）	*na.*	quiet
すくない（少ない）	*aj.*	few
せっかく	*adv.*	to take the trouble to...
ただしい（正しい）	*aj.*	correct
とおる（通る）	*v. intr.*	to pass (through)
なかなか	*adv.*	quite, very
ねむい（眠い）	*aj.*	sleepy
ねむる（眠る）	*v. intr.*	to sleep
の	*n.*	nominalizer
のに	*conj.*	in spite of
やむ	*v. intr.*	(rain, snow, etc.) stop
よう（な）	*na.*	manner, appearance, way

Kanji for Writing

1. 天　テン
2. 呼　よ（ぶ）
3. 着　つ（く），き（る）
4. 古　ふる（い）
5. 答　こた（える）
6. 投　な（げる）
7. 終　お（わる）
8. 電　デン
9. 代　ダイ

Model Sentences

1. It seems that the class will end at 12:00 o'clock.
2. It seems that Mr. Tanaka won't return any more.
3. It seems that the airplane which is supposed to come in next from Tokyo will be a little delayed.
4. It seems that the train did not arrive yet.
5. The winter in Canada seems to be quite cold, so you may need a warm coat.
6. It seems that meat is quite expensive these days.
7. That woman over there seems to be an Englishwoman.
8. To a Japanese person like me, the meaning of this word is unintelligible.
9. It looks like snow doesn't it? (The weather seems to indicate that it will snow.)
10. Please say it in a loud voice as Mr. Johnson says it.
11. Please answer me in Japanese so that I also understand.
12. My children have reached the point where they can speak correct English.
13. I will see to it that buses will run on that road soon.
14. Please see to it that you will sleep well. (Lit. Please do in such a way that you sleep well.)
15. People like that are few, aren't they?
16. It seems that learning *kanji* is not too difficult.
17. I saw Mr. Yamanaka throw the ball as far as that place over there.
18. In spite of the fact that it is Sunday today, he is working.
19. I entered an American university in spite of the fact that I could not speak in English yet.
20. In spite of the fact that it became old, he is still driving the car.

1. 十二時に，クラスが終わるようです。
2. 田中さんは，もう帰らないようです。
3. 東京から，今(こん)度来るはずの飛行機(ひこうき)は，少し遅(おく)れるようです。

4. まだ，汽車は，着かなかったようです。
5. カナダの冬は，ずいぶん寒いようだから，暖かいコートがいるでしょう。
6. このごろ，肉は，ずいぶん高いようです。
7. あの女の人は，イギリス人のようです。
8. 私のような日本人には，この単語の意味がわかりません。
9. 雪が降るようなお天気ですね。
10. ジョンソンさんが言うように，大きい声で言ってください。
11. 私にもわかるように，日本語で答えてください。
12. 私の子供は，正しい英語を話すことができるようになりました。
13. バスがその道をすぐ通るようにします。
14. よく眠るようにしてください。
15. あのような人は，少ないですねえ。
16. 漢字を覚えるのは，あまりむずかしくないようです。
17. 山中さんがあそこまで，ボールを投げるのを見ました。
18. きょうは，日曜日なのに，働いています。
19. 英語でまだ話すことができなかったのに，アメリカの大学にはいりました。
20. ずいぶん古くなったのに，まだ，その車を運転しています。

I. よう "seems that"

The word よう in this lesson expresses the meaning of "resemblance" and is equivalent to various English phrases such as "seems that," "(in) the manner that," "(in) the way that," "such that," "so that," and so on. Its grammatical and semantic characteristics are as follows:

1. The word よう behaves like a nominal adjective on the one hand and like a noun on the other. As a noun, it is always modified by a noun modifier such as a sentence or a demonstrative. For modifying another noun, よう is following by な like any other nominal adjective.

   きょうは，雨が降らないようです。
   "It seems that it won't rain today."

   山田さんは，車で行くようです。
   "It seems that Mr. Yamada will go by car."

   雪が，もう，やんだようです。
   "It seems that it has stopped snowing already."

   このような字引を使ってください。
   "Please use a dictionary like this./ Please use a dictionary such

as this (one)."

雨が降るようなお天気です。
" It looks like rain. (Lit. It is the weather such that it will rain.)"

2. *Negative:* ……ないようです " *it doesn't seem that...* "
To say " it doesn't seem that... " the adjective or verb modifying よう will be negated.

雨は，降らないようです。
" It doesn't seem to rain. (Lit. It seems that it won't rain.)"

肉は，あまり高くないようです。
" Meat doesn't seem to be too expensive."

Normally, ……ようではない preceded by a verb or adjective does not occur except as a denial of an immediately preceding statement or question. However, if the copula modifies よう, there are two possibilities for negatives.

雨が降るようですか。 " Does it seem to rain?"

いいえ，{雨が降るようではありません。/雨が降らないようです。}
" No, it doesn't seem to rain."

スミスさんは，アメリカ人ではないようです。 " It seems that Mr. Smith is not an American."

スミスさんは，アメリカ人のようではありません。 " It doesn't seem that Mr. Smith is an American."

3. The よう phrase may be used as an adverbial phrase just like any other nominal adjective when combined with the particle に.

私が言うようにしてください。
" Please do it the way I tell you. (Lit. Please do it in the way I tell you.)"

山中さんに，するように言いました。
" I told Mr. Yamanaka to do it. (Lit. I told Mr. Yamanaka in such a way that he would do it.)"

子供(ども)がそんなことをしないように気を付(つ)けます。
" I will pay attention (to it) so that the children won't do such a thing."

4. When よう is followed by になる " to become," the sentence will mean " to become so that...," " reach the point where...," or " to come about that... "

英語を話すことができるようになりました。
" I have reached the point where I can speak English. (Lit. I became so that I can speak English.)"

今は，ここをバスが通(とお)るようになりました。
"It has come about that buses run through here now."
アメリカに来てから，子供(ども)は，もう日本語を話さないようになりました。
"After coming to America, my children reached the point where they no longer speak Japanese."

5. When よう is followed by にする, it means "to do in the way that," "to do so that," or "to see to it that."

ここを，バスが通るようにします。
"I will see to it that the buses run through here."
来年までに，子供(ども)が英語を話すことができるようにします。
"I will see to it that the children will be able to speak English by next year.
子供がそんなことをしないようにします。
"I will see to it that the children won't do such a thing like that."
そのようにします。
"I will do so. (Lit. I will do it in that manner.)"

6. Study the following four tense combination possibilities.

雨が降るようです。	"It seems that it will rain."
雨が降ったようです。	"It seems that it rained."
雨が降るようでした。	"It seemed that it would rain."
雨が降ったようでした。	"It seemed that it had rained."

II. Nominalizer の

Like こと in the previous lesson, the word の preceded by a verb may function as a nominalizer expressing the meaning of "doing" or "to do."

英語を話す {の/こと} はやさしいけれども，書く {の/こと} はむずかしい。
"Speaking English is easy, but writing it is difficult./ To speak English is easy, but to write it is difficult."

Notice that in the example above, こと is replaceable with の with little change in meaning. However, there are at least the following differences between the uses of こと and の.

1. To express the meaning of "can do," only こと is used.

東京で働(はたら)くことができます。 "I can work in Tokyo."

But not:

*東京で働くのができます。

2. Only こと is used to express the meaning of "to decide to do," "it is decided that," or "to come about."

横浜でバスを降りることにしました。	"I decided to get off the bus in Yokohama."
働かないことにしました。	"I decided not to work."
私がしないことになりました。	"It was decided that I wouldn't do it."

3. Only こと is used for expressing the meaning of "to have occasions to do," or "have done in the past."

カナダへ行ったことがあります。	"I have been to Canada."
英語で手紙を書くことがあります。	"I have occasions to write letters in English."

4. The nominalizer の is used for expressing concrete actions or events, but こと expresses actions or events in abstract terms.

上田さんがテニスをするのを見ました。
"I saw Mr. Ueda play tennis."

*上田さんがテニスをすることを見ました。
"*I saw the fact that Mr. Ueda plays tennis."

先生がドイツ語で話すのを聞きました。
"I heard the professor speak in German."

先生がドイツ語で話すことを知っています。
"I know that the professor speaks in German."

III. Contrastive のに

The phrase のに（の＋に）expresses the meaning of STRONG contrast.

せっかく会いに来たのに，山田さんはきょうここにいません。
"I have taken the trouble of coming here to see Mr. Yamada, but he is not here today."

When のに is used for contrast between S_1 and S_2, the meaning of S_2 must be something which is quite unexpected in light of the meaning of S_1. The words が and けれども can be used to express both weak contrast and strong contrast; however, のに must be used only for strong contrast.

きょうは日曜日 { だ { けれども / が } / なのに } 山田さんは働いています。
"Today is Sunday, but Mr. Yamada is working." (strong contrast)

私は学生だ {けれども／が} あの人は先生です。

" I am a student, but that person over there is a teacher." (weak contrast)

???私は学生なのに，あの人は先生です。

" ???In spite of the fact that I am a student, he is a teacher."
The possibility of the above sentence is extremely questionable.

◈ Exercises

I. From the following, produce sentences which have the meaning of " it seems that ... " or " it doesn't seem that ... " Then translate into English.

Example: 雨が降ります。→ 雨が降るようです。" It seems that it will rain."

1. 田中さんは，今晩来ません。
2. 雨は，きょうもやみません。
3. 船は，あした出ます。
4. 英語は，あまりわかりません。
5. 先週は，仕事をしませんでした。
6. ジョンソンさんは，カナダ人です。
7. 肉は，あまり安くありません。
8. 日本語ばかり話すことは，できません。
9. もう，ずいぶん寒くなりました。
10. 試験は，とてもむずかしいです。
11. あの女の人は，先生です。
12. もう二年ばかり，待たなくてはいけません。
13. 雪は，降りませんでした。
14. 日本の山は，きれいです。
15. その映画は，おもしろいです。
16. 田中さんは，英語を教えることになりました。
17. スミスさんは，もう一年，東京にいなくてはいけないことになりました。
18. 日本語のわからない人は，その会社に勤めることができません。
19. 雪が降ってから，車を運転してはいけません。
20. スミスさんは，コーヒーを飲むことはありません。

II. Fill in the blanks with the copula or particles and translate.

1. 山田さんは，もう結婚したよう＿＿。

2. 車を運転(うんてん)することができるよう＿＿なりました。
3. 田中さんは，ニューヨークへ行ったことがあるよう＿＿ことを言っていますよ。
4. どのよう＿＿しましょうか。
5. あれは，日本から来たばかりの船(ふね)のよう＿＿。
6. 英語がわからないよう＿＿人は，アメリカに行かないでください。
7. 毎日，十時に帰るよう＿＿なりました。
8. 毎週，クラスがあるよう＿＿。
9. 山中さんは，ドイツ人のよう＿＿ドイツ語を話すことができます。
10. 雪が降らないから，ハワイのよう＿＿所(ところ)はいいですねえ。

III. Fill in the blanks either with の or こと. Some of the sentences below may have two possibilities. Also, translate.

1. きのう，松本(まつもと)さんがあそこを車で行く（　　）を見ました。
2. 時々(ときどき)，ここで眠(ねむ)る（　　）があります。
3. 日本語で手紙を書く（　　）はむずかしいです。
4. この道(みち)を通(とお)る（　　）はありません。
5. 山田さんが英語で話している（　　）を聞きました。
6. ゴルフをする（　　）がありますか。
7. ボールをあそこまで投げる（　　）ができますか。

IV. Fill in the blanks with のに or けれども and translate. Change the form of the copula, if necessary.

1. 私は，アメリカ人だ（　　），田中さんは日本人です。
2. きょうも寒(さむ)い（　　），きのうのように寒くありません。
3. 雪は，もう，やんだ（　　），車は，まだ通(とお)ることができません。
4. もう，十日前から雨が降っている（　　），まだ，やまない。
5. お金がない（　　），新しい車を買おうと言っています。
6. これはたいへん古い車だ（　　），よく走(はし)ります。
7. あした，試験(しけん)がある（　　），勉強しないで，遊んでいます。
8. もう午前十時だ（　　），ジョンは，まだ眠(ねむ)っています。

V. Translate into Japanese.

1. It seems that Mr. Tanaka has never been to Tokyo.
2. It seems that they decided to get married next year.
3. I told him to study until 12 o'clock, but . . .
4. He has reached the point where he can write his letter in Japanese.
5. I will see to it that the bus comes here at 6 o'clock.

6. He doesn't seem to drink *sake*.
7. Please read books like this. (i.e. books such as this one)
8. The weather seems to be such that it will rain. (It looks like rain.) (use *tenki desu*)
9. Can you say it as I say it?
10. Meat doesn't seem to be expensive these days.
11. It seems that Mr. Tanaka did not arrive.
12. Mr. Tanaka seems to have gone home.
13. To a Japanese like myself, this movie is unintelligible.
14. Please do it like that.
15. It seems that Mr. Smith wants to teach at Osaka University.
16. In spite of the fact that I told you not to do such a thing, did you do it again?
17. I saw Mr. Smith enter the room.
18. I heard my teacher speak Japanese.
19. In spite of the fact that I am not a teacher, I have to teach kanji to my friends every day.
20. Speaking is easy, but doing is difficult.

◈ Oral Practice

I. Substitution.

山田さんは	家を貸(か)す	ようです。
	手紙を書く	
	日本語で答えた	
	病気の	
	わからない	
	じょうずじゃない	
	正(ただ)しい	

II. Substitution.

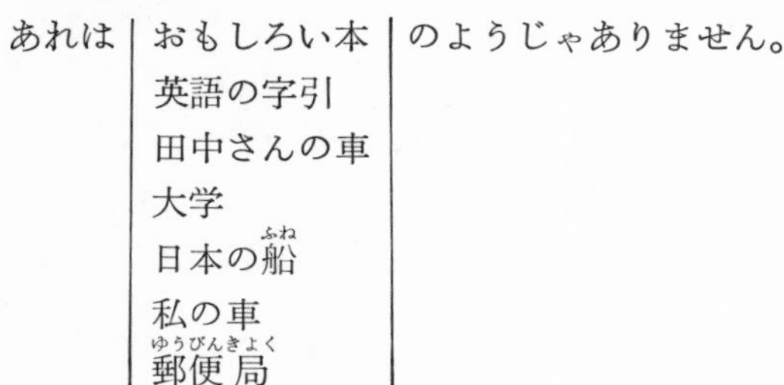

あれは	おもしろい本	のようじゃありません。
	英語の字引	
	田中さんの車	
	大学	
	日本の船(ふね)	
	私の車	
	郵便局(ゆうびんきょく)	

III. Transformation. (It seems that . . .)

1. 子供が泣いています。 → 子供が泣いているようです。
2. バスを運転することができます。→ バスを運転することができるようです。
3. きのう雨が降りました。 → きのう雨が降ったようです。
4. あの人は，日本語を話しません。→ あの人は，日本語を話さないようです。
5. 田中さんは，電話をしませんでした。 → 田中さんは，電話をしなかったようです。
6. 学生は，この単語を覚えていませんでした。 → 学生は，この単語を覚えていなかったようです。
7. 東京の町は，おもしろいです。 → 東京の町は，おもしろいようです。
8. あそこで売っている肉は，あまり高くありません。 → あそこで売っている肉は，あまり高くないようです。
9. 山本先生は，元気です。 → 山本先生は，元気なようです。
10. この字引は，だめです。 → この字引は，だめなようです。

IV. Transformation. (ような＋Noun)

1. 眠くなります。日です。 → 眠くなるような日です。
2. 子供です。声です。 → 子供のような声です。
3. 日本人です。アメリカ人がいます。 → 日本人のようなアメリカ人がいます。
4. 桃やオレンジです。果物が好きです。 → 桃やオレンジのような果物が好きです。
5. いつもゴルフをしています。医者は，いません。 → いつもゴルフをしているような医者は，いません。
6. 私にわかります。英語を話してください。 → 私にわかるような英語を，話してください。
7. 窓がたくさんあります。部屋がありますか。 → 窓がたくさんあるような部屋がありますか。

V. Transformation. (in the frame of ……ように言いました) “. . . told (someone) to do . . . ”

1. 代金をあした払います。 → 代金をあした払うように言いました。
2. 本を借ります。 → 本を借りるように言いました。
3. タクシーで帰ります。 → タクシーで帰るように言いました。
4. 月曜日に休みます。 → 月曜日に休むように言いました。

5. 先生をパーティーに呼びます。 → 先生をパーティーに呼ぶように言いました。
6. 雪の日は，運転しません。 → 雪の日は，運転しないように言いました。
7. 今度，この川で泳ぎません。→ 今度，この川で泳がないように言いました。
8. 田中さんと結婚しません。 → 田中さんと結婚しないように言いました。
9. つまらない雑誌は，読みません。 → つまらない雑誌は，読まないように言いました。
10. 朝は，電話をかけません。 → 朝は，電話をかけないように言いました。

VI. Transformation. (in the frame of ……ようになりました)

1. 友だちと遊びます。 → 友だちと遊ぶようになりました。
2. 日本語がわかります。 → 日本語がわかるようになりました。
3. 漢字を書くことができます。 → 漢字を書くことができるようになりました。
4. 代金を円で払うことができます。 → 代金を円で払うことができるようになりました。
5. 気を付けます。 → 気を付けるようになりました。
6. バスが私の家の前を通ります。→ バスが私の家の前を通るようになりました。
7. そんな車は，作りません。 → そんな車は，作らないようになりました。
8. 八時のクラスに遅れません。 → 八時のクラスに遅れないようになりました。
9. 字引を毎日持ってきません。 → 字引を毎日持ってこないようになりました。
10. ここにバスが止まりません。 → ここにバスが止まらないようになりました。

VII. Transformation. (in the frame of ……ようにします)

1. 今度，字引を使います。 → 今度，字引を使うようにします。
2. 荷物が三日までに着きます。 → 荷物が三日までに着くようにします。
3. サラリーが高くなります。 → サラリーが高くなるようにします。
4. 道が広くなります。 → 道が広くなるようにします。
5. 土曜日も休みになります。 → 土曜日も休みになるようにします。
6. 三時の汽車に間に合います。 → 三時の汽車に間に合うようにします。
7. テレビを見ません。 → テレビを見ないようにします。
8. お酒を飲みません。 → お酒を飲まないようにします。
9. 気を付けます。 → 気を付けるようにします。

VIII. Transformation. (Negative)

1. 雨が降るようです。 → 雨が降らないようです。
2. 田中さんは，来るようです。→ 田中さんは，来ないようです。
3. 新聞を取るようです。 → 新聞を取らないようです。
4. お金を貸すようです。 → お金を貸さないようです。
5. 一時間かかるようです。 → 一時間かからないようです。
6. 果物は，好きなようです。 → { 果物は，好きじゃないようです。 / 果物は，好きなようじゃありません。 }
7. 金曜日は，よいようです。 → { 金曜日は，よくないようです。 / 金曜日は，よいようじゃありません。 }
8. ここは，静かな部屋のようです。 → { ここは，静かな部屋じゃないようです。 / ここは，静かな部屋のようじゃありません。 }
9. あの人は，先生のようです。→ { あの人は，先生じゃないようです。 / あの人は，先生のようじゃありません。 }

IX. Response. (in the frame of ……ようですが，……)

1. 田中さんは，いつ来ますか。
   （月曜日）…… 月曜日に来るようですが，……
2. 田中さんは，いつ先生に会いましたか。
   （きのう）…… きのう先生に会ったようですが，……
3. 雨がいつやみましたか。
   （二時ごろ）…… 二時ごろやんだようですが，……
4. 太郎さんは，だれと遊びましたか。
   （次郎さん）…… 次郎さんと遊んだようですが，……
5. だれがこの仕事をしましたか。
   （山田さん）…… 山田さんがこの仕事をしたようですが，……
6. どんな果物が好きですか。
   （桃やオレンジ）…… 桃やオレンジが好きなようですが，……
7. お兄さんは，何を作りましたか。
   （お菓子）…… お菓子を作ったようですが，……
8. 山本さんは，どこを通りましたか。
   （駅の前）…… 駅の前を通ったようですが，……
9. 田中さんは，この本をどこで借りましたか。
   （学校）…… この本を学校で借りたようですが，……
10. 山田さんは，何でトロントへ行きましたか。
   （車）…… 車でトロントへ行ったようですが，……

X. Substitution.

1.

兄がテニスをする	のを見ました。
母が洋服(ようふく)を作る	
先生が道(みち)を歩(ある)いている	
子供(ども)が泳(およ)いでいる	
友だちが船(ふね)に乗(の)る	
タクシーが止(と)まる	

2.

山田先生が	アメリカ	へ行った	こと	を聞きました。
		から帰った		を知りました。
				に気が付(つ)きました。
				を知りませんでした。
				に気が付きませんでした。

XI. Transformation. (using ……の and こと)

Example : Instructor : {友だちがテニスをする。 / 見た。}

Student : 友だちがテニスをするのを見ました。

1. 弁が英語で答える。 / 聞いた。 } → 弟が英語で答えるのを聞きました。
2. あの人が日本語を話す。 / 聞いた。 } → あの人が日本語を話すのを聞きました。
3. 雨が降っている。 / 見た。 } → 雨が降っているのを見ました。
4. 先生がバスを待っている。 / 見た。 } → 先生がバスを待っているのを見ました。
5. 日本語がおもしろい。 / 気が付(つ)いた。 } → 日本語がおもしろい {の / こと} に気が付きました。
6. この町が美(うつく)しい。 / 気が付いた。 } → この町が美しい {の / こと} に気が付きました。
7. 日本語だけで話す。 / むずかしい。 } → 日本語だけで話す {の / こと} はむずかしいです。
8. 雪の日に車を運転(うんてん)する。 / むずかしい。 } → 雪の日に，車を運転する {の / こと} はむずかしいです。

XII. Substitution.

忙しい	のにパーティーに来ました。
パーティーがきらいな	
病気な	
雪な	
ほかの仕事がある	
雪が降っている	
時間がかかる	

XIII. Transformation.

1. 田中さんは，日本人だが，日本語を話しません。
   → 田中さんは，日本人なのに日本語を話しません。
2. スポーツはきらいだが，テニスだけはします。
   → スポーツはきらいなのに，テニスだけはします。
3. このコーヒーは高いが，おいしくありません。
   → このコーヒーは高いのに，おいしくありません。
4. お金がないが，車が買いたいんです。
   → お金がないのに，車が買いたいんです。
5. 新聞を取っているが，なかなか読みません。
   → 新聞を取っているのに，なかなか読みません。
6. 病院へ行ったが，医者に会いませんでした。
   → 病院へ行ったのに，医者に会いませんでした。

XIV. Memorize the following conversations.

1. 中川：あしたもいい天気のようですね。
   山本：ええ，そのようですね。山に登りましょうか。
   中川：いいですね。田中さんも山が好きなようだから，田中さんも来るように言いましょうね。
   山本：それがいいですね。

2. 田中：スミスさんは，いつ日本に来ましたか。
   スミス：去年の冬，来ました。
   田中：なかなか日本語がじょうずですね。
   スミス：ありがとうございます。毎日，日本語を話すようにしているのですが，まだ，へただと思いますよ。
   田中：あなたのように正しい日本語を話す外人は，少ないですよ。

3. 山田：この喫茶店は静かで，いいですね。
   清水：ええ。人がたくさんいるのに，いつも静かです。コーヒーもおいしいので，私はよく来るんですよ。
   山田：ああそうですか。駅の前の喫茶店を知っていますか。
   清水：ええ，知っていますが，私は，まだ，行ったことがありません。
   山田：私は，あそこでコーヒーを飲むのが好きで，一週間に一度は行きます。今度，一緒に行きましょう。
   清水：そうしましょう。

XV. Make a conversation of 5 or 6 lines.

LESSON 21

Vocabulary Items

おくさん（奥さん）	*n.*	wife (referring to someone else's)
おこさん（お子さん）	*n.*	child (referring to someone else's)
かける	*v. tr.*	to wear (glasses)
かぶる	*v. tr.*	to wear (a hat, etc.)
きる（着る）	*v. tr.*	to wear (a shirt, coat, etc.)
くつした	*n.*	sock(s)
ケーキ	*n.*	cake
しめる（ネクタイをしめる）	*v. tr.*	to tie
しゃしん（写真〔しゃしん〕）	*n.*	photograph
じょうぶ（な）（丈夫〔じょうぶ〕な）	*na.*	healthy, robust, strong
スカート	*n.*	skirt
ズボン	*n.*	trousers
……そう	*suf.*	seems . . .
そう（だ）	*aux.*	(used with だ to mean "I hear that . . .")
――たち	*suf.*	(pluralizer)
てぶくろ（手袋〔てぶくろ〕）	*n.*	glove(s)
はく	*v. tr.*	to wear (trousers, shoes, etc.)
はめる	*v. tr.*	to wear (gloves, a ring, etc.)
ブーツ	*n.*	boots
べんり（な）（便利〔べんり〕な）	*na.*	convenient
ぼうし（帽子〔ぼうし〕）	*n.*	hat, cap
めがね	*n.*	(eye) glasses
やめる	*v. tr.*	to stop, quit

ゆびわ（指輪）	*n.*	(finger) ring
わらう（笑う）	*v. tr.*	to laugh

Kanji for Writing

1. 単　タン
2. 忘　わす（れる）
3. 女　おんな
4. 広　ひろ（い）
5. 覚　おぼ（える）
6. 歩　ある（く）
7. 道　みち

Model Sentences

1. It seems as if it will rain today.
2. It doesn't seem that the rain will stop.
3. This cake seems to be delicious, doesn't it?
4. Mr. Tanaka's children look very healthy.
5. Although Mr. Yamamoto stayed at the hospital for about one week, he doesn't look very well, does he?
6. That woman does not seem to have money.
7. This dictionary seems pretty good.
8. Mr. Smith's wife is wearing a coat which seems warm.
9. The children are laughing, looking at the pictures as if they are interested.
10. I hear that it will rain today.
11. I hear that the rain will stop around 6:00 p.m. today.
12. I hear that the cake is delicious.
13. I hear that Mr. Tanaka's children were healthy, but ...
14. I hear that the teacher won't come tomorrow.
15. I hear that the exam that Professor Yamada made was very difficult.
16. This room is quiet, and it looks very good for good sleeping.
17. There is a wide road there, and it is convenient for walking to the University.
18. This dictionary is good for learning old kanji, you know.

1. きょうは，雨が降りそうです。
2. 雨は，やみそうもありません。
3. このケーキは，おいしそうですねえ。
4. 田中さんのお子さんは，とても丈夫（じょうぶ）そうです。
5. 山本（もと）さんは，一週間ぐらい病院にいたけれど，あまり元気そうでもないですねえ。

6. あの女の人は，お金がなさそうです。
7. この字引は，なかなかよさそうです。
8. スミスさんの奥さんは，あたたかそうなコートを着ています。
9. 子供たちは，おもしろそうに写真を見て，笑っています。
10. きょうは，雨が降るそうです。
11. 雨は，きょうの午後六時ごろやむそうです。
12. そのケーキは，おいしいそうです。
13. 田中さんのお子さんは，丈夫だったそうですが……
14. 先生は，あした来ないそうです。
15. 山田先生が作った試験は，とてもむずかしかったそうです。
16. この部屋は静かで，よく眠るのに，たいへんよさそうです。
17. あそこに，広い道があって，大学へ歩いていくのに，便利です。
18. 古い漢字を覚えるのに，この字引がいいですよ。

I. そう "it seems that..." "...looks like"

The word そう "it seems that" (hereafter そう$_1$) behaves like a suffix to be added to verbs, adjectives and nominal adjectives. It is followed by the copula for a positive statement, by もない for a negative verb statement and by ではない/でもない for a negative adjective or nominal adjective statement. The rules of attaching そう$_1$ to verbs, adjectives, and nominal adjectives are:

1. *For verbs:*
   Attach そう$_1$ to a verb in its conjunctive form.

   雨が降りそうです。 "It looks like rain. (It looks to me like...)"

   雨は，やみそうもありません。 "The rain doesn't seem to stop."

   cf. 雨が降りそうなお天気

2. *For adjectives:*
   Replace い with そう$_1$.

   おいしそうです。 "It looks delicious. (To me it looks...)"

   おもしろそうでもありません。 "It doesn't seem to be interesting."

   cf. おいしそうなケーキ

Note: When そう$_1$ is attached to いい and ない，よさそう and なさそう result, respectively. If it is attached to the negative form of a verb such as 食べない，we will get 食べなそう or 食べなさそう. However, these forms are less commonly used than 食べそうもない.

3. *For nominal adjectives:*
Insert そう$_1$ between the stem of the nominal adjective and the copula.

元気です → 元気そうです。 "He looks fine. (He looks to me to be well.)"

Note: A negative nominal adjective may produce four different forms:
じょうずではなさそうです。 "He doesn't seem to be good (at it)."
じょうずでもなさそうです。
じょうずそうではありません。
じょうずそうでもありません。
However, not all nominal adjectives behave the same way. Check with native speakers.

Although the meaning of そう$_1$ seems rather similar to the meaning of よう, they are actually quite different. The use of そう$_1$ depends upon sense perception (usually sight, occasionally smell) while よう may depend upon general sense perception including sight, the information available, or even logical thinking. Therefore, if a person says, このケーキはおいしそうです "This cake looks delicious," it implies that the speaker actually is looking at the cake, but has not taken a bite of it yet. On the other hand, このケーキはおいしいようです "This cake seems to be delicious" can be said by the speaker even when he has a bite of it in his mouth, trying to determine whether or not it is good, or when he is not actually looking at it but is discussing the quality of the cake in comparison with others. The following two sentences will be useful for contrasting the differences in meaning of the two.

(a) この車は，高そうです。 "This car looks expensive." (The speaker still does not know the price of the car.)

(b) この車は，高いようです。 "This car seems to be expensive." (The speaker may already know the exact price, but in comparison with the other cars that he knows about, the price seems to be high.)

Once そう$_1$ is attached, the whole phrase behaves like a nominal adjective. Study the following examples, and notice the use of な and the use of に, respectively.

お金がありそうな人 "the man who looks as if he has money"

笑(わら)いそうになりました。 "He looked as if he were on the verge of laughter. (Lit. He became as if he were going to laugh.)"

II. そう "I hear that ..." "I understand that ..."

The second そう (hereafter そう$_2$) is attached to the end of an informal statement sentence and expresses the meaning of "I hear that ...," or "I understand that ..." Also, it is followed by the copula.

行ったそうです。 "I hear that he went."
(not: *行きましたそうです。)
そうではなかったそうです。 "I hear that it was not so."

The meaning of そう$_2$ construction is quite similar to と聞いた "I heard that." For example, 田中さんは行ったそうです and 田中さんは行ったと聞きました can both mean "I heard that Mr. Tanaka went."

Note: The copula だ preceding そう$_2$ does not change form. Thus:

田中さんは，先生だそうです。 "I hear that Mr. Tanaka is a teacher."
山田さんは，アイスクリームがきらいだそうです。 "I hear that Mr. Yamada doesn't like ice cream."

III. Purpose に

The particle に generally expresses the meaning of direction or location, but it may also be used to express the meaning of "goal" or "purpose," which can be associated with an English expression such as "for the purpose of" or just "for." (Review Lesson 16, grammar note IV.)

この字引は，漢字の勉強にいい。 "This dictionary is good for kanji studying."
それは，子供(ども)によくない。 "That is not good for children."

When this particle follows the nominalizer の, which is preceded by a statement sentence with a predicate verb in the non-past tense form, it expresses the meaning of "for the purpose of doing."

Considering the contrastive のに of the previous lesson, the following must be mentioned.

1. Purpose のに always follows a verb (usually an action verb), in its non-past tense form.
2. Contrastive のに is not so restricted.

Without the context, the following sentence is ambiguous.

遠(とお)い日本へ行くのに，船(ふね)で行きます。
"For going to Japan, which is far away, he will go by ship."
"In spite of the fact that he is going to Japan, which is far away, he will go by ship. (i.e. I would expect that he would fly.)"

IV. Verbs meaning " to wear "

In Japanese " to wear " is expressed by different words, depending on what is worn. Thus, 着る generally refers to things that are worn on the body, by putting one's arms through sleeves. The verb cannot be used for wearing glasses, pants, shoes, hats, etc. Study the following:

コートを着る	" to wear a coat "
ズボン（スカート，くつ，くつした）をはく	" to wear trousers (a skirt, shoes, socks)" ——to put feet and/or legs in——
帽子(ぼうし)をかぶる	" to wear a hat (or a cap) " ——to cover the head—— (or body, e.g. blankets)
ネクタイをする（or しめる）	" to wear a tie " ——to tie around some part of the body——
指輪(ゆびわ)（手袋(てぶくろ)）をはめる（or する）	" to wear a ring/ gloves " ——to put the hand/ fingers into——
めがねをかける	" to wear glasses "

◈Exercises

I. Transform the following so that the new sentences will have the meaning of " seem." Then translate.

Example : 雨が降ります → 雨が降りそうです。
" It seems to rain./ It looks like rain."

1. 雪がすぐやみます。
2. あしたの天気は，いいです。
3. 子供(ども)は，眠(ねむ)いです。
4. 先生が作った試験(しけん)は，やさしいです。
5. あしたは，日本語のクラスがありません。
6. 山本(もと)さんは，元気になります。
7. ニューヨークで，来月働(はたら)くことになります。
8. 英語の手紙が来ます。
9. あなたが作った料理(りょうり)は，おいしいです。
10. あの人は，私の質問(しつもん)に答えません。
11. 田中さんは，果(くだ)物が好きです。
12. 八時までには，終わりません。
13. きのう病院から帰った山本さんは，元気です。
14. あそこにある喫茶店(きっさてん)は，高いです。

15. 汽車は，あまり速(はや)くありません。

II. Combine each of the two sentences in such a way that the modifying sentence has the meaning of "seem/ look." Then, translate.

Example: あの人は，学生です。
あの人は，おもしろいです。 → あの人は，おもしろそうな学生です。
"That person seems to me to be an interesting student."

1. あの人は，先生です。
あの人は，やさしいです。 →
2. それは，質問(しつもん)です。
その質問は，田中さんにはわかりません。 →
3. 横浜(よこはま)は，町です。
横浜は，便利(べんり)です。 →
4. きょうは，雪が降っています。
雪は，やみません。 →
5. 私は，ケーキを買いました。
ケーキは，おいしいです。 →
6. これは，試験(しけん)です。
試験は，むずかしいです。 →
7. あの人は，外人です。
外人は，日本語がわかります。 →
8. それは，名前です。
私が名前を発音(はつおん)することができません。 →
9. それは，仕事です。
仕事は，田中さんがしたいです。 →
10. 山田さんは，洋服(ようふく)を着ています。
洋服は，高いです。 →

III. Embed the b-sentences within the given frames (a-sentences), and then translate. Some may have two possibilities.

Example: その学生は，＿＿＿話しました。
おもしろそうです。 → その学生は，おもしろそうに話しました。
"The student spoke as if he was interested."

1. a. ＿＿＿＿＿＿なりました。
b. 雨がやみそうです。 →

2. a. シカゴは, ________ 町です。
   b. 冬は, 寒(さむ)そうです。 }→
3. a. 田中さんは, ________ 仕事をしています。
   b. 忙しそうです。 }→
4. a. 山中さんは, ________ ビールを飲んでいます。
   b. おいしそうです。 }→
5. a. ________ なりました。
   b. 英語で話しそうです。 }→
6. a. 毎日, ________ 映画(えいが)を見ています。
   b. おもしろそうです。 }→
7. a. ________ ケーキです。
   b. おいしそうです。 }→
8. a. ________ 試験(しけん)です。
   b. むずかしそうです。 }→

IV. Embed the following sentences within the frame of そうです so that the new sentence will have the meaning of "I hear that ..." Also translate.

Example: 田中さんは, 行きません。→ 田中さんは, 行かないそうです。
"I hear that Mr. Tanaka won't go."

1. これは, 山田さんが売った車です。
2. 来年, 日本からたくさん学生が来ます。
3. 別に高くも安くもなかったです。
4. カナダに来てから英語を勉強しました。
5. もう, 日本語は, 忘れたようです。
6. 先生は, きょうは, 来ないはずでした。
7. ハーバード大学に, 行かないつもりです。
8. あの女の人は, アメリカ人です。
9. 京都(と)は, きれいです。
10. 英語を書くことは, できません。
11. あしたは, 雪が降るはずです。
12. 田中さんは, カナダに行ったことは, ありません。
13. 十四日の午前(ぜん)十時五分前に着きます。
14. 来週は, 忙しくなります。
15. そのクラスでは, 英語を使わないことになっています。

V. Translate the following into Japanese.

1. It seems as if he wants to eat it.
2. They are playing as if it is very interesting.
3. Mr. Tanaka is driving a car which seems very expensive.
4. Your coat seems warm.
5. It seems that the bus will come right away.
6. Mr. Smith is an American who seems to understand Japanese.
7. My friend is carrying a letter that seems to be important.
8. Who is the child that seems very healthy?
9. They don't seem to have today's newspaper.
10. I hear that Mr. Sato intended to return by yesterday.
11. I hear that he was supposed to enter Tokyo University.
12. I hear that it will not rain tomorrow.
13. Do I understand that the exams that Professor Tanaka makes are difficult?
14. I hear that it seems to be an interesting movie.
15. I hear that he has never taught Japanese in America.
16. Who must I talk to in order to buy this house?
17. In order to cut this meat, we need a knife.
18. In order to *learn* Japanese language, you must *take lessons* at a school. (hint: oboeru, narau)

◈ Oral Practice

I. Substitution.

スミスさんは，	日本に一週間ぐらいいた	そうです。
	家を売った	
	めがねをかけた	
	とてもよく笑(わら)った	
	漢字をたくさん覚えた	
	先生だった	
	丈夫(じょうぶ)だった	

II. Substitution.

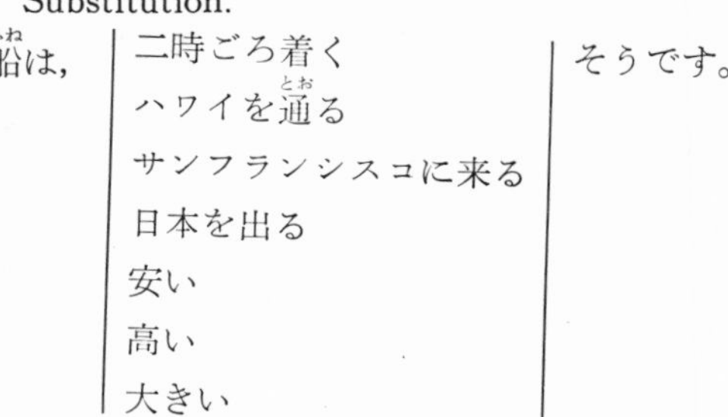

船(ふね)は，
二時ごろ着く
ハワイを通(とお)る
サンフランシスコに来る
日本を出る
安い
高い
大きい
そうです。

便利だ
立派だ
アメリカの船だ

III. Transformation.

1. 田中さんは，よく忘れます。 → 田中さんは，よく忘れるそうです。
2. 先生は，帽子をかぶりません。 → 先生は，帽子をかぶらないそうです。
3. スミスさんは，歴史の試験を受けました。 → スミスさんは，歴史の試験を受けたそうです。
4. きのうクラスに遅れませんでした。 → きのうクラスに遅れなかったそうです。
5. スミスさんは，いつも眠いです。→ スミスさんは，いつも眠いそうです。
6. ジョーンズさんの日本語は，正しいです。 → ジョーンズさんの日本語は，正しいそうです。
7. きのうの映画は，おもしろくありませんでした。 → きのうの映画は，おもしろくなかったそうです。
8. 京都の町は，きれいです。 → 京都の町は，きれいだそうです。
9. あの青いのは，バスではありません。 → あの青いのは，バスではないそうです。
10. きのうは，雨でした。 → きのうは，雨だったそうです。

IV. Substitution.

田中さんは，	東京へ行き	そうです。
	病気になり	
	ビールをもっと飲み	
	泣き	
	笑い	
	汽車に遅れ	
	店を閉め	

V. Substitution.

このお菓子は，	おいし	そうです。
	高	
	安	
	古	
	よさ	
	悪くなさ	

あまくなさ
おいしくなさ

VI. Substitution.

田中さんは，

英語で話し タクシーで行き フランス語がわかり タバコをやめ めがねをかけ 映画(えいが)を見に行き 病気になり 部屋(へや)から出てき	そうもありません。

VII. Substitution. (Use ではなさそうです only with those parenthesized.)

あの人は，

(丈夫(じょうぶ)) (元気) (好き) (テニスがじょうず) よさ おもしろ やさし	そうではありません。 (ではなさそうです。)

VIII. Transformation. (そう＋Negative)

1. 四時ごろ終(お)わりません。 → 四時ごろ終わりそうもありません。
2. 車のドアが閉(し)まりません。 → 車のドアが閉まりそうもありません。
3. 英語がわかりません。 → 英語がわかりそうもありません。
4. この部屋(へや)は，静(しず)かではありません。 → この部屋は，{静かではなさそうです。 / 静かそうではありません。}
5. 肉は，好きではありません。 → 肉は，{好きではなさそうです。 / 好きそうではありません。}
6. この子供(ども)は，丈夫(じょうぶ)ではありません。 → この子供は，{丈夫ではなさそうです。 / 丈夫そうではありません。}
7. あの建(たて)物は，駅(えき)ではありません。→ あの建物は，駅ではなさそうです。
8. その病院は，よくありません。 → その病院は，{よくなさそうです。 / よさそうではありません。}

9. この家は，大きくありません。 → この家は，{大きくなさそうです。/大きそうではありません。}

IX. Transformation. (Use そう.)

1. あれは，汽車です。
   その汽車は，速いです。 } → あれは，速そうな汽車です。
2. それは，日本料理です。
   その日本料理は，おいしいです。 } → それは，おいしそうな日本料理です。
3. 田中さんは，本を書きました。
   その本は，おもしろいです。 } → 田中さんは，おもしろそうな本を書きました。
4. 山本さんは，字引を持っています。
   その字引は，便利です。 } → 山本さんは，便利そうな字引を持っています。
5. きょうは，寒い日です。
   きょうは，雪が降ります。 } → きょうは，雪が降りそうな寒い日です。

X. Transformation. (in the frame of ……そうになりました)

1. 病気になります。 → 病気になりそうになりました。
2. フランスで死にます。 → フランスで死にそうになりました。
3. この料理は，おいしいです。 → この料理は，おいしそうになりました。
4. 私は，泣きます。 → 私は，泣きそうになりました。
5. スミスさんは，元気です。 → スミスさんは，元気そうになりました。
6. 子供は，丈夫です。 → 子供は，丈夫そうになりました。
7. 日本語を忘れます。 → 日本語を忘れそうになりました。
8. 指輪をはめます。 → 指輪をはめそうになりました。

XI. Substitution.

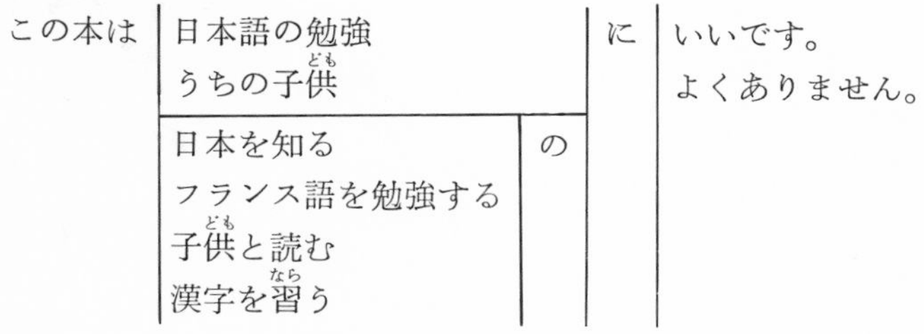

この本は				
	日本語の勉強		に	いいです。
	うちの子供			よくありません。
	日本を知る	の		
	フランス語を勉強する			
	子供と読む			
	漢字を習う			

XII. Conjoining. (Use のに)

Example: Instructor: {日本語を習う。/大学へ行かなくては，いけない。} →

Student: 日本語を習うのに，大学へ行かなくてはいけません。

1. 買物をする。
お金がいる。 → 買物をするのに，お金がいります。
2. 映画を見る。
めがねがいる。 → 映画を見るのに，めがねがいります。
3. 外国語を勉強する。
字引を使う。 → 外国語を勉強するのに，字引を使います。
4. お菓子を作る。
ミルクを使う。 → お菓子を作るのに，ミルクを使います。
5. この小説を読んでしまう。
時間がかかる。 → この小説を読んでしまうのに，時間がかかります。
6. 父に手紙を書く。
時間がかかる。 → 父に手紙を書くのに，時間がかかります。

XIII. Memorize the following conversations.

1. 清水：あなたは，眠そうですね。

スミス：ええ，きのうは，一時ごろまで勉強していたから，あまり眠る時間がありませんでした。

清水：何を勉強していたんですか。

スミス：日本語の試験が，二月四日ごろにあると聞いたので，忘れそうな単語をノートに書いていたんですよ。

2. 花子：きょうは，外は，寒そうですね。

和子：ええ，ラジオのニュースで知りましたが，きょうは，雪が降るそうです。

花子：では，このコートを着ていかなくてはいけませんね。

和子：ええ，そうですね。手袋もはめて，あの大きいブーツをはいていってください。

花子：はい，そうしましょう。

3. 山本：ここから，東京駅まで行くのに，何が便利ですか。

田中：そうですね。バスが便利だと思いますよ。

山本：バスには，どこで乗りますか。

田中：あの交通公社の建物の前に，バスは止まりますよ。

山本：では，あそこまで歩きましょう。

XIV. Make a conversation of 5 or 6 lines.

LESSON 22

Vocabulary Items

いかが	*inter./adv.*	how
うみ（海）	*n.*	sea, ocean
かお（顔）	*n.*	face
クリスマス	*n.*	Christmas
——セント	*suf.*	cent
つかれる（疲れる）	*v. intr.*	to get tired
とき（時）	*n.*	when, (time)
——にん（人）	*suf.*	counter for people
ひとり（一人）	*n.*	one person
cf. ふたり（二人）		two people
さんにん（三人）		three people
よにん（四人）		four people
ごにん（五人）		five people
ろくにん（六人）		six people
{しち/なな}にん（七人）		seven people
はちにん（八人）		eight people
{く/きゅう}にん（九人）		nine people
じゅうにん（十人）		ten people
じゅういちにん（十一人）		eleven people
じゅうににん（十二人）		twelve people
なんにん（何人）		how many people
ひるごはん（昼御飯）	*n.*	lunch

Kanji for Writing

1. 海　うみ
2. 夏　なつ
3. 切　き（る）
4. 正　ただ（しい）
5. 船　ふね
6. 受　う（ける）
7. 都　ト
8. 起　お（きる）

Model Sentences

1. When you want to buy good meat, which store do you go to?
2. When Mr. Tanaka was well, he often played golf with me.
3. As for my friend, even when he is sick, he studies.
4. When you go to Kyoto, please do not go by airplane.
5. At that moment, Mr. Smith looked sleepy. (Lit. At that time, Mr. Smith was making a face which looked like he was sleepy.)
6. On such an occasion, what do you do?
7. Because of sickness, he could not get up for (as long as) one month.
8. Because I did not have a dictionary, I could not read even a page.
9. Because he was busy, Mr. Tanaka could not stay home for even an hour.
10. As many as ten children came to play (here).
11. You cannot go out tomorrow, can you?
12. I can teach English, but I cannot teach French.
13. (The fact is that) I cannot say that in Japanese correctly.
14. You are not expected to be able to write such a difficult kanji as that one.
15. It does not seem that I can come to school tomorrow.
16. As for that meat, can we cut it with this knife?
17. Because I did not have money, I couldn't even eat lunch.
18. Because I could not study yesterday, it doesn't seem that I can take the examination today.

1. あなたは，いい肉を買いたい時（に）は，どの店へ行きますか。
2. 田中さんが元気だった時（に）は，よく私とゴルフをしました。
3. 私の友だちは，病気の時（に）でも，勉強するんですよ。
4. 京都へ行く時（に）は，飛行機で行かないでください。
5. その時（に），スミスさんは，眠そうな顔をしていましたよ。
6. そんな時（に）は，どうしますか。
7. 病気で，一か月も起きられませんでした。
8. 字引がなくて，一ページも読めませんでした。

9. 忙しくて，田中さんは，家に一時間もいられませんでしたよ。
10. 子供は，十人も遊びに来ましたよ。
11. あしたは，出かけられませんね。
12. 私は，英語は教えられますが，フランス語は，教えられません。
13. そのことが，正しく日本語で言えないんです。
14. そんなむずかしい漢字は，書けないはずですよ。
15. あしたは，学校に来られそうもありません。
16. その肉は，このナイフで切れますか。
17. お金がなかったので，昼御飯も食べられませんでした。
18. きのう，勉強することができなかったので，きょうは試験が受けられそうもありません。

I. When-clause : ……時

The word 時 is a noun with the meaning of "time" in general as opposed to 時間, which stands for "hour." 時 can be modified by various kinds of noun modifiers like any other noun. When it is modified by a sentence it corresponds to the English *when-clause*. Also, since 時 is a noun, it can be followed by various particles such as から, まで, までに, に, etc., all of which are relevant to time words. In addition, it can become the subject or the object in a sentence.

大学にはいった時から日本語を勉強しています。	"I have been studying Japanese since I entered the university." (Lit. ...from the time when I entered...)
わかる時まで	"until the time when you understand"
見た時（に）（に is deletable.）	"at the time when I looked at it"
食べない時があります。	"There are occasions when he doesn't eat." (Lit. ... times when he doesn't ...)

The word 時 may replace various time nouns such as 日, 月, or 年. However, the meaning will not remain the same.

日本へ帰る日に電話します。 "On the day I go back to Japan, I will call you."	日本へ帰る時に電話します。 "At the time when I go back to Japan, I will call you."

II. Potential construction : られる "-able"

In lesson 19 we dealt with the potential construction: ことができる. However, the same meaning can be expressed just by changing the form of the verb as follows:

1. *Vowel verbs:* Attach られる to the stem of the verb.

食べる → 食べられる "to be able to eat"
教える → 教えられる "to be able to teach"
出る → 出られる "to be able to get out"
覚える → 覚えられる "to be able to learn/ memorize"

2. *Consonant verbs:*
Replace the final syllable of the citation form with the え-line syllable and attach る.

読む → 読める "to be able to read"
書く → 書ける "to be able to write"
言う → 言える "to be able to say"
歩く → 歩ける "to be able to walk"
話す → 話せる "to be able to speak"

When the potential verb form is made, there is the subject-object shift at the same time. Observe the following examples.

本を読む。 → 本が読める。
"I read books." "Lit. Books are readable."

私が英語を書く。 → 私に英語が書ける。
"I write English." "Lit. English is write-able to me." (I can write English.)

魚を食べる。 → 魚が食べられる。
"I eat fish." "Fish is edible."

Notice that when the direct object becomes the subject of the potential verb, the original subject such as 私が in the second example above becomes the indirect object 私に "to me." Study the following examples.

田中さんには，それが書けない。 "Lit. As far as to Mr. Tanaka is concerned, it is not write-able." "Mr. Tanaka cannot write it."

私の子供には，その魚が食べられない。 "My children cannot eat the fish."

The subject-object shift is unnecessary for intransitive verbs, for which the only thing necessary is to change the verb form.

動(うご)きますか → 動けますか "Can you move?"
歩きます → 歩けますか "Can you walk?"

Many intransitive non-action verbs do not have the potential counterparts. For example, there is no form such as *わかれる to mean "to be able to understand," nor do we have a sentence such as *この戸が開ける "This door is openable" associated with この戸が開く "This door opens." It is interpreted that such intransitive verbs already contain the potential meaning. However, intransitive motion verbs such as 行く，来る，歩く，通る，飛ぶ，走る，etc. regularly have the potential forms as 行ける，来られる，歩ける，通れる，飛べる，走れる，etc.

The potential forms of the irregular verbs must be memorized. Also, there are two verb forms which are related to the potential forms.

来る → 来られる
"to be able to come"
あした来られますか
"Can you come tomorrow?"

する → できる
"to be able to do"
勉強できません
"I can't study."

見る → 見える
"to be visible"
(non-volitional)

聞く → 聞こえる
"to be audible"
(non-volitional)

The above two verbs are different from the following two verbs:

見られる "to be able to see/ look at" (volitional)
聞ける "to be able to hear" (volitional)

In order to see the difference between those verbs, examine the following sentences.

お金がないから，映画が見られません。 "Because I don't have the money, I can't see the movie."

*お金がないから，映画が見えません。(ungrammatical) "*Because I don't have money, the movie is invisible."

With respect to the formation of the potential verb forms, there are the following variations:

1′. Attach れる to the stem of the vowel verbs.

食べる → 食べれる "to be able to eat"
出る → 出れる "to be able to get out"
(If the stem is of three or more syllables, this formation rule does *not* apply. *覚えれる *教えれる)

2′. Replace the final syllable of the citation form with the あ-line syllable and attach れる.

書く → 書かれる "to be able to write"
話す → 話される "to be able to speak"

However, these forms are less commonly used.

Sometimes, the subject-object shift mentioned previously does not take place and the potential construction may keep the direct object. It is still grammatical.

私は英語を話す。 → 私は英語を話せる。
"I speak English." "I can speak English."

III. Particle も "even"

The particle も attached to a quantifier generally means "even."

私は，三時間も勉強しました。 "Lit. I studied for even three hours./ I studied as long as three hours."

私は，十日間も働(はたら)きました。 "Lit. I worked for even ten days./ I worked as long as ten days."

In the above examples, the particle も is used to emphasize the fact that the quantity specified is large. However, there are cases, especially in the negative construction, where the smallness of the quantity may be emphasized.

私の子供は，一日も勉強したことがありません。 "My child has never studied even a single day."

うちの子供は，少しも勉強しません。 "Our child does not study at all."

Even in the negative construction, however, if the verb is punctual, a large amount may be emphasized.

雨は，十日間もやみませんでした。 "The rain did not stop for as long as ten days."

IV. Counter 人(にん) "person/ people"

The suffix 人(にん) is used for counting people. However, 一人(ひとり) "one person" and 二人(ふたり) "two persons" are irregular. See the vocabulary list at the beginning of this lesson and memorize. If で is attached to this counter, the phrase becomes an adverb and marks the extent of the number of persons as in ひとりで "alone," ふたりで "two of us/you/them," etc.

◈ Exercises

I. Transform the following sentences to potential sentences by changing the verb forms. Also, wherever possible, use subject-object shifts. Keep the tenses the same as the original sentence. Translate into English.

Example: 英語を書く。 → 英語が書ける。
"I write English." "I can write English."

1. あした，八時までに来ます。
2. 英語の新聞を読みます。
3. その店で，いい肉を買いました。
4. 日本で英語を教えました。
5. フランス語を話します。
6. あした，町へ出かけます。
7. 来年は，日本で働(はたら)きます。
8. 日本へは，来年も行きません。
9. 私は，病気でも勉強します。
10. ここでバスを待ちます。
11. 日本人の先生を呼びます。
12. こんな大きい字引を持ちました。
13. この戸をあけませんでした。
14. 私の子供は，まだ歩きません。
15. あそこでバスに乗ります。

II. Transform the form of the verbs in the following sentences and produce sentences with the same meaning.

Example: 本を読むことができます。→ 本が読めます。

1. 車を運転(うんてん)することができます。
2. 八時までに帰ることができませんでした。
3. タクシーをここで止めることはできません。
4. 東京にいる友だちに，手紙を書くことはできません。
5. あなたに，いつ会うことができますか。
6. 来年，結婚(けっこん)することはできません。
7. そこの窓(まど)をしめることができませんでした。
8. あなたは，あしたも働(はたら)くことができますか。
9. そんな質問(しつもん)に，答えることはできません。
10. そのナイフで，切ることができます。

III. Complete the following conversations by using a 時-clause according to the cues given as exemplified below. Then translate.

Example: A：いつ，買いましたか。B：<u>東京へ行った時（に），買いました</u>。
（東京へ行った）

"When did you buy it?" "I bought it when I went to Tokyo."
("I went to Tokyo.")

1. A：いつ，ゴルフをしましたか。 B：＿＿＿＿＿＿
(私が学生だった)
2. A：いつ，この本を買いたいですか。 B：＿＿＿＿＿＿
(お金がある)
3. A：いつ，病気になったんですか。 B：＿＿＿＿＿＿
(雪が降った)
4. A：いつ，船に乗りますか。 B：＿＿＿＿＿＿
(日本に行く)
5. A：いつから，日本語を勉強していますか。(私が去年日本に来た) B：＿＿＿＿＿＿
6. A：いつまでに，その仕事は，終(お)わりますか。(田中さんが出かける) B：＿＿＿＿＿＿
7. A：いつ，肉を買いますか。 B：＿＿＿＿＿＿
(肉を食べたい)
8. A：いつ，日本に帰るつもりですか。 B：＿＿＿＿＿＿
(この仕事が終わる)

IV. Translate the following into Japanese.

1. When it snows, do you *take a bus*? (バスに乗っていく)
2. When you eat lunch, where do you go?
3. On such an occasion, what do you want to drink?
4. When it is cold, please do not drive your car.
5. When you teach French, do you only speak French?
6. When you go to Japan next year, how will you go (what will you go by)?
7. Can you see the ship over there?
8. Can you hear me?
9. It seems that he cannot work any more.
10. Can't you read it yet?
11. Can you carry such a big dictionary as this one?
12. Can you travel next year?
13. I can't learn this difficult kanji.
14. I couldn't open the door for (as long as) two hours.
15. Because I was busy, I couldn't read even two pages of my book.
(Lit: Because I was busy, I couldn't read my book (to the extent of) even two pages.)
16. How many students are supposed to enter the university this year?
(Lit. As for the students, how many will enter...) (hint: Use こと

になっている.)

17. As many as forty children came to my house yesterday.

◈ Oral Practice

I. Inflection. (Potential)

食べる → 食べられる
入れる → 入れられる
出る → 出られる
開(あ)ける → 開けられる
止める → 止められる
閉(し)める → 閉められる
いる → いられる
見る → 見られる，見える
来る → 来られる
する → できる

聞く → 聞ける，聞こえる
帰る → 帰れる
乗る → 乗れる
行く → 行ける
話す → 話せる
はいる → はいれる
切る → 切れる
待つ → 待てる
読む → 読める
死(し)ぬ → 死ねる

II. Transformation.

1. 電話をかけます。 → 電話がかけられます。
2. 雑誌(ざっし)を売ります。 → 雑誌が売れます。
3. 紙を切ります。 → 紙が切れます。
4. 車を使います。 → 車が使えます。
5. お菓子(かし)を作ります。 → お菓子が作れます。
6. そのことを忘れません。 → そのことが忘れられません。
7. 荷物(にもつ)を持ちません。 → 荷物が持てません。
8. 休みを取りません。 → 休みが取れません。
9. 家を借りません。 → 家が借りられません。
10. タバコをやめません。 → タバコがやめられません。

III. Substitution.

スミスさん	には	魚が食べられません。
子供(ども)		日本語が書けません。
		その字引はまだ使えません。
		この雑誌(ざっし)が読めません。
		フランス語が覚えられません。

IV. Transformation.

1. スミスさんは，日本語の本を読みます。 → スミスさんは，日本語の本が読めます。
2. 私は，駅まで歩きます。 → 私は，駅まで歩けます。
3. カナダで，日本の食物を買います。 → カナダで，日本の食物が買えます。
4. 窓から，きれいな山を見ます。 → 窓から，きれいな山が見えます。
5. ラジオを聞きます。 → ラジオが聞こえます。
6. 来年は，結婚します。 → 来年は，結婚できます。
7. 弟は，日本に行きます。 → 弟は，日本に行けます。
8. あしたも，ここに来ます。 → あしたも，ここに来られます。
9. 兄は，七時に起きません。 → 兄は，七時に起きられません。
10. そう思いません。 → そう思えません。
11. ジョーンズさんは，魚を食べません。 → ジョーンズさん（に）は，魚が食べられません。
12. あした，お金を返しません。 → あした，お金が返せません。
13. ここで泳ぎません。 → ここで泳げません。
14. 子供は，お酒を飲みません。 → 子供（に）は，お酒が飲めません。
15. 父の顔を見ません。 → 父の顔が見られません。

V. Substitution.

本を読む	時	めがねをかけます。
テレビを見る		
映画を見る		
車を運転する		
新聞を読む		

VI. Transformation. (Join each pair of sentences, using 時.)

Example: Instructor: 大学の病院へ行きました。
病気になりました。

Student: 病気になった時，大学の病院へ行きました。

1. 汽車で行きます。
京都に行きたいです。 → 京都に行きたい時，汽車で行きます。
2. 先生に聞きます。
日本語がわかりません。 → 日本語がわからない時，先生に聞きます。
3. 私は，ペンで書きます。
手紙を書きます。 → 手紙を書く時，私は，ペンで書きます。

4. 私は，帽子(ぼうし)をかぶります。
   雨が降ります。 → 雨が降る時，私は，帽子をかぶります。
5. たくさん買っておきます。
   ソーセージが安いです。 → ソーセージが安い時，たくさん買っておきます。
6. 山に登(のぼ)りたくなります。
   山がきれいです。 → 山がきれいな時，山に登りたくなります。
7. 日本語を勉強しました。
   大学の学生でした。 → 大学の学生だった時，日本語を勉強しました。
8. 田中さんから借りました。
   お金がありませんでした。 → お金がなかった時，田中さんから借りました。
9. 英語が話せませんでした。
   子供(ども)でした。 → 子供だった時，英語が話せませんでした。
10. スミスさんは，泣(な)いていました。
    手紙を読みました。 → 手紙を読んだ時，スミスさんは，泣いていました。
11. 田中さんは，よく笑(わら)いました。
    たくさんお酒(さけ)を飲みました。 → たくさんお酒を飲んだ時，田中さんは，よく笑いました。
12. ジョンさんとビールをたくさん飲みました。
    昼御飯(ひるごはん)を食べました。 → 昼御飯を食べた時，ジョンさんとビールをたくさん飲みました。

VII. Substitution.

疲(つか)れた	時でも車を運転しなくてはいけません。
病気の	
雪の	
お酒(さけ)を飲んだ	
ガソリンが高くなった	

VIII. Response.

1. いつ日本に行きましたか。
   (子供(ども)の時)…… 子供の時，日本へ行きました。
2. いつまでここにいますか。
   (電話がかかってくる時)…… 電話がかかってくる時まで，ここにいます。
3. いつまでにお金が返(かえ)せますか。
   (結婚(けっこん)する時)…… 結婚する時までに，返せます。
4. いつ旅行(りょこう)できますか。

（病気が直(なお)った時）……　　病気が直った時，旅行できます。

5．テニスをするのは，いつがいいですか。

（仕事が終わった時）……　　仕事が終わった時がいいです。

6．いつから日本語を勉強していますか。

（大学の学生だった時）……　　大学の学生だった時から勉強しています。

7．いつこんな字引を使いますか。

（漢字が読めない時）……　　漢字が読めない時，こんな字引を使います。

8．いつまでそこに立(た)っているつもりですか。

（父が来る時）……　　父が来る時まで，立っているつもりです。

IX. Substitution.

一時間	もかかってしまいました。
二年間	
三週間	
四か月	
八か月	
九日	
二十日	

X. Substitution.

学生は	一人	で海に行きました。
	二人	
	三人	
	四人	
	五人	
	六人	
	七人	
	八人	
	九人	
	十人	

XI. Response.

1．あそこで，子供(ども)が何人遊んでいますか。

（五，六人）……　　あそこで，子供が五，六人遊んでいます。

2. 京都へ行った時，何人で行きましたか。
　(三人)…… 京都へ行った時，三人で行きました。
3. きのうのパーティーに，何人来ましたか。
　(十六人)…… きのうのパーティーに，十六人来ました。
4. 学生だった時，どこに住んでいましたか。
　(東京)…… 学生だった時，東京に住んでいました。
5. 日本語の本を買いたい時，どこへ行きますか。
　(大学の本屋)…… 日本語の本を買いたい時，大学の本屋へ行きます。
6. アメリカに帰る時，何で帰るつもりですか。
　(船)…… アメリカに帰る時，船で帰るつもりです。
7. いつ，日本語が話せるようになりましたか。
　(去年)…… 去年，日本語が話せるようになりました。
8. それはいつごろの話ですか。
　(1960年ごろ)…… それは，1960年ごろの話です。

XII. Negation. (Use も.)

1. かさが一本あります。 → かさが一本もありません。
2. 一日勉強します。 → 一日も勉強しません。
3. お酒(さけ)が少しあります。 → お酒が少しもありません。
4. 紙が一枚あります。 → 紙が一枚もありません。
5. 東京に，一度行ったことがあります。 → 東京に，一度も行ったことがありません。
6. 先生が一人います。 → 先生が一人もいません。
7. 部屋(へや)が一つあります。 → 部屋が一つもありません。
8. 一分待ってみました。 → 一分も待ってみませんでした。
9. タクシーが一台(だい)ありました。 → タクシーが一台もありませんでした。
10. お金が一セントありました。 → お金が一セントもありませんでした。

XIII. Memorize the following conversation.

清水(しみず)：バンクーバーの町は，山も海も見えて，きれいですね。
ジョーンズ：ええ，夏は，きれいですが，冬は，雨がよく降ります。
清水：クリスマスには，お休みが取れますか。
ジョーンズ：ええ，取れます。
清水：何日ぐらい取れるのですか。
ジョーンズ：そうですね。二週間ぐらいです。ことしは，クリスマスの休みの時には，雨の降らないところへ，旅行（りょこう）したいと思っているんですよ。

清水：いいですね。ハワイは，いかがですか。

ジョーンズ：ハワイまで，飛（ひ）行機（き）で，何時間ぐらいかかるのでしょうか。

清水：私が行った時は，七時間ぐらいで行けたと思いますよ。

ジョーンズ：この冬の休みに，あなたもハワイに行けますか。

清水：ええ。三週間もお休みがあるので，行けると思いますよ。

ジョーンズ：では，一緒（いっしょ）に行きましょう。

XIV. Make a conversation of 4 or 5 lines.

LESSON 23

Vocabulary Items

あき	*n.*	autumn
あちら，あっち	*n.*	that way over there, that side over there
あつい（暑い）	*aj.*	hot (weather)
あつい（熱い）	*aj.*	hot (object)
いちばん（一番）	*adv.*	number one, most
うた（歌）	*n.*	song, singing
（お）きゃく（お客）	*n.*	customer
おたく（お宅）	*n.*	your house, (someone else's) house
（お）はし	*n.*	chopsticks
きいろい（黄色い）	*aj.*	yellow
きた（北）	*n.*	north
こちら，こっち	*n.*	this way, this side
こむ	*v. intr.*	to get crowded
しらべる（調べる）	*v. tr.*	to investigate
せまい（狭い）	*aj.*	narrow, small
そちら，そっち	*n.*	that way, that side
ソれん（ソ連）	*n.*	Soviet Union
たまご（卵）	*n.*	egg
てんいん（店員）	*n.*	store clerk
どちら，どっち	*n.*	which way, which side
にぎやか（な）	*na.*	lively, noisy
……にくい	*suf.*	difficult to. . .
にし（西）	*n.*	west
……のうちで		among

バイオリン	*n.*	violin
はる（春）	*n.*	spring
ばん（晩）	*n.*	evening
ピアノ	*n.*	piano
ひがし（東）	*n.*	east
ひだり（左）	*n.*	left
フォーク	*n.*	fork
ほう	*n.*	side, direction
ほど	*n./pt.*	extent, degree
まんねんひつ（万年筆（まんねんひつ））	*n.*	fountain pen
みぎ（右）	*n.*	right
みなみ（南）	*n.*	south
……やすい	*suf.*	easy to. . .
より（も）	*adv./pt.*	rather than
ロスアンゼルス	*n.*	Los Angeles

Kanji for Writing

1. 北　きた
2. 南　みなみ
3. 西　にし
4. 動　うご（く）
5. 働　はたら（く）
6. 住　す（む）
7. 茶　チャ
8. 川　かわ

Model Sentences

1. A. Which is more difficult, kanji or hiragana?
   B. I think that kanji is more difficult than hiragana.
2. A. Which is warmer, Seattle or Vancouver?
   B. I hear that Seattle is warmer than Vancouver, but...
3. Mr. Yamada works more than Mr. Tanaka.
4. Do you know that Tokyo is more to the north than Osaka?
   (Lit. Do you know that Tokyo exists more in the north than Osaka?)
5. It seems that Los Angeles is harder to live in than San Francisco.
6. I decided to study German rather than English.
7. It is cheaper to buy it at that store rather than buying it at this store, you know.
8. I think that it is more interesting to read a newspaper than to watch TV.
9. Mr. Tanaka is not as good at singing as Mr. Yamanaka.

10. New York is probably not as bustling as Tokyo.
11. Yesterday it was so cold that it snowed.
12. That was so difficult that even the teacher did not understand it, I hear.
13. A. Among kanji, hiragana and katakana, which do you think is the easiest to learn?
    B. I think hiragana is the easiest to learn.
14. I think that kanji is the most difficult to learn.
15. Among the fish, meat and eggs, the meat looks most delicious, but...
16. Which river do you think is the longest?
17. The train was crowded, and it was difficult to move around.

1. A. 漢字とひらがなは，どちらのほうが，もっとむずかしいですか。
   B. 漢字のほうが，ひらがなのほうよりも，むずかしいと思います。
2. A. シアトルとバンクーバーは，どっちが，もっと暖(あたた)かいんですか。
   B. シアトルのほうが，バンクーバーよりも，暖かいそうですが……
3. 田中さんより山田さんのほうが，もっと働きます。
4. 東京は，大阪より，もっと北にあることを知っていますか。
5. サンフランシスコより，ロスアンゼルスのほうが，住みにくいようです。
6. 英語よりも，ドイツ語のほうを勉強することにしました。
7. この店で買うより，あの店で買うほうが，もっと安いですよ。
8. 私は，テレビを見るより，新聞を読むほうが，おもしろいと思います。
9. 田中さんは，山中さんほど，歌(うた)がじょうずではありません。
10. ニューヨークは，東京ほど，にぎやかではないでしょう。
11. きのうは，雪が降るほど寒(さむ)かったですよ。
12. それは，先生にもわからないほどむずかしかったそうですよ。
13. A. 漢字とひらがなとかたかなのうちで，どれが，一番(ばん)覚えやすいと思いますか。
    B. ひらがなが，一番覚えやすいと思います。
14. 漢字は，一番覚えにくいと思います。
15. 魚と肉と卵(たまご)では，肉が一番おいしそうですが……
16. どの川が一番長(なが)いと思いますか。
17. 汽車がこんでいて，動きにくかったです。

I. Comparative constructions

A. *Positive comparatives*

To compare two items, the noun ほう "side/ direction" and the adverb より

"(rather) than" are used. Observe the following structural descriptions.

1. The noun ほう can be modified like any other noun. The adverb より may follow a noun or a sentence. Also, it may directly be followed by the emphatic も "even" or the contrastive は "as far as ... is concerned."

   a. 上田さんのほうが，山田さんのほうより，大きい。
   "Mr. Ueda is bigger than Mr. Yamada." (Lit. Mr. Ueda (on the one side) is big rather than Mr. Yamada (on the other side).)

   b. このほうが，そのほうよりも，便利(べんり)です。
   "This is more convenient than that."

   c. 寒(さむ)いほうが，暑(あつ)いほうよりは，好きです。
   "I like it cold rather than hot." (i.e. ... though I may not like it cold as much as I like it nice and warm, for example. Notice the contrastive は.)

   d. 上田さんが行くほうが，山田さんが行くよりも，いいです。
   "It is better for Mr. Ueda to go than for Mr. Yamada to go."

2. When ほう is modified by a sentence—its predicate may be an adjective, a nominal adjective or a verb—one or both ほう can be replaced by the pronoun の.

a.	小さいほうが，大きいほうより，好きです。	"I like it small rather than big."
a′.	小さいのが，大きいほうより，好きです。	〃 〃
a″.	小さいほうが，大きいのより，好きです。	〃 〃
a‴.	小さいのが，大きいのより，好きです。	〃 〃
b.	働くほうが，遊ぶほうより，おもしろいです。	"To work is more interesting than to play around."
b′.	働くのが，遊ぶほうより，おもしろいです。	〃 〃
b″.	働くほうが，遊ぶのより，おもしろいです。	〃 〃
b‴.	働くのが，遊ぶのより，おもしろいです。	〃 〃
c.	ピンポンは，あまりじょうずでなくてもいいけれども，じょうずなほうが，へたなほうよりは，いいです。	"You don't have to be too good at ping-pong, but it is better to be good at it rather than poor at it."
c′.	……じょうずなのがへたなほうよりは，いいです。	〃 〃
c″.	……じょうずなほうがへたなのよりはいいです。	〃 〃
c‴.	……じょうずなのがへたなのよりはいいです。	〃 〃

3. When ほう is modified by a *noun*+の, one or both のほう can be dropped. However, when it is modified by a sentence, only the second ほう which is followed by より can be dropped.

a.	英語のほうが，ドイツ語のほうより，むずかしい。	"English is more difficult than German."
a′.	英語のほうが，ドイツ語より，むずかしい。	〃 〃
a″.	英語が，ドイツ語のほうより，むずかしい。	〃 〃
a‴.	英語が，ドイツ語より，むずかしい。	〃 〃
b.	電話をかけるほうが，手紙を書くほうより，いいです。	"It is better to call than to write a letter."
b′.	電話をかけるほうが，手紙を書くより，いいです。	〃 〃
	But not:	
b″.	*電話をかけるが手紙を書くよりいいです。	〃 〃

All the above structural descriptions may be summarized as follows:

{Noun（のほう） / Sentence {ほう / の} / Demonstrative ほう} {が / は} {Noun（のほう） / Sentence ({ほう / の}) / Demonstrative ほう} より Predicate
(Demonstrative＝この，その，あの，どの)

Note: Any combination of the first column member and the second column member is possible. The parenthetical elements are optional. The braces are for choosing only one of the members of the group.

The reason for using the noun ほう "side/direction" for comparative construction is that the two compared items, A and B, are psychologically placed on two opposite sides. In English this is similar to saying, "A on the one hand, and B on the other hand." This is similarly reflected in the comparative question in Japanese in which the interrogative word どちら or its contracted form どっち "which side/direction" is used.

The degree adverb もっと "more" may be used to modify adjectives, nominal adjectives, or verbs. When the context is clear as in answering a comparative question, the ほう and より phrases may be entirely dropped, and the answer may be something like はい，もっといいです "Yes, it is better." The phrase もっといいです can still be considered a comparative use of the adjective いい, although the ほう and より phrases are deleted.

On the other hand, as long as the compared items are stated by using ほう and/or より, we know that the sentence is comparative even without the adverb もっと. Thus, a Japanese sentence is comparative if one of the three phrases ほう，より，and もっと is used. Therefore, all of the following are comparative.

c. 日本のほうが，便利(べんり)です。 “Japan is more convenient.”

d. 映画(えいが)より，おもしろいです。 “It is more interesting than the movie.”

e. もっと，高いです。 “It is more expensive.”

f. もっと，丈夫(じょうぶ)になりました。 “He became stronger/healthier.”

g. もっと，大事(だいじ)なことです。 “It is a more important matter.”

h. 山中さんは，もっと働きます。 “Mr. Yamanaka works more.”

Although the word 北 “north” is a noun, it can be used in a comparative sense as in:

i. 東京はもっと北です。 “Tokyo is more to the north./Tokyo is farther north.”

j. もっと北に行きました。 “He went farther north.”

In fact, similar direction nouns such as 東(ひがし) “east,” 西 “west,” 南 “south,” 上 “top/up,” 下 “down/bottom,” 右(みぎ) “right,” 左(ひだり) “left,” etc. may be so used.

k. もっと上を見てください。 “Please look farther up.”

l. もっと下に行きましょう。 “Let's go farther down.”

m. 大阪(さか)はもっと南です。 “Osaka is farther south.”

n. それはもっと右(みぎ)です。 “It is more to the right.”

The same kind of construction is used by some native speakers of English. For example, some native speakers allow the expression such as “It is more south than that,” meaning “It is farther south.”

B. *Negative comparatives*

For the purpose of negative comparatives, the particle ほど “extent/degree” is used. It can be attached to a noun like a suffix. However, it can also be modified by a sentence in the present tense or a demonstrative. In such a case, it will mean “as much as/to the extent that.” Also, ほど can be used in positive sentences as well.

a. ニューヨークは，東京ほど大きくありません。 “New York is not as big as Tokyo.”

b. あなたに読めないほどむずかしくない。 “Lit. It is not difficult to the extent that you can't read it.”

c. 子供(ども)にできるほどやさしい。 “It is so easy that children can do it.”

d. それほど勉強しましたか。 “Did he study that much? (Lit. Did

he study to that extent?)"

One other type of negative comparative may be considered. We can say:

e. ニューヨークは東京より大きくありません。 "New York is not bigger than Tokyo."

Compare sentences a. and e. above. Both sentences are grammatical, but the difference may be shown by the following:

a. New York $<$ Tokyo

e. New York $\leq$ Tokyo

II. Superlative Construction

To express the superlative, the ordinal "number one," 一番(ばん), is used. Thus, we may say: 一番むずかしい "Lit. number one difficult (of all)." The meaning of "of all" in the parenthesis here is expressed in Japanese by the noun うち "inside/ among" followed by the gerund form of the copula which may further be followed by the particle は. However, the noun うち or the noun+copula うちで may be dropped. If うちで is dropped, は must be used.

AとBとCのうちで(は), Cが一番大きい。 "Among A, B, and C, C is biggest."

AとBとCで(は), Cが一番大きい。 〃 〃

AとBとCは, Cが一番大きい。 〃 〃

In the examples above, those with the particle は contain the meaning of contrast.

III. やすい vs. にくい "easy to do" vs. "difficult to do"

The meaning of "easy/ difficult to do" is expressed by using a verb in its conjunctive form plus the adjectival forms やすい "easy" and にくい "difficult."

日本語は，覚えやすい。 "Japanese is easy to learn."

ドイツ語は，わかりにくい。 "German is hard to understand."

この道は，歩きにくい。 "This road is hard to walk on."

この車は，運転(うんてん)しやすい。 "This car is easy to drive."

These phrases are adjectival, and as such they follow all the rules relevant to other adjectives.

IV. Interrogative どちら "which of the two"

The noun どちら "which (of the two)/ which direction/ which way" and its contracted form どっち may also be used for asking location or direction.

a. お宅(たく)は，どちらですか。 "Which is your house?/ Where are you from?"

b. どちらの道を来ましたか。 "Which road did you come along?"

The interrogative どちら is associated with the following nouns:

こちら（こっち）	"this way/ this side/ this direction"
そちら（そっち）	"that way/ that side/ that direction"
あちら（あっち）	"that way over there/ that side over there/ that direction over there"

Study the following:

こちらの人	"the person on this side"
こっちの窓(まど)	"the window on this side"
そちらの部屋(へや)	"the room on that side"
あちらの戸	"the door on that side over there"
あちらのほう	"that direction over there"
あっちの建物(たてもの)	"buildings on that side over there"

Example sentence a. above may occasionally be used as a polite question asking "where is your home?" In this case, どちら no longer means "which of the two." The contracted form どっち is never used for such a polite question.

◈ Exercises

I. Using the items given, make comparative questions and translate.

Example: 漢字とひらがな；やさしい
→ 漢字とひらがなは，どちらのほうがやさしいですか。
"Which is easier, kanji or hiragana?"

1. コーヒーとお茶；おいしい
2. 英語と日本語；書きやすい
3. 汽車とバス；速(はや)い
4. 桃(もも)とりんご；好き
5. ハワイとロスアンゼルス；もっと南
6. この建(たて)物とあの建物；静(しず)か

7. この写真(しゃしん)とあの写真；高い
8. 田中さんのお子さんと山田さんのお子さん；大きい
9. 午前(ぜん)と午後；いい
10. 夏と冬；忙しい

II. Write the answers to the above questions.

III. Re-write the following sentences so that the new sentences will have the meaning of negative comparison. Then translate.

Example: 東京は，ニューヨークより大きいです。
"Tokyo is bigger than New York."
→ ニューヨークは，東京ほど大きくありません。
"New York is not as big as Tokyo."

1. 映画(えいが)は，テレビよりおもしろいと思います。
2. お菓子(かし)より，果物(くだ)のほうが好きです。
3. 田中さんは，山中さんより，ピンポンがじょうずだそうです。
4. バスは，汽車より，便利(べんり)だそうです。
5. 田中さんは，私より，もっと勉強します。
6. 英語は，ドイツ語より，覚えにくそうです。
7. その大学は，病院より，遠(とお)いです。
8. 駅(えき)は，デパートより，近いそうです。
9. シアトルは，バンクーバーより，暖(あたた)かそうです。
10. 京都は，東京より，暑(あつ)そうです。

IV. Use ほう and re-write the following sentences, retaining the same meaning. Also, translate.

Example: この車よりあの車が高いです。
→ この車のほうより，あの車のほうが高いです。
"That car is more expensive than this car."

1. この車と，あの車と，どっちが安いですか。
2. このコートが，あのコートより，高いはずです。
3. ロシアが，アメリカより，広いはずです。
4. 中国(ちゅうごく)語より，日本語がよくわかるつもりですが……
5. 手紙を書くより，電話をかけるのが，いいでしょう。
6. 日本語が話せるより，よく書けるのが，大事(だいじ)だと思います。
7. 英語より，フランス語が，覚えやすいでしょう。
8. 東京より，大阪(さか)が，にぎやかですよ。

9. この部屋(へや)より，あの部屋が，静(しず)かで，よく眠(ねむ)るのによさそうです。
10. 汽車より，バスが遅(おそ)いですよ。

V. Complete the following conversations.

1. A：かたかなは，覚えにくいですか。
   B：いいえ，＿＿＿＿＿＿＿＿＿＿
2. A：その魚は，食べにくかったんですか。
   B：はい，＿＿＿＿＿＿＿＿＿＿
3. A：＿＿＿＿＿＿＿＿＿＿
   B：いいえ，話しやすくはありません。
4. A：＿＿＿＿＿＿＿＿＿＿
   B：それが言いにくいです。
5. A：わかりやすいのは，何ですか。
   B：＿＿＿＿＿＿＿＿＿＿

VI. Translate the following into Japanese.

1. I am healthier than my older brother.
2. Which is cheaper, to go by plane or to go by train?
3. I like Tokyo better than Osaka.
4. Among Tokyo, New York and Los Angeles, which is the largest?
5. Among fish, meat and eggs, I like fish the best.
6. Peaches are not as delicious as apples.
7. Which do you think is more expensive, this car or that car?
8. This is so easy to understand that even my children understand it.
9. Do you think that TV is not as interesting as movies?
10. Which is more difficult to learn, Russian or German?
11. My children speak English rather than Japanese.
12. Seattle is closer.
13. It is hotter today.
14. This newspaper is easier to read than that one.
15. The bus arrives at the station earlier than the taxi.

◈ Oral Practice

I. Substitution.

どちら	の	ほう		が	大きいです(か)。
こちら		部屋(へや)	のほう		広(ひろ)いです。
そちら		道			狭(せま)いです。
あちら		国			きれいです。
		店			好きです。
		デパート			

II. Substitution. (Choose the items appropriately.)

大きい	(ほう)より	小さい	ほうがいいです。
高い		安い	
赤い		白(しろ)い	
やさしい		むずかしい	
安い		便利(べんり)な	
冷(つめ)たい		熱(あつ)い	
長(なが)い		短(みじか)い	

III. Substitution. (Choose the items appropriately.)

ペンで書く	ほうが	鉛筆(えんぴつ)で書く	(ほう)よりいいです。
ビールを飲む		ウィスキーを飲む	
車で行く		バスで行く	
手紙を書く		電話をかける	
ここで買う		デパートで買う	
山に登(のぼ)る		泳(およ)ぐ	
調(しら)べる		先生に聞く	

IV. Substitution. (Choose the items appropriately.)

タクシー	のほうが	バス	(のほう)よりいいです。
コカコーラ		お酒(さけ)	
サンフランシスコ		シアトル	
肉		魚	
コーヒー		お茶	
このいす		あのいす	
朝(あさ)		晩(ばん)	

V. Transformation.

1. 速(はや)いほうが，遅(おそ)いほうより，好きです。 → 速いのが，遅いのより，好きです。
2. 安いほうが，高いほうより，おもしろいです。 → 安いのが，高いのより，おもしろいです。
3. 大きいほうが，小さいほうより，おいしいです。 → 大きいのが，小さいのより，おいしいです。
4. 黄色(きいろ)いほうが，黒(くろ)いほうより，便利(べんり)です。 → 黄色いのが，黒いのより，便利です。
5. ニューヨークで働くほうが，トロントで働くほうより，むずかしいです。
   → ニューヨークで働くのが，トロントで働くのより，むずかしいです。
6. フォークで食べるほうが，おはしで食べるほうより，やさしいです。
   → フォークで食べるのが，おはしで食べるのより，やさしいです。
7. テレビを見るほうが，新聞を読むほうより，おもしろいです。
   → テレビを見るのが，新聞を読むのより，おもしろいです。
8. バスで行くほうが，飛行機(ひこうき)で行くほうより，安いです。
   → バスで行くのが，飛行機で行くのより，安いです。

VI. Substitution.

きれい	なほうにしました。
立派(りっぱ)	
にぎやか	
便利(べんり)	
好き	
だめ	
静(しず)か	

VII. Substitution.

もっと	東	の方(ほう)へ行ってみましょう。
	西	
	南	
	北	
	右(みぎ)	
	左(ひだり)	
	上	
	下	

VIII. Substitution.

中国語(ちゅうごく)と日本語	は	どちらのほう	が	おもしろいですか。
シカゴと東京				
京都と東京				
この小説(せつ)とあの小説				
今週の映画(えいが)と来週の				
船の旅行(りょこう)と飛行機(ひこうき)の				

IX. Transformation.

1. 田中さんより，山本さんのほうが，勉強します。 → 山本さんのほうが，もっと勉強します。
2. 東京より，京都のほうが，古い町です。 → 京都のほうが，もっと古い町です。
3. コーヒーより，お茶のほうが，好きです。 → お茶のほうが，もっと好きです。
4. ここより，大阪(さか)のほうが，にぎやかです。 → 大阪のほうが，もっとにぎやかです。
5. シアトルより，バンクーバーのほうが，北です。 → バンクーバーのほうが，もっと北です。
6. フランス語より，中国語(ちゅうごく)のほうが，おもしろいです。 → 中国語のほうが，もっとおもしろいです。
7. バイオリンより，ピアノのほうが，じょうずです。 → ピアノのほうが，もっとじょうずです。
8. 映画(えいが)を見に行くより，パーティーに行くほうが，おもしろいです。
   → パーティーに行くほうが，もっとおもしろいです。

X. Substitution.

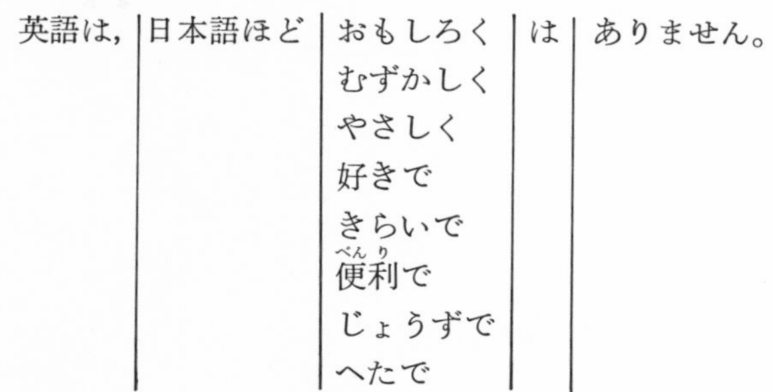

英語は，	日本語ほど	おもしろく	は	ありません。
		むずかしく		
		やさしく		
		好きで		
		きらいで		
		便利(べんり)で		
		じょうずで		
		へたで		

XI. Response. (Negative: Use いいえ and ほど.)

1. 英語は，日本語より，むずかしいですか。
   いいえ，英語は，日本語ほど，むずかしくありません。
2. 汽車は，バスより，遅(おそ)いですか。
   いいえ，汽車は，バスほど遅くありません。
3. 大阪(さか)は，ニューヨークより，にぎやかですか。
   いいえ，大阪は，ニューヨークほど，にぎやかではありません。
4. 横浜(よこはま)は，東京より，北ですか。
   いいえ，横浜は，東京ほど北ではありません。
5. この道は，あの道より，広いですか。
   いいえ，この道は，あの道ほど，広くありません。
6. きょうは，きのうより，寒(さむ)いですか。
   いいえ，きょうは，きのうほど寒くありません。
7. 京都は，大阪より，遠(とお)いですか。
   いいえ，京都は，大阪ほど，遠くありません。
8. 東京は，夏，ニューヨークより，暑いですか。
   いいえ，東京は，夏，ニューヨークほど，暑くありません。

XII. Substitution. (Use ほど modified by a sentence.)

死(し)にそうな 泣(な)きたい お昼御飯(ひるごはん)が食べられない あなたと話す時間がない 電話をかける時間がない 眠(ねむ)る時間がない	ほど，忙(いそが)しいです。

XIII. Conjoining. (Use ほど.)

1. 子供(ども)に読める。
この本は，やさしいです。 → 子供に読めるほど，この本は，やさしいです。
2. 歩いて行ける。
駅(えき)は，近いです。 → 歩いて行けるほど，駅は，近いです。
3. 雪が降る。
きょうは，寒(さむ)いです。 → 雪が降るほど，きょうは，寒いです。
4. 死(し)にそうだ。
暑(あつ)いです。 → 死にそうなほど，暑いです。

5. 先生にもわからない。 この日本語の手紙は，むずかしいです。 → 先生にもわからないほど，この日本語の手紙は，むずかしいです。

XIV. Substitution.

ひらがな	は	書き	やすい	です。
漢字		覚え	にくい	
かたかな		使い		
		読み		
		教え		
		わかり		
		見		

XV. Transformation.（やすい and にくい）

1. 日本語を覚える。 → 日本語は，覚えやすいです。 / 日本語は，覚えにくいです。
2. おはしを使う。 → おはしは，使いやすいです。 / おはしは，使いにくいです。
3. このペンを売る。 → このペンは，売りやすいです。 / このペンは，売りにくいです。
4. こんな雑誌（ざっし）を借りる。 → こんな雑誌は，借りやすいです。 / こんな雑誌は，借りにくいです。
5. 田中さんの話がわかる。 → 田中さんの話は，わかりやすいです。 / 田中さんの話は，わかりにくいです。

XVI. Substitution. (Superlative)

船と汽車とバスのうちで，どれが一番（ばん）	便利	ですか。
	早い	
	遅（おそ）い	
	安い	
	高い	
	好き	
	使いやすい	
	行きにくい	

XVII. Superlative Questions.

1. (東京，ニューヨーク，ロンドン)(大きい) → 東京と，ニューヨークと，ロンドン(のうち)で，どれが一番(ばん)大きいですか。

2. (日本語，ドイツ語，中国語(ちゅうごく))(むずかしい) → 日本語と，ドイツ語と，中国語(のうち)で，どれが一番むずかしいですか。

3. (船，汽車，バス)(便利(べんり)) → 船と，汽車と，バス(のうち)で，どれが一番便利ですか。

4. (ミシシッピー川，ナイル川，アマゾン川)(長(なが)い) → ミシシッピー川と，ナイル川と，アマゾン川(のうち)で，どれが一番長いですか。

5. (富士山(ふじさん)，エベレスト山，エトナ山)(高い) → 富士山と，エベレスト山と，エトナ山(のうち)で，どれが一番(ばん)高いですか。

6. (カナダ，中国(ちゅうごく)，ソ連(れん))(大きい国) → カナダと，中国と，ソ連(のうち)で，どれが一番大きい国ですか。

7. (ペン，鉛筆(えんぴつ)，万年筆(まんねんひつ))(使いやすい) → ペンと，鉛筆と，万年筆(のうち)で，どれが一番使いやすいですか。

8. (春(はる)，夏，秋(あき)，冬)(好き) → 春と，夏と，秋と，冬(のうち)で，どれが一番好きですか。

XVIII. Response.

1. お宅(たく)は，どちらですか。
   (シカゴ)……　　私の家は，シカゴです。
2. どちらの道を来ましたか。
   (あの道)……　　あの道を来ました。
3. どちらが，田中さんですか。
   (私)……　　私が田中です。
4. あなたは，どちらから来ましたか。
   (アメリカ)……　　私は，アメリカから来ました。
5. きのうは，どちらに買物に行きましたか。
   (東京のデパート)……　　東京のデパートに，買物に行きました。

XIX. Memorize the following conversations.

1. 山田：スキーと，スケートと，どっちのほうが，おもしろいと思いますか。
   清水(しみず)：私は，スキーのほうが好きですね。
   山田：けれども，スケートのほうが，やさしいでしょう。
   清水：ええ，スキーのほうが，むずかしいから，好きなのです。

2. お客(きゃく)：このネクタイは，いくらですか。
店員(てんいん)：これは，5000円ですが……
お客：もっと安いのがありますか。
店員：ええ，この箱(はこ)の中にあります。
お客：この黄色(きいろ)いのと，赤いのと，青(あお)いネクタイのうちで，どれが一番(ばん)安いですか。
店員：この青(あお)いのが一番安いですよ。3000円です。
お客：そうですか。去年よりたいへん高くなりましたね。

3. 中川：小さい車は，運転(うんてん)しやすいですね。
ジョーンズ：ええ，うちの子供(ども)も，じょうずに運転できるほどです。
中川：ことしは，日本の車も，あまり安くありませんね。
ジョーンズ：でも，アメリカで売っている日本の車は，カナダで売っている日本の車ほど，高くありませんよ。(でも＝however)
中川：なぜでしょうか。
ジョーンズ：よくわかりませんね。

XX. Make a conversation of 6 or 7 lines.

LESSON 24

Vocabulary Items

For interrogatives ＋{か / も / でも}, see the grammar explanation.

あさって	*n.*	the day after tomorrow
インフレ	*n.*	inflation
え（絵）	*n.*	picture
エスペラントご（エスペラント語）	*n.*	Esperanto
おなじ（同じ）†	*na.*	the same
けいかく（計画(けいかく)）	*n.*	plan, project
ぜひ	*adv.*	definitely, by all means
ため（に）	*n.*	for, for the reason of, because
ちゅういする（注(ちゅう)意(い)する）	*v. intr.*	to pay attention to, take care
つよい（強い）	*aj.*	strong
でも	*pt.*	. . . or some(thing)
e. g. お茶でも		tea or something
どうぞ	*adv.*	please
バター	*n.*	butter
パン	*n.*	bread
ふろしき	*n.*	furoshiki, a piece of cloth for wrapping and carrying things
ほしい	*adj.*	to want Lit. (something) is desirable

†**Note**: 同じ is an exceptional nominal adjective. For modifying a noun, it is used without な. e. g. 同じ本 'the same book,' not 同じな本.

まあ	*adv.*	well...... (conversational)
みず（水）	*n.*	water

Kanji for Writing

1. 酒　さけ
2. 長　なが（い）
3. 黒　くろ
4. 短　みじか（い）
5. 狭　せま（い）
6. 曜　ヨウ
7. 走　はし（る）

Model Sentences

1. Somebody seems to have come.
2. Nobody wants to eat such a thing, you know.
3. Whether it is Mr. Tanaka or Mr. Yamada or anybody, it will be all right, I hear.
4. I am thinking that I would definitely like to visit Kyoto (and see how it is) sometime.
5. I hear that Mr. Ikeda is working as if he is always busy.
6. Whenever it may be, whether it is today or tomorrow, it is all right.
7. There should be some money that we can use for that project.
8. We have any amount of gasoline. Please use a lot.
9. However it may be, whether it is long or short, it is all right.
10. Whichever it may be, whether it is a black one or a white one, it is all right. They are both the same.
11. Any amount is all right, whether it is 1,000 yen or 10,000 yen.
12. Whichever it may be, whether it is a small room or a large room, it is all right.
13. There is now little water. Please use it carefully. (Lit. There is no longer . . .)
14. Shall we go somewhere next Sunday?
15. I studied at home without going anywhere last Saturday.
16. There is nothing, is there? Well, please drink tea or something.
17. Since there is nothing to do, I will read the newspaper or something.
18. Shall we go to Tokyo or somewhere?
19. Since it is snowing today, not many cars are running.
20. I could not move on the bus on account of its having been very crowded.

1. だれか（が），来たようです。
2. だれも，そんな物は，食べたくありませんよ。
3. 田中さんでも，山田さんでも，だれでもいいそうです。
4. いつか，京都に，ぜひ行ってみたいと思っています。
5. 池田さんは，いつも，忙しそうに働いているそうです。
6. きょうでも，あしたでも，いつでもいいですよ。
7. その計画に使えるお金は，いくらかあるはずです。
8. ガソリンは，いくらでもあります。たくさん使ってください。
9. 長くても，短くても，どちらでもいいです。
10. 黒いのでも，白いのでも，どちらでもいいです。どちらも同じですよ。
11. 千円でも一万円でも，いくらでもいいです。
12. 狭い部屋でも，広い部屋でも，どっちでもいいです。
13. もう，水はいくらもありません。注意して使ってください。
14. 来週の日曜日には，どこかへ行きましょうか。
15. 先週の土曜日には，どこへも行かないで，うちで勉強しました。
16. 何もありませんねえ。まあ，お茶でも飲んでください。
17. 何もすることがありませんから，新聞でも読みます。
18. 東京へでも，行きましょうか。
19. きょうは雪が降っているために，あまり車は走っていません。
20. たいへんこんでいたため，バスの中では動けませんでした。

I. Indefinite pronouns

When we ask a question in English such as " Who came ? " we presuppose that *someone* came. " What happened ? " presupposes that *something* happened. From this we can see that there exist meaning relationships between the interrogative pronoun *who* and the indefinite pronoun *someone*, and between *what* and *something*. Notice that in Japanese such relationships can easily be observed: だれ " who " vs. だれか " someone," and 何 " what " vs. 何か " something," for example.

Generally, if the particle か follows the interrogative, the meaning is associated with the indefinite " some." If も follows, the meaning will be associated with the indefinite " any." If でも follows, it is associated with the meaning of *interrogative+ever*. Study the following.

だれ	だれか	だれも	だれでも
" who "	" someone "	" anyone "	" whoever " (anyone whatsoever)
何	何か	何も	何でも
" what "	" something "	" anything "	" whatever "

どこ " where "	どこか " somewhere "	どこも " anywhere "	どこでも " wherever "
いつ " when "	いつか " sometime "	いつも " anytime "	いつでも " whenever "
どれ " which " (of three or more)	どれか "(some) one of them "	どれも " any one of them "	どれでも " whichever one of them "
どちら " which " (of the two)	どちらか "(some) one" (of the two)	どちらも " either/ both "	どちらでも " whichever of the two "
どう " how "	どうか " somehow "	どうも " anyhow "	どうでも " no matter how "
いくら " how much "	いくらか " some amount "	いくらも " any amount "	いくらでも " however much "
いくつ " how many "	いくつか " some amount "	いくつも " any amount "	いくつでも " whatever amount "
なんまい " how many sheets "	なんまいか " some/ a few sheets "	なんまいも " any number " of sheets "	なんまいでも " whatever number of sheets "

It is possible to analyze the word だれか as だれ＋か. The particle か here is basically the same particle as that in the phrase これかそれ " this one or that one." (See Lesson 11.) Thus, the phrase だれか can be associated with the meaning " someone or other." The particles が, を, and は can be deleted after indefinite pronouns such as だれか.

The phrase *interrogative*＋も is associated with *a noun* (*or an adverbial*)＋も. Study the following.

a. 田中さんも，池田（いけ）さんも，山田さんも，山中さんも，来ませんでした。 "Neither Mr. Tanaka, nor Mr. Ikeda, nor Mr. Yamada, nor Mr. Yamanaka came."

b. 田中さんも，池田さんも，だれも，来ませんでした。 "Neither Mr. Tanaka, nor Mr. Ikeda, nor anybody else came."

c. 田中さんも，来ませんでした。 " Mr. Tanaka did not come, either."

d. だれも，来ませんでした。 " No one came."

Notice that the above use of the particle も attached to the noun (or sometimes to adverbials such as どこへも " to any place ") implies that the noun is a member of a group of similar nouns as indicated in example a. above. Even if there is only one noun stated in the sentence as in example c., the existence of other members of the same group is implied. Therefore, in example c., it is implied that there are other people who did not come. The use of the phrase *interrogative*＋も should be interpreted as representing all members of the implied group. Compare examples a. and b. In b. the phrase だれも represents *all* the members of the group who did not come.

When the particle も is attached to the gerund form of verbs, adjectives, and the copula, the meaning of も is emphatic and concessive, and may be associated with the English expression "even if." (See Lesson 14.) The particle でも in this lesson can be analyzed as *the gerund form of the copula* ＋も. Therefore, a phrase like 日本へでも is interpreted as "even if it is to Japan/ even to Japan," and a phrase like 田中さんでも is "even if it is Mr. Tanaka/ even Mr. Tanaka." Associated with such phrases, we can say: どこへでも "to wherever," and だれでも "whoever." More often than not, *interrogative*＋でも occurs in positive expressions, while *interrogative*＋も occurs in negative expressions. Study the following.

e. だれでも，話せます。 "Anybody can speak it. (Lit. Even if it is whoever, he can speak it.)"

f. 何でも，食べます。 "Whatever it is, I eat it. (Lit. Even if it is whatever, I eat it.)"

g. いつでも，行けます。 "I can go anytime. (Lit. Even if it is whenever, I can go.)"

h. どこへでも，行けますか。 "Can you go anywhere?"

i. どちらでも，いいです。 "Either is all right. (Lit. Even if it is whichever, it is all right.)"

j. だれも，話せません。 "Nobody can speak it."

k. なにも，飲めません。 "I can drink nothing."

l. いつも，使えません。 "I can never use it."

m. どこにも，いませんでした。 "He wasn't any place."

n. どちらも，よくありません。 "Neither is good."

Observe, however, the following in which でも occurs with the negative, and も with the positive.

o. いつでも，かまいません。 "Whenever it may be, it does not matter."

p. 何ででも，行ってはいけません。 "By whatever means it may be, you must not go."

q. いつも，うちにいます。 "I am always at home."

r. どちらも，強(つよ)いです。 "Both are strong."

For using でも in an affirmative sentence, there is usually a conditional negative presupposition. Therefore, if we say 田中さんでもいいです "Even if it is Mr. Tanaka, it is all right," it implies that there is a presupposition that if it is Mr. Tanaka, it may not be entirely all right. On the other hand, if we simply say, 田中さんもいいです "Mr. Tanaka is all right, too," it presupposes that there is someone beside Mr. Tanaka, who is all right.

The particle は does not occur following も/でも; the particle が is usually dropped after も/でも, and を may occur just preceding も/でも as ……をも/……をでも but normally it is dropped.

II. Other uses of でも

The meaning of でも may lose its emphatic character as seen in model sentences 16–18. In such cases, it will simply mean "...or something" as in お茶でも "tea or something," or 東京へでも "to Tokyo or somewhere." This use of でも is particularly frequent in invitational expressions, such as 映画(えいが)でも見に行きましょう "Let's go see a movie or something."

III. いくらも

The interrogative いくら "how much," when used with the particle も followed by a negative does not mean that the amount in question is zero. Rather, it means that the amount is not enough to be characterized as "some amount." The same is true with other interrogatives expressing the meaning of amount.

水は，いくらも，ありません。	"There is hardly any water./There is only a little water."
紙は，何枚も，ありません。	"We hardly have paper./There is only a few sheets of paper."

Compare the above with the following.

水は，いくらか，あります。	"There is some water."
水は，少しも，ありません。	"There is no water."
いくらか，勉強します。	"He studies a little./(Lit. He studies somewhat.)"
少しも，勉強しません。	"He doesn't study at all."

IV. Analysis of model sentence 17 and related sentences

The structure of the first half of model sentence 17 may be analyzed as follows:

何も	することが	ありません。	"Lit. Things to do do not exist any."
Adv.	Subject	Predicate	

Since the phrase 何も is adverbial, its position can be just before the predicate, and we can say, することが何もありません. Study the following.

飲む物が，何も，ありません。 "There is nothing to drink."

だれも，そんなことをする人は，いません。	" There is nobody to do such a thing."
だれか，先生が来ましたか。	" Did some teachers come ?/ Did a teacher come ? "
何か，わからないことがあります。	" There is something I don't understand."

V. ため（に）" on account of/ owing to/ because "

The phrase ため（に） expresses the meaning of *cause*, and can be replaced with から. The word ため " for " is a noun, but it must be modified. As far as the usage is concerned, から is more common than ため（に）. The interrogative 何のために can be used instead of なぜ " why." (Review Lesson 15.)

◈ Exercises

I. Using the appropriate interrogatives plus particle, complete the following conversations.

1. A：机の上に，何かが，ありますか。
   B：いいえ，____________________
2. A：きのうは，この部屋(へや)にだれかが，はいってきましたか。
   B：いいえ，____________________
3. A：だれかに，これを教えてもいいですか。
   B：いいえ，____________________
4. A：どこかに，行きましょうか。
   B：いいえ，________行きたくありません。
5. A：田中さんは，何か言いましたか。
   B：いいえ，____________________
6. A：どっちかを，買うほうが，いいでしょうか。
   B：いいえ，________買わないほうが__________
7. A：だれか，あの車に乗っていますか。
   B：いいえ，____________________
8. A：田中さんは，いつか，この部屋(へや)にいることがありますか。
   B：いいえ，____________________
9. A：何か，飲みたいですか。
   B：いいえ，____________________

10. A：どれかを，食べたいですか。
    B：いいえ，______________________

II. Rewrite the following sentences and use the proper interrogative.

Example : 本も，紙も，ペンもありません。→ 何も，ありません。

1. この部屋(へや)も，あの部屋も，戸があけてあります。
2. 東京へも，大阪(さか)へも，行きたいと思いません。
3. きょうも，あしたも，あさっても，田中さんは，いません。
4. この問題(もんだい)は，むずかしくて，田中さんも，山田さんも，わかりませんでした。
5. 北でも，南でも，いいです。
6. 田中さんでも，山中さんでも，かまいませんか。
7. 一度でも，二度でも，三度でも，読むほうがいいです。
8. インフレの問題(もんだい)は，この国でも，その国でも，あの国でも，同(おな)じです。
9. きょうでも，あしたでも，いいです。
10. その本は，一万円でも，二万円でも，三万円でも，買いたいと思っている本です。
11. 月曜日でも，火曜日でも，水曜日でも，いいそうです。
12. 一時でも，二時でも，いいですよ。

III. Rewrite the following according to the meaning given in the parenthesis, and translate the whole sentence. (hint : two possibilities for "always")

Example : 田中さんは，わかります。(never)
→ 田中さんは，いつも，わかりません。
"Mr. Tanaka never understands."

1. 私の子供は，家にいます。(never)
2. あの人は，お酒を飲んでいます。(always)
3. 友だちは，この字引を使います。(always)
4. 私は，英語がよく話せます。(never)
5. バスに乗ります。(always)
6. 学校へ，車で行くことにしています。(always)
7. 日本語の新聞を読みます。(never)

IV. Combine each pair of the following sentences. The first sentences are intended to have the meaning of "cause" for the second sentences. Also, translate into English.

Example: 雪が降っています。
あまり車が走っていません。 } → 雪が降っているため，あまり車が走っていません。
"Because it is snowing, there aren't many cars running."

1. 英語がわかりません。
日本語で話してください。 } →
2. 山田さんは，病気です。
きょうは，会社(かいしゃ)に来られません。 } →
3. あの店のほうが，安いです。
あの店で，買うことにしました。 } →
4. うちに，食べる物が何もありません。
買いに行かなくてはいけません。 } →
5. 車がありませんでした。
タクシーを呼びました。 } →
6. 私は，日本人です。
アメリカに行くのに，ビザがいります。 } →
7. あまりバスがこんでいました。
乗ることができませんでした。 } →

V. Translate the following into Japanese.

1. It seems that someone drove my car.
2. Nobody wants to study on Sundays, you know.
3. Is it all right, whether it is 8 o'clock or 9 o'clock, or whatever time it may be?
4. I would like to ride an airplane sometime.
5. There should still be some gasoline.
6. The movies are never interesting.
7. There is nothing to eat. Please drink coffee or something.
8. There is nothing to read.
9. Let's eat Japanese food or something.
10. Wherever it may be, it is all right.
11. I could not buy today's paper anywhere.
12. It is supposed that he did not go anywhere yesterday.
13. I intend to work together with anybody (whoever it may be).
14. Please bring some money.
15. Please be waiting for Mr. Smith at the station or somewhere like that.
16. Because the train arrived late, I had to wait as long as three hours.
17. For what reason do I have to do such a thing like that?
18. For that reason, I must sell my house by next week.

◈ Oral Practice

I. Substitution.

だれ	か	読めます。
何		書けます。
いつ		
どれ		
どちら		
いくら		
いくつ		
何人		

II. Substitution.

どこかで,	食べ	ましょうか。
	電話をかけ	
	話し	
	聞き	
	勉強し	
	遊び	

III. Substitution.

何	でも	食べてください。
だれ		
いつ		
どれ		
どちら		
いくら		
いくつ		
何度		

IV. Transformation.

1. 田中さんは，どこかへ行きました。→ 田中さんは，どこへ行きましたか。
2. 山田さんは，何か買いました。 → 山田さんは，何を買いましたか。
3. 山本さんは，だれかと話しました。→ 山本さんは，だれと話しましたか。
4. スミスさんは，いつか来ました。 → スミスさんは，いつ来ましたか。
5. リンゴを，いくつか持ちました。 → リンゴを，いくつ持ちましたか。

6. 紙を，何枚か使いました。 → 紙を，何枚，使いましたか。
7. これと，あれと，どちらか好きです。 → これと，あれと，どちらが好きですか。
8. 雑誌は，どれか取っています。 → 雑誌は，どれを取っていますか。
9. ビールを，どこかで飲みましょう。→ ビールを，どこで飲みましょうか。
10. 何か（が)，書いてあります。 → 何が，書いてありますか。
11. きのう，だれかに会いました。 → きのう，だれに会いましたか。
12. いつか，お休みがあります。 → いつ，お休みがありますか。

V. Transformation.

1. きょうも，あしたも，います。 → いつも，います。
2. 午前でも，午後でも，いいです。 → いつでも，いいです。
3. パンも，ミルクも，バターも，ありません。 → 何も，ありません。
4. デパートには，洋服でも，食べ物でも，ラジオでも，あります。 → デパートには，何でも，あります。
5. スミスさんでも，田中さんでも，山本さんでも，来てください。 → だれでも，来てください。
6. 私も，あなたも，山田さんも，見ませんでした。 → だれも，見ませんでした。
7. 東京へも，京都へも，行きませんでした。 → どこへも，行きませんでした。
8. このかさも，あのかさも，よくありません。 → どのかさも，よくありません。
9. こんな絵を，十枚でも，二十枚でも，書いてください。 → こんな絵を，何枚でも，書いてください。
10. 土曜日でも，日曜日でも，かまいません。 → 何曜日でも，かまいません。

VI. Response. (Negative)

1. きのう，どこかへ，行きましたか。
   …… いいえ，どこへも，行きませんでした。
2. 何か，食べたいですか。
   …… いいえ，何も，食べたくありません。
3. だれか，部屋にいますか。
   …… いいえ，だれも，部屋にいません。
4. どれか，本を読みたいですか。
   …… いいえ，どれも，読みたくありません。

5．どちらか，使いましたか。
……　　　いいえ，どちらも，使いませんでした。
6．これは，どこかで，売っていますか。
……　　　いいえ，どこでも，売っていません。
7．だれかを，待っていますか。
……　　　いいえ，だれも，待っていません。
8．何かが，はいっていますか。
……　　　いいえ，何も，はいっていません。

VII. Response. (Use でも.)

1．こんなお菓子(かし)は，だれに作れますか。
……　　　だれにでも，作れます。
2．プレゼントは，何がいいですか。
……　　　何でも，いいです。
3．日本は，どこがおもしろいですか。
……　　　どこでも，おもしろいです。
4．この町は，いつ雨が降りますか。
……　　　いつでも，雨が降ります。
5．どれが好きですか。
……　　　どれでも，好きです。
6．こんな家は，いくら，かかりますか。
……　　　いくらでも，かかります。
7．ペンは，何本いりますか。
……　　　何本でも，いります。
8．ふろしきは，何枚，買いますか。
……　　　何枚でも，買います。
9．桃(もも)は，いくつ，ほしいですか。
……　　　いくつでも，ほしいです。
10．山に，何度，登(のぼ)るつもりですか。
……　　　何度でも，登るつもりです。

VIII. Transformation. (でも attachment)

1．コーヒーは，いかがですか。→ コーヒーでも，いかがですか。
2．京都へ行きませんか。→ 京都へでも，行きませんか。
3．日本語を勉強します。→ 日本語でも，勉強します。
4．電話をかけましょう。→ 電話でも，かけましょう。

5. 水を飲んでください。 → 水でも，飲んでください。
6. タバコを買ってください。 → タバコでも，買ってください。
7. 映画を見ましょう。 → 映画でも，見ましょう。
8. あした，来てください。 → あしたでも，来てください。

IX. Response.

1. 大きい字引は，ありませんが，小さいのは，あります。いかがですか。
   …… 小さいのでも，いいです。
2. 広い部屋は，ありませんが，狭いのは，あります。いかがですか。
   …… 狭いのでも，いいです。
3. 青いネクタイは，ありませんが，黒いのは，あります。いかがですか。
   …… 黒いのでも，いいです。
4. コーヒーは，ありませんが，お茶は，あります。いかがですか。
   …… お茶でも，いいです。
5. あしたは，来られませんが，来週は，来られます。いかがですか。
   …… 来週でも，いいです。
6. 八時の船の切符は，ありませんが，十時のは，あります。いかがですか。
   …… 十時のでも，いいです。
7. 大きいのは，作れませんが，小さいのは，作れます。いかがですか。
   …… 小さいのでも，いいです。
8. 日本語では，書けませんが，英語では，書けます。いかがですか。
   …… 英語でも，いいです。

X. Substitution.

水	は	いくらも，ありません。
コーヒー		
お茶		
お金		
お酒		
タバコ		

XI. Response.（いいえ answer）

1. する事が，何か，ありますか。
   …… いいえ，する事は，何も，ありません。
2. 食べる物が，何か，ありますか。
   …… いいえ，食べる物は，何も，ありません。

3. きらいな物が，何か，ありますか。
　…… いいえ，きらいな物は，何も，ありません。
4. 日本語を話す人が，だれか，いますか。
　…… いいえ，日本語を話す人は，だれも，いません。
5. フランス語を教える人が，だれか，いますか。
　…… いいえ，フランス語を教える人は，だれも，いません。
6. アメリカ人は，だれか，こんな小説が好きですか。
　…… いいえ，アメリカ人は，だれも，こんな小説が好きではありません。
7. 日本の本が買える店が，どこかに，ありますか。
　…… いいえ，日本の本が買える店は，どこにも，ありません。
8. 山も，海も，川も，見える町が，どこかに，ありますか。
　…… いいえ，山も，海も，川も，見える町は，どこにも，ありません。
9. エスペラント語を教えている大学が，どこかに，ありますか。
　…… いいえ，エスペラント語を教えている大学は，どこにも，ありません。

XII. Substitution.

あまりコーヒーを飲んだ たくさん勉強した 毎日，あまり働いた 御飯を食べなかった 少しも眠れなかった	ため（に），病気になりました。

XIII. Response.（Use ため.）

1. なぜ，日本語を話しませんか。
　（日本語を忘れた）…… 日本語を忘れたため，日本語を話しません。
2. なぜ，映画を見に行きませんか。
　（あさってテストがある）…… あさってテストがあるため，映画を見に行きません。
3. なぜ，手紙を書きませんか。
　（字がへただ）…… 字がへたなため，手紙を書きません。
4. なぜ，田中さんは，来ていませんか。
　（病気だ）…… 病気のため，田中さんは，来ていません。
5. なぜ，日本語を勉強していますか。
　（日本へ行く）…… 日本へ行くため，日本語を勉強しています。

6. なぜ，バスに乗らないで，歩いてきましたか。
   (お金がない)…… お金がないため，バスに乗らないで，歩いてきました。

XIV. Memorize the following conversations.

1. スミス：日本語の字引を売っている本屋が，どこかに，ありますか。
   本屋さん：いいえ，どこの本屋も，売っていません。
   スミス：では，日本語がわかる人を，だれか，知っていますか。
   本屋さん：ええ，私の友だちの田中さんは，日本人です。
   スミス：その人は，どこに住んでいますか。
   本屋さん：住んでいる所(ところ)は，どこか，わかりませんが，田中さんの事務所(じむしょ)は，知っています。

2. 山本：いつか，あなたと，お話がしたいのですが，いつがいいでしょうか。
   清水(しみず)：私は，何曜日でも，かまいませんよ。
   山本：では，こん度の日曜日に，あなたの家に，行ってもいいでしょうか。
   清水：ええ，どうぞ。
   山本：午前(ぜん)と，午後と，どちらが，いいでしょうか。
   清水：私は，一日，家にいますから，どちらでも，けっこうですよ。
   山本：では，午後一時ごろ，行きます。

XV. Make a conversation of 5 or 6 lines.

LESSON 25

Vocabulary Items

あし（足）	*n.*	foot
いたい（痛い）	*aj.*	(something) hurts, is painful
うたう（歌う）	*v. tr.*	to sing
うらやましい	*aj.*	enviable
えらぶ（選ぶ）	*v. tr.*	to choose
おう（追う）	*v. tr.*	to chase (something)
おもちゃ	*n.*	toy
かいがん（海岸）	*n.*	beach, shore
かきなおす（書き直す）	*v. tr.*	to rewrite
かぜ（風）	*n.*	wind
かない（家内）	*n.*	my wife
きもち（気持）	*n.*	feeling
こたえ（答）	*n.*	answer
cf. 答える	*v. intr.*	to answer
ころ	*n.*	around a certain time
		cf. ころ or ごろ in lesson 7
しかし	*conj.*	however
しゅう（州）	*n.*	state, province
しゅしょう（首相）	*n.*	prime minister, premier
しょうひん（賞品）	*n.*	prize
……すぎる	*suf.*	to exceed
cf. 食べすぎる	*v. tr.*	to eat too much
すずしい（涼しい）	*aj.*	cool
それはそれは	*adv.*	" well, well "

ため（に）	*n.*	for the purpose of
なおす（直す）	*v. tr.*	to fix, correct
……なおす（直す）		to redo (something)
cf. 書き直す	*v. tr.*	to rewrite
なくなる（無くなる）	*v. intr.*	to disappear, to become non-existent
ねこ（猫）	*n.*	cat
ねずみ	*n.*	mouse, rat
パンクする	*v. intr.*	to get a flat tire, (a puncture)
びじん（美人）	*n.*	beauty, beautiful person
ひどい	*aj.*	awful, terrible
ふく（吹く）	*v. intr.*	to blow (e.g. the wind blows)
ふむ（踏む）	*v. tr.*	to step on (something)
ぶんしょう（文章）	*n.*	sentence, composition, writing
ほれる	*v. intr.*	to fall in love with
まがる（曲がる）	*v. intr.*	to curve, to make a turn
むし（虫）	*n.*	insect, worm
もちあるく（持ち歩く）	*v. tr.*	to carry around
わたす（渡す）	*v. tr.*	to hand over

Kanji for Writing

1. 死　し（ぬ）
2. 習　なら（う）
3. 右　みぎ
4. 左　ひだり
5. 春　はる
6. 秋　あき
7. 同　おな（じ）

Model Sentences

1. Yesterday, I was rained on (and was inconvenienced).
2. At the beach, the cool wind blew, and it felt good (to me).
   (Lit. At the beach, I was blown by the cool wind and it felt good.)
3. I was snowed on, but since the bus was running, I went to school by bus.
4. Did such a beauty fall in love with you? I envy you.
   (Lit. Were you fallen in love with by such a beauty? It is enviable.)

5. I was taught English by Mr. Tanaka, Mr. Yamamoto, etc.
6. I had my foot stepped on by someone in the train.
7. I had my sentences rewritten by the teacher.
8. It is better to study English in the country where English is spoken.
9. Who do you think will be chosen for Prime Minister?
10. Persons who have been called should answer "yes."
    (Lit. People who were called, please say "yes.")
11. It seems that he got sick because he overworked.
12. Don't you think this spring exam was a little too difficult?
13. You must not carry around such a thing, you know.
14. I came to Japan in the fall last year for the purpose of studying Japanese.
15. In order to catch the same plane as Mr. Tanaka, you must go early in the morning.
16. In order to go to the hospital, please turn to the right over there.
17. By Professor Yamada, I was taught English sometimes, and (was taught) French sometimes.
18. Who is that man walking back and forth over there.

1. きのう，私は，雨に降られて，困りました。
2. 海岸で，涼しい風に吹かれて，気持がよかったです。
3. 雪に降られましたが，バスが走っていたから，バスで学校へ行きました。
4. そんな美人に，ほれられたんですか。うらやましいですね。
5. 田中先生や，山本先生に，英語を教えられました。
6. 電車の中で，だれかに，足を踏まれました。
7. 私の文章は，先生に，書き直されましたよ。
8. 英語が話されている国で，英語を勉強するほうがいいです。
9. だれが，首相に選ばれると思いますか。
10. 呼ばれた人は，「はい」と言ってください。
11. あまり働きすぎたので，病気になったようです。
12. この春の試験は，ちょっと，むずかしすぎたと思いませんか。
13. そんな物を持ち歩いては，いけませんよ。
14. 日本語を習うために，去年の秋日本へ来たんです。
15. 田中さんと同じ飛行機に乗るためには，朝早く出かけなくてはいけません。
16. その病院に行くためには，あそこを右に曲がってください。
17. 私は，山田先生に，英語を教えられたり，フランス語を教えられたりしました。
18. あそこを行ったり来たりしている人は，だれですか。

I. Passive constructions

A. *Simple Passive*

The basic meaning of a Japanese simple passive is very much the same as that of an English passive sentence. To make a passive sentence, the passive form of the verb must be used. The passive forms are made as follows:

1. For vowel verbs:
   Replace る of the citation form with られる.

   教える → 教えられる "to be taught"
   閉(し)める → 閉められる "to be closed"
   食べる → 食べられる "to be eaten"
   見る → 見られる "to be seen"
   開(あ)ける → 開けられる "to be opened"
   止める → 止められる "to be stopped"

2. For consonant verbs:
   a. For verbs ending in う, replace う with われる.

   思う → 思われる "to be thought"
   使う → 使われる "to be used"
   言う → 言われる "to be said"
   買う → 買われる "to be bought"

   b. For the others, replace the final syllable with the corresponding あ-line syllable and add れる.†

   読む → 読まれる "to be read"
   話す → 話される "to be spoken"
   書く → 書かれる "to be written"
   待つ → 待たれる "to be waited for"
   取る → 取られる "to be taken"
   知る → 知られる "to be known"

3. For the irregular verbs する and 来る, the following forms are used.

   する → される "to be done"
   来(く)る → 来(こ)られる "to be visited/ to have someone come"

In conjugating passive verbs, simply treat them like vowel verbs.

---

†**Note:** For practical memorization purposes, the following may be simpler:
  a. For verbs ending う, replace う with われる.
  b. For する and 来る, use される and 来られる.
  c. For all others, replace the final syllable with its あ-line syllable plus れる.

Passive non-past	Passive past	Passive non-past negative	Passive non-past desiderative	Gerund
思われる	思われた	思われない	思われたい	思われて

A subject-object shift occurs when active verbs are made passive. The agent of the action is shown by the particle に " by " as can be seen in the following examples.

Active:	魚が虫(むし)を食べた。	" The fish ate the worm."
Passive:	虫が魚に食べられた。	" The worm was eaten by the fish."
Active:	猫(ねこ)がねずみを追(お)った。	" The cat chased the rat."
Passive:	ねずみが猫に追われた。	" The rat was chased by the cat."

B. *Affective Passive*

Affective passive is different from English passive sentences. It expresses the meaning that the speaker or the person indicated by the subject noun is " emotionally " affected favorably or unfavorably. An affective passive sentence may be formed using an intransitive verb or a transive verb. (In English, passive sentences are normally formed using transitive verbs. There are some exceptions such as " This house was lived in by my uncle.") Study the following examples.

1. Affective passives with intransitive verbs:

a. Active:	父が死んだ。	" Father died."
b. Affective passive:	私は，父に死なれた。	" I was affected by my father's death. (Lit. I was died on by my father.)"
c. Active:	先生が来た。	" The teacher came."
d. Affective passive:	私は，先生に来(こ)られた。	" I was affected by my teacher's coming./I was inconvenienced that my teacher came. (Lit. I was visited by my teacher.) "

Notice that the subject of an affective passive sentence is the speaker himself. In fact, it is usually the speaker, although other human nouns can be used as the subject of affective passive sentences.

2. Affective passives with transitive verbs:

a. Active: 田中さんに，賞品(しょうひん)を渡した。
" They handed a prize to Mr. Tanaka."

b. Affective passive: 田中さんは，賞品を渡された。
" Mr. Tanaka was handed a prize (and he was happy.)"

c. Simple passive: 賞品が，田中さんに渡された。
" The prize was handed to Mr. Tanaka."

d. Active: 大きい魚が，小さい魚を食べた。
"The big fish ate the small fish."

e. Affective passive: 私は，小さい魚を大きい魚に食べられた。
"I had the small fish eaten by the big fish (and I am sad/ troubled)."

f. Simple passive: 小さい魚は，大きい魚に食べられた。
"The small fish was eaten by the big fish."

Notice that the subject of the affective passive in sentence b. above can be traced to the indirect object 田中さんに in the active sentence of a. If the speaker himself becomes the subject of the affective sentence which can be derived from a. above, the following will result. †

g. Affective passive: 私は，賞品(しょうひん)を田中さんに渡(わた)された。
"I was troubled/ happy that they handed a prize to Mr. Tanaka."

The characteristics of affective passives are:

(1) The subject is human, generally the speaker.
(2) The person described by the subject noun is "emotionally" affected by the event.
(3) If transitive verbs are involved, the subject may be derived from the indirect object.
(4) Passives involving intransitive verbs are all affective passives.

Finally, it must be mentioned that affective passives are more common than simple passives in Japanese.

II. Compound verbs

Some verbs are compound verbs made up of $verb_1$+$verb_2$, or adjective+すぎる. $Verb_1$ and adjective in such structures are characteristically in conjunctive forms. (cf. p. 207) Study the following examples:

書き直(なお)す (直す "to correct") "to rewrite correctly"
食べすぎる (すぎる "to exceed") "to eat too much"
飲み歩く (歩く "to walk") "to drink around here and there"

---

†**Note:** Without the context, sentence g. is ambiguous. It can also mean: "I was affected by Mr. Tanaka handing me a prize." Such a reading is associated with 田中さんが私に賞品を渡した "Mr. Tanaka gave me a prize." One may suspect that the subject of the affective passive is derived from a possessive such as 私の "my," but this line of thinking is untenable since we do not have such a phrase as 私の雨 to be associated with 私は雨に降られた "I was caught in the rain./ I was inconvenienced by the rain."

大きすぎる "too big"
高すぎる "too expensive"

III. Purpose: ため（に）"for the purpose of"

The phrase ため（に）in this lesson expresses the meaning of *purpose*. It must always be modified by a sentence with a verb as its predicate, or by *noun*+の, or by a demonstrative, typically, その. The verb preceding ため must be in non-past tense, affirmative or negative. Study the following examples.

忘れないために，ここに書いておきました。
"I had written it here in advance in order not to forget it."
この字引を，漢字を勉強するために，買いました。
"I bought this dictionary for the purpose of learning kanji."
そのために，どうしましょうか。
"For that purpose, what shall I do? (Lit. ...how shall I do?)"
ヨーロッパ旅行(りょこう)のために，何がいりますか。
"What do you need for a European tour?"

Without the context, a sentence with ために may become ambiguous between the "cause" meaning and the "purpose" meaning.

勉強のために，図書館(としょかん)に行かなくてはいけません。
"I must go to the library because of the studying."
"I must go to the library for the purpose of studying."

IV. Enumerative actions or states

In order to enumerate actions or states one after another, add り to the past tense form of verb, adjective or copula, and juxtapose them (usually two or more) followed by the verb する.

行ったり，来たりする。
"to go back and forth"
飲んだり，食べたりする。
"to do (such things as) drinking and eating"
英語を話したり，フランス語を書いたりする。
"to speak English and write French, (and so forth)"
天気は，よかったり，わるかったりする。
"The weather is sometimes good and sometimes bad."
ここに来る人は，アメリカ人だったり，日本人だったりする。
"The people who come here are sometimes Americans and sometimes Japanese."

In addition to the explicitly mentioned actions or states, the construction implies that there are unstated actions or states.

> きのうは，本を読んだりしました。
> "Yesterday, I did something like reading a book (and did other things, too)."
>
> (For enumerating nouns, the conjunction や is used as in これやあれ "this one and that one, etc." It implies that there are some unstated nouns.)

◈ Exercises

I. Give the passive form of the following verbs.

1．遊ぶ
2．歩く
3．急(いそ)ぐ
4．入れる
5．売る
6．覚える
7．泳(およ)ぐ
8．帰る
9．結婚(けっこん)する
10．住む

II. Transform the following into passive sentences. If more than one passive sentence is possible, write all of them and examine the meaning differences between them.

1．戸を開(あ)けました。
2．みんなが，それは，日本人がしたと思っています。
3．本を返(かえ)しました。
4．手紙を出しました。
5．忙しい時に，家内(かない)が出かけました。
6．その人は，ドイツ語で話したようでした。
7．弟が，大阪(さか)に行きました。
8．先生が，部屋(へや)にはいってきました。(cf. はいってこられる)
9．毎日，雨が降っています。
10．私の車を，だれかに売りました。

III. Rewrite the following sentences into active counterpart sentences, and translate both the passive and active sentences.

Example: 英語が話された。 → 英語を話した。
"English was spoken." "They spoke English."

1．雨に降られて，困りました。
2．私は，手紙を，田中さんに読まれました。

3. 私は，先生に名前を忘れられました。
4. だれかに，車を止められました。
5. 前の人に立たれて，映画が見えませんでした。
6. 田中さんは，子供に死なれてから，元気が無くなりました。
7. 電車の中で，足を踏まれて，痛かったです。
8. 私が買うつもりだった家を，田中さんに買われてしまいました。
9. 日本語は，大学で，田中先生に教えられました。
10. むずかしい漢字で書かれたから，読めませんでした。

IV. Combine each pair of the following sentences and translate. The first sentences are intended to be the purpose for the second sentences.

Example: {大学にはいります。
この手紙を書いています。}

→ 大学にはいるために，この手紙を書いています。
"I am writing this letter in order to get into the university."

1. 漢字を早く覚えます。
どの字引が，一番いいでしょうか。 }→
2. 車を売ります。
どこに行かなくてはいけませんか。 }→
3. 代金を払います。
銀行に行かなくてはいけないそうです。 }→
4. 外国で働きます。
英語を勉強しています。 }→
5. その質問に答えます。
首相と，話さなくてはいけません。 }→
6. 強くなります。
毎日，この道を走っています。 }→
7. 歌を，じょうずに歌うことができます。
今は，休んでいてください。 }→
8. 大学へ行きます。
この道を左へ曲がってください。 }→

V. Enumerate the actions and states.

Example: 行く，来る → 行ったり来たりする

1. 英語で話す。日本語で話す。
2. 学生だ。先生だ。

3. 漢字がわからない。書けない。
4. 教える。教えられる。
5. 左へ曲(ま)がる。右へ曲がる。
6. 大きい。小さい。

VI. Translate the following into Japanese.

1. Even if I am rained on tomorrow, I will go to school walking.
2. It seems that the train was stopped by someone.
3. I had my money taken by someone.
4. It is better to study Japanese at a place where Japanese is used.
5. It is said that the Japanese people eat fish more than meat.
6. When I was a child, I was taught English by Mr. Smith, (and it was good.)
7. This paper was cut with somebody's knife, (and I don't like it.)
8. The letter was written in English, not in Japanese.
9. I had an interesting picture shown to me by Mr. Tanaka, (and I liked it.)
10. I don't want to be forgotten.
11. The teacher came in the room, (and I was inconvenienced.)
12. In Canada English and French are spoken, I hear.
13. It seems that this letter was read by someone.
14. I think that this was taught to us sometime.
15. I want to be handed such a prize, too.
16. I am walking in a hurry in order to ride the bus at 9:00 a.m.
17. For what purpose are you doing such a thing?
18. Don't overwork (yourself.)
19. You don't have to rewrite the letter.
20. This is too expensive. Don't you have something cheaper?
21. Yesterday, I read newspapers and wrote letters, etc.
22. Sometimes he is sick, and sometimes he is well.

◈ Oral Practice

I. Inflection.

見る	→	見られる	歌(うた)う	→	歌われる
あける	→	あけられる	呼ぶ	→	呼ばれる
入れる	→	入れられる	返(かえ)す	→	返される
教える	→	教えられる	直(なお)す	→	直される
はめる	→	はめられる	選(えら)ぶ	→	選ばれる
答える	→	答えられる	死ぬ	→	死なれる

覚える → 覚えられる
来る → 来られる
旅行する → 旅行される
降る → 降られる
渡す → 渡される
踏む → 踏まれる
吹く → 吹かれる
追う → 追われる
待つ → 待たれる
持ち歩く → 持ち歩かれる

II. Transformation.

1. 田中さんが英語を教えます。 → 英語は，田中さんに教えられます。
2. 学生が，それと同じ本を読んでいます。 → それと同じ本は，学生に読まれています。
3. クリスマスのころ，こんなおもちゃを売ります。 → クリスマスのころ，こんなおもちゃが売られます。
4. 魚が虫を食べます。 → 虫は，魚に食べられます。
5. その国では，フランス語を話します。 → その国では，フランス語が話されます。
6. 日本人は，こんなおもしろい歌を歌います。 → こんなおもしろい歌が，日本人に歌われます。
7. この大学を，東京大学と呼びます。 → この大学が，東京大学と呼ばれます。
8. みんなが，田中さんは，いい先生だと言います。 → 田中さんは，いい先生だと，みんなに言われます。

III. Transformation.

1. 春に，雨がよく降ります。 → 春に，雨によく降られます。
2. 犬が死にました。 → 犬に死なれました。
3. 子供が泣きました。 → 子供に泣かれました。
4. 風が吹きました。 → 風に吹かれました。
5. だれかが，足を踏みました。 → だれかに，足を踏まれました。
6. 先生が私の答を直しました。 → 先生に，私の答を直されました。
7. 私の名前を新聞に出しました。 → 私の名前を新聞に出されました。
8. 妹が私の洋服を着ました。 → 妹に私の洋服を着られました。
9. 弟がお酒をみんな飲んでしまいました。 → 弟にお酒をみんな飲まれてしまいました。
10. 父が手紙を読んでしまいました。→ 父に手紙を読まれてしまいました。

IV. Transformation. (Indirect Object → Topic)

1. 先生は，父に話しました。 → 父は，先生に話されました。
2. 山田さんは，私に電話をかけま → 私は，山田さんに電話をかけられましした。 → た。

3. 賞品(しょうひん)を田中さんに渡(わた)しました。 → 田中さんは，賞品を渡されました。
4. スミスさんは，私に英語を教えました。 → 私は，スミスさんに英語を教えられました。
5. ジョーンズさんは，兄に日本のことを聞きました。 → 兄は，ジョーンズさんに日本のことを聞かれました。
6. 山田さんは，田中さんにお金を借りました。 → 田中さんは，山田さんにお金を借りられました。
7. 学生は，先生に，何度も手紙を出しました。 → 先生は，学生に，何度も手紙を出されました。

V. Transformation. (in the frame of 私は，……困りました)

1. 母がそのことを知りました。 → 私は，母にそのことを知られて，困りました。
2. だれかが，お菓子(かし)を食べました。→ 私は，だれかに，お菓子を食べられて，困りました。
3. 子供(ども)がタバコをのみました。 → 私は，子供にタバコをのまれて，困りました。
4. 田中さんがたくさん仕事をしました。 → 私は，田中さんにたくさん仕事をされて，困りました。
5. 山本さんは，毎日電話をかけました。 → 私は，山本さんに毎日電話をかけられて，困りました。
6. 友だちは，その話を聞きました。→ 私は，友だちにその話を聞かれて，困りました。
7. 先生は，日本語を話しました。 → 私は，先生に日本語を話されて，困りました。
8. だれかが，お金を取りました。 → 私は，だれかに，お金を取られて，困りました。
9. 先生が私の名前を呼びました。 → 私は，先生に私の名前を呼ばれて，困りました。
10. 弟が私の部屋(へや)の窓(まど)と戸をあけておきました。 → 私は，弟に私の部屋の窓と戸をあけておかれて，困りました。

VI. Substitution.

英語で	言い	直してください。
日本語で	書き	
フランス語で	読み	
もう一度	考え	
	聞き	

VII. Compound verb formation.

1. 手紙を書きます。
直(なお)します。 → 手紙を書き直します。
2. 日本料理(りょうり)を食べます。
すぎます。 → 日本料理を食べすぎます。
3. この本を読みます。
直(なお)します。 → この本を読み直します。
4. ビールを飲みます。
すぎます。 → ビールを飲みすぎます。
5. 田中さんは，勉強します。
すぎます。 → 田中さんは，勉強しすぎます。
6. 東京で食べます。
歩きます。 → 東京で食べ歩きます。
7. それは，秋に日本で売ります。
歩きます。 → それは，秋に日本で売り歩きます。
8. 首相(しゅしょう)を，もう一度，選(えら)びます。
直します。 → 首相を，もう一度，選び直します。
9. きょうの風(かぜ)は，ひどいです。
すぎます。 → きょうの風は，ひどすぎます。
10. 秋の海岸(かいがん)は，涼(すず)しいです。
すぎます。 → 秋の海岸は，涼しすぎます。

VIII. Substitution.

勉強する 家内(かない)に会う カメラやレコードを買う 結婚(けっこん)する 賞品(しょうひん)を渡される	ため（に）東京へ来たんです。

IX. Response.

1. 何のために，日本語を勉強しているんですか。

   （日本を旅行(りょこう)する）…… 日本を旅行するために，日本語を勉強しているんです。

2. 何のために，書き直(なお)すのですか。

   （雑誌(ざっし)に出す）…… 雑誌に出すために，書き直すのです。

3. 何のために，田中さんを呼んだのですか。

（賞品を渡す）…… 賞品を渡すために，田中さんを呼んだのです。

4．何のために，海岸を歩きたいのですか。

（風に吹かれて，涼しくなる）…… 風に吹かれて，涼しくなるために，海岸を歩きたいのです。

5．何のために，そこに私の名前を書いたのですか。

（忘れない）…… 忘れないために，あなたの名前を書いたのです。

6．何のために，たくさんお金を銀行に入れておくのですか。

（あとで困らない）…… あとで困らないために，たくさん，お金を銀行に入れておくのです。

X. Substitution.

田中さんは，	あそこを行ったり，来たり	しています。
	英語を書いたり，読んだり	
	飲んだり，食べたり	
	遊んだり，勉強したり	
	車を買ったり，売ったり	
	日本語を話したり，フランス語を話したり	
	休んだり，働いたり	

XI. Transformation. (Enumeration)

Example: 行く，来る → 行ったり来たりします。

1．ビールを飲む，酒を飲む。 → ビールを飲んだり，酒を飲んだりします。

2．英語を教える，フランス語を習う。 → 英語を教えたり，フランス語を習ったりします。

3．雨に降られる，雪に降られる。 → 雨に降られたり，雪に降られたりします。

4．車は高い，安い。 → 車は高かったり，安かったりします。

5．学生だ，学生ではない。 → 学生だったり，学生ではなかったりします。

6．山に行く，海に行く。 → 山に行ったり，海に行ったりします。

7．元気だ，病気だ。 → 元気だったり，病気だったりします。

XII. Memorize the following conversations.

1．中山：きのう，だれかに，家にはいられました。

清水：何か取られましたか。

中山：ええ，大きい車で来たようなんですよ。机を持って行かれたり，いすを持って行かれたりして，困っているんです。

清水：それは，それは。本も取られたんですか。

中山：いいえ，本は，持っていかれなかったんですよ。

2．山田：先週の金曜日は，山に行ったそうですね。

中川：ええ。しかし，山で雪に降られて，寒(さむ)かったですよ。

山田：そうでしたか。

中川：帰る時は，車の中で，子供(ども)に泣(な)かれて，困りましたよ。車もパンクしたんです。ひどい旅(りょ)行でしたよ。

3．田中：ケベック州(しゅう)では，英語が話されているのですか，フランス語が話されているのでしょうか。

ジョーンズ：そうですね。フランス語を話す人が，たくさん，いますが，英語を話す人も，いますよ。

田中：この夏は，モントリオールへ行くつもりですが，私は，フランス語で話されるのは困りますね。

ジョーンズ：フランス語で話されたほうが，どこかの外国へ行ったようでおもしろいでしょう。何のために，モントリオールへ行くのですか。

田中：あそこにある大学で，二か月間，日本の歴史(れきし)を教えるために，行くんです。

XIII. Make a conversation of 6 or 7 lines.

LESSON 26

Vocabulary Items

あたま（頭）	*n.*	head
あっ	*int.*	Oh!
アパート	*n.*	apartment
おなか	*n.*	stomach
cf. おなかがすいた		(I) got hungry
cf. おなかがすいている		(I) am hungry
おまわりさん	*n.*	policeman
きれる（切れる）	*v. intr.*	to be sharp
cf. 切る		to cut
cf. 切れそうなナイフ		a sharp knife (a sharp looking knife)
しゃしんをとる（写真をとる）		to take a photograph
すわる	*v. intr.*	to sit
たばこや（たばこ屋）	*n.*	tobacco store
へん（な）（変な）	*na.*	strange
cf. 変な人		a strange person

Kanji for Writing

1. 急　いそ（ぐ）
2. 考　かんが（える）
3. 返　かえ（す）
4. 眠　ねむ（る）
5. 歌　うた，うた（う）
6. 調　しら（べる）

Model Sentences

1. Mr. Tanaka's father lets Mr. Tanaka go anywhere.
2. The teacher made Mr. Suzuki sit there.
3. Please do not make me hurry so much.
4. To make them study is better than to leave them playing, you know.
5. When we see that movie next week, please let me pay (for it.)
6. I was troubled since I was made to sing a song that I do not like very much.
7. I will do whatever kind of thing it may be, so please let me do anything.
8. Please let me hear an interesting story.
9. Please let me sleep in this room.
10. Is it all right even if I let the child drink this water?
11. Because I am hungry, please feed me something.
12. That was a very difficult problem, and I was made to think a lot.
13. I was made to drink a lot of whiskey by my friend yesterday, and I have a headache today.
14. At that school I was made to teach English too, you know.
15. Yesterday I was made by Professor Tanaka to read a strange letter.
16. In fact, I was made by my father to investigate the problem.

1. 田中さんのお父さんは，田中さんにどこへでも，行かせます。
2. 先生は，鈴木さんを，そこへすわらせました。
3. 私を，そんなに，急がせないでください。
4. 勉強させるほうが，遊ばせておくより，いいですよ。
5. 来週，その映画を見る時には，私にお金を払わせてください。
6. 私は，あんまり好きでない歌を歌わせられて，困りました。
7. 私は，どんなことでもしますから，何でもさせてください。
8. おもしろいお話を，聞かせてください。
9. 私に，この部屋で眠らせてください。
10. 子供に，この水を飲ましてもいいですか。
11. おなかがすいたから，何か食べさしてください。
12. それは，たいへんむずかしい問題で，私は，ずいぶん考えさせられました。
13. きのう，ウイスキーを友だちにたくさん飲ませられて，きょうは頭が痛いです。
14. その学校では，私は，英語も教えさせられましたよ。
15. きのう，田中先生に，変な手紙を読まされました。
16. 私は，その問題を，父に調べさせられたんです。

I. Causative constructions: formation

A causative sentence in Japanese, meaning "make someone do something" or "allow someone to do something" is formed by using a causative verb form. The causative verb forms are made as follows:

A. *Long causative forms:*

1. For vowel verbs, replace る with させる.

いる → いさせる "to make someone stay"
教える → 教えさせる "to make someone teach"
食べる → 食べさせる "to make someone eat/ to feed someone"

2. For consonant verbs:

a. For verbs ending in う, replace う with わせる.

買う → 買わせる "to make someone buy"
言う → 言わせる "to make someone say"
使う → 使わせる "to make someone use"

b. For other consonant verbs, replace the final syllable with the あ-line syllable and add せる.

書く → 書かせる "to make someone write"
読む → 読ませる "to make someone read"
待つ → 待たせる "to make someone wait"
話す → 話させる "to make someone speak"

3. For irregular verbs する and 来る:

する → させる "to make someone do"
来る → 来(こ)させる "to make someone come"

B. *Short causative forms:*

Once the causative forms are made as above, they can be shortened by changing the last two syllables せる to す.

調べさせる → 調べさす "to make someone investigate"
歌わせる → 歌わす "to make someone sing"

Long causative forms are further conjugated like vowel verbs:

Non-past	Past	Negative non-past	Desiderative non-past	Gerund	Passive
書かせる	書かせた	書かせない	書かせたい	書かせて	書かせられる
話させる	話させた	話させない	話させたい	話させて	話させられる

Short causative forms are further conjugated like consonant verbs:

Non-past	Past	Negative non-past	Desiderative non-past	Gerund	Passive
食べさす	食べさした	(食べささない)	食べさしたい	食べさして	(食べさされる)
読ます	読ました	読まさない	読ましたい	読まして	読まされる

The forms in parentheses are normally avoided. The reason seems to be to avoid the repetition of the syllable さ. cf. *話ささない, *話さされる.

II. The meanings of causative sentences

There are two kinds of causative sentences which are grammatically and semantically distinct. Causative sentences should be associated with their corresponding non-causative sentences. Examine the following:

1. 鈴木(すずき)さんが行きます。 → 1a. 鈴木さんを行かせます。
   "Mr. Suzuki goes." "I make Mr. Suzuki go."
   〃 → 1b. 鈴木さんに行かせます。
   "I allow Mr. Suzuki to go./ I let Mr. Suzuki go."
2. 子供(こども)がすわります。 → 2a. 子供をすわらせます。
   "The child sits down." "I make the child sit down."
   〃 → 2b. 子供にすわらせます。
   "I allow the child to sit down./ I let the child sit down."

Let us call the a. type of causative sentences above O-CAUSATIVE, and the b. type, NI-CAUSATIVE. "O" stands for the direct object marker を, and "NI," for the indirect object marker に. Notice in the above examples, that the subject of the non-causative sentence becomes the direct object in a. sentences, and the indirect object of b. sentences.

The meaning of O-CAUSATIVE implies that the volition of the one who is causing someone to do something is all important, and therefore, it can be associated with the meaning of "to make/ force/ cause someone to do something." On the other hand, the meaning of NI-CAUSATIVE, associated with the meaning of "to permit/ allow/ let," implies that the volition of the person who is caused to do something is also important. Therefore, NI-CAUSATIVE usually does not occur with inanimate nouns, as the following ungrammatical sentence shows: *私は，車に走らせた. In such a case, only the O-CAUSATIVE can take place as in 私は，車を走らせた. "I made the car run./ I drove the car./ I ran the car." Thus, the meaning of O-CAUSATIVE becomes very close to the meaning of transitive verbs.

When the subject of a non-causative sentence is animate, and the verb is intransitive, both O-CAUSATIVE and NI-CAUSATIVE can be derived from it.

When the subject is inanimate, and the verb is intransitive, only O-CAUSATIVE normally can be derived. (e.g. 車が走る → 車を走らせる) If, on the other hand, the verb is transitive, only NI-CAUSATIVE can normally be used as far as modern colloquial Japanese is concerned, in which the use of double direct objects in a simple sentence is avoided as much as possible. Study the following carefully.

鈴木(すずき)さんがお金を払(はら)った。→ 私は，鈴木さんに，お金を払わせた。
(not : *私は，鈴木さんを，お金を払わせた。)
"I made Mr. Suzuki pay./I let Mr. Suzuki pay."

子供(ども)が，アイスクリームを食べた。
→ 私は，子供に，アイスクリームを食べさせた。
(not : *私は，子供を，アイスクリームを食べさせた。)
"I made the child eat ice cream./I allowed the child to eat ice cream."

Notice in the above examples that transitive causative sentences are ambiguous with respect to volition. In one reading the speaker's volition is all important, and in the other, the volition of the one that undergoes the causative action is important. Such ambiguities can be clarified by the context. The important point to remember here is that there is no O-CAUSATIVE form to be derived from a sentence with a transitive verb.

III. Causative passive form

As mentioned previously, a long causative verb form is like a vowel verb, while a short causative verb form is like a consonant verb. Thus, their passive forms are produced in accordance with the rules applicable to vowel verbs and consonant verbs, respectively. The causative passive forms express the meaning of "to be made to do/to be allowed to do." Study the following examples.

書かせる	→書かせられる	"to be made to write"	(long causative form)
教えさせる	→教えさせられる	"to be made to teach"	(long causative form)
待たす	→待たされる	"to be made to wait"	(short causative form)
買わす	→買わされる	"to be made to buy"	(short causative form)

私は，それを持たされました。 "I was made to carry it."
笑(わら)わせられました。 "I was made to laugh."

IV. Causative form and request

The form ……せて/してください is a request form meaning "please let me do..."

その新聞を読ませてください。 "Please let me read that newspaper."
水を飲ましてください。 "Please let me drink the water."
行かせてください。 "Please let me go."

◈ Exercises

I. Fill in the following chart.

行く	行かせる	行かす	行かせられる	行かされる
食べる				
急ぐ				
歩く				
遊ぶ				
開(あ)ける				
話す				
会う				
入れる				
受ける				
置く				
遅(おく)れる				
覚える				
帰る				
がっかりする				
借りる				
切る				
聞く				
閉(し)める				
出す				
泣(な)く				
来る				
勉強する				
休む				
はいる				
持つ				
待つ				
言う				
買う				

II. Transform the following sentences to causatives. Make the speaker the agent of causation. Also, translate.

Example: 1. 田中さんが行った。→ 私は，田中さんを行かせた。
"I made Mr. Tanaka go."
私は，田中さんに行かせた。
"I let Mr. Tanaka go."

2. 山田さんが英語を話した。→ 私は，山田さんに英語を話させた。
"I made Mr. Yamada speak English./ I allowed Mr. Yamada to speak English."

1. 子供が英語を習った。
2. 田中さんがそこにすわった。
3. 山中さんが私の車を運転(うんてん)した。
4. 学生がその漢字を覚えた。
5. 子供は，毎日，家で遊んだ。
6. 鈴(すず)木さんが帰った。
7. 友だちは，私の家で酒を飲んだ。
8. 学生が日本語でその手紙を書いた。
9. 田中さんが私の先生に会った。
10. 病気だったから，弟は，休んだ。

III. Transform the following sentences into causative passive forms. Also, translate.

Example: 田中さんが私に，行かせました。
→ 私は，田中さんに，行かせられました。
"I was made to go by Mr. Tanaka."

1. 私に，その仕事をさせました。
2. 父が私を急がせました。
3. 母は，私に，卵(たまご)を食べさせました。
4. 先生は，私に，その手紙を読ませました。
5. 田中さんは，私に，ビールを飲ませました。
6. 友だちは，私に，その新しい車を運転(うんてん)させました。
7. 私に，英語でそれを言わせたのです。
8. 私に，その本を買わせたのです。
9. 兄は，私に，お金を払(はら)わせたのです。
10. 父は，私に，おもしろいお話を聞かせました。

IV. Fill in the blanks with the proper particles. Notice that some sentences are passive, and others are causative. Also, translate into English.

1. 父は，弟___英語___覚えさせました。
2. 私は，母___魚___食べさせられました。
3. 学校___田中先生___漢字___書かせられました。
4. 私は，友だち___私の車___運転(うんてん)されました。
5. 私は，子供(ども)___その本___持っていかせました。
6. 私は，弟___その新聞___読ませました。
7. 私は，兄___お金___出させました。
8. 母___死なれました。
9. 雨___降られて困りました。
10. 毎日，ビール___飲ませられました。

V. Translate the following into Japanese.

1. The teacher made me use difficult kanji.
2. My father made me write all the kanji that I learned at school.
3. I forced my child to rest because he was sick.
4. Because it snowed much and the bus was not running, I was forced by my father to go to school walking.
5. I made my younger brother study until 10:00.
6. May I let him eat this?
7. It is expected that Mr. Tanaka made Mr. Yamada write the letter in English.
8. I intend to let my friends come here tomorrow.
9. Please do not make the children play around in this room.
10. I hear that Mr. Tanaka was made to do the work which Mr. Suzuki had to do.

◈ Oral Practice

I. Inflection.

見る → 見させる
考える → 考えさせる
教える → 教えさせる
はめる → はめさせる
かける → かけさせる
受ける → 受けさせる
答える → 答えさせる
返す → 返させる
取る → 取らせる

聞く → 聞かせる
通(とお)る → 通らせる
すわる → すわらせる
踏(ふ)む → 踏ませる
死ぬ → 死なせる
間(ま)に合(あ)う → 間に合わせる
選(えら)ぶ → 選ばせる
立つ → 立たせる
退(たい)院する → 退院させる

笑(わら)う → 笑わせる

心配(しんぱい)する → 心配させる

来る → 来させる

II. Transformation.

1. 道を歩きました。 → 道を歩かせました。
2. 大きい字引を持ちました。 → 大きい字引を持たせました。
3. ミルクを飲みました。 → ミルクを飲ませました。
4. お菓子(かし)を作りました。 → お菓子を作らせました。
5. 日本語を教えます。 → 日本語を教えさせます。
6. ノートを返します。 → ノートを返させます。
7. 仕事をします。 → 仕事をさせます。
8. もう少し考えます。 → もう少し考えさせます。
9. 車を直(なお)します。 → 車を直させます。
10. あそこに，すわります。 → あそこに，すわらせます。

III. Transformation.（を & に causative）

1. 子供(ども)が，いすに，すわります。→私は，子供{を/に}，いすに，すわらせます。
2. 山本(もと)さんが駅(えき)まで歩きます。→私は，山本さん{を/に}，駅まで，歩かせます。
3. 田中さんが，ここに来ます。→私は田中さん{を/に}，ここに来させます。
4. 弟が家にいます。→私は，弟{を/に}，家にいさせます。
5. 妹(いもうと)が東京へ行きます。→ 私は，妹{を/に}，東京へ行かせます。
6. 太郎(たろう)が，たばこ屋まで走ります。→私は，太郎{を/に}，たばこ屋まで走らせます。
7. だれかが，このアパートに住みます。→私は，だれか{を/に}，このアパートに住ませます。
8. 学生がアメリカへ帰ります。→私は，学生{を/に}，アメリカへ帰らせます。

IV. Transformation.（に-causative）

1. 猫(ねこ)が水を飲みます。 → 猫に，水を飲ませます。
2. 田中さんが日本語を教えます。 → 田中さんに，日本語を教えさせます。
3. 弟がこの車を使います。 → 弟に，この車を使わせます。
4. 子供(ども)が新聞を買います。 → 子供に，新聞を買わせます。

5. 妹(いもうと)がそのことを調べます。 → 妹に，そのことを調べさせます。
6. 家内(かない)がお菓子(かし)を作ります。 → 家内に，お菓子を作らせます。
7. うちの太郎(たろう)が電話をかけます。 → うちの太郎に，電話をかけさせます。

V. Transformation. (を-causative)

1. 車が走ります。 → 車を走らせます。
2. タクシーが来ます。 → タクシーを来させます。
3. 雨が降ります。 → 雨を降らせます。
4. バスが止まります。 → バスを止まらせます。
5. 英語がわかります。 → 英語をわからせます。
6. クラスが終わります。→ クラスを終わらせます。
7. 汽車が通(とお)ります。 → 汽車を通らせます。
8. 風(かぜ)が吹(ふ)きます。 → 風を吹かせます。

VI. Transformation. (... to let someone ...)

1. 私が少し休みます。→私{を/に}，少し休ませてください。
2. 私がこの家に住みます。→私{を/に}，この家に住ませてください。
3. 私が代金を払(はら)います。→ 私に，代金を払わせてください。
4. 私が英語を話します。→ 私に，英語を話させてください。
5. 私が写真(しゃしん)をとります。→ 私に，写真をとらせてください。
6. 田中さんが小説(せつ)を書きます。→ 田中さんに，小説を書かせてください。
7. 山本(もと)さんがその仕事をします。→山本さんに，その仕事をさせてください。
8. 兄がもう一度考えます。→ 兄に，もう一度考えさせてください。

VII. Inflection.

呼ばせる	→ 呼ばせられる	調べさせる	→ 調べさせられる
話させる	→ 話させられる	言わせる	→ 言わせられる
来させる	→ 来させられる	通(とお)らせる	→ 通らせられる
笑(わら)わせる	→ 笑わせられる	直(なお)させる	→ 直させられる
結婚(けっこん)させる	→ 結婚させられる	選(えら)ばせる	→ 選ばせられる
行かせる	→ 行かせられる	考えさせる	→ 考えさせられる
思わせる	→ 思わせられる	出させる	→ 出させられる
見させる	→ 見させられる	困らせる	→ 困らせられる

VIII. Transformation. (Active - Passive)

1. 家内(かない)は，私に，代金を払わせます。→ 私は，家内に，代金を払わせられます。

2. 先生は，学生に，日本語を話させます。 → 学生は，先生に，日本語を話させられます。
3. 山本(もと)さんは，私に，歌を歌わせます。 → 私は，山本さんに，歌を歌わせられます。
4. 子供(ども)は，お父さんに，車を買わせます。 → お父さんは，子供に，車を買わせられます。
5. 母は，私に，学校を休ませます。→ 私は，母に，学校を休ませられます。
6. 先生は，子供に，勉強させます。→ 子供は，先生に，勉強させられます。
7. 母は，私に，ピアノを習わせます。 → 私は，母に，ピアノを習わせられます。
8. 先生は，学生に，たくさん漢字を覚えさせます。 → 学生は，先生に，たくさん漢字を覚えさせられます。

IX. Inflection. (Short Form)

すわる → すわらす → すわらされる
急ぐ → 急がす → 急がされる
歩く → 歩かす → 歩かされる
会う → 会わす → 会わされる
置(お)く → 置かす → 置かされる
帰る → 帰らす → 帰らされる
休む → 休ます → 休まされる
待つ → 待たす → 待たされる
笑(わら)う → 笑わす → 笑わされる
呼ぶ → 呼ばす → 呼ばされる
読む → 読ます → 読まされる
はいる → はいらす → はいらされる

X. Transformation. (Causative Passive)

1. 子供(ども)は，かさを持ちました。 → 子供は，かさを持たされました。
2. 学生は，英語で言いました。 → 学生は，英語で言わされました。
3. 弟は，きのう泣(な)きました。 → 弟は，きのう泣かされました。
4. 妹(いもうと)は，三時間も歩きました。 → 妹は，三時間も歩かされました。
5. 私は，歌を歌いました。 → 私は，歌を歌わされました。
6. 父は，つまらない話を聞きました。 → 父は，つまらない話を聞かされました。
7. 私は，このいすに，すわりました。 → 私は，このいすに，すわらされました。

8. 兄は，こんな雑誌(ざつし)を取りました。→ 兄は，こんな雑誌を取らされました。

XI. Memorize the following conversations.

1. 山田：きのうは，新しい車を走らせたんですが，あまりスピードを出したので，おまわりさんに，車を止められましたよ。
   鈴木(すずき)：そうでしたか。お金を払(はら)いましたか。
   山田：ええ，20ドルも払わされましたよ。
   鈴木：それは，高かったですね。
2. 山本(もと)：これは，切れそうなナイフですね。
   ブラウン：ええ，ドイツに行った時，家内(かない)に，買わせられたんです。
   山本：ちょっと使わせてみてください。あっ，痛(いた)いよく切れますね。

XII. Make a conversation of 5 or 6 lines.

LESSON 27

Vocabulary Items

Verbs of giving and receiving:

あげる（上げる）	*v. tr.*	to give
さしあげる（差し上げる）	*v. tr.*	to give
やる	*v. tr.*	to give
くださる（下さる）	*v. tr.*	(someone) gives me
くれる	*v. tr.*	(someone) gives me
いただく	*v. tr.*	to receive
もらう	*v. tr.*	to receive

Other Vocabulary items:

あらう（洗う）	*v. tr.*	to wash
えはがき（絵葉書）	*n.*	picture postcard
えほん（絵本）	*n.*	picture book
おきゃくさん（お客さん）	*n.*	guest
——かた（方）	*suf.*	way to . . .
けさ	*n.*	this morning
しゃちょう（社長）	*n.*	company president
せつめいする（説明する）	*v. tr.*	to explain
ちず（地図）	*n.*	map
——ちゃん	*suf.*	(diminutive of さん)
むすこ	*n.*	son
ゆっくり	*adv.*	slowly, leisurely
よろこぶ（喜ぶ）	*v. tr.*	to be delighted, happy

Kanji for Writing

1. 方　かた
2. 問　モン
3. 題　ダイ
4. 窓　まど
5. 速　はや（い）
6. 姉　あね
7. 妹　いもうと

Model Sentences

1. I gave cigarettes to Mr. Tanaka.
2. I gave ice cream to my children.
3. Professor Yamada gave me a pen and paper.
4. The child gave me water.
5. It seems that my younger brother gave meat to the dog.
6. Professor Nakada gave a letter to my father.
7. (My) friend gave this dictionary to me.
8. I got this watch from Mr. Tanaka when I entered the university.
9. I got these picture post cards from (my) children.
10. I washed the windows of Mr. Tanaka's room (for him).
11. At the time of the exam I taught English to (my) younger sister (for her benefit).
12. The teacher investigated the problem for me.
13. My older sister treated me to beer.
14. I would like you to show me your older sister's picture, but . . .
15. Could you let me do that?
16. Please teach me how to make cake.
17. Please serve tea to the guest. (extremely polite)
18. I drew a map of Tokyo for Professor Smith this morning. (extremely polite)
19. The reading of this kanji is not clear to me. Would you please teach me?
20. Your movement is too fast. Please move a little slower.

1. 私は，田中さんに，たばこを上（あ）げました。
2. 子供（ども）には，アイスクリームをやりました。
3. 山田先生は，紙とペンを下（くだ）さいました。
4. 子供（ども）が，私に，水をくれました。
5. 弟が，犬に，肉をやったようです。
6. 中田先生は，父に，手紙を下さいました。

7．友だちは，私に，この字引をくれました。
8．この時計は，私が大学に入った時に，田中さんからいただきました。
9．この絵葉書は，子供にもらいました。
10．田中さんの部屋の窓を，洗ってあげました。
11．試験の時，妹に，英語を教えてやりました。
12．先生は，その問題を調べてくださいました。
13．姉は，私に，ビールを飲ませてくれました。
14．あなたのお姉さんの写真を，見せていただきたいんですが……
15．それは，私に，させていただけますか。
16．お菓子の作り方を，教えてください。
17．お客さんに，お茶を差し上げてください。
18．けさ，スミス先生に，東京の地図を書いて差し上げました。
19．この漢字の読みがわかりません。教えていただけますか。
20．動きがちょっと速すぎます。もう少し，ゆっくり動いてください。

I. Verbs of Giving and Receiving

In order to express the idea of giving and receiving in Japanese, six different verbs are usually used. Of these six verbs, four have the meaning of giving and two, receiving. They are: 上げる and やる, typically associated with the meaning of "I/ we give," 下さる and くれる "you/ he/ she/ they give to me/ us," and いただく and もらう "I/ we receive."

The two verbs in each pair are to be used separately according to the status of the recipient, the giver, the listener, or the person spoken about in relation to the speaker. What the speaker takes into consideration is whether or not the recipient, the listener or the person spoken about is

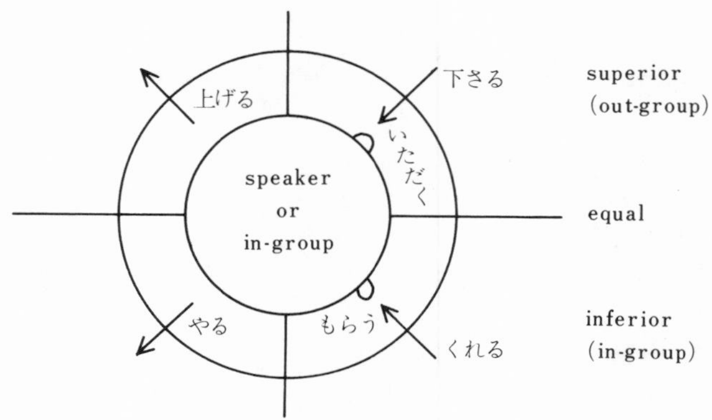

felt to be superior, equal, or inferior to him. Also, it makes a difference whether or not the speaker is talking to or speaking about a person within or outside of his social group. Let us call those within the speaker's social group "in-group" and those outside, "out-group." The diagram shows how these verbs are basically to be used depending upon relative social positions or "in-group vs. out-group" relationships.

Using the above diagram, the meaning of the six verbs can be summarized as follows:

上(あ)げる　The speaker or someone of the in-group *gives* to an equal or a superior, or to anyone who is felt to be outside of the group to which the speaker is being polite.

やる　The speaker or someone of the in-group *gives* to an equal (in informal speech) or to an inferior. (A polite speaker hardly uses this verb to people unless they are his own children, younger siblings, etc. It is regularly used to non-human beings, as in "I gave food to the cat," or "I gave water to the plant.")

下(くだ)さる　Someone superior or of the out-group *gives* to the speaker or to someone of his in-group. (The speaker is being polite to the giver.)

くれる　Someone inferior, equal or of the in-group gives to the speaker or to someone of his in-group.

いただく　The speaker or someone of his in-group *receives* from someone superior or from someone of the out-group. (The speaker is polite.)

もらう　The speaker or someone *receives* from an equal or an inferior.

Study the following examples:

a. うちの子供(こども)が，田中さんのお子さんに，絵(え)本を上(あ)げました。
"My child gave Mr. Tanaka's child a picture book. (Lit. The child of our house...)"

b. 私は，山中先生に，きょうの新聞を上げました。
"I gave today's newspaper to Professor Yamanaka."

c. 私は，犬に，水をやりました。
"I gave water to the dog."

d. むすこに，少し，お金をやりました。
"I gave a little money to my son."

e. 田中先生は，この万年筆(まんねんひつ)を下(くだ)さいました。
"Professor Tanaka gave me this fountain pen."

f. 鈴木(すずき)先生は，私の友だちに，字引を下さいました。

"Professor Suzuki gave a dictionary to my friend."

g. 子供が，私に，この時計をくれました。
"The child gave this watch to me."

h. 私は，田中先生 {に/から}，この万年筆をいただきました。
"I got this fountain pen from Professor Tanaka."

i. うちの子供は，中田さん {に/から}，このおもちゃをいただきました。
"My child got this toy from Mr. Nakada."

j. 子供 {に/から}，この時計をもらいました。
"I got this watch from the child."

k. 友だち {に/から}，この手紙をもらいました。
"I got this letter from my friend."

Notice that either に or から can be used in order to show from whom the gift is received.

The concept of "in-group" and "out-group" is relative. A person may be considered a member of one "in-group" while being outside another group. For example, a company president may be considered by his secretary to be a member of the "in-group" in terms of the company and its relationships with its customers. However, he may be considered a member of the "out-group" in relation to herself, her friends, or her own family members. Thus, the following sentences are perfectly acceptable:

The secretary is speaking to a customer:

社長が，お手紙をいただいた時には，たいへん喜んでいました。
"When our president received your letter, he was very happy."

The secretary is speaking to her own family members:

社長さんが，この時計を私に下さいました。
"Our president gave this watch to me."

In order to use these verbs one important thing to remember is *appropriateness* of speech within the socio-cultural context. In fact, if the speaker says, 山田先生に，この字引をもらいました instead of 山田先生に，この字引をいただきました, there can be no mistake about the information on who the giver was and who the receiver was. The sentence as such may even be perfectly acceptable depending upon the speaker's relationship to Professor Yamada and/or upon the situation. However, such a sentence, if used by a student, indicates that the speaker is unconcerned about politeness, simply informal, being rude or disrespectful, or even ignorant of the proper mode of speech.

In addition to 上げる and やる, there is another verb 差し上げる which is often used to show the highest form of politeness for "I/ we give."

II. ……てあげる "do something for someone," and ……ていただく "have someone do something"

In order to express the meaning "I/ we do something for someone else" or "have someone do something for me/ us" verbs of giving and receiving are used directly following the gerund form of a verb. The politeness level of the verbs is exactly the same as when we use the verbs to simply mean "giving" or "receiving." Study the following examples:

a. してあげましょうか。
"Shall I do it for you?"

b. 友だちに，手紙を読んであげました。
"I read the letter to my friend (for his benefit)."

c. 弟に，英語を教えてやりました。
"I taught English to my younger brother (for his benefit)."

d. 佐藤(さとう)先生の部屋(へや)の窓を，洗(あら)ってあげました。
"I washed the windows of Professor Sato's room (for him)."

e. 田中先生が，説明(せつめい)してくださいました。
"Professor Tanaka explained it to me (for my sake)."

f. 私は，兄にしてもらいました。
"I had my older brother do it (for me)."
(The older brother is a member of the speaker's in-group.)

g. 兄に，してもらってください。
"Please have my older brother do it (for you)."

h. 先生に，読んでいただきました。
"I had the teacher read it (for me)."

Using this construction, we can produce sentences of an extremely polite request. Model sentences 14 and 15 are such examples. Notice that the requests are made indirectly, and they imply that whatever the speaker can receive will be because of the hearer's favor. Therefore, the speaker is not really obliging or imposing upon the hearer to comply with the request. Also, compare ……させてください in Lesson 26.

III. 作り方 "how to make"

By adding 方 "way" to a verb in its conjunctive form, we can produce a phrase meaning "the way of doing/ how to do ..." Study the following:

読む → 読み方 "the way of reading/ how to read"
書く → 書き方 "the way of writing/ how to write"
教える → 教え方 "the way of teaching/ how to teach"

IV. Conjunctive form for a noun

A verb in its conjunctive form may be used as a noun. Study the following (For "conjunctive form", see p. 207):

動きが速い。	"The movement is fast."
わかりが遅(おそ)い。	"Understanding is slow.
帰りが遅い。	"He is coming home late. (Lit. Returning is late.)"
あしたから休みです。	"We will have a vacation from tomorrow."

◈ Exercises

I. Fill in the blanks appropriately in accordance with the meaning given. The speaker is being polite.

1. 兄が田中さんに，写真(しゃしん)を________。
"My brother gave a picture to Mr. Tanaka."
2. 何を________________か。
"What shall I give you?"
3. 佐藤(さとう)先生がこれを________________。
"Professor Sato gave me this."
4. 子供(ども)に，ペンを____________。
"I got a pen from my child."
5. 犬に，食物を__________か。
"Did you give food to the dog?"
6. 先生に，これを____________。
"I got this from the teacher."
7. 父が時計(とけい)を__________。
"Father gave the watch to me."
8. 友だちがタバコを____________。
"My friend gave me cigarettes."
9. 田中さんに，三千円____________。
"We got ¥3,000 from Mr. Tanaka."
10. コーヒーを______。
"Please give me coffee."

II. Change the following sentences in accordance with the change of the verb. Keep the giver and the recipient the same.

Example: 田中さんが，これを私に下(くだ)さいました。(いただく)
→ 私は，これを田中さんにいただきました。

1. 山田さんは，その時計を，私の兄に下さいました。（いただく）
2. 子供は，山田さんに，ペンを上げました。（もらう）
3. 先生は，私に，何も下さいませんでした。（いただく）
4. 友だちから，私は，お茶をもらいました。（くれる）
5. 私は，あなたのお父さんから，おもしろい本をいただきました。（下さる）
6. 子供は，私に，お菓子をくれました。（もらう）

III. Fill in the blanks with the proper particles and translate.

1. 私（　），それ（　）父（　）もらいました。
2. 先生（　），時計（　）兄（　）下さいました。
3. 兄（　），田中先生（　），字引（　）いただきました。
4. これ（　），友だち（　）もらったラジオです。
5. 子供（　），このおもちゃ（　），中田さん（　）いただきました。
6. 私（　），犬（　），水（　）やりました。
7. 兄（　），私（　），お金（　）くれました。
8. 私（　），先生（　），紙（　）下さいませんでした。
9. 私（　），田中さんのお子さん（　），英語（　）教えてあげました。
10. 犬（　），これ（　）持ってきてくれました。
11. 部屋（　），兄（　），きれいにしてもらってください。
12. 先生（　），おもしろい歌（　）歌ってもらいました。
13. 弟（　），図書館から，歴史の本（　）借りてもらいました。
14. このケーキ（　），中田さんの奥さん（　），作っていただきました。
15. 山田先生（　），きょうの新聞（　），買ってきて差し上げました。

IV. Translate the following into Japanese.

1. Shall I write hiragana for you?
2. Did you carry the book for the teacher?
3. I mailed the letter for Professor Tanaka.
4. I bought the cake for my children.
5. Professor Yamada taught me English (for my benefit).
6. Please show me the way. (Lit. Please teach me the way.)
7. I will have my younger brother go (for us).
8. Can I have it done by you?
9. I would like to have it read by you, but...
10. The watch I have is the one which Professor Tanaka gave me.
11. Please open the window (for me).
12. Can I have the window opened by you?
13. Who did you have do it for you?

14. Please have it explained by the teacher.
15. Please have it washed by my younger brother.
16. Since Professor Suzuki's reading is very fast, you have always to be listening well.
17. My child's walking is very slow. So, I had to take him by car in order to be in time for school this morning.

◈ Oral Practice

I. Substitution.

山本先生が，私に	仕事	を下(くだ)さいました。
	字引	
	問題	
	時計(とけい)	
	手紙	
	映画(えいが)の切符(きっぷ)	
	電話	
	鉛筆(えんぴつ)と紙	
	歴史(れきし)の本	
	絵葉書(えはがき)	

II. Substitution.

友だちが，私に	この雑誌(ざっし)	をくれました。
	古い時計(とけい)	
	きれいな絵葉書(えはがき)	
	このいいウィスキー	
	小さい犬	
	おいしいお菓子(かし)	
	黒いかさ	
	新しい桃(もも)	

III. Substitution.

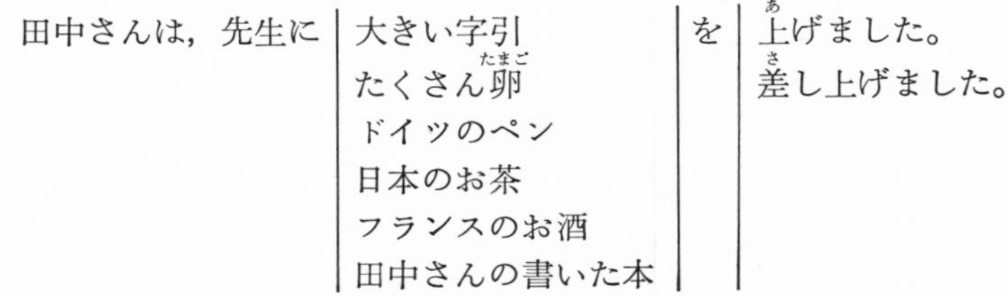

田中さんは，先生に	大きい字引	を	上(あ)げました。
	たくさん卵(たまご)		差(さ)し上げました。
	ドイツのペン		
	日本のお茶		
	フランスのお酒		
	田中さんの書いた本		

IV. Substitution. **Note:** 私＝子供(ども)の母

私が，子供(ども)に	おいしそうなお菓子(かし)	をやりました。
	このおもちゃ	
	新しいペン	
	お金	
	冷(つめ)たい水	
	アイスクリーム	
	おもしろい絵(え)本	

V. Substitution.

先生	から	きれいな写真(しゃしん)	をいただきました。
	に	便利(べんり)な字引	
		新しい時計(とけい)	
		漢字の問題	
		美(うつく)しい絵葉書(えはがき)	
		先生の書いた本	
		果(くだ)物とお茶	
		古い車	

VI. Substitution.

友だち	から	手紙	をもらいました。
弟	に	青(あお)い洋服(ようふく)	
兄		おもしろい雑誌(ざっし)	
		おいしいお酒	
		映画(えいが)の切符(きっぷ)	
		日本の地図(ちず)	

VII. Situational Change.

1. 先生が，本を下(くだ)さいました。 → 先生に，本をいただきました。
2. 田中さんが，時計(とけい)を下さいました。 → 田中さんに，時計をいただきました。
3. 山本(もと)さんが，赤いネクタイを下さいました。 → 山本さんに，赤いネクタイをいただきました。
4. 鈴木(すずき)先生が，問題を下さいました。 → 鈴木先生に，問題をいただきました。
5. 子供(ども)が，日本から手紙をくれました。 → 子供に，日本から手紙をもらいました。

6. 友だちが，ニューヨーク・フィルハーモニーの切符(きっぷ)をくれました。
   → 友だちに，ニューヨーク・フィルハーモニーの切符をもらいました。
7. 兄が，この字引をくれました。 → 兄に，この字引をもらいました。
8. 妹が，ノートとペンをくれました。→ 妹に，ノートとペンをもらいました。

VIII. Substitution.

先生が	日本語の手紙を読んで	くださいました。
	おもしろい写真(しゃしん)を見せて	
	その問題の答を教えて	
	フランス語で話して	
	田中さんに電話をかけて	
	私の結婚(けっこん)を喜(よろこ)んで	

IX. Substitution.

友だちが	日本語で説明(せつめい)して	くれました。
	写真(しゃしん)を持ってきて	
	車を洗(あら)って	
	私の答を直(なお)して	
	お菓子(かし)を作って	
	バスを運転(うんてん)して	
	お金を返して	
	日本の歌を歌って	

X. Substitution.

田中さんが，先生に	切符(きっぷ)を買って	あげました。
	車を貸(か)して	差(さ)し上げました。
	本の値段(ねだん)を調べて	
	旅行(りょこう)の写真(しゃしん)を見せて	
	お茶を持っていって	
	日本料理(りょうり)の店を選(えら)んで	
	電話をかけて	
	窓を開(あ)けて	

XI. Substitution.

田中さんに	本を読んで	いただきました。
	英語で話して	
	東京へ行って	
	お金を貸(か)して	
	タクシーの代金を払(はら)って	
	手紙で答えて	
	歴史(れきし)の本を持ってきて	

XII. Response.

1. この本を，だれに選(えら)んでもらいましたか。
   (父)…… 父に，選んでもらいました。
2. この車を，だれに直(なお)してもらいましたか。
   (田中さん)…… 田中さんに，直してもらいました。
3. この歌を，だれに歌ってもらいましたか。
   (母)…… 母に，歌ってもらいました。
4. このパンを，だれに作ってもらいましたか。
   (友だち)…… 友だちに，作ってもらいました。
5. このお菓子(かし)は，だれに切ってもらいましたか。
   (姉)…… 姉に，切ってもらいました。
6. この写真(しゃしん)を，だれに見せてもらいましたか。
   (スミスさん)…… スミスさんに，見せてもらいました。
7. 銀(ぎん)行の名前を，だれに調べてもらいましたか。
   (社長(しゃちょう))…… 社長に，調べてもらいました。
8. この部屋(へや)を，だれにきれいにしてもらいましたか。
   (むすこ)…… むすこに，きれいにしてもらいました。

XIII. Substitution.

先生が	作り方	を調べてくださいました。
	読み方	
	言い方	
	書き方	
	乗り方	
	電話のかけ方	
	コースの取り方	
	ラジオの直(なお)し方	

XIV. Transformation.

Example:

Instructor: ケーキを作る。教えてください。 } Students: ケーキの作り方を教えてください。

1. 英語を話す。教えてください。 }→ 英語の話し方を教えてください。
2. その窓を開(あ)ける。わかりません。 }→ その窓の開け方がわかりません。
3. その歌を歌う。教えてください。 }→ その歌の歌い方を教えてください。
4. そのナイフを使う。むずかしいです。 }→ そのナイフの使い方はむずかしいです。
5. その仕事をします。ここに書いてあります。 }→ その仕事のし方はここに書いてあります。

XV. Substitution.

私の友だちは	話し	が	速い	です。
	読み		遅(おそ)い	
	動き			
	帰り			
	わかり			

XVI. Transformation.

1. 船が動くのが速い。 → 船の動きが速い。
2. 漢字を読むのが，むずかしい。 → 漢字の読みが，むずかしい。
3. 子供(ども)が歩くのが遅い。 → 子供の歩きが遅い。
4. 社長(しゃちょう)は話すのがへただ。 → 社長の話しがへただ。
5. 父が帰るのが早い。 → 父の帰りが早い。
6. 泳(およ)ぐのが，じょうずだ。 → 泳ぎが，じょうずだ。
7. わかるのが遅い。 → わかりが遅い。

XVII. Memorize the following conversations.

1. 山田：これは，だれの本ですか。

ジョーンズ：それは，私のです。田中さんが日本で買ってきてくださったのです。

山田：日本語で書いてありますが，読みやすかったですか。

ジョーンズ：いいえ，あまり読みやすくありませんでしたが，むずかしいところは，先生に，教えていただきました。

2. 鈴木(すずき)：これは，私の作ったお菓子(かし)ですが，おたくの太郎(たろう)ちゃんに，上(あ)げてください。

中川：どうも，ありがとうございます。おいしそうですね。
いつか，作り方を教えていただきたいですね。

鈴木：ええ，いつでもいいですよ。教えてあげましょう。

XVII. Make a conversation of 5 or 6 lines.

LESSON 28

Vocabulary Items

あたる（当たる）	*v. intr.*	to hit
cf. ボールが当たる		
あぶない	*aj.*	dangerous
うれる（売れる）	*v. intr.*	to be sold out
おくる（送る）	*v. tr.*	to send
おとこ（男）	*n.*	male, man
ガラス	*n.*	glass
こおり（氷）	*n.*	ice
さあ	*int.*	well . . .
さく（咲く）	*v. intr.*	to bloom
さくら（桜）	*n.*	cherry
cf. 桜の花	*n.*	cherry blossoms
サッカー（をする）	*n.*	(to play) soccer
しか……ない	*pt. . . . neg.*	only
タイプする	*v. tr.*	to typewrite
たてる（建てる）	*v. tr.*	to build
ちかてつ（地下鉄）	*n.*	subway
つごう（都合）	*n.*	convenience
cf. 都合がいい		convenient
都合が悪い		inconvenient
と	*conj.*	and then . . .
なつやすみ（夏休み）	*n.*	summer vacation
にわ（庭）	*n.*	garden
ひとりで（一人で）	*adv.*	by oneself, alone

ぶん（文）	*n.*	sentence
ほうほう（方法）	*n.*	method, way
ほめる	*v. tr.*	to praise
メートル	*n.*	meter
われる（割れる）	*v. intr.*	(something) breaks

Kanji for Writing

1. 暑　あつ（い）
2. 花　はな
3. 始　はじ（まる）
4. 冷　つめた（い）
5. 便　ベン
6. 利　リ
7. 社　シャ
8. 洗　あら（う）

Model Sentences

1. In Vancouver, every year when it becomes winter, it rains a lot.
2. When it becomes summer, it is very hot in Tokyo.
3. My child goes out by himself to play after he finishes studying.
4. I always get sleepy when it gets to be about 10:00.
5. When I put ice in the water, it becomes cool.
6. When the ball hit the window, the glass broke.
7. If you go to that store, you can buy today's newspaper.
8. If you eat such a thing, you will get sick.
9. Right after Mr. Smith arrived at the (company) office, he started to work.
10. Right after it became April, the cherry blossoms bloomed.
11. I wish it would become warm soon.
12. If there would be a bus service here, it would be convenient, but...
13. If we had more money, we could build this building, but...
14. If it is next Monday, it becomes inconvenient, but...
15. When the school goes on vacation, it seems that no one but Professor Tanaka comes to school.
16. When it becomes winter it only rains in this town.
17. I think I have only never been to Tokyo. (i.e. Tokyo is the only place I have never been to.)
18. He doesn't do anything; he only studies.
19. Every day we were fed only such food, and nothing else.
20. I washed only the windows of the car.

1. バンクーバーは，毎年冬になると，たくさん雨が降ります。
2. 東京は，夏になると，とても暑いです。
3. うちの子供は，勉強が終わると，一人で遊びに出かけます。
4. 私は，十時ごろになると，いつも眠くなります。
5. 水に氷を入れると，水は冷たくなります。
6. ボールが窓に当たると，ガラスが割れてしまいました。
7. きょうの新聞は，あの店に行くと，買えますよ。
8. そんな物を食べると，病気になりますよ。
9. スミスさんは，会社に着くと，すぐ仕事を始めました。
10. 四月になると，すぐ桜の花が咲きました。
11. 早く，暖かくなるといいですねえ。
12. ここをバスが通るようになると，便利なんですが……
13. もっとお金があると，この建物は，建てられるんですが……
14. 来週の月曜日だと，都合が悪くなりますが……
15. 学校が休みになると，田中先生しか学校に来ないようです。
16. 冬になると，この町では雨だけ降ります。
17. 東京にだけ，行ったことがないと思います。
18. 何もしないで，勉強するだけです。
19. 毎日，そんな食物しか，食べさせられませんでした。
20. 車の窓だけしか洗いませんでした。

I. Particle と "and then"

The particle と in this lesson has the basic meaning of "and then." It is a connective for two sentences, making the structure S_1 と S_2. This construction has the following restrictions:

1. The tense of the main verb, or adjective, or copula in S_1 must be non-past.
2. The form of the main verb in S_2 cannot be an imperative or a request form.
3. S_2 cannot be the statement of the speaker's will or determination.

Although the tense of S_1 is always non-past, its interpretation depends upon the tense of S_2. (See model sentences 5 and 6.) The basic meaning of the connective と can be interpreted in several different ways depending upon the context. For example, model sentences 1–4 may be interpreted as "whenever," in which, upon the completion of the action or state mentioned in S_1 the state or the action in S_2 *always* follows. In sentences

5 and 6, the connective may best be interpreted as "when," in which the action or the state in S_2 follows as a *consequence* of the action or the state of S_1. In sentences 7 and 8, it may be interpreted as "if," and S_2 follows if S_1 is complete. In sentences 9 and 10, と may be interpreted as "after," in which the action or state in S_2 immediately follows upon the completion of the action or the state in S_1. In 11, 12 and 13, S_1 represents the condition for the state of S_2. It is true that all these different shades of meaning overlap one another; however, from the examples given in the model sentences, and from the various possible meanings mentioned above, we may generalize by saying that in the S_1 と S_2 construction, S_1 represents antecedent and S_2 represents its habitual, natural, inevitable or immediate consequence.

II. Delimitational particles: だけ; しか……ない "only"

So far, the word だけ has been treated simply as a lexical item with the meaning of "only." In this lesson we will explain its grammatical and semantic characteristics in contrast with the word しか. Both だけ and しか have the meaning of delimitation which may be expressed in English generally by the word "only." However, more specifically, しか can be associated with the meaning of "no more than," or "nothing else but," while だけ, with the meaning of "just," or "exactly (how many/much)." しか occurs only in negative sentences or in semantically negative sentences such as これしかだめです "Only this one is good." (だめ "no good" is semantically negative.) The word だけ can occur either in a positive or a negative sentence. Study the following examples:

a. 果物(くだもの)だけ，買ったようです。	"It seems that he bought only fruit."
b. この花しか，咲(さ)きませんでした。	"No other flowers bloomed but this flower."
c. 英語だけ，話さないようです。	"It seems that he doesn't speak only English."

Example b. above implies that the speaker expected other flowers to have bloomed also, but since they did not bloom, he feels that the number of the flowers that bloomed is unexpectedly small. On the other hand, だけ describes limitation in terms of exact quantity or event. Therefore, if the amount followed by だけ is felt to be unexpectedly small, しか can be used together with だけ as in:

d. 車は，二台だけしか，ありません。	"There are no more than just two cars."
e. これだけしか，わかりません。	"He didn't understand anything else but just this one."

The particles が，を，and は follow だけ as in:

f．これだけが，大事です。 “Only this one is important.”

g．その戸だけを，開けてください。 “Please open only that door.”

h．スミスさんだけは，元気です。 “Only Mr. Smith is healthy./As far as just Mr. Smith is concerned, he is healthy.”

These particles, however, tend to be dropped after だけ. Also, they are not used with しか.

Adverbial particles such as に，へ，から，まで，で，etc. may be used with だけ and/or しか. Their positional relationship with だけ is rather free and most of the time the meaning stays the same, but with しか, their position is limited as follows:

i．東京からだけ来ました。 “They came only from Tokyo.”

j．東京だけから来ました。 〃 〃

k．東京からしか来ませんでした。 “They came from nowhere else but Tokyo.”

l．*東京しかから来ませんでした。 (ungrammatical)

m．東京だけからしか来ませんでした。 “They came only from Tokyo.”

n．東京からだけしか来ませんでした。 〃 〃

The word だけ may directly follow a sentence, but しか does not occur in this position.† When だけ follows a sentence, it functions like a noun. Study the following:

o．その映画を，見るだけは，見ました。 “I did see that movie. (Lit. As far as just seeing that movie is concerned, I saw it.)”

p．東京へ行きたいだけです。住みたくは，ありません。 “I only want to go to Tokyo. I don't want to live there.”

q．その町はきれいなだけです。おもしろい物は，何もありません。 “That city is only pretty. There is is nothing interesting.”

---

†**Note:** Occasionally, しか may follow a sentence as in:

東京で会うしか，方法がありません。 “There is no other way than to see him in Tokyo.”

Such an example, however, is *very limited*.

◈Exercises

I. Construct S_1 と S_2 sentences. The parenthetical elements should be used for S_1. In some cases, changing the verb tense of S_1 may be necessary. Then translate.

1. 父も，歌を歌います。(母が歌を歌う)
2. 私は，昼御飯を食べません。(お金が無くなる)
3. 海で泳ぎたくなります。(夏になる)
4. タクシーで会社まで行きました。(雨が降った)
5. 子供は，すぐ喜びます。(ほめられる)
6. わからなくなります。(英語で話される)
7. 「はい。」と言いました。(呼ばれた)
8. いいんですがね。(部屋の窓が洗ってもらえる)
9. すぐ食べてしまいました。(アイスクリームを買ってやった)
10. 元気になりました。(水を飲ませた)
11. 飲めません。(あまり冷たい)
12. 運転するのは，あぶないです。(雪が降ってからだ)
13. 覚えにくいです。(読みにくい)
14. 買うことはできません。(あまり高い)
15. 都合がいいんです。(十二月だ)

II. Examine the following sentences and construct reasonable sentences using S_1 と S_2. Choose S_1 and S_2 appropriately.

1. a. 気持が良くなります。
   b. 海岸で風に吹かれます。
2. a. その猫は，病気になりました。
   b. 死んでしまいました。
3. a. 田中さんがはいってきました。
   b. 戸を開けました。
4. a. 映画が見えなくなりました。
   b. 人に前に立たれました。
5. a. 寒くなります。
   b. 雪が降ります。
6. a. 田中さんは，「ありがとう。」と言いました。
   b. 窓を洗ってあげました。
7. a. 四時でした。

b. 時計を見ました。

8. a. いいですがねえ。

b. ガソリンが安くなります。

9. a. 父が帰ってきました。

b. 家で遊んでいました。

10. a. ボールが窓に当たります。

b. ガラスが割れます。

III. Use the delimiters after the nouns or adverbials.

Example: 御飯を食べます。→ {御飯だけ食べます。
御飯しか食べません。

1. 桜の花が咲きました。
2. 新聞を買ったようです。
3. 雨が降ります。
4. 三万円あります。
5. 一時間，勉強しました。
6. アメリカにいました。
7. 駅で乗れます。
8. むずかしい文を書きます。
9. 美人が好きです。
10. 絵葉書を送りました。

IV. Translate the following into Japanese.

1. If you read this, you will understand.
2. Whenever I go to Japan, I go to Osaka.
3. Whenever he eats fish, he becomes sick.
4. If you buy a car, you will *run out of* money. (nakunaru)
5. I wish it would snow more!
6. Right after he read the letter, he went out of this room.
7. When I went to the station, I met (bumped into) Mr. Tanaka.
8. Whenever Mr. Sato comes, I am always made to speak in Japanese.
9. If you don't have a pen, you can't write anything.
10. He only ate.
11. He only read.
12. If you study well, you will understand.
13. There is nobody else but Mr. Tanaka in this building.
14. He understands nothing but Japanese.
15. It is only expensive.

◈ Oral Practice

I. Substitution.

春になると
- 暖(あたた)かくなります。
- 花が咲(さ)きます。
- 庭(にわ)がきれいになります。
- 町が美(うつく)しくなります。
- 雨がよく降ります。
- 眠くなります。
- テニスがしたくなります。

II. Substitution.

日本語がわかると
- 買物に困りません。
- 旅行(りょこう)がおもしろくなります。
- 日本の映画(えいが)が見たくなります。
- 日本の歴史(れきし)を勉強するのに，都合(つごう)がいいです。
- 田中先生は，日本語で話してくださいます。
- 東京にでも，大阪(さか)にでも，一人で住めます。

III. Combine the following pairs of sentences.

1. 春になります。暖(あたた)かくなります。→ 春になると，暖かくなります。
2. 秋になります。涼(すず)しくなります。→ 秋になると，涼しくなります。
3. 夏になります。暑くなります。→ 夏になると，暑くなります。
4. 冬になります。寒(さむ)くなります。→ 冬になると，寒くなります。
5. 本が高いです。学生が困ります。→ 本が高いと，学生が困ります。
6. テストがむずかしいです。時間がかかります。→ テストがむずかしいと，時間がかかります。
7. 日本の食物です。スミスさんは，食べません。→ 日本の食物だと，スミスさんは，食べません。
8. 夏，いい天気です。山に登(のぼ)ります。→ 夏，いい天気だと，山に登ります。

9. 水がありません。人は，困ります。→ 水がないと，人は，困ります。

10. 車が三台あります。便利です。→ 車が三台あると，便利です。

11. コーヒーを飲みすぎます。おなかが痛くなります。→ コーヒーを飲みすぎると，おなかが痛くなります。

12. 窓をあけました。涼しくなりました。→ 窓をあけると，涼しくなりました。

13. 雪がたくさん降りました。車が動かなくなりました。→ 雪がたくさん降ると，車が動かなくなりました。

14. 車がありませんでした。学校に行けませんでした。→ 車がないと，学校に行けませんでした。

IV. Expansion.

困ります。	困ります。
食べたくなるので，	食べたくなるので，困ります。
お菓子が	お菓子が食べたくなるので，困ります。
いつも	いつも，お菓子が食べたくなるので，困ります。
通ると	通ると，いつも，お菓子が食べたくなるので，困ります。
お菓子屋の前を	お菓子屋の前を通ると，いつも，お菓子が食べたくなるので困ります。

きれいです。	きれいです。
花が咲いて，	花が咲いてきれいです。
春になると，	春になると，花が咲いてきれいです。
あの庭は	あの庭は，春になると，花が咲いてきれいです。

便利です。	便利です。
乗ると，	乗ると，便利です。
電車や地下鉄に	電車や，地下鉄に乗ると，便利です。
大きい町なので	大きい町なので，電車や地下鉄に乗ると，便利です。
東京は	東京は，大きい町なので，電車や地下鉄に乗ると，便利です。

V. Substitution.

日本の映画	だけあります。
ペンが二本	しかありません。
アイスクリームが少し	だけしかありません。
白い紙が一枚	
車が三台	
リンゴが一つ	
絵本が一冊	

VI. Substitution.

田中さんだけ	きのう働き	ませんでした。
	英語で答え	
	代金を払い	
	仕事を始め	
	家を建て	
	帽子をかぶり	
	笑い	
	その事を調べ	

VII. Change the expressions.

1. この花は，一日だけ咲きます。 → この花は，一日しか咲きません。
2. 夏だけ泳ぎます。 → 夏しか泳ぎません。
3. 八月だけバンクーバーにいます。→ 八月しかバンクーバーにいません。
4. スポーツは，テニスだけします。→ スポーツは，テニスしかしません。
5. 子供だけいます。 → 子供しかいません。
6. 日本に一度だけ，行きました。 → 日本に一度しか，行きませんでした。
7. 一ページだけタイプしました。 → 一ページしかタイプしませんでした。
8. 社長と電話でだけ話しました。 → 社長と電話でしか話しませんでした。
9. 窓だけ割れました。 → 窓しか割れませんでした。
10. 私だけ喜びました。 → 私しか喜びませんでした。

VIII. Change the expressions.

1. 東京だけに送ります。 → 東京にしか送りません。
2. 大学は，この町だけに建てます。→ 大学は，この町にしか建てません。
3. アメリカだけから来ます。 → アメリカからしか来ません。
4. このバスはシカゴだけへ行きます。 → このバスはシカゴへしか行きません。

5. こんな花は南の国だけで見られます。	→ こんな花は南の国でしか見られません。
6. そんないいテレビはデパートだけで売っています。	→ そんないいテレビはデパートでしか売っていません。

IX. Substitution.

夏休みになると，うちの太郎(たろう)は，	勉強する	だけで，ほかに何もしません。
	遊ぶ	
	テレビを見る	
	本を読む	
	サッカーする	
	おもちゃの船を作る	
	山に登(のぼ)る	
	海で泳(およ)ぐ	

X. Expansion.

行くつもりです。	行くつもりです。
京都大学に	京都大学に行くつもりです。
あまりよくないので，	あまりよくないので，京都大学に行くつもりです。
大きいだけで	大きいだけで，あまりよくないので，京都大学に行くつもりです。
この大学は	この大学は，大きいだけで，あまりよくないので，京都大学に行くつもりです。

痛(いた)くなるだけです。	痛くなるだけです。
頭(あたま)が	頭が痛くなるだけです。
読むと	読むと，頭が痛くなるだけです。
三時間も	三時間も読むと，頭が痛くなるだけです。
こんなむずかしい本を	こんなむずかしい本を，三時間も読むと，頭が痛くなるだけです。

XI. Memorize the following conversations.

1. 田中：早く涼(すず)しくなるといいですね。
   鈴木(すずき)：九月になると，少し涼(すず)しくなるでしょうね。
   田中：さあ，どうでしょうかね。私は，あした，山に行ってきます。
   鈴木：山に行くと，涼(すず)しくて，気持がいいでしょうね。

2. 男の人：駅(えき)に行きたいのですが，道を教えてくださいませんか。
   女の人：この道を 100 メートルぐらい行くと，銀(ぎん)行があります。
   男の人：ああ，大きい銀(ぎん)行ですね。
   女の人：そうです。そこを右に曲(ま)がると，駅が見えますよ。
   男の人：どうもありがとうございました。

3. お客(きゃく)：日本の時計(とけい)がありますか。
   店員(てんいん)：はい，これがそうです。
   お客：これだけですか。
   店員：はい。クリスマスの時に売れてしまって，今は，これだけしかありません。

XII. Make a conversation of 6 or 7 lines.

LESSON 29

Vocabulary Items

いろいろ	*adv./ na.*	various
(お) てら (お寺)	*n.*	temple (お: honorific prefix)
くすり (薬)	*n.*	medicine
しゅうしょくする (就職する)	*v. intr.*	to find a job
しょうかいする (紹介する)	*v. tr.*	to introduce
せきゆ (石油)	*n.*	oil, petroleum
たす (足す)	*v. tr.*	to add
とまる (泊まる)	*v. intr.*	to stay, stop (as at a hotel)
なら	*conj.*	if it is
ねる (寝る)	*v. intr.*	to be in bed, to sleep
ピクニック	*n.*	picnic
ホテル	*n.*	hotel
ほんとう (本当)	*n./ na.*	true
cf. ほんとうに (本当に)	*adv.*	really
まもなく (間もなく)	*adv.*	soon, in no time
……ものです		used to . . . , habit
よてい (予定)	*n.*	plan, schedule

Kanji for Writing

1. 当　あた(る), トウ
2. 直　なお(す), なお(る)
3. 咲　さ(く)
4. 駅　エキ
5. 夜　よる, ヤ
6. 銀　ギン

7. 朝　あさ　　8. 多　おお（い）

Model Sentences

1. When you go to Nara, which temple do you intend to see?
2. It has been arranged that I will get a job at a bank after I get out of the university.
3. After I arrived at the station, the train left right away.
4. When I returned home last night, Mr. Tanaka was there.
5. I wish you would get up early in the morning.
6. If you had taken the medicine immediately, you would have gotten well.
7. If it were Mr. Yamada, he would understand such a problem immediately, but...
8. It's a little too expensive, isn't it? If it were cheaper, I would buy it, but...
9. If you add 25 and 35, it would become 60, right?
10. If meat became expensive, we used to eat fish frequently.
11. If that is true, my plan will become no good.
12. I wish tomorrow were a holiday.
13. If it is the case that Mr. Smith has been in Japan, he should understand that kind of word.
14. If it were to snow tomorrow, give up (the idea of) going by car.
15. Don't go by car, but go by bus!
16. It's already 3:00 a.m. I must go to bed right away.
17. You must study.
18. You must mail this letter today. So, write it soon.
19. You must not go home yet. Wait here a little more.
20. The more you drink this beer, the more you want to drink it.
21. The more, the better, you know.

1. 奈良に行ったら，どのお寺を見るつもりですか。
2. 大学を出たら，銀行(こう)に就職(しゅうしょく)することになりました。
3. 私が駅に着いたら，すぐ汽車が出ました。
4. きのうの夜，家に帰ったら，田中さんが来ていました。
5. 朝，早く起きたらいいのに。
6. すぐ薬(くすり)を飲んだら，直ったのに。
7. 山田さんだったら，こんな問題は，すぐわかるのに……
8. ちょっと高すぎますねえ。もっと安ければ，買うんですが……
9. 二十五と三十五を足(た)せば，六十になるでしょう。

10．肉が高くなれば，よく魚を食べたものです。
11．それが本当なら，私の予定(よてい)はだめになります。
12．あした，お休みならいいんですが。
13．スミスさんが日本に行ったことがあるのなら，こんな単語はわかるはずです。
14．あした雪だったら，車で行くのをやめろ。
15．車で行かないで，バスで行けよ。
16．もう午前三時です。すぐ寝(ね)なければ {いけません。/なりません。}
17．勉強しなかったらいけません。
18．この手紙は，きょう出さないといけないから，早く書きなさい。
19．まだ，帰ったらいけませんよ。ここでもう少し待ちなさい。
20．このビールは飲めば飲むほど，飲みたくなります。
21．多ければ多いほど，いいですよ。

I. Conditional and provisional constructions

A. *Formation*

In addition to the connective と, there are two more forms which express the meaning of the English " if." One may be called the たら conditional, and the other, the れば provisional. They are formed as follows:

1. たら *conditional:*

   Add ら to the past tense form of verbs, adjectives, or the copula.

   食べた → 食べたら " if/ when (I) eat "
   おもしろかった → おもしろかったら " if/ when (it) is interesting "
   だった → だったら " if/ when (it) is "

2. れば *provisional*:

   a. For vowel verbs: replace the final syllable る with れば.
   食べる→食べれば " if (I) eat " 出る→出れば " if (I) go out "

   b. For consonant verbs: replace the final syllable of verbs with the え-line syllable, and add ば.
   買う→買えば " if (I) buy " 話す→話せば " if (I) speak "

   c. For irregular verbs: apply the same rule as b. above.
   する→すれば " if (I) do " 来る→来れば " if (I) come "

   d. For adjectives: replace the final syllable い with ければ.
   大きい → 大きければ " if (it) is big "
   食べない → 食べなければ " if (he) doesn't eat "

行きたい → 行きたければ　“if (he) wants to go”

e. For the copula: だ becomes なら. (The copula has another form: である. Its provisional form is: であれば.)

(For practical memorization purposes, a., b. and c. above may be summarized as follows: Replace the final syllable of verbs with the え-line syllable, and add ば.)

B. *Semantics of provisionals and conditionals*

Just as in the case of the と construction, a conditional sentence is composed of at least two sentences:

田中さんが来る。(S_1)
私が行く。　　　(S_2)
→ 田中さんが来たら，私が行きます。
“If/ When Mr. Tanaka comes, I will go.”

The same is true with a provisional sentence. Semantically, both たら and れば constructions indicate that the action or state expressed in S_1 is completed before what is expressed in S_2 happens. Therefore, if the events expressed in S_1 and S_2 are to take place simultaneously, these constructions cannot be used. The sentence 日本へ行ったら/ 行けば, 何で行きますか *cannot* mean “When you go to Japan, what will you go by?” Notice that in English *go* in S_1 is taking place simultaneously with *go* in S_2. The Japanese sentence can only mean “When you get to Japan, what will you go by (from there to somewhere else)?”

In model sentence 3, notice that the final verb of S_2 出ました is in the past tense form. Here, the English equivalent of the たら construction may be “after ...” or “when ...” indicating the *sequence of events*. Also, notice that in model sentence 4 the meaning of *surprise* or *unexpectedness* is implied. (In 3, too, the meaning of *unexpectedness* is implied. The speaker really did not expect the train to leave right after he arrived at the station.) Therefore, the past tense verb of S_2 in a たら construction cannot be the one which expresses the action that the speaker can voluntarily control. Otherwise, some strange meaning will result: *田中さんが来たら私は部屋を出ました. “When Mr. Tanaka came, I left the room (unexpectedly and I was surprised at my leaving).” To the past habitual actions, this doesn't apply, however. Thus, we can say, 肉が高くなったら，魚を食べたものでした.

If we use provisionals, it is ungrammatical to have the final verb in S_2 in the past tense form, unless the meaning of the sentence indicates habitual action or state as in model sentence 10. Semantically, れば provisionals imply that S_1 is regarded as the logical or natural *condition* for the action or state expressed in S_2. Contrastively, たら indicates a *sequence of events* expressed in S_1 and S_2 often with a meaning of something “unexpected” or “accidental.”

田中さんが来たら，私が行きます。
“I will go after Mr. Tanaka gets here.”

田中さんが来れば，私が行きます。
"If Mr. Tanaka comes here, I will go."

Although in both sentences above, the speaker's going is supposed to take place after Mr. Tanaka's arrival, the second example additionally indicates that Mr. Tanaka's arrival is the *condition* for the speaker's going.

II. なら and のなら "if it is . . . " and "if it is the case that . . . "

The form なら is the provisional form of the copula だ, and as such it can occur immediately after a noun. Thus, examples 本なら and 本当なら mean, respectively, "provided that it is a book" and "provided that it is true." Also, なら can occur immediately after the nominalizer の, which itself is modified by a sentence.

a. 薬を飲んだのなら，よくなります。
"If it is the case that you took the medicine, you will get better."

b. バスが間もなく来るのなら，ここで待ちます。
"Provided that the bus comes soon, I will wait here.

c. それが好きなのなら，食べてください。
"If it is the case that you like it, please eat it."

Although in all of the above examples the events expressed by S_1 and S_2 are in sequence, in b. it may seem that the coming of the bus (S_1) follows the speaker's waiting (S_2). However, notice that the speaker's waiting takes place *after* the knowledge that the bus will come is established by the person who will wait for the bus. Therefore, the sentence still conforms to the basic meaning that S_1 takes place first and then the event in S_2 follows.

In the structure S＋の＋なら, the nominalizer の may be deleted, resulting in the structure S＋なら. The structure S＋の＋なら usually has a certain degree of assertion implied, and in fact, even after the deletion of の this assertive meaning is maintained. Thus, the example バスが来るなら can be interpreted as "if it is the case that the bus will come," which is the meaning of バスが来るのなら. However, if the verb in S_1 is in the past tense form, the construction without の has another meaning. Compare the following:

d. 薬を飲んだなら，よくなります。
"If it is the case that you took the medicine, you will get better."
"If you take the medicine, you will get better./ After you have taken the medicine, you will get better."

e. ((a) above is repeated here.)
薬を飲んだのなら，よくなります。
"If it is the case that you took the medicine, you will get better."

Notice that the first meaning of sentence d. is the same as that of e., but the second meaning of d. is non-existent in e.

III. ……れば ……ほど " the more . . . the more . . . "

For expressing the meaning of " the more . . . the more . . . " as in " the more you look at it, the clearer it will become," we must use a construction involving the provisional form as in 見れば見るほど，よくわかるでしょう. Study the following examples.

a. 大きければ大きいほどいいです。
" The bigger it is, the better."
(Lit. If it is big, to the extent that it is big, it is good.)

b. 働けば働くほど疲(つか)れます。
" The more you work, the more tired you will get."

c. 旅行(りょこう)すれば（旅行）するほど，もっと旅行したくなります。
" The more you travel, the more you will want to travel."
(The parenthetical elements can be deleted. This applies to ……する verbs such as 勉強する，仕事する，etc.)

The と and たら constructions cannot be used to express this same meaning

IV. もの : habitual action

The noun もの in model sentence 10 indicates that the action expressed in the modifying sentence takes place *habitually*. Study the following :

a. 勉強させられたものです。 " I used to be made to study."

b. あそこで働いたものです。 " I used to work there."

c. これはこのように食べるものです。 " We are to eat this in this manner. (i.e. We eat it habitually and customarily in this manner.) "

V. Obligation and prohibition

The meaning of obligation, " must," can be expressed using the conditional, provisional, or と constructions. (See Lesson 14 for another form.)

a. もっと働かなければ {いけません。/なりません。} " You must work more. (Lit. If you don't work more, it's no good.) "

b. もっと働かなかったらいけません。 〃 〃

c. もっと働かないといけません。 〃 〃

Notice in the above, the phrase なりません is used only with the れば construction.

The meaning of prohibition, "must not," can be exressed using the conditional. (See Lesson 14 for the other form which is actually the most commonly used for prohibition.)

d. 窓を開(あ)けたらいけません。 "You must not open the window."

e. そんな古い車を買ったらいけません。 "You must not buy such an old car."

The meaning of prohibition is not expressed by the れば construction, nor by the と construction.

VI. と, れば, and たら constructions in contrast

The meanings of the と, れば, and たら constructions often overlap and in many cases one can be replaced with another. However, in order to clarify the differences, the following will be useful. The top line is for the と construction, the middle, for the れば, and the bottom, for the たら constructions. The blank means that the construction is impossible.

a. デパートへ {行くと / 行けば / 行ったら} 買えます。

"If you go to the department store, you can buy it."

b. 駅に {着くと / ——— / 着いたら} 汽車が出ました。

"When I arrived at the station, the train left." (Single event)

c. 肉が高く {なると / なれば / なったら} 魚を食べたものでした。

"When meat became expensive, we used to eat fish." (Habitual)

d. 雪が {——— / 降れば / 降ったら} バスで行ってください。

"If it snows, please go by bus."

e. それは {——— / 飲めば / ———} 飲むほど飲みたくなります。

"The more you drink it, the more you will want to drink it."

f. {——— / ——— / 行ったら} いけません。

"You must not go." (Prohibition)

g. {——— / 行かなければ / ———} なりません。

"You must go." (Obligation using なりません)

VII. Imperative forms

A polite imperative verb form is made by adding なさい to the conjunctive form of a verb as in:

書く → 書きなさい。 "Write!"   見る → 見なさい。 "Look!"

Informal imperative forms are arrived at as follows:

1. For vowel verbs: replace the final syllable る with ろ.

   出る→出ろ "Get out!"   調べる→調べろ "Investigate!"

2. For consonant verbs: replace the final syllable with the え-line syllable.

   話す → 話せ "Speak!"   歩く → 歩け "Walk!"
   使う → 使え "Use it!"   走る → 走れ "Run!"

3. For the irregular verbs:

   する → しろ "Do it!"   来る → 来(こ)い "Come!"

For making a negative command form, just add な to the citation form.

する→するな。"Don't do it!" 来る→来るな。"Don't come!"

The polite negative request is expressed as ……ないでください. (See Lesson 13.)

◈Exercises

I. Rewrite the following sentences using たら and translate into English.

1. そのことは，この本を見ると，わかります。
2. お金がないと，何も買えないんです。
3. 私は，いつも，勉強が終わると，遊びに行きます。
4. 水に氷(こおり)を入れると，水は，冷たくなります。
5. こんなボールが窓に当たると，ガラスが割(わ)れてしまいますよ。
6. スミスさんは，学校に着くと，すぐ，勉強を始めました。
7. 早く暖(あたた)かくなると，いいですね。
8. 英語で話されると，わからなくなりますよ。
9. 私がその犬に水を飲ませると，すぐその犬は，元気になりました。
10. 部屋(へや)の窓を洗ってもらえると，いいんですがね……
11. 試験(しけん)があまりむずかしいと，困る学生がたくさんいるでしょう。

12．私の車だと，あまりガソリンは，いらないんですが……

13．私は，肉が高いと，魚を買います。

14．あした，いい天気だと，山へ行けるんですがね……

15．戸が開(あ)くと，田中さんがはいってきました。

II. Connect each of the following pairs using the れば construction and translate into English.

1. 雨が降らない。
   ピクニックに行く予定(よてい)です。

2. それがわかる。
   おもしろくなってきます。

3. ガソリンがなくなる。
   車を運転(うんてん)しないほうがいいです。

4. それが好きではない。
   食べないほうがいい。

5. それが本当だ。
   私は，大学をやめます。

6. 日本語が話せる。
   東京に行っても，困りません。

7. それは，アメリカ人のスミスさんに聞く。
   教えてくださるでしょう。

8. もっと暖(あたた)かくならない。
   桜(さくら)の花が咲かないです。

9. 田中さんが日本人だ。
   この歌を知っているはずです。

10. お金をたくさん借りたい。
    銀行(こう)へ行かなければなりません。

III. Rewrite the following pairs of sentences using のなら.

1. ガソリンがもっと高くなる。
   小さい車を買うことにする。

2. あした，友だちが来る。
   東京へ行かないことにする。

3. お金があまりない。
   そんな物は，買わないほうがいい。

4. 大学にはいりたい。
   もっと勉強しなければなりませんよ。

5. あした忙しい。
来なくてもいいですよ。

6. その本を読むつもりだ。
図書館(としょかん)へ行かなければなりません。

7. 日本で来年教えたい。
きょう，この手紙を書いてください。

8. あした，それを使う。
きょう，持ってきておきます。

9. それが本当だ。
私が困ります。

10. 先生が病気だ。
きょうは，クラスがないでしょう。

IV. Change the following into polite and informal imperative sentences and translate.

Example: あなたが窓を開(あ)ける → 窓を開けなさい。/ 窓を開けろ。 "Open the window."

1. あなたがこのナイフでケーキを切る。
2. あなたが雪が降ったらバスで行く。
3. あなたが田中先生に窓を洗ってあげる。
4. あなたがすぐ私の質(しつ)問に答える。
5. あなたが大学を出たら銀行(こう)に就職(しゅうしょく)する。
6. あなたが東京の地図(ちず)を鈴(すず)木さんに書いてもらう。
7. あなたが石油(せきゆ)をもっとたくさん買ってくる。
8. あなたが病気なら，毎日薬(くすり)を飲む。
9. あなたが歌を歌う。
10. あなたが水に氷(こおり)を入れる。
11. あなたが今晩(こんばん)この部屋(へや)で寝(ね)る。
12. あなたが早く結婚(けっこん)する。
13. あなたがその問題をよく考える。
14. あなたが電話(わ)をかける。
15. あなたがあそこでバスを止める。

V. Translate the following into Japanese.

1. If you think a little more, you will understand.
2. If you eat fish that that store is selling, you will get sick.
3. When I arrived in New York, (I found to my surprise that) it was

snowing.

4. When you graduate from college, where do you intend to work?
5. I wish you would wash the windows for Prof. Tanaka.
6. I wish Prof. Tanaka would speak to us a little more slowly.
7. If there is anything that you want to eat, please eat it.
(cf. If there is a thing that you want to eat... *thing*=もの)
8. If you don't understand it, please ask me.
9. If you see Prof. Tanaka, please give him this dictionary.
10. If it is fine weather tomorrow, where would you like to go?
11. I must begin studying right away because the examination is next week.
12. Even if you have a lot of money, you must not spend (use) it now.
(cf. Lesson 14 for *even if*)
13. The more you eat it, the more you will want to eat it.
14. The colder it is, the more money you need because you must buy *oil*. (石油(せきゆ))
15. Please read this novel when you get home. The more you read it, the more interesting it becomes, you know.
16. Run faster!
17. Don't move!
18. Drink this beer!

◈ Oral Practice

I. Inflection.

食べる	食べたら	食べれば
考える	考えたら	考えれば
教える	教えたら	教えれば
調べる	調べたら	調べれば
入れる	入れたら	入れれば
見る	見たら	見れば
会う	会ったら	会えば
思う	思ったら	思えば
読む	読んだら	読めば
帰る	帰ったら	帰れば
取る	取ったら	取れば
降る	降ったら	降れば
歩く	歩いたら	歩けば
泳(およ)ぐ	泳いだら	泳げば

話す	話したら	話せば
吹(ふ)く	吹いたら	吹けば
咲く	咲いたら	咲けば
始まる	始まったら	始まれば
遊ぶ	遊んだら	遊べば
結婚(けっこん)する	結婚したら	結婚すれば
本だ	本だったら	本なら
少ない	少なかったら	少なければ
早い	早かったら	早ければ
暖(あたた)かい	暖かかったら	暖かければ
古い	古かったら	古ければ
新しい	新しかったら	新しければ

II. Substitution.

大学の本屋へ行ったら	田中さんがいました。
電話をかけたら	
家に帰ったら	
会(かい)社に出たら	
図書館(としょかん)に行ったら	
バスに乗ったら	

III. Substitution.

田中さんが来れば	よく日本語で話したものです。
田中さんに会えば	
田中さんの家に行けば	
田中さんに電話をかければ	
日本語のクラスに出れば	
日本人と仕事をすれば	

IV. Transformation. (S_1 れば，S_2)

Example: Instructor: {毎日話す。
じょうずになります。}

Student: 毎日話せばじょうずになります。

1. 雪が降る。
   いいのに…… } → 雪が降ればいいのに……
2. 夏に行く。
   おもしろいでしょう。 } → 夏に行けば，おもしろいでしょう。

3．水が冷たい。
困ります。 → 水が冷たければ，困ります。

4．紙に書く。
わかります。 → 紙に書けば，わかります。

5．高すぎる。
買いません。 → 高すぎれば，買いません。

6．外で遊びたい。
パークに行ってください。 → 外で遊びたければ，パークに行ってください。

7．春になる。
花が咲きます。 → 春になれば，花が咲きます。

8．先生に聞く。
よかったのに…… → 先生に聞けばよかったのに……

9．去年する。
よかったのに…… → 去年すればよかったのに……

10．今夜，車が直る。
パーティーに行きます。 → 今夜，車が直れば，パーティーに行きます。

V. Transformation.
Use the source sentences above, and produce S_1 たら，S_2.

Example: Instructor: 毎日話します。
じょうずになります。

Student: 毎日話したら，じょうずになります。

VI. Transformation.（S_1 なら，S_2）

Example: Instructor: 雨だ。
行きません。

Student: 雨なら，行きません。

1．コーヒーだ。
飲みます。 → コーヒーなら，飲みます。

2．日本語だ。
わかります。 → 日本語なら，わかります。

3．きれいだ。
買います。 → きれいなら，買います。

4．元気だ。
歩けます。 → 元気なら，歩けます。

5．大きいのだ。
いりません。 → 大きいのなら，いりません。

6. おもしろいのだ。
読んでみます。 → おもしろいのなら，読んでみます。

7. 古いのだ。
だれかに上げてもいいです。 → 古いのなら，だれかに上げてもいいです。

8. 病気だ。
働いては，いけません。 → 病気なら，働いてはいけません。

9. 医者(いしゃ)だ。
よく知っているはずです。 → 医者なら，よく知っているはずです。

10. いい天気だ。
山に登(のぼ)りたいです。 → いい天気なら，山に登りたいです。

VII. Transformation. (S_1 のなら S_2)

1. 田中さんが来るなら，待ちます。→ 田中さんが来るのなら，待ちます。
2. 雨が降るなら，バスにします。 → 雨が降るのなら，バスにします。
3. 映画(えいが)を見るなら，私も行きます。→ 映画を見るのなら，私も行きます。
4. テレビを見るなら，めがねがいります。 → テレビを見るのなら，めがねがいります。
5. 病気になったなら，休んでください。 → 病気になったのなら，休んでください。
6. この本を読んだなら，わかるはずです。 → この本を読んだのなら，わかるはずです。
7. 桜(さくら)が咲いたなら，見に行きましょう。 → 桜が咲いたのなら，見に行きましょう。
8. 駅で待たないなら，どこで待ちましょうか。 → 駅で待たないのなら，どこで待ちましょうか。
9. わからなかったなら，先生に説明(せつめい)してもらってください。 → わからなかったのなら，先生に説明してもらってください。
10. 朝，薬(くすり)を飲まなかったなら，夜飲んでください。 → 朝，薬を飲まなかったのなら，夜飲んでください。

VIII. Transformation. (S_1 だったら S_2)

Example: Instructor: 雨だ。
行きません。

Student: 雨だったら，行きません。

1. コーヒーだ。
飲みます。 → コーヒーだったら，飲みます。

2. 日本語だ。
わかります。 → 日本語だったら，わかります。

3. きれいだ。
買います。 } → きれいだったら，買います。
4. 元気だ。
歩けます。 } → 元気だったら，歩けます。
5. バスのほうが便利だ。
バスで行きましょう。 } → バスのほうが便利だったら，バスで行きましょう。
6. 大きいのだ。
いりません。 } → 大きいのだったら，いりません。
7. おもしろいのだ。
読んでみます。 } → おもしろいのだったら，読んでみます。
8. 古いのだ。
だれかに上げてもいいです。 } → 古いのだったら，だれかに上げてもいいです。
9. 田中さんが来るのだ。
待ちます。 } → 田中さんが来るのだったら，待ちます。
10. 雨が降るのだ。
バスにします。 } → 雨が降るのだったら，バスにします。
11. この本を読んだのだ。
わかるはずです。 } → この本を読んだのだったら，わかるはずです。
12. 桜(さくら)が咲いたのだ。
見に行きましょう。 } → 桜が咲いたのだったら，見に行きましょう。

IX. Response.（いいえ）

1. すわってもいいですか。

   いいえ，{すわってはいけません。
すわったらいけません。

2. 窓を閉(し)めてもいいですか。

   いいえ，{窓をしめてはいけません。
窓をしめたらいけません。

3. ここで働いてもいいですか。

   いいえ，{ここで働いてはいけません。
ここで働いたらいけません。

4. もう退(たい)院してもいいですか。

   いいえ，{まだ退院してはいけません。
まだ退院したらいけません。

5. 字引を見てもいいですか。

   いいえ，{字引を見てはいけません。
字引を見たらいけません。

6．朝，早くてもいいですか。

いいえ，朝，早くてはいけません。
いいえ，朝，早かったらいけません。

7．新聞は，古くてもいいですか。

いいえ，新聞は，古くてはいけません。
いいえ，新聞は，古かったらいけません。

8．駅（えき）まで遠（とお）くてもいいですか。

いいえ，駅まで遠くてはいけません。
いいえ，駅まで遠かったらいけません。

9．肉でもいいですか。

いいえ，肉ではいけません。
いいえ，肉だったらいけません。

10．子供（ども）でもいいですか。

いいえ，子供ではいけません。
いいえ，子供だったらいけません。

11．来月でもいいですか。

いいえ，来月ではいけません。
いいえ，来月だったらいけません。

X. Response.

1．十五課を勉強しなくてもいいですか。

いいえ，勉強しなければいけません。
いいえ，勉強しなければなりません。

2．先生を待たなくてもいいですか。

いいえ，待たなければいけません。
いいえ，待たなければなりません。

3．あしたまでに，終わらなくてもいいですか。

いいえ，終わらなければいけません。
いいえ，終わらなければなりません。

4．代金を払（はら）わなくてもいいですか。

いいえ，払わなければいけません。
いいえ，払わなければなりません。

5．お茶は，暖（あたた）かくなくてもいいですか。

いいえ，暖かくなければいけません。
いいえ，暖かくなければなりません。

6．家は，広くなくてもいいですか。

いいえ，広くなければ{いけません。
なりません。}

7．病院は，大きくなくてもいいですか。

いいえ，大きくなければ{いけません。
なりません。}

8．日本のレストランでなくてもいいですか。

いいえ，日本のレストランでなければ{いけません。
なりません。}

9．図書館(としょかん)は，静(しず)かでなくてもいいですか。

いいえ，静かでなければ{いけません。
なりません。}

10．住む所(ところ)は，東京でなくてもいいですか。

いいえ，東京でなければ{いけません。
なりません。}

XI. Transformation. Combine the following pairs（……れば……ほど）.

1．日本語を勉強する。
おもしろくなる。 }→ 日本語を勉強すればするほど，おもしろくなります。

2．田中さんは，ビールを飲む。
よく話す。 }→ 田中さんは，ビールを飲めば飲むほど，よく話します。

3．よく考える。
わからなくなる。 }→ よく考えれば考えるほど，わからなくなります。

4．よく調べる。
いろいろな事(こと)がわかります。 }→ よく調べれば調べるほどいろいろな事がわかります。

5．窓を開(あ)ける。
風(かぜ)がはいる。 }→ 窓を開ければ開けるほど，風がはいります。

6．テストは，むずかしい。
けっこうだ。 }→ テストは，むずかしければむずかしいほど，けっこうです。

7．車が大きい。
ガソリンがいる。 }→ 車が大きければ大きいほど，ガソリンがいります。

8．字が小さい。
読みにくい。 }→ 字が小さければ小さいほど，読みにくいです。

9．こんな絵(え)は古い。
高い。 }→ こんな絵は，古ければ古いほど高いです。

10．子供は，元気だ。
いい。 } → 子供は，元気であればあるほど，いいです。

XII. Inflection.

食べる → 食べろ → 食べるな
見る → 見ろ → 見るな
話す → 話せ → 話すな
待つ → 待て → 待つな
売る → 売れ → 売るな
行く → 行け → 行くな
笑う → 笑え → 笑うな
死ぬ → 死ね → 死ぬな
読む → 読め → 読むな
来る → 来い → 来るな
する → しろ → するな

XIII. Transformation.

1．この箱を開けてください。 → この箱を開けろ。
2．このホテルに泊まってください。→ このホテルに泊まれ。
3．社長に紹介してください。 → 社長に紹介しろ。
4．その会社に就職してください。→ その会社に就職しろ。
5．水を足さないでください。 → 水を足すな。
6．まだ始めないでください。 → まだ始めるな。
7．そんなに，ほめないでください。→ そんなに，ほめるな。
8．右へ曲がらないでください。 → 右へ曲がるな。

XIV. Memorize the following conversations.

1．ブラウン：バンクーバーは，夏になればいい天気になりますね。
田中：ええ，本当にそうです。早く夏が来ると，いいですね。
ブラウン：夏休みになったら，どこかへ行きますか。
田中：いいえ。お金があれば，旅行したいんですが，……
ブラウン：私は，車が売れたら，日本へ行くつもりです。
田中：日本へ行くのなら，東京の友だちを紹介してあげましょう。
ブラウン：それは，ありがとうございます。
田中：日本へ行ったら，京都や奈良で，たくさんお寺を見たらいいですよ。
ブラウン：そうですね。お寺をたくさん見るつもりです。

2. 山田：いつ就職(しゅうしょく)しましたか。
中川：去年の秋(あき)です。
山田：会(かい)社には何で行きますか。
中川：車で毎日行っています。
山田：時間がかかるでしょうね。
中川：ええ。けれども，朝，早ければ早いほど，時間がかかりません。
家を七時に出れば，会社に七時四十分ごろ着きますよ。

XV. Make a conversation of 4 or 5 lines.

LESSON 30

Vocabulary Items

あんない（案内）	*n.*	guide
いたす	*v. tr.*	to do (humble)
いっていらっしゃい（行っていらっしゃい）		Lit. "Go and come back." "See you later"
いってまいります（行ってまいります）		Lit. (I) will go and be back. "See you later"
いらっしゃる	*v. intr.*	to go/ come/ be (exalting)
うかがう（伺う）	*v. tr. /intr.*	to ask/ hear/ visit (humble)
おいでになる	*v. intr.*	to go/ come/ be (exalting)
おくさま（奥様）	*n.*	(someone else's) wife (exalting)
おじょうさん（お嬢さん）	*n.*	daughter, young lady
おそまつさま（お粗末さま）		(to the guest) "I am afraid it was a humble meal."
おつかれさま（お疲れさま）		"You must be tired. My sympathy."
おっしゃる	*v. tr.*	to say (exalting)
おなくなりになる	*v. intr.*	to pass away (exalting) (see なくなる)
おまちどうさま（お待ちどうさま）		"Sorry to have kept you waiting."
おめにかかる（お目にかかる）	*v. intr.*	to meet for the first time (humble)
おる	*v. intr.*	to be/ stay (humble)
かぞく（家族）	*n.*	family
かた（方）	*n.*	person (exalting)
きょうだい（兄弟）	*n.*	brothers, siblings
ごくろうさま（御苦労さま）		"Thank you for your trouble."

ございます	*v. intr.*	to exist/ have (polite) (see ござる)
ござる	*v. intr.*	to exist/ have
ごぞんじだ（御存じだ）	*v. tr.*	to know (exalting) (see 存じる)
ごちそうさま		(to the host) "Thank you for the good meal."
ごぶさた（御無沙汰）	*n.*	my/ our neglect to write (or visit)
ごらんになる（御覧になる）	*v. tr.*	to see/ look at (exalting)
しゃいん（社員）	*n.*	company employee
しゅじん（主人）	*n.*	husband (mine)
そつぎょう（卒業）	*n.*	graduation
ぞんじておる（存じておる）	*v. tr.*	(I) know (see 存じる)
ぞんじる（存じる）	*v. tr.*	to know/ think (humble)
でいらっしゃいます	*cop.*	to be (exalting) (see でいらっしゃる)
でいらっしゃる	*cop.*	to be (exalting)
でございます	*cop.*	to be (polite) (see ござる)
どなた	*inter.*	who (exalting)
なくなる	*v. intr.*	to pass away
なさる	*v. tr.*	to do (exalting)
はいけんする（拝見する）	*v. tr.*	to see/ look at (humble)
はいしゃくする（拝借する）	*v. tr.*	to borrow (humble)
べんごし（弁護士）	*n.*	defense lawyer
ぼくし（牧師）	*n.*	(Christian) minister
まいる（参る）	*v. intr.*	to come/ go (humble)
まご（孫）	*n.*	grandchild
むすめ（娘）	*n.*	daughter, young lady
めしあがる（召し上がる）	*v. tr.*	to drink/ eat/ smoke (exalting)
もうしあげる（申し上げる）	*v. tr.*	to say/ tell (humble) (see 申す)
もうす（申す）	*v. tr.*	to say/ tell (humble)
よろしい	*aj.*	good

りょうしん（両親）　　*n.*　parents

Model Sentences

1. Yamada : "Good morning. Nice weather, isn't it?"
   Nakada : "Yes, it is very warm."
2. Suzuki : "How is your wife? (Lit. Is your wife well?)"
   Tanaka : "She is very fine. (Lit. Yes, my wife is very well.)"
3. Ueda : "What is your child studying in America?"
   Yamamoto : "He is studying American history."
4. Student : "About what time shall I come tomorrow? (Lit. Professor, about what time...)"
   Teacher : Please come about 8 : 30."
5. Company Staff : "President, I hear that you met Professor Yamanaka at Tokyo University yesterday, but..."
   Company President : "Yes, I met him. (Lit. Yes, I met Professor Yamanaka.)"
6. I have bought a little fish from the fish dealer.
7. I would like to go to Kyoto tomorrow.
8. Ikeda : "What did you have?"
   Yamamoto : "I had a little 'sake.'"
9. My name is Nakayama. How do you do. (Lit. I call (myself) Nakayama. Please be good (to me).)
10. I hear that the teacher got well already. (Lit. I hear that the teacher's sickness has already gotten well.)

1. 山田「お早うございます。いいお天気でございますねえ。」
   中田「ええ，たいへん暖こうございますねえ。」
2. 鈴木「奥さんは，お元気でいらっしゃいますか。」
   田中「はい，家内は，たいへん元気です。」
3. 上田「お宅のお子さんは，アメリカで何を，御勉強なさっていらっしゃいますか。」
   山本「アメリカの歴史を勉強いたしております。」
4. 学生「先生，私は，あした何時ごろお伺いいたしましょうか。」
   先生「八時半ごろ，おいでになってください。」
5. 社員「社長，きのうは東京大学で山中先生に会われたそうですが……」
   社長「ええ，山中先生にお会いしてきましたよ。」
6. 魚屋さんから，少し魚を買ってきました。

7. あしたは京都に行きとうございます。
8. 池田「何を召し上がりましたか。」
山本「お酒を少しいただきました。」
9. 私は中山と申します。どうぞよろしく。
10. 先生の御病気はもうよくなられたそうですよ。

I. Honorifics: introduction

As we studied in lesson 27, levels of politeness is vitally important in the Japanese language, and a student of Japanese must learn the polite style, often referred to as the "honorific" style. In general, the honorific style is used to express a feeling of "politeness" or "respect" for guests, older people, customers, or anyone considered socially superior. It may also be used to express the feeling of endearment and sometimes insult. (The use of honorifics for insult may appear to be strange, but similar situations exist in English when polite vocabulary items such as sir and madam are over-used for sarcasm.) Honorific forms can be subcategorized into three kinds: *exalting forms* to be used for the speaker's out-group members, *polite neutral forms* to be used for people or objects without particular reference to "in-group" vs. "out-group" dichotomy, and *humble forms* to be used for the speaker himself or his in-group members. It is important to emphasize the fact that honorific styles conform to the general rules of grammar although it often requires some distinct vocabulary items.

II. Nominals

Nouns and nominal adjectives are made into honorific forms by adding the honorific prefixes お or 御. (み may be added to some restricted number of religious or royal terms.) In general, お is added to words which originated in Japan, and 御 to those which originated in Chinese. Honorific prefixes are usually not added to words originating in other languages. Some words which must be identified as Chinese in origin are often felt and treated as if they were Japanese in origin. They are used with the prefix お as in お天気, お元気, お茶, and others. We must consider them in terms of naturalization.

For some words, the tie between honorific prefix and noun may become so strong that the prefix is considered part of the noun itself. For other words, the tie may be weaker although the prefix is regularly used. Thus, for words like 御飯 "cooked rice/ meal" and 御無沙汰 "(my/ our) neglect to write (or visit) you for sometime," the use of the prefix is always necessary. However, words like お茶 "tea" and お菓子 "cookies/ cake," the prefix is usually used, but may sometimes be dropped when a consideration of politeness is not particularly relevant as in a descriptive statement of tea written in a book. Study the following examples:

With the prefix 御:

御飯，御病気，御勉強，御卒業，御心配，御結婚
御旅行，御質問，御予定，御都合，御本，etc.

With the prefix お:

お茶，お休み，お元気，お話，お花，お手紙
お金，お仕事，お薬，お魚，おうち，お名前
お菓子，お友だち，お正月，お一人，お部屋，お丈夫
おきれい，お好き，おじょうず，お電話，お答え，お出かけ
お買物，お帰り，お勉強，etc.

With no prefix:

アイスクリーム，ボール，タイプライター，ペン，ラジオ，
ホテル，etc.

Notice in the above examples that most nouns which are nominalized from verbs take the prefix お as in お休み，お答え，お出かけ，and お帰り. Also, notice that 勉強 can take either 御 or お.

Non-human proper names such as 東京 or 京都大学 do not have honorific forms; however, human names and personal references have honorific forms. The vocative forms (i.e. words used for direct address) are often honorific expressing the feelings of endearment. Also, given names are used for that purpose. Professional or occupational titles may be used for human reference or vocative purposes. (In English we have examples such as "Professor!" or "Doctor!") Study the following chart:

	Exalting or Polite	Humble	Vocative
father	お父さん	父	お父さん
mother	お母さん	母	お母さん
older brother	お兄さん	兄	お兄さん
older sister	お姉さん	姉	お姉さん
younger sister	お妹さん/妹さん	妹	given name
daughter	お嬢さん/娘さん	娘	〃
child	お子さん	子供	〃
grandchild	お孫さん	孫	〃
family	御家族	家族	
parents	御両親	両親	

brothers (siblings)	御兄弟	兄弟	
husband	御主人	主人	(wife to husband) あなた
son	坊ちゃん/むすこさん	むすこ	given name
younger brother	弟さん	弟	〃
wife	奥さん	家内	(husband to wife) given name
doctor (MD)	お医者さん		(田中) 先生
teacher	先生		(田中) 先生
company president	社長さん	社長	(田中) 社長
defense lawyer	弁護士さん		(田中) 先生
minister (Christian)	牧師さん		(田中) 先生
fish dealer	魚屋さん		田中さん

The word 先生 always occurs without either the prefix お or the suffix さん. It is generally used for anyone who is concidered to be engaged in intellectual, scholarly or artistic activities, such as teachers, politicians, doctors, lawyers, writers, artists, critics, etc.

Pronouns also have honorific forms. Some pronouns are politer than others. The following must be remembered:

1. Do not use あなた to your superiors. Always use their title, or the name plus title. Use -さん with the name if there is no title.
2. The honorific forms of だれ "who" are どなた, どなたさま, and どちらさま. The last two are politer than the first (maybe too polite).
3. The phrase どの方 is the honorific form of どの人. Also, この方 "this person," その方 "that person," and あの方 "that person over there" are honorific forms. Study the following: どんなかた "what kind of person" 東京からのかた "a person from Tokyo" 英語のできるかた "a person who can speak English."

III. Copula

In an independent sentence one of the three copula forms です, でございます, or でいらっしゃいます may be used with an honorific noun form. The form でいらっしゃいます is used only for a human subject other than the speaker himself or his in-group members. The form です and でございます can be used for both human and non-human reference. When でございます is used for the speaker himself or his in-group, it is interpreted as a humble form. Otherwise, it is interpreted as a polite form. Of the three forms, でございます and でいらっしゃいます are felt to be politer than です. Study the following:

a. あの方(かた)は，お医者(いしゃ)さん {です。／でございます。／でいらっしゃいます。}
"That person is a doctor."

b. あそこにいる人は，私の父 {です。／でございます。}
"The person over there is my father."

c. あしたも働かなければならないのは，私だけ {です。／でございます。}
"I am the only one who has to work tomorrow again."

d. これは，田中さんの車 {です。／でございます。}
"This is Mr. Tanaka's car."

IV. Verbs

An honorific verb form can be formed in one of the following ways:

1. {お／御(ご)} + Verb Conjunctive Form + {になります／なさいます／です} (Exalting form)

   スミスさんが，お話し {になります。／なさいます。／です。} "Mr. Smith will speak."

   (**Note:** The use of なさいます may be more restricted than になります or です depending upon the verb. Check with native speakers.)

2. Using the passive form of verbs. † (Exalting form)

   スミス先生が調べられます。 "Professor Smith investigated it."
   山田さんがこの本を書かれました。 "Mr. Yamada wrote this book."

3. Humble forms are made as follows:

   {お／御(ご)} + Verb Conjunctive Form + {します／いたします}

   私がお読み {します。／いたします。} "I will read it."

   弟が御案内(ごあんない) {します。／いたします。} "My younger brother will guide you."

Remember that doing something for someone else can be expressed by using giving-receiving verbs. To be absolutely polite, always use 差(さ)し上(あ)げる.

---

†**Note:** To most stative verbs this rule does not apply.

*わかられましたか。 "Did you understand?"
*いられましたか。 "Did you need it?"

手紙を書いて差し上げました。 "I wrote the letter for him."

V. Adjectives

Adjectives are regularly made into honorific forms by simply attaching prefix お. お is not used if the adjective stem begins with the syllable お.

1. 先生はいつもお忙しいです。 "Professor Suzuki is always busy."
   (or ……お忙しくていらっしゃいます)
2. お嬢(じょう)さんはお美(うつく)しい方でいらっしゃいます。 "His daughter is a beautiful person."
3. お子さんは，お強(つよ)くなられました。 "His child became strong."

Some adjectives often used for greetings or occasionally for statements of desire are used with ございます. In this case, adjectives have the following kind of inflection.

a. Change the final syllable い to う.

b. If the next to the final syllable is in あ-line, change it to the お-line syllable.
   (高い) たかい→たこう (高う)；(赤い) あかい→あこう (赤う)

c. If the next to the final syllable is in い-line, change it to the palatal ゆ-line syllable.
   (大きい) おおきい → おおきゅう

In fact, the regular morning greeting, お早(はよ)うございます and the expression of gratitude ありがとうございます are examples of honorific adjectives; the former is related to the adjective 早い "early" and the latter, to ありがたい "grateful." Notice that for ありがとうございます there is no honorific prefix used. Also, in general, for the honorific statement of desire, the prefix お is not used, as in 帰りとうございます "I want to go home." The honorific form of the adjective いい is よろしゅうございます.

VI. Other honorific forms

There are a number of particular honorific vocabulary items that must be memorized independently of the regular formation. In the following chart, honorific citation forms are given subcategorized for the exalting and humble forms. For some items, the form may be partially regular, i.e. either the exalting form or the humble form may be produced by regular formation.

	Honorific Forms	
	Exalting	Humble
いる	いらっしゃる/おいでになる	おる

{行く 来る}	いらっしゃる/おいでになる	参(まい)る/伺(うかが)う
言う	おっしゃる(also, regular formation)	申(もう)す/申し上(あ)げる
{食べる 飲む}	召(め)し上がる(also, regular formation)	いただく
思う	お思いになる	存(ぞん)じる
知っている	ご存(ぞん)じだ(also, regular formation)	存じておる
会う	お会いになる	お目(め)にかかる/お会いする
見る	御覧(ごらん)になる	拝見(はいけん)する
借りる	お借りになる	拝借(しゃく)する
死(し)ぬ	おなくなりになる	なくなる
する	なさる	いたす
ある	ござる/おありになる	ござる
聞く	お聞きになる	伺(うかが)う/お聞きする
うち	お宅(たく)	宅

The following polite and honorific expressions are regularly used and as such they should be memorized.

a. いただきます。 "Lit. (To the giver) I will accept it." (used when you receive a gift or when you are going to eat or drink something given)

b. ごちそうさま(でした。) "Thank you for the meal/drink."

c. お粗末(そまつ)さま(でした。) "Not at all." (answer to ごちそうさまでした) cf. 粗末(な) "plain, poor"

d. 御苦労(ごくろう)さま({です。/でした。}) "Thank you for your trouble./Your trouble is appreciated."

e. お待ちどうさま(でした。) "Sorry to have kept you waiting."

f. 行ってまいります。 "Lit. (I) will go and be back." (used for leaving with the intention of coming back)

g. 行っていらっしゃい。 "Lit. Go and be back." (used for seeing someone off, who will come back)

h. お疲(つか)れさま(でした。) "You must be tired! My sympathy!" (used when you know that someone worked hard and is tired)

Note: The honorific verb form for いる is いらっしゃる. This form may be used for the honorific continuous expression as in お読みになっていらっしゃいます which is related to 読んでいます. The expression お読みになっています is also felt to be honorific. On the other hand, 読んでおります is humble. For items b., c., d., e., and h. above, if the copula is not deleted, it will be felt politer. In general, if the copula is deleted, it is more colloquial and felt to be more informal.

私が行くのです。→ 私が行くの。 "I will go."
本当(ほんとう)ですか。 → 本当。 "Really?"

The past tense of the copula above is for action or event which has been completed.

Most honorific sentences tend to be longer and more indirect than their non-honorific counterparts. Therefore, they are often felt to be cumbersome; however, the adult society in Japan definitely requires such a style, and the correct use of the honorific style is even regarded as a requirement of a cultivated person. Therefore, it is consciously studied and learned by the Japanese. However, a person must also bear in mind that over-use of the honorific style should be avoided since it may result in being somewhat funny.

◈ Exercises

I. Fill in the blanks and translate into English. Only one syllable is to go into each blank.

1. 田中先生は，きのう東京から（ ）帰り（ ）なりました。
2. 田中先生は，きのう京都から帰（ ）（ ）たそうです。
3. （ ）寒（ ）（ ）（ ）（ ）ますねえ。
4. 毎日，（ ）忙しいですか。
5. 私があした（ ）電話（ ）（ ）します。
6. （ ）質(しつ)問は，ございませんか。
7. スミスさんは，カナダの（ ）（ ）でいらっしゃいます。
8. どちらの大学で，日本語を（ ）勉強（ ）（ ）いましたか。
9. 先生に，（ ）手紙を書いて（ ）（ ）上げました。
10. （ ）待ち（ ）（ ）（ ）（ ）でした。

II. Transform the following into honorific sentences by completing the sentences on the right side of the arrows.

Example: きのう行きました。→ 私は…… 私はきのう参(まい)りました。

1. 大阪(さか)で山中先生に会いました。 → 田中先生は大阪で……
2. 都合(つごう)は，いいですか。 → 先生の……

3. 姉は，今，東京にいます。 → 田中さんの……
4. 何と言っていましたか。 → 山田さんは何と……
5. きのう，町で社長(ちょう)に会いました。→ 私はきのう……
6. これを知っている人がいますか。 → これを……いらっしゃいますか。
7. いつその映画(えいが)を見ましたか。 → 先生はいつその映画……
8. 知りませんでした。 → 私は……
9. どの大学から来ましたか。 → 先生は……
10. あした行きたいんですが。 → 私はあした……

III. Change the following into appropriate honorific sentences and translate.

1. 山田さんは，医者(いしゃ)ではありません。
2. 私が社長(ちょう)に話しました。
3. 英語のできる人は，ここに来てください。
4. 田中さんは，今，たばこを買っています。
5. 山中さんは，美(うつく)しい人です。
6. 何を食べましたか。
7. 名前は，何と言いますか。
8. 私がこれを借りてもいいですか。
9. 死んだのは，だれですか。
10. どんな映画を見ましたか。

IV. Translate into Japanese. Use honorific forms appropriately.

1. It is fine today, isn't it?
2. I will answer your questions.
3. Did you buy some medicine?
4. What did you say?
5. Thank you for the drink.
6. Do you know that Mr. Yamamoto passed away last week?
7. I would like to meet you tomorrow at three o'clock, but...
8. If you stay home and rest well tonight, you will be better tomorrow.
9. What did you eat yesterday?
10. Among fish, meat, and cheese, which do you like best?
11. Today it is colder than yesterday,
12. Did you come *alone*? (cf. Lit. being alone)
13. Where did you do your shopping?
14. How many brothers do you have?
15. Is Mr. Smith an American? (cf. ...kata)

◈ Oral Practice

I. Substitution.

御(ご)	飯
	病気
	勉強
	卒業(そつぎょう)
	心配(しんぱい)
	結婚(けっこん)

御(ご)	質問(しつもん)
	予定(よてい)
	都合(つごう)
	丈夫(じょうぶ)
	本
	旅行(りょこう)

II. Substitution.

お	魚
	うち
	名前
	菓子(かし)
	友だち
	正月(しょうがつ)

お	好き
	じょうず
	電話
	買物
	出かけ
	一人(ひとり)

III. Honorific Formation.

孫(まご) → お孫さん
子供(ども) → お子さん
娘(むすめ) → お嬢(じょう)さん
むすこ → むすこさん
父 → お父(とう)さん
母 → お母(かあ)さん
兄 → お兄(にい)さん
姉 → お姉(ねえ)さん

弟 → 弟さん
妹 → お妹さん
家族(かぞく) → 御(ご)家族
両親(りょうしん) → 御両親
主人(しゅじん) → 御主人
家内(かない) → 奥(おく)さん
兄弟(きょうだい) → 御兄弟

IV. Substitution.

あの方(かた)は	社長(ちょう)さん	でございます。
	田中先生	でいらっしゃいます。
	フランス語の先生	
	田中さんの御主人(ごしゅじん)	
	先生の奥様(おくさま)	
	弁護士(べんごし)	

V. Transformation. (Use でございます.)

1. 英語のわからないのは，私だけです。 → 英語のわからないのは，私だけでございます。
2. あれは，先生の部屋(へや)です。 → あれは，先生の部屋でございます。
3. あそこに立っているのは，父です。 → あそこに立っているのは，父でございます。
4. 兄の建(た)てた家は，これです。 → 兄の建てた家は，これでございます。
5. 先生の好きな飲物は，コーヒーです。 → 先生の好きな飲物は，コーヒーでございます。
6. 弟の使った字引は，これです。 → 弟の使った字引は，これでございます。
7. 風(かぜ)が強(つよ)く吹(ふ)いたのは，先週です。→ 風が強く吹いたのは，先週でございます。
8. 桜(さくら)の花が咲くのは，来月です。 → 桜の花が咲くのは，来月でございます。
9. ボールが当たったのは，窓ガラスです。 → ボールが当たったのは，窓ガラスでございます。
10. 車を洗ったのは，妹です。 → 車を洗ったのは，妹でございます。

VI. Transformation. (Exalting Forms)

起きる	お起きになります	お起きです	
考える	お考えになります	お考えです	
働く	お働きになります	お働きです	
笑(わら)う	お笑いになります	お笑いです	
かぶる	おかぶりになります	おかぶりです	
眠る	お眠りになります	お眠りです	
直す	お直しになります	お直しです	
困る	お困りになります	お困りです	
心配(しんぱい)する	御(ご)心配になります	御心配です	
見る	(御覧(らん)になります)	(御覧です)	御覧になる
知る	お知りになります	お知りです	御存じになる
食べる	お食べになります	お食べです	めし上がる
死ぬ	(おなくなりになります)	(おなくなりです)	なくなる
する	なさいます		なさる
ある	おありになります	おありです	ござる
行く	お行きになります	お行きです	いらっしゃる

VII. Transformation.

1. 田中さんは，喜(よろこ)びます。 →
   - 田中さんは，お喜びです。
   - 田中さんは，お喜びになります。
   - 田中さんは，喜ばれます。
2. 先生は，調べます。 →
   - 先生は，お調べです。
   - 先生は，お調べになります。
   - 先生は，調べられます。
3. 弁護士(べんごし)が着きます。 →
   - 弁護士がお着きです。
   - 弁護士がお着きになります。
   - 弁護士が着かれます。
4. 社長(ちょう)があした退(たい)院します。→
   - 社長があした御(ご)退院です。
   - 社長があした御退院になります。
   - 社長があした御退院なさいます。
   - 社長があした退院されます。
5. 山田さんが結婚(けつこん)しました。→
   - 山田さんが御結婚なさいました。†
   - 山田さんが（御）結婚されました。
6. あの人は英語がわかりました。→
   - あの人は英語がおわかりでした。†
   - あの人は英語がおわかりになりました。
7. 先生は，ホノルルに住みました。→
   - 先生は，ホノルルにお住みでした。
   - 先生は，ホノルルにお住みになりました。
   - 先生は，ホノルルに住まれました。

VIII. Transformation. (Humble Forms)

ある	ございます	
する	いたします	
借りる	拝借(はいしやく)します	お借りします
聞く	伺(うかが)います	お聞きします
見る	拝見(はいけん)します	
会う	お目にかかります	お会いします
知っている	存じております	
思う	存じます	
食べる	いただきます	
言う	申(もう)します	
行く	参(まい)ります，伺(うかが)います	
来る	参ります，伺います	
いる	おります	

† **Note:** Other possible forms do not seem to be normally used.

IX. Transformation. (Humble)

1. 私が調べます。 → 私が {お調べします。
お調べいたします。}
2. 弟が案内します。 → 弟が {御案内します。
御案内いたします。}
3. 兄が払います。 → 兄が {お払いします。
お払いいたします。}
4. 子供が休みます。 → 子供が {お休みします。
お休みいたします。}
5. 母がお菓子を切ります。 → 母がお菓子を {お切りします。
お切りいたします。}

X. Transformation. (Humble)

1. 私が窓を閉めてあげました。 → 私が窓を閉めて差し上げました。
2. 私がプレゼントを選んであげました。 → 私がプレゼントを選んで差し上げました。
3. 父が写真を見せてあげました。 → 父が写真を見せて差し上げました。
4. 先生に道を教えてあげました。 → 先生に道を教えて差し上げました。
5. 部屋をきれいにしてあげました。→ 部屋をきれいにして差し上げました。

XI. Transformation. (Honorific Adjectives)

赤い	赤うございます	寒い	寒うございます
青い	青うございます	むずかしい	むずかしゅうございます
早い	早うございます	やさしい	やさしゅうございます
暖かい	暖こうございます	大きい	大きゅうございます
黒い	黒うございます	新しい	新しゅうございます
少ない	少のうございます	美しい	美しゅうございます
古い	古うございます	話したい	話しとうございます
安い	安うございます	いい	よろしゅうございます

XII. Transformation. (Honorific Adjectives)

1. 田中さんは，忙しいです。 → {田中さんは，(お)忙しくていらっしゃいます。
田中さんは，(お)忙しゅうございます。}
2. あのお子さんは，大きいです。 → {あのお子さんは，大きくていらっしゃいます。
あのお子さんは，大きゅうございます。}

3. 先生の奥さんは，やさしいです。→ 先生の奥さんは，やさしくていらっしゃいます。
先生の奥さんは，やさしゅうございます。
4. この問題は，むずかしいです。→ この問題は，むずかしゅうございます。
5. ガソリンが高いです。→ ガソリンが高うございます。
6. こんな洋服がいいです。→ こんな洋服がよろしゅうございます。
7. 日本語の勉強がおもしろいです。→ 日本語の勉強がおもしろうございます。
8. 帽子がかぶりたいです。→ 帽子がかぶりとうございます。

XIII. Response.

1. どの方が先生でいらっしゃいますか。
   (あの方)……　あの方が先生でいらっしゃいます。
2. あの方は，どちらさまでいらっしゃいますか。
   (田中先生)……　あの方は，田中先生でいらっしゃいます。
3. 社長さんは，どちらへ御旅行なさいましたか。
   (ヨーロッパ)……　社長さんは，ヨーロッパへ御旅行なさいました。
4. スミスさんは，何を御覧になりましたか。
   (日本の映画)……　スミスさんは，日本の映画を御覧になりました。
5. どなたがお教えにいらっしゃいましたか。
   (山本先生)……　山本先生がお教えにいらっしゃいました。
6. 英語のおわかりの方は，どちらにいらっしゃいますか。
   (あちら)……　英語のおわかりの方は，あちらにいらっしゃいます。
7. 中国の方は，どんな物を召し上がりますか。
   (どんな物でも)……　中国の方は，どんな物でも召し上がります。
8. あの先生は，どちらの国からいらっしゃいましたか。
   (フランス)……　あの先生は，フランスからいらっしゃいました。
9. これは，どなたの御本でしょうか。
   (田中さんの弟さん)……　これは，田中さんの弟さんの御本でしょう。

XIV. Response. (Humble)

1. どこへいらっしゃるんですか。
   (図書館)……　図書館へ参ります。

2．何を借りられるんですか。

　　（小説）……　　　小説を拝借いたします。

3．何を召し上がっていらっしゃるんですか。

　　（てんぷら）……　　　てんぷらをいただいております。

4．どこで結婚なさるんですか。

　　（東京）……　　　東京で結婚いたします。

5．あなたのお名前は，何とおっしゃるんですか。

　　（中川）……　　　名前は，中川と申します。

6．何を御覧になっていらっしゃるんですか。

　　（写真）……　　　写真を拝見いたしております。

7．シカゴでどなたにお会いになったんですか。

　　（山田先生）……　　　山田先生にお目にかかりました。

8．いつ，先生が来るか御存じでいらっしゃいますか。

　　（はい）……　　　はい，存じております。

XV.　Memorize the following conversations.

1．田中：お暑うございますね。

山本：本当に。奥様は，どちらへいらっしゃるのでございますか。

田中：ちょっと，お買物にデパートまで参りますが。奥様もごいっしょにいらっしゃいませんか。

山本：ありがとうございますが，これから，むすめの家に参ろうかと存じますので……

田中：それは，よろしゅうございますね。お気を付けて行っていらっしゃい。

2．先生の奥様：どうもお待たせいたしました。たくさん召し上がって下さい。

スミス：ありがとうございます。それではいただきます。

奥様：どうぞ，どうぞ。

スミス：これは，けっこうなお魚でございますね。

奥様：ええ。新しゅうございますから。

……………………………………

スミス：どうもごちそうさまでした。

奥様：お粗末さまでございました。

XVI.　Make a conversation of 4 or 5 lines.

Grammar Index

I. On Japanese Terms:

II. On English Terms:

Vocabulary List

The vocabulary list includes all the vocabulary items appearing in the lessons. The days of the month, however, are listed only for the first through the tenth day. Also, Japanese proper names are given in a separate index. Mostly, we followed the tōyō kanji use, but for some words which are commonly written in kanji, although they are not recognized within the tōyō uses, we adopted kanji for the purpose of exposing the students to them. Those words are: 開ける，閉める，部屋，and a few others. Their readings are always specified with hurigana in the text.

	Lesson
あ　行	
ああ	6
アイスクリーム	5
あう（会う）	8
あお（青）	15
あおい（青い）	1
あか（赤）	15
あかい（赤い）	1
あき（秋）	23
あく（開く）	11
あける（開ける）	11
あげる（上げる）	27
あさ（朝）	11
あさごはん（朝御飯）	11
あさって	24
あし（足）	25
あした	4
あそこ	3
あそぶ（遊ぶ）	13
あたたかい（暖かい）	11
あたま（頭）	26
あたらしい（新しい）	9
あたる（当たる）	28
あっ	26
あちら，あっち	23
あつい（暑い）	23
あつい（熱い）	23
あなた	1
あに（兄）	4
あね（姉）	4
あの	3
アパート	26
あぶない	28
あまい（甘い）	19
あまり，あんまり	9
あめ（雨）	1
あめ	1
アメリカじん（アメリカ人）	5
あらう（洗う）	27
ありがとうございます	1
あります（cf. ある 8）	3
あるく（歩く）	11
あれ	2
あんな	8
あんない（案内）	30
いい	2
いいえ	2
いう（言う）	9
いえ（家）	7
いかが	22
いきます（行きます）（cf. 行く 8）	4
イギリス	11
いくつ	7

いくら 6
いけばな 1
いけません 14
いしゃ（医者） 2
いしょ 1
いす 7
いそがしい（忙しい） 16
いそぐ（急ぐ） 10
いた 1
いたい（痛い） 25
いたす 30
いただく 27
イタリアご（イタリア語） 5
いち（一）（cf. 6） 1
いちがつ（一月） 7
いちにち（一日） 7
いちばん（一番） 23
いつ 8
いつか（五日） 7
いつか 24
いっしょ（に）（一緒に） 1
いった 1
いっち 1
いつつ（五つ） 7
いっていらっしゃい
（行っていらっしゃい） 30
いってください 1
いってまいります
（行ってまいります） 30
いつも 20
いぬ（犬） 12
いぬのこ（犬の子） 12
いま（今） 7
います（cf. いる 8） 3
いみ（意味） 20
いもうと（妹） 4
いもうとさん（妹さん） 4
いらっしゃる 30
いります（cf. いる） 4
いれる（入れる） 11
いろ（色） 15
いろいろ 29
インフレ 24
ウィスキー 5
ウイスキー 5
うえ（上） 8
ウェーター 5
ウエーター 5
ウォッチ 5
ウオッチ 5
うかがう（伺う） 30
うける（受ける） 16
うごく（動く） 19
うた（歌） 23
うたう（歌う） 25
うち 4
うつくしい（美しい） 14
うま（馬） 13
うみ（海） 22
うらやましい 25
うる（売る） 11
うれる（売れる） 28
うんてんする（運転する） 14
え（絵） 24
えいが（映画） 1
えいご（英語） 4
えいぶんぽう（英文法） 16
ええ 9
えき（駅） 11
エスペラントご（エスペラント語） 24
えはがき（絵葉書） 27
えほん（絵本） 27
えらぶ（選ぶ） 25
エレベーター 5
——えん（円） 6
エンジン 5
えんぴつ（鉛筆） 1
おいしい 10
おいでになる 30
おう（追う） 25
おおい（多い） 1
おおきい（大きい） 1
オーストラリア 5
おおみそか（大みそか） 19
おかあさん（お母さん） 4
おかし（お菓子） 10
おかね（お金） 6
（お）きゃく（（お）客） 23
おきゃくさん（お客さん） 27
おきる（起きる） 18
おく（置く） 12
おくさん（奥さん） 21
おくさま（奥様） 30
おくる（送る） 28
おくれる（遅れる） 10
おげんきですか（お元気ですか） 1
おこさん（お子さん） 21
おさけ（お酒）（cf. さけ） 24

きがつく（気が付く） 20
きく（聞く） 9
きしゃ（汽車） 11
きた（北） 23
きっさてん（喫茶店） 18
きっぷ（切符） 13
きのう 3
きます（来ます）（cf. 来る 8） 4
きもち（気持） 25
きゅう（九）（cf. く） 6
きゅうに（急に） 14
きょう 3
きょうだい（兄弟） 30
きょねん（去年） 7
きらい 15
きる（切る） 17
きる（着る） 21
きれい 1
きれる（切れる） 26
きをつける（気を付ける） 20
ぎんこう（銀行） 2
きんようび（金曜日） 7
く（九）（cf. きゅう） 6
くがつ（九月） 7
くすり（薬） 29
ください 11
くださる（下さる） 27
くだもの（果物） 17
くつ 3
くつした 21
くに（国） 17
――ぐらい，くらい 7
クラス 8
クリーム 5
クリスマス 22
くるま（車） 3
くれる 27
くろい（黒い） 1
けいかく（計画） 24
ケーキ 21
けさ 27
げつ（月）（cf. つき，がつ） 7
けっこう 12
けっこんする（結婚する） 14
げつようび（月曜日） 7
けれど，けれども 16
げんき（元気） 15
ご（五） 6
こい 1
こう 6
こうい 1
こうつう（交通） 1
こうつうこうしゃ（交通公社） 1
こえ（声） 20
コース 10
コート 15
コーヒー 5
こおり（氷） 28
コカコーラ 5
ごがつ（五月） 7
ごくろうさま（御苦労さま） 30
ここ 3
ごご（午後） 7
ここのか（九日） 7
ここのつ（九つ） 7
ございます（cf. ござる） 30
ござる 30
ごぜん（午前） 7
ごぞんじ（御存じ） 30
こたえ（答） 25
こたえる（答える） 18
ごちそうさま 30
こちら，こっち 23
こと（事） 13
……ことがある 18
ことし（今年） 7
……ことにする 19
……ことになる 19
こども（子供） 11
この 3
このごろ 18
ごはん（御飯） 11
ごぶさた（御無沙汰） 30
こまる（困る） 13
こむ 23
ごらんになる（御覧になる） 30
ゴルフ 20
これ 2
――ころ，ごろ 7
こんげつ（今月） 7
こんしゅう（今週） 7
こんど（今度） 20
こんな 8
こんにちは 1
こんばん（今晩） 18
こんばんは 1
コンピューター 5
こんや（今夜） 19

さ　行

すわる 26
せきゆ（石油） 29
せつめいする（説明する） 27
せっかく 20
ぜひ 24
せまい（狭い） 23
せん（千） 6
せんげつ（先月） 7
せんしゅう（先週） 7
せんせい（先生） 2
——セント 22
ぜんぶ 4
そう（see 6） 1
……そう 21
そう 21
そうですね 19
ソーセージ 17
そこ 3
そこぢから（底力） 7
そちら，そっち 23
そつぎょう（卒業） 30
そと（外） 11
その 3
そば 17
そふ 4
そぼ 4
それ 2
それから 12
それでは 11
それはそれは 25
ソれん（ソ連） 23
ぞんじております（存じております） 30
ぞんじる（存じる） 30
そんな（see 8） 1

た　行

だ 8
だい（第）—— 12
——だい（台） 11
たいいんする（退院する） 15
だいがく（大学） 1
だいきん（代金） 18
だいじ（大事） 19
タイプする 28
たいへん 12
タイムズ 5
たかい（高い） 3
たくさん 6
タクシー 10
だけ 13
たす（足す） 29
だす（出す） 11
だす（出す） 18
ただしい（正しい） 20
——たち 21
たつ（立つ） 15
ダットサン 17
たてもの（建物） 9
たてる（建てる） 28
たばこ 1
たばこや（たばこ屋） 26
たべもの（食物） 12
たべる（食べる） 8
たまご（卵） 23
ため（に） 24
ため（に） 25
だめ 9
だれ 3
たんご（単語） 17
ダンス 5
だんだん 14
ちいさい（小さい） 3
チーズ 14
チェーン 5
ちかい（近い） 3
ちがいます（cf. 違う） 6
ちかてつ（地下鉄） 28
ちから（力） 7
ちず（地図） 27
ちち（父） 4
ちぢまります 7
——ちゃん 27
ちゅういする（注意する） 24
ちゅうごくご（中国語） 4
チューリップ 15
ちょっと 3
チンパンジー 5
——つ 7
ついたち（一日） 7
つかう（使う） 9
つかれる（疲れる） 22
つき（月）（cf. がつ，げつ） 7
つく（着く） 18
つくえ（机） 7
つくる（作る） 12
つごう（都合） 28
つづきます 7
つとめる（勤める） 18

な 行

は　行

ま　行

まつ（待つ） 10
まっさつ 1
マッチ 12
まで 8
までに 18
まど（窓） 10
まにあう（間に合う） 15
まもなく（間もなく） 29
まん（万） 6
まんねんひつ（万年筆） 23
みぎ（右） 23
みじかい（短い） 15
ミス 5
みず（水） 24
みせ（店） 10
みせる（見せる） 12
みそか 7
みち（道） 3
みっか（三日） 7
みっつ（三つ） 3
みなさん 3
みなさんいっしょにいってください 1
みなみ（南） 23
みる（見る） 9
ミルク 18
ミンク 5
むいか（六日） 7
むし（虫） 25
むずかしい 10
むすこ 27
むすめ（娘） 30
むっつ（六つ） 6
メートル 28
めがね 21
めしあがる（召し上がる） 30
も 2
もう 6
もう 13
もういちどいってください 1
もうしあげる（申し上げる） 30
もうす（申す） 30
もくようび（木曜日） 7
もちあるく（持ち歩く） 25
もつ（持つ） 11
もっていく（持っていく） 12
もってくる（持ってくる） 12
もっと 1
もと 1
もの（物） 11
……ものです 29
もも（桃） 17
もらう 27
もんだい（問題） 18

や　行

や 19
やさしい 3
やさしい 10
やすい（安い） 3
……やすい 23
やすみ（休み） 18
やすむ（休む） 16
やっつ（八つ） 7
やま（山） 6
やむ 20
やめる 21
やる 27
ゆうびんきょく（郵便局） 1
ゆき（雪） 14
ゆっくり 27
ゆびわ（指輪） 21
よ（四）（cf. し） 6
よ 8
よい（良い） 3
よう 20
ようか（八日） 7
——ようび（曜日） 7
ようふく（洋服） 15
ヨーロッパ 5
よく 9
よっか（四日） 7
よっつ（四つ） 7
よてい（予定） 29
よにん（四人） 22
よぶ（呼ぶ） 10
よみます（読みます）（cf. 読む 8） 4
より（も） 23
よろこぶ（喜ぶ） 27
よろしい 30
よん（四）（cf. し） 6

ら　行

らいげつ（来月） 7
らいしゅう（来週） 7
ライター 5
ライト 5
らいねん（来年） 7
ラジオ 9

Japanese Proper Names for Persons and Places Used in this Text

Surnames

いけだ	池田
うえだ	上田
かわばた	川端
さとう	佐藤
しみず	清水
すずき	鈴木
たかはし	高橋
たかだ	高田
たなか	田中
なかがわ	中川
なかだ	中田
なかやま	中山
まつもと	松本
やました	山下
やまだ	山田
やまなか	山中

Given Names

じろう	次郎	(boy's name)
たろう	太郎	(〃)
かずこ	和子	(girl's name)
ともこ	とも子	(〃)
はなこ	花子	(〃)
よしこ	よし子	(〃)

Place Names

Kanji is given in the text.

おおさか	大阪
きょうと	京都
とうきょう	東京
なら	奈良
よこはま	横浜

Kanji was not given, since the following names appeared before Lesson 6.

きゅうしゅう
こうべ
なごや
ひろしま
ほっかいどう
よこすか

Kanji Stroke Order for Writing

Hiragana is for *kun* reading (cf. Lesson 6). Katakana is for *on* reading. Underlined hiragana is for okurigana. Contextual reading is not parenthesized.

		Reading	Meaning	Stroke Order
Lesson 6				
1	一	イチ, ひとつ	one	一
2	二	ニ, ふたつ	two	一 二
3	三	サン, みっ, みっつ	three	一 二 三
4	四	シ, よん, よ, よっつ	four	丨 冂 冂 四 四
5	五	ゴ, いつつ	five	一 丆 五 五
6	六	ロク, むっつ	six	丶 亠 六 六
7	七	シチ, なな	seven	一 七
8	八	ハチ, やっつ	eight	ノ 八
9	九	ク, キュウ, ここのつ	nine	ノ 九
10	十	ジュウ, とお	ten	一 十
11	百	ヒャク, ビャク	hundred	一 丆 丆 百 百 百
12	千	セン, ゼン(ち)	thousand	ノ 二 千
13	万	マン, (バン)	ten thousand	一 丂 万
14	円	エン	circle, yen	丨 冂 円 円
15	山	やま, (サン)	mountain	丨 山 山

Lesson 7				
16	月	ゲツ, ガツ, つき	month, moon	丿 冂 月 月
17	火	カ, (ひ)	fire	丶 丷 少 火
18	水	スイ, みず	water	亅 刁 氺 水
19	木	モク, き, (ボク)	tree	一 十 才 木
20	金	キン, かね, (コン)	gold, money	丿 人 亼 今 今 余
				金
21	土	ド(ト, つち)	earth, soil	一 十 土
22	日	ニチ, ひ, び, か	day, sun	丨 冂 日 日
		(ジツ)		
23	田	た, (デン)	rice field	丨 冂 冊 用 田
24	中	なか, (チュウ)	middle, in, within	丨 冂 口 中
25	今	いま, (コン, キン)	now, the present	丿 人 亼 今
Lesson 8				
26	何	なに, なん, (カ)	what, how many	丿 亻 仁 何 何
27	時	ジ, とき, (どき)	time	日 日十 日土 日圭 時 時
28	分	フン, プン, (わける,	minute, part	丿 八 分 分
		わかれる, ブ)	to devide	
29	毎	マイ	every	丿 𠂉 𠂉 毋 毋 毎
30	週	シュウ	week	丿 冂 月 円 用 周
				凋 凋 週
31	行	いく, コウ, (ギョウ,	to go, to hold,	丿 彡 彳 彳 行 行
		アン, おこなう)	to conduct	
32	来	ライ, くる, きます	to come	一 丆 亚 亚 平 来
		こい		来
33	人	ニン, ジン, ひと, ～り	person	丿 人

34	年	ネン, とし	year, age	ノ 𠂉 𠂉 𠂉 𠂉 年
35	本	ホン, ボン, ポン	book, suffix	一 十 オ 木 本
		もと	for counting	
36	枚	マイ	suffix for	一 十 オ 木 朩 朩
			counting	朸 枚
Lesson 9				
37	車	くるま(シャ)	wheel, vehicle	一 𠮛 亘 車
38	思	おもう(シ)	to think	田 田 思 思 思
39	食	たべる(ショク,	to eat	八 𠆢 今 今 今 食
		くう)		食 食
40	見	みる(ケン)	to see	丨 冂 冂 月 目 貝
				見
41	大	おおきい, ダイ, (タイ)	big, great	一 ナ 大
42	高	たかい(コウ)	high, costly	丶 亠 亠 亠 高 高
43	言	いう(ゲン, ゴン,	to speak, say,	丶 亠 亠 亠 言
		こと)	speech, word	
44	英	エイ	England, excellent	一 十 廾 艹 芇 苎
				英 英
45	語	ゴ(かたり, かたる)	word, to tell	言 語 語
46	飲	のむ(イン)	to drink	食 食 飲 飲 飲
Lesson 10				
47	買	かう(バイ)	to buy	丨 冂 罒 罒 罒 罒
				買 買
48	魚	さかな(うお, ギョ)	fish	ノ ク 角 角 魚 魚
				魚

49	私	わたくし(シ)	I, privacy	一 二 千 禾 禾 私
				私
50	取	とる(シュ)	to take	一 丁 F F E 耳
				取 取
51	先	セン(さき)	previous, tip	丿 𠂉 ⺧ 生 先 先
52	会	あう(カイ, エ)	to meet	人 𠆢 亼 会 会
53	上	うえ, あげる	top, above,	丨 卜 上
		(ジョウ, のぼる,	to go up,	
		あがる, かみ)	to raise	
54	待	まつ(タイ)	to wait	彳 往 往 待 待
55	屋	や(オク)	shop	一 コ 尸 尸 层 层
				屋
56	下	した, くださる, (ゲ,	under, base,	一 丁 下
		カ, もと, しも, くだ	to go down,	
		る, さげる, さがる)	hang down	
Lesson 11				
57	読	よむ(トク, ドク)	to read	言 計 計 計 詩 詩
				読
58	店	みせ(テン)	shop, store	丶 亠 广 广 庁 店
59	前	まえ, ゼン	before, in front	ヽ ソ 䒑 前 前 前
60	出	でる, だす	to come out,	丨 屮 屮 出 出
		(シュツ, スイ)	to put out	
61	生	セイ, うまれる,	to be born, to	丿 𠂉 牛 牛 生
		(ショウ, うむ)	give birth, birth	
62	学	ガク, ガッ(まなぶ)	to learn	丶 〃 ⺍ ⺍ 𭕄 学
				学 学

63	兄	あに, にい(ケイ)	elder brother	口 尸 兄
Lesson 12				
64	持	もつ(もち, ジ)	to have, hold	一 十 扌 扗 拤 持
				持
65	借	かりる(シャク, かり)	to borrow	亻 仁 仕 仳 供 借
66	勉	ベン	to exert oneself	ク 各 免 免 免 免
				免 勉
67	強	キョウ, つよい	strong	一 コ 弓 弘 弘 弨
		(ゴウ)		弹 強 強
68	名	な(メイ, ミョウ)	name, fame	ノ ク タ 名
69	少	すこし(ショウ,	few, little	亅 小 小 少
		すくない)		
70	小	ショウ, ちいさい	small	亅 小 小
		(こ, お)		
71	使	つかう(シ)	to use	亻 仁 佢 佢 使
72	犬	いぬ(ケン)	dog	一 ナ 大 犬
Lesson 13				
73	手	て(シュ)	hand	一 二 三 手
74	止	とまる, とめる	to stop, to bring	丨 卜 止 止
		(シ, とめ)	to a stop	
75	物	もの, モツ(ブツ)	things, object	ノ 𠂉 牛 牛 牜 牞
				物 物
76	字	ジ(あざ)	letter, mark	丶 丷 宀 宁 字 字
77	引	ひき, びき,	pulling, to draw	一 コ 弓 引
		(イン, ひく)		
78	戸	と(コ)	door	一 ㇇ 彐 戸

79	紙	かみ(シ)	paper	ㄑ 幺 幺 糸 糸 糸
				糹 紅 絍 紙
80	校	コウ	school, to correct	木 木' 木ᅩ 木ᅩ 杧 枛
				校
81	入	いれる(ニュウ, いり)	to put in, enter	ノ 入
Lesson 14				
82	新	シン, あたらしい	new	` 亠 亠 立 立 亲
		(あらたに)	newly	亲 亲 新 新
83	聞	ブン, きく,	to hear	丨 冂 戸 戸 門 門
		きこえる	to be heard	門 門 聞
84	仕	シ(つかえる)	to serve	ノ イ 仁 什 仕
85	事	こと, ごと(ジ)	thing, fact	一 冖 写 写 写 事
86	書	かく(ショ)	to write	㇕ ⺕ ⺕ 亖 聿 書
87	安	やすい(アン)	cheap	' 〃 宀 宀 安 安
88	売	うる(バイ, うり)	to sell	一 十 士 声 壳 売
89	白	しろ, しろい	white	ノ 亻 白 白 白
		(ハク, ビャク)		
Lesson 15				
90	東	トウ, ひがし	east	一 曰 申 東 東
91	京	キョウ(ケイ)	capital	' 亠 古 亨 京 京
92	肉	ニク	meat, flesh	丨 冂 内 内 肉 肉
93	病	ビョウ(やまい,	illness,	' 亠 广 广 疒 疒
		やむ)	to fall ill	疒 疒 病 病
94	気	キ(ケ)	spirit	ノ 𠂉 㐅 气 気 気
95	元	ゲン(ガン, もと)	beginning	一 二 テ 元
96	机	つくえ(キ)	desk	木 机 机

97	話	はなす(はなし, ワ)	to speak, story	言 訁 訂 訐 話
98	赤	あかい(セキ, シャク)	red	土 圥 赤 赤 赤
Lesson 16				
99	度	ド	degree, times	丶 亠 广 广 庐 庐
			time	庐 庹 度
100	降	ふる(コウ, おりる)	to fall, get off	㇇ 阝 阝 阝 阝 陊
				陊 陊 陊 降
101	去	キョ(コ, さる)	to leave	土 去 去
102	別	ベツ(わかれる)	distinction,	口 号 另 別 別
			to part from	
103	乗	のる(ジョウ,	to ride	一 二 三 乖 乖 乗
		のせる)	to place upon	乗 乗
104	早	はやい(ソウ)	early	日 旦 早
105	雨	あめ(ウ)	rain	一 丅 冂 帀 雨 雨
106	好	すき(コウ,	to like	乚 女 女 好 好 好
		このむ, すく)		
107	雪	ゆき(セツ)	snow	雪 雪 雪 雪
108	立	たつ(リツ, たち)	to stand	丶 亠 亣 立 立
Lesson 17				
109	汽	キ	steam	丶 冫 氵 氵 汽 汽
				汽
110	休	やすむ(キュウ)	to rest, rest	亻 仁 什 休 休
111	帰	かえる(キ)	to return	丨 刂 归 归 归 归
				帰 帰 帰 帰
112	友	とも(ユウ)	friend	一 ナ 友
113	町	まち(チョウ)	town	田 町 町

114	冬	ふゆ(トウ)	winter	ノ ク 夂 冬 冬
115	外	ガイ, そと(ゲ, ほか)	outside, foreign	ノ ク タ 夕丨 外
116	教	おしえる(キョウ)	to teach	土 耂 孝 孝 孝 教
				教
117	国	くに, コク, ゴク	country	丨 冂 冂 冂 国 国
				国
118	子	こ(シ, ス)	child	フ 了 子
Lesson 18				
119	午	ゴ	noon	ノ 𠂉 二 午
120	後	ゴ(コウ, うしろ,	behind	彳 彳 彳 後 後 後
		のち)	after	後 後
121	課	カ	section, lesson	言 訂 訂 課 課 課
122	院	イン	suffix for	阝 阝 阝 阝 阝 院
			institution	
123	困	こまる(コン)	to be troubled	丨 冂 困 困
124	文	ブン(モン)	sentence	丶 亠 ナ 文
125	弟	おとうと, ダイ	younger brother	丶 丷 当 当 弟 弟
		(テイ)		弟
126	父	ちち, とう(フ)	father	ノ ハ 父 父
127	母	はは, かあ(ボ)	mother	ㄥ 母 母 母 母
Lesson 19				
128	家	いえ, カ(や, ケ)	house	宀 宀 家 家 家 家
				家 家
129	知	しる(チ, しらせる)	to know, inform	ノ 𠂉 午 矢 矢 知
130	作	つくる(サク, サ)	to make	亻 亻 作 作 作 作
131	近	ちかい(キン)	near	ノ 厂 斤 斤 近

132	間	カン, ま, (あいだ,	interval	門 門 間
		ケン)	space, time	
133	遊	あそぶ(ユウ)	to play	丶 亠 方 方 㫃 斿
				遊
134	漢	カン, (〜かん)	China, suffix	氵 汇 汁 汁 浐 浐
			for 'man'	浐 漢 漢
135	忙	いそがしい(ボウ)	busy	丶 丷 忄 忄 忙 忙
	Lesson 20			
136	天	テン(あめ)	sky, heaven	一 二 于 天
137	呼	よぶ(コ)	to call	口 口 口 口 吁 呼
138	着	つく, きる(チャク)	to arrive,	丶 丷 䒑 羊 羊 羊
			to wear	羊 着
139	古	ふるい(コ)	old	一 十 古
140	答	こたえる, こたえ	to answer	ノ 𠂉 ⺮ ⺮ ⺮ 笒
		(トウ, ドウ)		笒 答
141	投	なげる(トウ)	to throw	一 十 扌 扌 扩 投
				投
142	終	おわる(シュウ,	to end, to finish,	𠃋 幺 幺 糸 糸 糹
		おえる)	to come to an end	紗 終 終 終
143	電	デン	electricity,	雨 雨 雪 電
			lightening	
144	代	ダイ(かわる,	generation,	亻 仁 代 代
		かわり, よ)	price, to take	
			the place of	
	Lesson 21			
145	単	タン	single	丶 丷 ⺍ 当 当 単

146	忘	わすれる(ボウ)	to forget	丶 亠 亡 亡 忘 忘
				忘
147	女	おんな(ジョ, ニョ)	woman	く 女 女
148	広	ひろい(コウ,	wide, to spread	丶 亠 广 広 広
		ひろげる)		
149	覚	おぼえる(カク)	to memorize	丶 〃 ⺍ 𭕄 覚 覚
				覚
150	歩	あるく(ホ, ブ	to walk	丨 ト 止 止 歩 歩
		あゆむ)		歩 歩
151	道	みち, (ドウ)	road	⺍ 䒑 䒑 首 首 道
				道
Lesson 22				
152	海	うみ, カイ	sea, ocean	氵 氵 氵 汇 海 海
				海
153	夏	なつ(カ)	summer	一 丆 百 頁 夏 夏
154	切	きる, (セツ, サイ)	to cut	一 七 切 切
155	正	ただしい(セイ,	correct	一 丅 下 正 正
		ショウ)		
156	船	ふね(セン, ふな)	boat	ノ 丿 凢 月 舟 舟
				舟 船
157	受	うける(ジュ)	to receive	一 ⺈ ⺈ ⺥ 乊 受
				受
158	都	ト, ツ(みやこ)	capital	土 耂 者 者 都 都
159	起	おきる(キ, おこす)	to rise,	土 キ 丰 走 走 起
			to get up	起 起

Lesson 23				
160	北	きた(ホク)	north	一 十 ｷ ｷ' 北
161	南	みなみ(ナン)	south	十 广 冂 冇 甬 南
162	西	にし(セイ, サイ)	west	一 厂 丙 丙 西 西
163	動	うごく(ドウ)	to move	一 二 亘 重 重 重
				動 動
164	働	はたらく(ドウ,	to work	亻 働
		はたらき)		
165	住	すむ(ジュウ)	to live	亻 亻 亻 亻 住 住
166	茶	チャ	tea	一 艹 艾 苓 茶 茶
				茶
167	川	かわ(セン)	river	ノ 川 川
Lesson 24				
168	酒	さけ(シュ)	rice wine	氵 沂 沂 洏 洒 洒
				酒
169	長	ながい(チョウ)	head of an insti-	丨 厂 F F 㠯 長
			tution, long	長 長
170	黒	くろ, くろい(コク)	black	日 甲 甲 里 里 黒
				黒 黒
171	短	みじかい(タン)	short	ノ 𠂉 𠂉 午 矢 矢
				矩 矩 短 短
172	狭	せまい(キョウ)	narrow	ノ 犭 犭 犭 犭 狂
				狭 狭
173	曜	ヨウ	days of the week	日 日 日 日 日 日
				曜 曜 曜 曜 曜
174	走	はしる(ソウ)	to run	土 キ 丰 赱 走

Lesson 25				
175	死	しぬ(シ)	to die	一 厂 歹 歹 歹 死
176	習	ならう(シュウ)	to learn	㇆ ㇆ ㇆ 羽 羽 習
177	右	みぎ(ユウ, ウ)	right	ノ ナ 右
178	左	ひだり(サ)	left	一 ナ 𠂇 𠂇 左
179	春	はる(シュン)	spring	一 二 三 夫 夫 春
180	秋	あき(シュウ)	autumn	丿 二 千 禾 禾 禾
				秒 秋
181	同	おなじ(ドウ)	same	丨 冂 円 同
Lesson 26				
182	急	いそぐ(キュウ)	to hurry	ノ ク 乌 刍 刍 急
183	考	かんがえる(コウ)	to think	土 耂 耂 考
184	返	かえす(ヘン)	to return it	一 厂 万 反 ˋ反 𨑒
				返
185	眠	ねむる	to sleep	目 目 目 眀 眠 眠
186	歌	うた, うたう(カ)	song, to sing	一 可 可 哥 哥 哥
				哥 哥 歌
187	調	しらべる(チョウ,	to check	言 訁 訂 訶 訶 訶
		しらべ)		調
Lesson 27				
188	方	かた, ホウ	way, direction,	' 亠 亍 方
			person	
189	問	モン(とう)	to ask	戸 門 問
190	題	ダイ	title	日 旦 早 早 是 是
				是 是 題 題
191	窓	まど(ソウ)	window	宀 穴 空 窓

192	速	はやい(ソク)	fast, quick	一 𠮛 申 束 ˋ束 速
193	姉	あね(シ)ねえ	elder sister	女 女' 女ㇾ 女ㇾ 女市 姉
194	妹	いもうと(マイ)	younger sister	女 女ㇾ 女二 女キ 女未 妹
Lesson 28				
195	暑	あつい(ショ)	hot	日 旦 旱 暑
196	花	はな(カ)	flower	一 艹 芢 芢 花
197	始	はじまる, はじめる	to begin	女 女ム 女ム 始
		(シ)		
198	冷	つめたい(レイ,	cold	` 冫 冫 冷 冷 冷
		ひえる, ひやす)		
199	便	ベン(ビン)	convenience, mail	亻 亻 佰 便 便
200	利	り	advantage	ノ 禾 和 利
201	社	シャ(やしろ)	company, shrine	` ラ ネ ネ 社
			(Shinto)	
202	洗	あらう(セン)	to wash	氵 氵 氵 汁 洗 洗
				洗
Lesson 29				
203	当	あたる(トウ,	to hit, to be	丨 ㇑ ⺌ 当 当 当
		あてる)	equal to, to guess	
204	直	なおす(チョク,	to mend,	一 十 直 直
		ジキ)	to correct	
205	咲	さく	to bloom	口 口ソ 口ニ 口夫 咲
206	駅	エキ	station	丨 厂 丌 甲 馬 馬
				馬ㇷ 馬ㇷ 馬尸 駅
207	夜	よる, ヤ(よ)	evening, night	' 亠 亠 亣 夜 夜
				夜

208	銀	ギン	silver	釒 釒⺄ 釒ヨ 鈤 鉅 銀
209	朝	あさ(チョウ)	morning	十 古 卓 朝
210	多	おおい(タ)	many	ノ ク タ 多

Kanji not Practiced for Writing in the Text

Hiragana is for *kun* reading (cf. Lesson 6). Katakana is for *on* reading. Underlined hiragana is for okurigana. Contextual usage is parenthesized.

		Lesson
	あ　行	
合	あう（間に合う）	15
	ゴウ（都合）	28
青	あおい	10
開	あく	11
足	あし	25
	たす	29
頭	あたま	26
暖	あたたかい	11
熱	あつい	23
甘	あまい	19
案	アン（案内）	30
医	イ（医者）	2, 11
意	イ（意味）	20
池	いけ（池田）	9
痛	いたい	25
色	いろ	15
員	イン（会社員）	2, 9
伺	うかがう	30
美	うつくしい	14
馬	うま	13
運	ウン（運転）	14
絵	え	24
映	エイ（映画）	1, 6
選	えらぶ	25
鉛	エン（鉛筆）	1, 6
追	おう	25
置	おく	12
送	おくる	28
遅	おくれる	10
奥	オク（奥さん）	21
男	おとこ	28
落	おとす	11
泳	およぐ	11
音	オン	11
	か　行	
菓	カ（菓子）（お菓子）	10
画	ガ（映画）	1, 6
	カク（計画）	24
介	カイ（紹介）	29
顔	かお	22
貸	かす	20
風	かぜ	25
館	カン（図書館）	11
岸	ガン（海岸）	25
機	キ（飛行機）	8
黄	キ（黄色）	23
喫	キッ（喫茶店）	18
客	キャク	23
業	ギョウ（卒業）	30
局	キョク（郵便局）	9
苦	ク（苦労）	30
空	クウ（航空）	17
薬	くすり	29
果	くだ（果物）	17
計	ケイ（時計）	19
結	ケッ（結婚）	14
券	ケン（旅券）	15
験	ケン（試験）	10
護	ゴ（弁護士）	30
御	ご（御飯）	11
交	コウ（交通）	1, 7

航	コウ（航空）	17
公	コウ（交通公社）	1, 7
声	こえ	20
氷	こおり	28
婚	コン（結婚）	14

さ　行

佐	サ（佐藤）	27
差	サ（差し上げる）	27
沙	サ（御無沙汰）	30
阪	さか（大阪）	10
桜	さくら	28
雑	ザッ（雑誌）	3, 6
冊	サツ（一冊）	12
様	さま（奥様）	30
寒	さむい	14
史	シ（歴史）	16
師	シ（牧師）	30
士	シ（弁護士）	30
試	シ（試験）	10
清	し（清水）	18
誌	シ（雑誌）	3, 6
静	しずか	20
質	シツ（質問）	18
閉	しまる	10
島	しま	17
者	シャ（医者）	11
写	シャ（写真）	21
主	シュ（主人）	30
首	シュ（首相）	25
州	シュウ	25
就	シュウ（就職）	29
緒	ショ（一緒）	1, 17
所	ショ（事務所）	12
	ところ	11
賞	ショウ（賞品）	25
昭	ショウ（昭和）	7
章	ショウ（文章）	25
相	ショウ（首相）	25
嬢	ジョウ	30
丈	ジョウ（丈夫）	21
職	ショク（就職）	29
真	シン（写真）	21
心	シン（心配）	15
親	シン（両親）	30
図	ズ（地図）	27
	と（図書館）	11
涼	すずしい	25
鈴	すず（鈴木）	8
石	セキ（石油）	29
説	セツ（小説）	11
粗	ソ（粗末）	30
族	ゾク（家族）	30
底	そこ（底力）	7
卒	ソツ（卒業）	30
存	ゾン（存じる）	30

た　行

太	タ（太郎）	26
汰	タ（御無沙汰）	30
台	ダイ（一台）	11
退	タイ（退院）	15
第	ダイ	12
宅	タク（お宅）	23
足	たす（cf. あし）	29
建	たて（建物）	9
卵	たまご	23
段	ダン（値段）	18
地	チ（地図）	27
違	ちがう	6
力	ちから	7
注	チュウ（注意）	24
通	ツウ（交通）	7
	とおる	20
疲	つかれる	22
付	つける（気をつける）	20
勤	つとめる	18
定	テイ（予定）	29
鉄	てつ（地下鉄）	28
寺	てら	29
転	テン（運転）	14
藤	トウ（佐藤）	27
遠	とおい	1, 7
飛	とぶ	10
	ヒ（飛行機）	8
泊	とまる	29
供	ども（子供）	11

な　行

無	ない	12
	なくなる	25
	ブ（御無沙汰）	30
内	ナイ（家内）	25
泣	なく	11
成	なり（康成）	18
荷	に（荷物）	18
庭	にわ	28
値	ね（値段）	18

Chart for representative verbs and adjectives.

Non-Past	Conjunctive	Gerund	Past	Negative Non-Past	Negative Past
たべる eat	たべ	たべて	たべた	たべない	たべなかった
いる exist	い	いて	いた	いない	いなかった
かく write	かき	かいて	かいた	かかない	かかなかった
およぐ swim	およぎ	およいで	およいだ	およがない	およがなかった
しぬ die	しに	しんで	しんだ	しなない	しななかった
よむ read	よみ	よんで	よんだ	よまない	よまなかった
よぶ call	よび	よんで	よんだ	よばない	よばなかった
はなす speak	はなし	はなして	はなした	はなさない	はなさなかった
つかう use	つかい	つかって	つかった	つかわない	つかわなかった
まつ wait	まち	まって	まった	またない	またなかった
つくる make	つくり	つくって	つくった	つくらない	つくらなかった
ある exist	あり	あって	あった	ない	なかった
だ be		で	だった	{では じゃ} ない	{では じゃ} なかった
くる come	き	きて	きた	こない	こなかった
する do	し	して	した	しない	しなかった
ちいさい small	ちいさ	ちいさくて	ちいさかった	ちいさくない	ちいさくなかった
きれいだ be pretty	きれい	きれいで	きれいだった	きれいじゃない	きれいじゃなかっ

Desiderative	Potential	Passive	Causative	Provisional	Conditional
たべたい	たべられる	たべられる	たべさせる	たべれば	たべたら
いたい	いられる	いられる	いさせる	いれば	いたら
かきたい	かける	かかれる	かかせる	かけば	かいたら
およぎたい	およげる	およがれる	およがせる	およげば	およいだら
しにたい	しねる	しなれる	しなせる	しねば	しんだら
よみたい	よめる	よまれる	よませる	よめば	よんだら
よびたい	よべる	よばれる	よばせる	よべば	よんだら
はなしたい	はなせる	はなされる	はなさせる	はなせば	はなしたら
つかいたい	つかえる	つかわれる	つかわせる	つかえば	つかったら
まちたい	まてる	またれる	またせる	まてば	まったら
つくりたい	つくれる	つくられる	つくらせる	つくれば	つくったら
				あれば	あったら
				なら	だったら
きたい	こられる	こられる	こさせる	くれば	きたら
したい	できる	される	させる	すれば	したら
				ちいさければ	ちいさかったら
				きれいならば	きれいだったら

Enumerative	Volitional/Tentative	Imperative	Honorific
たべたり	たべよう	たべろ	For various verb and adjective honorific forms, see Lesson 30.
いたり	いよう	いろ	
かいたり	かこう	かけ	
およいだり	およごう	およげ	
しんだり	しのう	しね	
よんだり	よもう	よめ	
よんだり	よぼう	よべ	
はなしたり	はなそう	はなせ	
つかったり	つかおう	つかえ	
まったり	まとう	まて	
つくったり	つくろう	つくれ	
あったり	あろう	あれ	
だったり	だろう		
きたり	こよう	こい	
したり	しよう	しろ	
ちいさかったり	ちいさかろう		
きれいだったり	きれいだろう		

Foundations of Japanese Language
英文基礎日本語

1978年 3 月 10 日　初版発行　　定価 5,800 円
1987年 9 月 20 日　8 版発行

検印
省略
著者　曾我　松男
　　　松本　典子
発行者　鈴木　荘夫

発行所　株式会社　大修館書店
(101) 東京都千代田区神田錦町3-24
電話 東京 (294) 2221 (大代表)／振替 東京 9-40504

印刷／壮光舎　製本／牧製本　装幀／吉野富士彦
ISBN 4-469-24042-7　Printed in Japan